100
SCHLACHTEN

100 SCHLACHTEN

Kriege, die unsere Welt verändert haben

Parragon

Bath • New York • Singapore • Hong Kong • Cologne • Delhi
Melbourne • Amsterdam • Johannesburg • Shenzhen

Entwurf und Realisation: Amber Books Ltd
Projektmanagement: Michael Spilling
Bildredaktion: Terry Forshaw
Layout: Joe Conneally
Text: Rupert Butler, Martin J. Dougherty,
Michael E. Haskew, Christer Jorgensen,
Chris Mann, Chris McNab, Michael Neiberg
und Michael Pavkovic

Realisation der deutschen Ausgabe: trans texas publishing, Köln
Übersetzung: Heinrich Degen, München
Lektorat: Ralf Burau, Mönchengladbach; Nazire Ergün, Köln; Ursula Fethke, Köln
Projektmanagement: Nazire Ergün, Köln

ISBN 978-1-4454-8735-9
Printed in China

AKG Images: 19 & 27 (Peter Connolly), 38, 44 (IAM), 51, 55, 56, 60, 69 (British Library), 88, 136, 196

Alamy: 43 (Ancient Art & Architecture), 50 (Art Archive), 54 (Ancient Art & Architecture), 66/67 (Art Gallery), 98 (Dagli Orti/Art Archive), 108 (Lebrecht), 110 (Art Archive)

Amber Books: 177, 203

Ancient Art & Architecture Collection: 26

Art Archive: 138 (Buffalo Bill Historical Center)

Art-Tech/Aerospace: 172, 204, 221, 225

Art-Tech/MARS: 46, 63, 116, 140/141, 218, 219, 229

Bridgeman Art Library: 74 (Society of Apothecaries), 77 (Peter Newark),
111 (State Central Artillery Museum, St. Petersburg),
114 (State Museum Tsarskoye Selo, St. Petersburg), 124

Cody Images: 163, 174, 182, 192, 205, 212

Corbis: 19 (Jose Fuste Raga), 20 (North Carolina Museum of Art), 42 (Gianni Dagli Orti), 62 (Alfredo Dagli Orti), 76 (Ancient Art & Archaeology), 78 (Bettmann), 82 (Art Archive), 84 (Michael Freeman), 92 (PoodlesRock), 100 & 112 (Fine Art Photographic), 123 (Bettmann), 160 (Hulton), 167, 214 & 215 (Bettmann), 217, 238 & 243 (Bettmann)

Nik Cornish/STAVKA: 202

De Agostini: 144

Mary Evans Picture Library: 18, 30, 36, 142, 176 & 200 & 220 (Süddeutsche Zeitung)

Getty Images: 12 (Time & Life/Mansell), 40 (David Silverman), 68 (Time & Life), 120 (Superstock), 244 (Time & Life), 245 (Time & Life), 248 (Marco di Lauro), 249 (Giles Penfound/MOD)

Getty Images/AFP: 152, 216, 234, 235, 237, 239, 242, 246, 247, 253

Getty Images/Hulton Archive: 8/9, 16, 25, 109, 143, 149, 150, 157, 164, 165, 173

Getty Images/Popperfoto: 148, 156, 162, 166, 236

Heritage Images: 24

Library of Congress: 89, 90, 91, 97, 125, 126, 128, 133

Photo 12: 32, 104

Photos.com: 7 bottom, 70, 96, 99, 113, 121, 137

Texas State Preservation Board: 122

Don Troiani, Military and Historical Image Bank: 132

Ukrainian State Archive: 180, 181, 197, 226, 227

U.S. Department of Defense: 6, 7 top, 170, 186, 190, 193, 194, 206, 208, 224, 228, 232, 233

U.S. Marine Corps: 252

Alle Karten © Amber Books

Alle anderen Bilder wurden mit der freundlichen Genehmigung von Art-Tech abgedruckt.

INHALT

EINLEITUNG

Sieg oder Niederlage auf dem Schlachtfeld lassen sich oft erst aus zeitlichem Abstand eindeutig erklären. Gewöhnlich wird der Ausgang eines bewaffneten Konflikts den Entscheidungen eines Feldherrn zugeschrieben. Nur wenige Historiker werden bestreiten, dass die Inkompetenz von William Elphinstone ausschlaggebend für den desaströsen Rückzug der Briten von Kabul nach Jalalabad im Januar 1842 war oder dass die Entscheidung Miltiades, im September 490 v. Chr. Truppen in Marathon zu positionieren, wesentlich zum Sieg über die persische Armee beitrug. Rein taktisch gesehen führen gute Entscheidungen zu einem günstigen Verhältnis aus eigenen Stärken und den Schwächen des Gegners. Schlechte Entscheidungen bewirken das Gegenteil, sie verbreiten Unsicherheit und untergraben die Moral der Truppe.

Die eingehende Beschäftigung mit den Befehlshabern von Schlachten kann durchaus sehr aufschlussreich sein und häufig mehr Klarheit in den „Kriegsnebel" bringen. Doch die hier vorgestellten Ereignisse zeigen, dass eine Schlacht mehr ist als der Kampf genialer Feldherren oder taktischer Konzepte. Der Ausgang einer Schlacht hängt von einer Vielzahl bedeutender und weniger bedeutender Faktoren ab, die zum Teil Historikern gar nicht bekannt sind.

Der preußische Militärtheoretiker und Philosoph Carl von Clausewitz formulierte es so: „Es ist alles im Krieg einfach, aber das Einfachste ist schwierig. Die Schwierigkeiten häufen sich und bringen eine Friktion hervor, die sich niemand richtig vorstellt, der den Krieg nicht gesehen hat."

Manche Ursachen von „Friktion" sind wirkmächtig und offensichtlich. Das Wetter oder Klima kann zum Beispiel eine Armee in die Knie zwingen, wenn diese nicht über die Ressourcen, Erfahrungen oder technischen Mittel verfügt, um damit fertig zu werden. Napoleons wie auch Hitlers Feldzüge nach Russland wurden durch den russischen Winter und die *rasputiza*, die saisonale Schlamm- und Regenperiode, beendet. Die Kreuzfahrerarmee wurde dagegen in der Schlacht bei Hattin im Juli 1187 nicht nur durch die arabische Kavallerie vernichtet, sondern auch durch die glühende Sonne in der wüstenähnlichen Region.

Auch widrige Geländebedingungen, von weichem Wüstensand bis hin zu hoch aufragenden Gebirgen, bremsen Manöver und können schier unüberwindliche Hindernisse darstellen, die die taktischen Möglichkeiten stark einschränken. In Gebirgsregionen sind beispielsweise Pässe oft die einzigen Routen für einen Vorstoß. Höhenlagen begünstigen die Verteidigung

EINE GESCHÜTZEINHEIT DER US-INFANTERIE *feuert 1918 ein 37-mm-Geschütz auf deutsche Schützengräben ab. In den Abnützungsschlachten des Ersten Weltkriegs war die Waffentechnik entscheidend.*

und erschweren einen Angriff enorm, wie Monte Cassino und Dien Bien Phu beispielhaft zeigen. Ebenso ist die Entfernung von Bedeutung. Die Kampfkraft jeder Armee hängt von der Versorgung der Front mit Nachschub ab. Je länger die Nachschubwege, umso fragiler, aufwendiger und überdehnter wird die Versorgungslinie. Die deutsche Wehrmacht geriet im Zweiten Weltkrieg in Nordafrika und an der Ostfront an ihre Grenzen, ebenso die japanische Armee in Burma.

FEUERKRAFT

Die Armee von Heinrich V. litt zwar bei ihrem Vorstoß durch Frankreich ebenfalls unter Nachschubmangel, doch war in Azincourt ein anderer wichtiger Faktor für ihren Erfolg entscheidend: die Feuerkraft. In Azincourt waren es noch Pfeile, doch bald wurden wesentlich zerstörerische Waffen entwickelt.

Im Ersten Weltkrieg konnten drei Soldaten mit einem schweren Maschinengewehr eine ganze Kompanie auslöschen, und im Zweiten Weltkrieg war die Artillerie für 70 Prozent aller Opfer auf dem Schlachtfeld verantwortlich. Wenn eine Seite über eine klar überlegene Feuerkraft mit großer Reichweite verfügt, kann sie eine Schlacht gewinnen, indem sie den Gegner aus der Distanz massiv beschießt, bis er zusammenbricht.

Doch Feuerkraft allein ist selten der einzig ausschlaggebende Faktor in einem Feldzug, wie aktuelle Erfahrungen in Afghanistan und dem Irak zeigen. Tatsächlich werden Schlachten und Kriege durch eine Vielzahl von Faktoren gewonnen, die zum Vorteil einer Armee werden. Wie die Beispiele in diesem Buch zeigen, hat jede Schlacht ihre jeweils eigenen Bedingungen. Die vielleicht einzige Konstante ist der Soldat, der in erster Linie darauf fixiert ist, zu überleben.

OBEN: DIE ARTILLERIE DER US-MARINE *bombardiert im April 1945 bei der Rückeroberung der Insel Luzon japanische Stellungen.*

UNTEN: NAPOLEON UND SEINE MARSCHÄLLE *beim Winterfeldzug 1814 in Frankreich. Napoleon konnte die russische Armee bei Borodino schlagen und Moskau besetzen, hatte dann aber große Schwierigkeiten, seine Truppen mit Nachschub zu versorgen.*

KAPITEL 1

Von der Antike bis zum Mittelalter

Die Schlachten der Antike schufen, auch wenn sie sich stark von heutigen militärischen Auseinandersetzungen unterscheiden, einige wesentliche Grundlagen für die taktische Kriegsführung. Masse, Impuls, Flankenmanöver und gute Logistik waren die Voraussetzungen für einen Sieg.

Das Entstehen großer Reiche, wie Mesopotamien, Ägypten, Assyrien, China, das Reich Alexanders des Großen oder das Römische Reich, war in der Antike zwangsläufig mit Kriegen verbunden. An Land bestritt man die Schlachten mit gemischten Truppen aus Infanterie, Kavallerie und Schützenabteilungen, ergänzt durch die Belagerungsspezialisten. Auf See war der Einsatz von Ruder und Rammsporn entscheidend. Die Konfrontationen wurden brutal mit Muskelkraft, Klinge und Speer ausgetragen, bei der die beiden Seiten auf einem abgegrenzten Areal bis zur endgültigen Entscheidung kämpften. Ein fähiger Befehlshaber konnte durch intelligente Manöver das Gleichgewicht zu seinen Gunsten beeinflussen. Die Lektionen der Antike wirkten bis in die Schlachten des Mittelalters hinein fort.

LINKS: DIESE ROMANTISIERENDE DARSTELLUNG AUS DEM 18. JAHRHUNDERT *stellt Aemilius Paulus' in der Schlacht bei Cannae dar. Die hier gezeigten Panzer kamen in dieser Form erst gut drei Jahrhunderte später zum Einsatz.*

EIN FEIND BITTET DEN PHARAO UM GNADE. *Auf diesem Wandrelief von 1257 v. Chr. in Abu Simbel stirbt ein Feind durch den Speer von Ramses II.*

Kadesch 1274 V. CHR.

IN DER SCHLACHT BEI KADESCH STANDEN SICH ZWEI GROSSMÄCHTE GEGENÜBER: ÄGYPTEN UND DAS HETHITERREICH. ÄGYPTEN DOMINIERTE IM LAUF DER ZEIT UNTERSCHIEDLICH STARK ÜBER SYRIEN UND KANAAN. DIE FÜR EINE PERMANENTE KONTROLLE NOTWENDIGEN AUSREICHEND GROSSEN GARNISONEN KONNTE MAN ABER NICHT UNTERHALTEN, DAHER WURDEN WIEDERHOLT MILITÄRISCHE FELDZÜGE UNTERNOMMEN, UM DIE ÄGYPTISCHE VORHERRSCHAFT ZU SICHERN.

Als die Hethiter an Macht gewannen, rückten sie nach Syrien vor und brachten die Stadt Kadesch in ihre Gewalt. Pharao Ramses II. stellte ein in vier Einheiten organisiertes Heer aus rund 20 000 Mann zusammen und zog nach Norden, um die Stadt zurückzuerobern. Die gut organisierten Ägypter kamen sehr schnell voran und errichteten in der Nähe von Kadesch ein befestigtes Lager.

Die Hethiter waren aber vorbereitet. König Muwatalli versteckte seine Truppen hinter der Stadt, anstatt sich innerhalb der Stadtmauer zurückzuziehen. Der Eindruck, die Stadt sei ungeschützt, wurde durch zwei Agenten verstärkt, die sich, als

DATEN UND FAKTEN

Wer: Eine ägyptische Armee aus etwa 18 000 Fußsoldaten und 2000 Streitwagen unter dem Kommando von Pharao Ramses II. (†1213 v. Chr.) gegen rund 20 000 Infanteristen und 3000 Streitwagen der Hethiter unter König Muwatalli (†1273 v. Chr.).

Was: Ein Teil des ägyptischen Heers geriet in einen Hinterhalt und erlitt schwere Verluste, bevor der Rest eintraf und einen erfolgreichen Gegenangriff ermöglichte.

Wo: Kadesch am Fluss Orontes in Syrien.

Wann: 1294 v. Chr.

Warum: Die Hethiter kontrollierten das zuvor ägyptische Kadesch.

Ergebnis: Beide Seiten verkündeten einen Sieg, obwohl es keinen gab, und handelten einen Friedensvertrag aus.

hethitische Soldaten getarnt, von den Ägyptern gefangen nehmen ließen. Sie erzählten Ramses, das Heer der Hethiter befände sich in einiger Entfernung.

RAMSES RÜCKT VOR

Aus logistischen Gründen waren die vier Einheiten von Ramses' Heer getrennt marschiert und nur teilweise vor Ort verfügbar. Angesichts der offenbar leicht einnehmbaren Stadt sah Ramses keinen Grund, weiter zu warten und rückte mit zwei Einheiten vor.

Als sich die Ägypter Kadesch näherten, wurde die Einheit Ra plötzlich von hethitischen Streitwagen angegriffen, sodass Panik ausbrach. Die Einheit Ra löste sich auf, viele Männer flohen zur Einheit Amon, die Ramses persönlich befehligte. Sie hofften, dort Sicherheit zu finden, stifteten aber nur Verwirrung zu einem Zeitpunkt, wo Ordnung und Disziplin von größter Wichtigkeit waren.

Die Lage entspannte sich etwas, als die Hethiter zunächst das Lager von Ramses plünderten, anstatt seine verbliebene Einheit anzugreifen. Ramses konnte seine Truppen neu formieren und einen Gegenangriff starten. In Zeiten als es noch keine moderne Kommunikationsmittel gab, konnten Untergebene nur an dem Vorgehen ihres Befehlshabers erkennen, was von ihnen gefordert war. Mit einem Angriff versuchte Ramses, aus der Falle der Hethiter zu entkommen, und zeigte seinen Kommandeuren zugleich, was er von ihnen erwartete.

VERSTÄRKUNG KOMMT

Als der Gegenangriff begann, näherten sich die beiden anderen Einheiten, Ptah und Sutek, vom Süden Kadesch'. Sie rückten rasch gegen die Hethiter vor und bekamen Unterstützung von einer Söldnertruppe, die in Richtung Hauptarmee marschierte.

Da sich Muwatalli auf Ramses und seine beiden Einheiten konzentriert hatte, verlor er den Rücken seines Heers aus den Augen, sodass ihn die Neuankömmlinge völlig überraschten. Die verwirrten, aber noch kampfbereiten Hethiter konnten sich in die Stadt Kadesch zurückziehen.

Beide Seiten hatten ernste Verluste erlitten, und die Moral war angesichts der drohenden Niederlage auf beiden Seiten erschüttert. Die Eisenwaffen der Hethiter erwiesen sich als effizienter als die ägyptischen Bronzewaffen. Dagegen waren die Streitwagen der Ägypter besser, da sie schneller und mit Bogenschützen und nicht mit Speerwerfern bemannt waren. Beide Seiten versprachen sich von einem erneuten Kampf jedoch keine Entscheidung und nahmen daher Verhandlungen auf.

ZUSAMMENFASSUNG

Das Ergebnis war ein Friedensvertrag, der es beiden Herrschern erlaubte, bei der Rückkehr einen großen Sieg zu verkünden. Einen echten Sieger gab es aber nicht. Die Ägypter konnten sich mit der Vertreibung des Gegners vom Schlachtfeld eines taktischen Siegs rühmen, doch die strategische Lage blieb unverändert. Ramses II. war nach Kadesch gezogen, um die Stadt den Hethitern abzunehmen, was missglückte. Der Vertrag sicherte aber die Stabilität in der Region und verhinderte für einige Zeit weitere Konflikte.

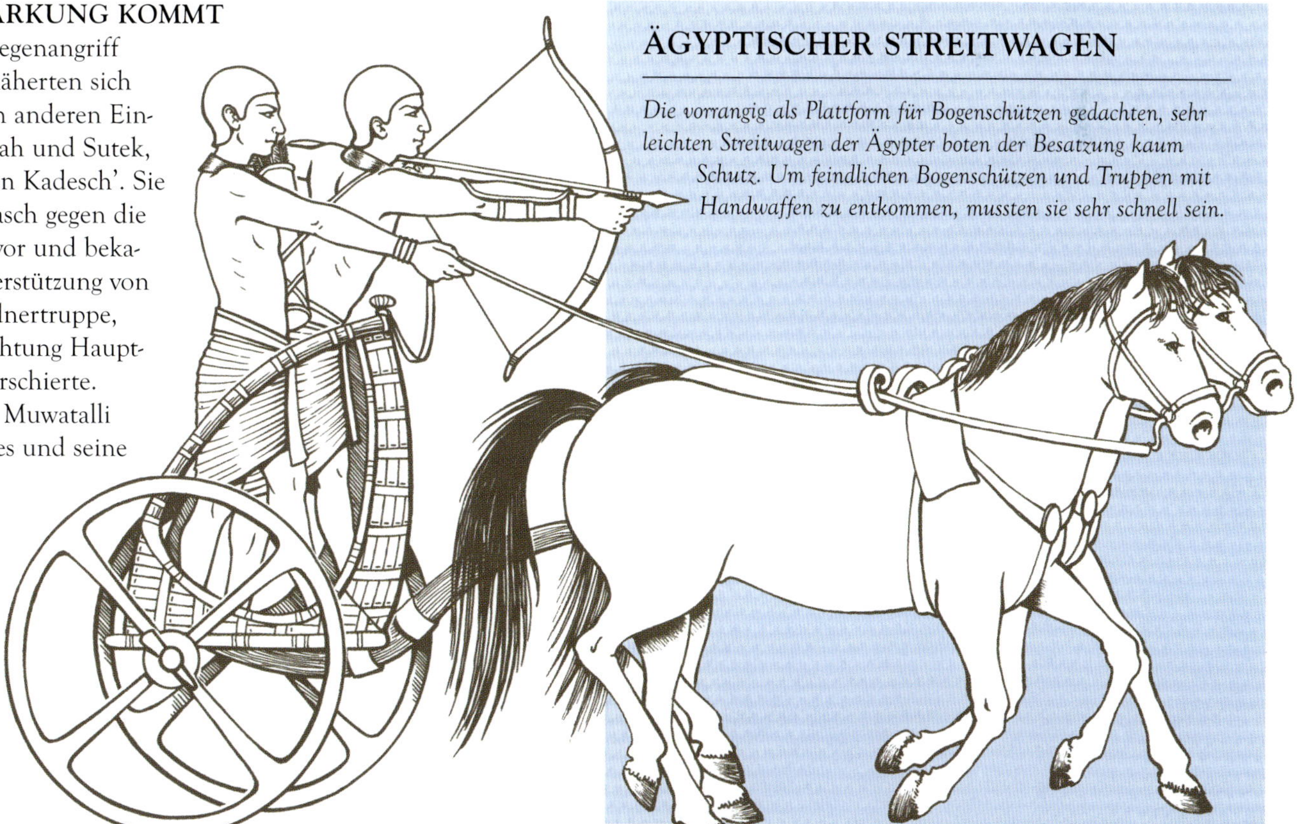

ÄGYPTISCHER STREITWAGEN

Die vorrangig als Plattform für Bogenschützen gedachten, sehr leichten Streitwagen der Ägypter boten der Besatzung kaum Schutz. Um feindlichen Bogenschützen und Truppen mit Handwaffen zu entkommen, mussten sie sehr schnell sein.

In der Schlacht bei Marathon *besiegte Miltiades mit 10000 Hopliten aus Athen und 400 aus Plataiai eine doppelt so große persische Streitmacht, zu der auch 10000 Elitesoldaten gehörten.*

Marathon 490 v. Chr.

BEI MARATHON BESIEGTE EINE ZAHLENMÄSSIG UNTERLEGENE ARMEE GRIECHISCHER HOPLITEN IHREN PERSISCHEN GEGNER. DURCH EINE NEUE KAMPFTECHNIK UND DISZIPLIN GELANG DEN ATHENERN EINER DER LEGENDÄRSTEN TAKTISCHEN SIEGE IN DER ANTIKE. DIE PERSISCHE BEDROHUNG FÜR DIE GRIECHISCHEN STADTSTAATEN WAR ABER NOCH NICHT VORBEI.

Der Perserkönig Dareios I. (ca. 550–486 v. Chr.) beschloss 490 v. Chr. eine Strafexpedition gegen Athen, das sich der Eingliederung ins Persische Reich widersetzt und den Ionischen Aufstand gegen die persische Herrschaft 499 v. Chr. unterstützt hatte. Die persischen Invasionstruppen wurden komplett über das Meer transportiert, um die Probleme bei einer ähnlichen Operation zwei Jahre zuvor zu vermeiden. Eine Flotte mit fast 600 Schiffen transportierte rund 25 000 Kämpfer, darunter auch etwa 1000 Reiter. Die Streitmacht unterstand dem Kommando von Artaphernes, dem Neffen von Dareios, und dem medischen Feldherr Datis. Die Perser zogen eine Spur der Verwüstung durch die Ägäis und entlang der griechischen Küste. Ihr eigentliches Ziel war die Ebene von Marathon, etwa 42 km von Athen

DATEN UND FAKTEN

Wer: Fast 10 000 Hopliten aus Athen und 400 aus Plataiai unter Feldherr Miltiades standen einem persischen Kontingent von fast 25 000 Mann unter dem Kommando des Persers Artaphernes und des Meders Datis gegenüber.

Was: Die Athener schwächten die Mitte ihrer Schlachtformation und stärkten die Flügel. Die ins Zentrum gelockten Perser konnten an den Flügeln geschlagen und dann umfasst werden.

Wo: Die Ebene von Marathon, rund 42 km von Athen entfernt.

Wann: 12. August 490 v. Chr.

Warum: Die Perser wollten mit einem Angriff auf Athen die Stadt für ihre Unterstützung des ionischen Aufstands bestrafen.

Ergebnis: Nach der Niederlage wurden die Perser für zehn Jahre aus Griechenland vertrieben.

entfernt. Die Athener mobilisierten eine Truppe aus fast 10 000 Hopliten, schwer bewaffneten Fußsoldaten, die nach Marathon marschierten. Sie bekamen Verstärkung durch 400 bis 1000 Hopliten aus Plataiai, einem mit Athen verbündeten Stadtstaat.

DIE SCHLACHT

Etwa vier Tage standen sich die beiden Armeen gegenüber. Am Abend des 11. August wurde für die Perser die Zeit allmählich knapp. Die Hoffnungen auf einen propersischen Aufstand in Athen hatten sich nicht erfüllt, während die Spartaner, die die Athener unterstützen sollten, bald erwartet wurden. Die Perser verlegten einige Truppenteile auf die Schiffe, die am nächsten Morgen nach Athen fahren würden, die restliche Truppe hielt in Marathon die Hopliten aus Athen und Plataiai im Schach. Die verlegte Einheit stand unter dem Kommando von Datis und umfasste vermutlich den Großteil der persischen Kavallerie, die schnell nach Athen vorrücken konnte, sobald der Kampfverband in Phaleron an Land gegangen war. Artaphernes sollte in Marathon bleiben und das Lager der Athener umzingeln. Ihm unterstanden rund 15 000 Mann, fast nur Fußsoldaten. Die Athener hatten das Glück, durch sympathisierende Ionier im Dienste der Perser über deren Pläne informiert zu sein. Sie übermittelten die berühmte Botschaft „die Pferde sind weg". Das bewog die Athener Befehlshaber, die Schlacht aufzunehmen. Am nächsten Morgen formierten sich die Gegner zum Kampf.

Der an diesem Tag Kommando führende attische Feldherr Miltiades war ein Kenner der persischen Taktiken und richtete seine Schlachtordnung entsprechend aus. Er wusste, dass die Perser ihre besten Einheiten meist in der Mitte ihrer Angriffslinie positionierten. Angesichts der persischen Überlegenheit war es wahrscheinlich, dass eine in Achterreihen über die gesamte Front gestaffelte Phalanx an den Flanken umfasst würde. Um das zu vermeiden, stellte er in der Mitte, wo die Perser gleich zu Beginn erfolgreich sein würden, eine schwächere Phalanx auf.

Miltiades wusste auch, dass die Flügel der persischen Schlachtformation aus leichter bewaffneten und wenig begeisterten Einberufenen bestanden, gegen die die schwer bewaffneten griechischen Flügel erfolgreich sein konnten. Er befahl den Flügeltruppen, die dort geschlagenen Perser nicht zu verfolgen, sondern lediglich zu vertreiben und dann in Richtung Zentrum des Gegners zu schwenken. Der rechte Flügel stand unter dem Kommando von Kallimachos, den linken bildeten die Plataier.

Artaphernes stellte seine Truppen wie von Miltiades erwartet auf. Iranische Soldaten aus dem stehenden Heer und Saken-Söldner bildeten den Kern seiner Front, an den Flügeln standen rekrutierte Soldaten, darunter wenig motivierte ionische Griechen. Um die enge Blockade um das Lager der Athener aufrechtzuerhalten, rückte er bis auf acht Stadien (1,6 km) an deren Position heran.

GRIECHISCHER SIEG

Die Griechen rückten aus ihrem Lager ebenfalls gegen die persischen Linien vor. Die beiden Fronten stießen in einem heftigen Kampf aufeinander. Rasch gewannen die Perser im Zentrum, wo ihre besten Truppen kämpften, die Oberhand und drängten die Athener zurück. An den Flügeln wurden die Rekruten aber in die Flucht geschlagen. Wie befohlen schwenkten die erfolgreichen Griechen in Richtung Zentrum und umfassten die Perser dort von beiden Seiten. In dem anschließenden Gemetzel kamen 6400 Perser (meist Iraner und Saken) und nur 192 Athener (darunter Kallimachos) und einige Plataier um. Nach dem Sieg blieb den Athenern aber keine Zeit zum Ausruhen. Während eine Einheit die Stellung hielt, zog der Rest im Eilmarsch nach Athen. Er kam rechtzeitig dort an, um die Perser an der Landung zu hindern. Datis musste sich mit den Überlebenden aus Artaphernes' Einheit auf den Heimweg machen.

GRIECHISCHER HOPLIT

Der Hoplit aus der Zeit der Perserkriege trug als wichtigste Waffe eine 2–3 m lange Lanze mit Eisenspitze. Im Kampf wurde sie erhoben gehalten, beim Manövrieren am herabhängenden Arm. Dazu kam ein kurzes, etwa 60 cm langes Schwert aus Eisen mit Bronzebeschlägen, das als Hieb- und Stichwaffe diente. Zum Schutz trug er einen Schild (Hoplon oder Aspis) aus Holz, der außen mit Bronzeblech und innen mit Leder verkleidet war. Der Schild wurde mit einer Schnalle am linken Unterarm angelegt und mit der Hand an einem Griff gehalten. Den korinthischen Helm ziert ein Kammbusch aus Pferdehaar, das meist auch gefärbt war. Den Rumpf schützte ein Brustpanzer aus gestärktem Leinen mit Metallplättchen. An den Schienbeinen trug der Hoplit Beinschienen aus Bronze und an den Füßen einfache Ledersandalen.

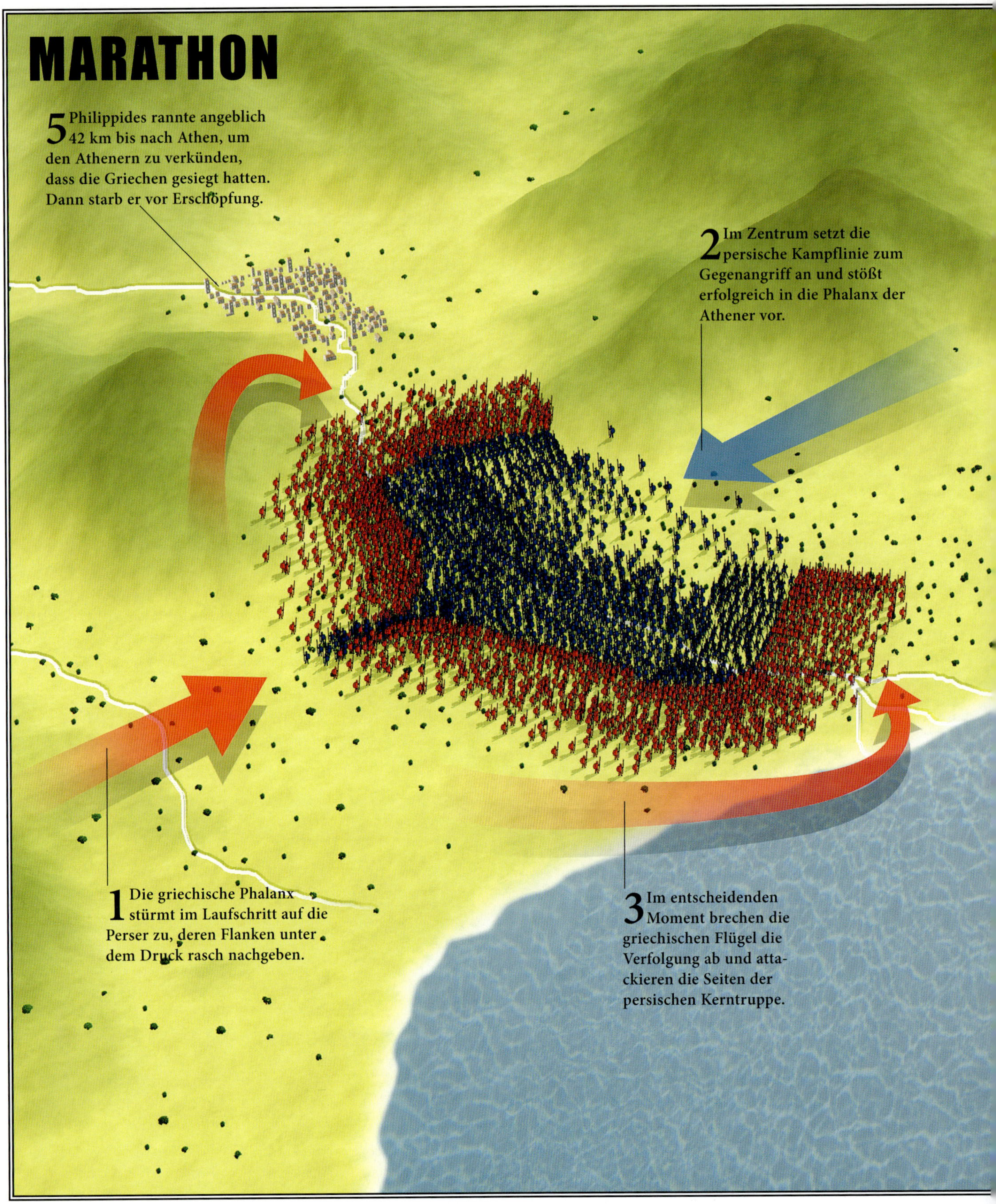
MARATHON
5 Philippides rannte angeblich 42 km bis nach Athen, um den Athenern zu verkünden, dass die Griechen gesiegt hatten. Dann starb er vor Erschöpfung.
2 Im Zentrum setzt die persische Kampflinie zum Gegenangriff an und stößt erfolgreich in die Phalanx der Athener vor.
1 Die griechische Phalanx stürmt im Laufschritt auf die Perser zu, deren Flanken unter dem Druck rasch nachgeben.
3 Im entscheidenden Moment brechen die griechischen Flügel die Verfolgung ab und attackieren die Seiten der persischen Kerntruppe.

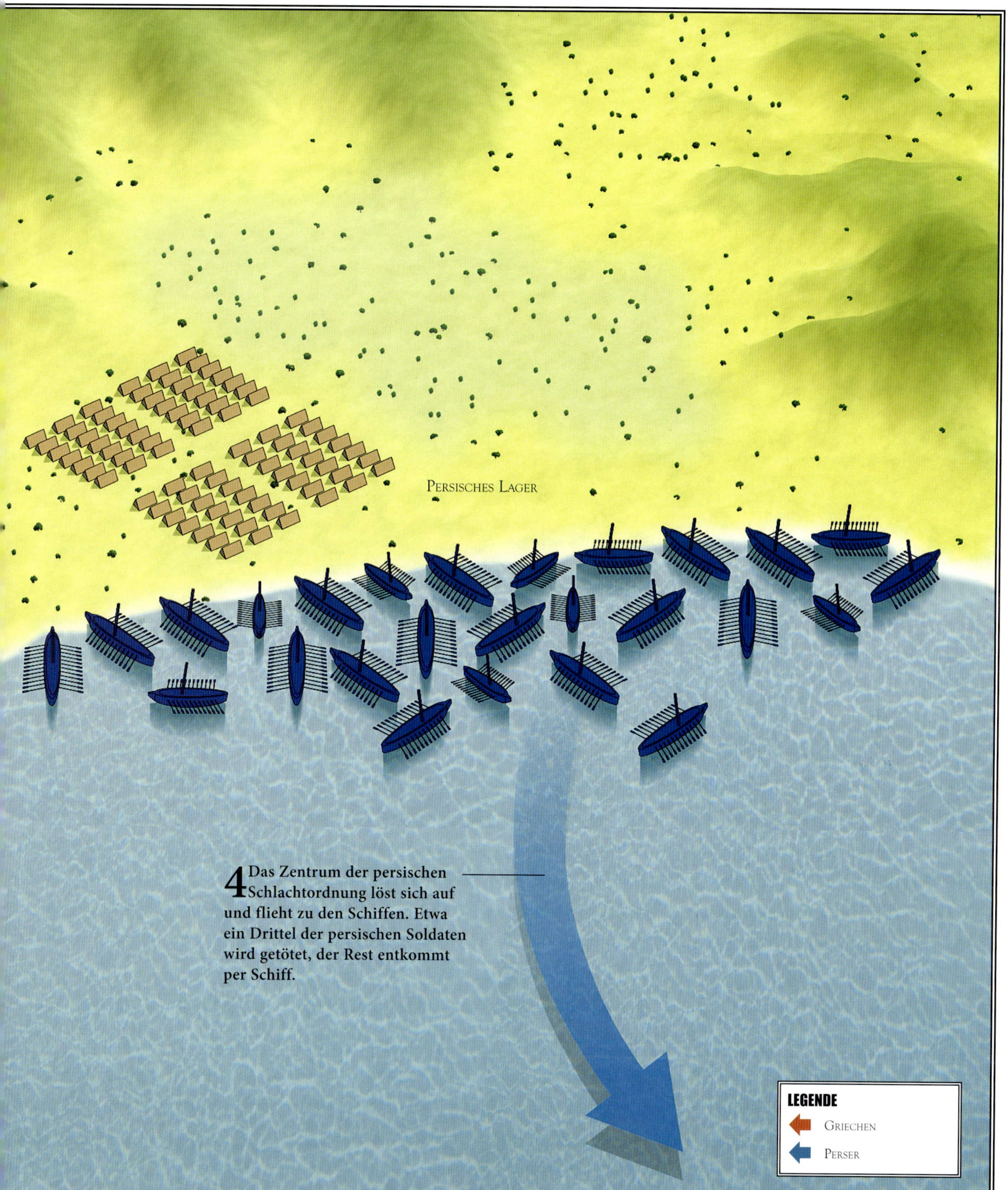
Persisches Lager
4 Das Zentrum der persischen Schlachtordnung löst sich auf und flieht zu den Schiffen. Etwa ein Drittel der persischen Soldaten wird getötet, der Rest entkommt per Schiff.
LEGENDE
Griechen
Perser

DIE GRIECHEN FEIERN IHREN SIEG *über die persische Flotte bei Salamis im September 480 v. Chr., dargestellt auf einem Gemälde von F. Cormon aus dem 18. Jahrhundert.*

Salamis 480 v. Chr.

DER PERSERKÖNIG XERXES GING MIT EINER GROSSEN LAND- UND SEESTREITMACHT GEGEN DIE GRIECHISCHEN STADTSTAATEN, SPEZIELL GEGEN ATHEN UND SPARTA VOR. AN DEN THERMOPYLEN OPFERTEN SICH 300 SPARTANISCHE HOPLITEN, UM DIE PERSISCHEN TRUPPEN AUFZUHALTEN UND ZEIT ZU GEWINNEN. BEI SALAMIS BEREITETEN DIE GRIECHEN DEN INVASOREN DANN EINE ENTSCHEIDENDE NIEDERLAGE ZUR SEE.

Im 5. Jahrhundert v. Chr. befand sich das Persische Reich auf dem Höhepunkt seiner Macht und hatte seine größte Ausdehnung. Das Reich von König Dareios I. (521–486 v. Chr.) erstreckte sich vom Kaukasus bis zum Indischen Ozean und von den Ufern des Mittelmeers bis zum Indus mit einer Vielzahl von Völkern als Untertanen.

Der Stadtstaat Athen blieb aber ein hartnäckiger Stachel in der Flanke Persiens. Deshalb rief der Perserkönig Xerxes (Regentschaft 486–465 v. Chr.), der Sohn von Dareios, 480 v. Chr. seine Berater zusammen, um eine weitere mili-

DATEN UND FAKTEN

Wer: Die griechische Flotte mit 300 Trieren unter dem Athener Themistokles stand 400 persischen Schiffen gegenüber, die der Perserkönig Xerxes (†465 v. Chr.) von einer Anhöhe beobachtete.

Was: Die persische Flotte wurde in die Flucht geschlagen, nachdem sie in seichtes Gewässer gelockt und von den Rammspornen der griechischen Schiffe attackiert worden war.

Wo: Saronischer Golf nahe der Insel Salamis, westlich von Athen.

Wann: 20. Sept. 480 v. Chr.

Warum: Xerxes wollte Revanche für die Niederlage seines Vaters Dareios bei Marathon ein Jahrzehnt zuvor und sein Reich nach Europa ausdehnen.

Ergebnis: Die Perser erlitten schwere Verluste und wurden zum Rückzug gezwungen. Die griechische Zivilisation war gerettet und konnte sich weiterentwickeln.

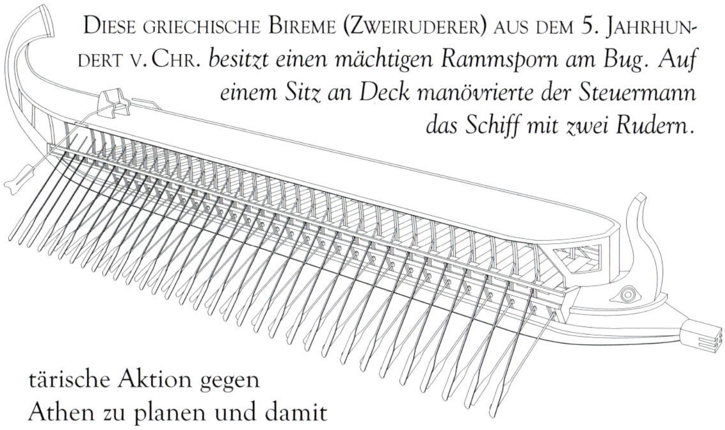

Diese griechische Bireme (Zweiruderer) aus dem 5. Jahrhundert v. Chr. *besitzt einen mächtigen Rammsporn am Bug. Auf einem Sitz an Deck manövrierte der Steuermann das Schiff mit zwei Rudern.*

tärische Aktion gegen Athen zu planen und damit zugleich sein Reich zu erweitern.

Die Griechen standen einem mächtigen Feind gegenüber. Das persische Heer zählte rund 500 000 Mann, und die Flotte umfasste angeblich 1207 Trieren (Dreiruderer). Zu Beginn des im Sommer 480 v. Chr. begonnenen Feldzugs unterwarfen sich angesichts der heranrückenden übermächtigen Militärmacht einige griechische Städte der Herrschaft Xerxes'. Athen und Sparta blieben aber standhaft. Am 18. August erreichten die heranrückenden Perser die Thermopylen, einen Engpass, den sie auf dem Weg nach Athen passieren mussten. Die Perser bezogen vor dem knapp 15 m breiten Engpass Stellung, der von 6000 griechischen Hopliten, darunter 300 Spartaner, unter dem Kommando des Spartanerkönigs Leonidas verteidigt wurde. Die Spartaner kamen alle um, die meisten im Pfeilhagel der persischen Bogenschützen. Doch die heldenhaften Spartaner hatten sich an den Thermopylen nicht vergebens geopfert. Ihr Widerstand kostete die Perser wertvolle Zeit, und inzwischen sanken bei heftigen Stürmen über 200 persische Schiffe. Als der griechische Feldherr Themistokles (ca. 528–462 v. Chr.) von der Einnahme der Thermopylen durch die Perser erfuhr, zog er seine Flotte zur Insel Salamis zurück.

VERZÖGERUNG UND TÄUSCHUNG

Als die persischen Truppen Athen erreichten, waren die meisten Einwohner bereits geflohen. Die noch verbliebenen Athener wurden niedergemetzelt. Um einen entscheidenden Sieg zu erringen, musste Xerxes das griechische Heer an Land besiegen. Hierzu mussten sich aber auch die persischen Trieren ungehindert bewegen können, was wiederum den Sieg über die griechische Flotte voraussetzte. Xerxes plante, die 300 griechischen Trieren, die seinen 400 Schiffen gegenüberstanden, in den engen Gewässern um Salamis zu überwältigen. Themistokles hatte einen anderen Plan. Er ließ seine Flotte mit den Schiffen aus Athen und Korinth links und die der Spartaner und übrigen Verbündeten rechts Stellung beziehen. Er hoffte, die Perser so in die seichten und engen Gewässer bei der Bucht von Eleusis locken zu können. Die für den Kampf auf offener See gebauten persischen Trieren würden in den Engstellen kaum manövrierbar sein.

Am Morgen des 20. September 480 v. Chr. ging Themistokles' Plan auf. Als die Kapitäne der vorausfahrenden persischen Schiffe erkannten, dass sie in eine Falle gegangen waren, orderten sie ein Rückwärtsmanöver an, doch die dahinterliegenden Schiffe konnten nicht ausweichen. Die Konfusion war perfekt. Den Persern war ihre Überzahl plötzlich zum Nachteil geworden.

Griechische Trieren kreisten den völlig verwirrten Feind ein und fügten den persischen Schiffen mit bronzenen Rammspornen verheerende Schäden zu. Der Dichter Aischylos, Begründer der griechischen Tragödie, kämpfte in Marathon und Salamis. Er schreibt, das Geschehen habe ihn an das Töten von Fischen in Stellnetzen, wie es im Mittelmeerraum üblich war, erinnert. Aischylos berichtet: „Zunächst hielt sich die persische Flotte gut. Doch weil sich die Schiffe in der Meerenge gegenseitig behinderten, konnte keiner dem anderen helfen."

Die persische Flotte verlor bei Salamis 200 Trieren, das heißt knapp die Hälfte ihres Bestands, die Griechen aber nur 40 Schiffe. Nach diesem Desaster musste Xerxes sich zurückziehen. Griechenland hatte die Gefahr einer östlichen Dominanz abgeschüttelt. Ein halbes Jahrhundert lang besaß Athen die mächtigste Flotte der Antike, während Sparta die vorherrschende Macht an Land war.

PERSISCHER MARINEINFANTERIST

In der Schlacht bei Salamis setzte Xerxes vorrangig auf Marineinfanteristen: Auf jedem Schiff befanden sich mindestens 30 Marineinfanteristen. Grund dafür war vielleicht, dass die Perser kein großes Vertrauen in die Seestreitkräfte und die Effizienz von Schiffen als primäre Waffe hatten. Xerxes mag auch der Loyalität der ägyptischen, phönizischen und ionischen Besatzung misstraut und zur Sicherheit seine Marineinfanteristen an Bord stationiert haben. Doch möglicherweise hat dies mehr geschadet als genutzt: Die Männer waren auf den Schiffen so dicht gedrängt, dass sie nicht wirkungsvoll kämpfen konnten, zumal sie ohne Körperpanzer und mit ihren leichten Waffen den Griechen fast wehrlos ausgesetzt waren.

Leuktra 371 v. Chr.

IN DER SCHLACHT BEI LEUKTRA BENUTZTE DIE THEBANISCHE ARMEE EINE NEUE TAKTIK, UM DIE DEUTLICH GRÖSSERE ARMEE DER SPARTANER ZU SCHLAGEN, DIE DAMALS ALS DIE STÄRKSTE IN GANZ GRIECHENLAND GALT.

Die wachsende Macht Thebens stellte Spartas Vormacht im damaligen Griechenland infrage. Als einige böotische Städte Sparta um Hilfe baten, um sich von der thebanischen Herrschaft zu befreien, schickte Sparta eine Armee. Dies war nicht der erste Konflikt zwischen Sparta und Theben, sondern Teil einer langen Rivalität.

THEBEN REAGIERT

Das spartanische Heer zählte damals zu den besten Streitkräften in Griechenland. Traditionell wurden die stärksten Truppen an der rechten Flanke positioniert, doch selbst die linke Flanke der Spartaner konnte es mit den besten Truppen anderer Armeen aufnehmen. Der spartanische König Kleombrotos führte sein Heer mit entsprechender Zuversicht auf das Gebiet Thebens. Epaminondas von Theben musste die Spartaner aufhalten, doch bei Einhaltung der traditionellen Kampfformation war seine Niederlage sicher. Die einzige Truppe der Thebaner, die es mit den Spartanern aufnehmen konnte, war eine 300 Mann starke Eliteeinheit.

Epaminondas beschloss, seine Infanterie in einer tief gestaffelten, starken Phalanx auf dem linken Flügel zu konzentrieren. Der schwächere, zurückgenommene rechte Flügel wurde von leichten Truppen und Reitern verteidigt. Epaminondas hoffte, die Spartaner so lange vom Angriff auf den schwächeren Flügel abhalten zu können, bis seine mächtige Phalanx auf der Linken ihre Arbeit vollbracht hatte.

Der thebanische Feldherr Epaminondas versammelt seine Truppen *bei Leuktra. Durch die Konzentration seiner Kräfte in einem Abschnitt der Frontlinie konnte er die Spartaner besiegen.*

DATEN UND FAKTEN

Wer: Rund 12 000 Spartaner unter dem Kommando von König Kleombrotos (†371 v. Chr.) standen einem Heer aus 7000–9000 Thebanern unter Epaminondas gegenüber.

Warum: Mehrere böotische Städte baten Sparta um Hilfe, um sich von Theben lossagen zu können, was zu einem Angriff der Spartaner auf thebanisches Gebiet führte.

Was: Die Thebaner konzentrierten ihre Kräfte auf einem Flügel, was sich als entscheidender Vorteil erwies.

Ergebnis: Das spartanische Heer wurde vernichtend geschlagen, ihr König im Kampf getötet.

Wo: Leuktra, 16 km westlich von Theben auf dem griechischen Festland.

Wann: Juli 371 v. Chr.

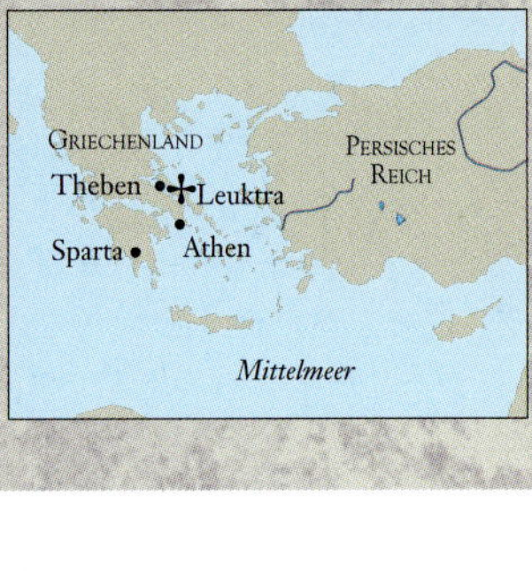

ENTSCHEIDENDER ZUSAMMENPRALL

Der Angriff der Spartaner auf den schwächeren Flügel der Thebaner scheiterte. Ein Gegenangriff trieb ihre Kavallerie zurück, die dabei die Schlachtordnung durcheinanderbrachte. Die nun unkoordinierte Attacke konnte von den leichten Einheiten und Reitern der Thebaner abgewehrt werden.

Inzwischen drang die linke Flanke der Thebaner in die Front der Spartaner, wobei die besten spartanischen Kämpfer, einschließlich der Leibgarde des Königs, fielen. König Kleombrotos wurde getötet, als sich der rechte Flügel seiner Armee auflöste. Die Thebaner schwenkten nach, um die Frontlinie der Spartaner aufzurollen und den Sieg komplett zu machen. Durch den Rückzug der Spartaner blieb Böotien weiter in der Hand Thebens, während Aufstände im Herrschaftsgebiet Spartas dadurch Auftrieb erhielten.

Granikos 334 v. Chr.

DER FLUSS GRANIKOS WAR FÜR DEN VORMARSCH ALEXANDERS DES GROSSEN EIN BEDEUTSAMES HINDERNIS. DEN PERSERN BOT ER DIE BESTE CHANCE, ALEXANDER ZU STOPPEN.

Nachdem er Griechenland unter seine Kontrolle gebracht hatte, setzte Alexander von Makedonien seinen Feldzug nach Kleinasien fort. Damit bedrohte er Territorien der persischen Satrapen, die in ihrem Widerstand von griechischen Söldnern unter Memnon von Rhodos unterstützt wurden.

Die persische Armee rückte vor, um Alexanders Truppen abzufangen. Am Fluss Granikos, der nur an wenigen Stellen zu überqueren war, bezogen die Perser Stellung. Die überlegene persische Kavallerie wurde in vorderster Front positioniert, die überwiegend aus griechischen Söldnern bestehenden Fußtruppen dahinter.

ALEXANDER GREIFT AN

Obwohl ihm Berater zu einer vorsichtigeren Strategie rieten, entschied sich Alexander, die Flussquerung zu erzwingen.

DATEN UND FAKTEN

Wer: Ein etwa 18 000 Mann starkes makedonisches Heer unter Alexander dem Großen (356–323 v. Chr.) traf auf 10 000 persische Reiter und 5000 griechische Söldner.

Was: Die persische Kavallerie wurde vertrieben, dann wurden die griechischen Söldner von einer deutlichen Überzahl besiegt.

Wo: Der Fluss Granikos in der heutigen Türkei.

Wann: Mai 334 v. Chr.

Warum: Die persische Armee versuchte, die Überquerung des Granikos durch Alexander zu verhindern, um seinen Vormarsch nach Kleinasien aufzuhalten.

Ergebnis: Alexander konnte seinen Vorstoß nach Kleinasien fortsetzen.

ALEXANDER FÜHRT SEINE HETAIRENREITEREI *über den Granikos und ergreift so die Initiative. Die Hetairenreiterei, eine Elitetruppe, bestand aus ausgewählten Mitgliedern des makedonischen Adels.*

Sein Angriff begann mit einer Scheinattacke durch seinen rechten Flügel, was die Perser zur Verstärkung ihres linken Flügels zwang.

Alexander persönlich führte den Angriff auf das persische Zentrum an, während gleichzeitig sein linker Flügel vorrückte. Zunächst waren die Perser im Vorteil, denn sie verteidigten ein Steilufer, während ihr Gegner den Fluss überqueren und sich den Hang aufwärts kämpfen musste. Durch ihre langen Lanzen waren die Makedonier aber im Vorteil gegenüber der persischen Kavallerie. Sobald Alexanders Truppen das Hochufer erreicht hatten, wendete sich das Blatt zu ihren Gunsten.

Als die Perser zurückweichen mussten, wurde Alexander zum Hauptziel ihrer Elitereiter. Vermutlich zielte die persische Strategie darauf ab, ihn zu töten und so die makedonische Armee aufzulösen. Fast wäre dies auch gelungen, doch dann gab das Zentrum der Perser nach. Bald knickten auch die Flügel ein, sodass nur noch die griechischen Söldner dem makedonischen Vormarsch entgegenstanden.

DIE GRIECHEN KÄMPFEN WEITER

Von ihrer Kavallerie im Stich gelassen, leisteten die griechischen Söldner erbittert Widerstand, denn ein Rückzug war unmöglich. Ihre Bitte um Kapitulationsverhandlungen wurde abgelehnt, die Angriffe der Makedonier gingen bis zur bedingungslosen Kapitulation weiter. Die persische Armee war zerschlagen, während Alexanders Truppen jenseits des Granikos Fuß gefasst hatten. Alexander konnte seinen Vormarsch nach Kleinasien fortsetzen.

DIESES GEMÄLDE VON SEBASTIANO RICCI *mit dem Titel* DIE FAMILIE DER DARIO VOR ALEXANDER DEM GROSSEN *zeigt Alexander, der nach seinem Sieg die Witwe und Angehörige von Dareios trifft.*

Gaugamela 331 v. Chr.

334 V. CHR. VERSTÄRKTE ALEXANDER DER GROSSE SEIN BEREITS MÄCHTIGES HEER UND MARSCHIERTE AUF SEINEM FELDZUG ZUR EROBERUNG DES PERSISCHEN REICHS IN KLEINASIEN EIN. INNERHALB VON ZWEI JAHREN HATTE ER DIE HÄLFTE DES REICHS UNTER KONTROLLE GEBRACHT, DIE PERSISCHE FLOTTE AUSGESCHALTET UND AUCH NOCH ÄGYPTEN EROBERT.

Als Alexander 331 v. Chr. weiter nach Mesopotamien vorstieß, dachte der persische König Dareios (†330 v. Chr.) an einen Rückzug tiefer in sein Territorium (eventuell mit einer Taktik der verbrannten Erde), entschied sich dann aber zur Schlacht.

Dareios wählte dazu das Gebiet nahe der heutigen Stadt Mossul im Irak. Den Eröffnungsangriff würde seine vorderste Schlachtreihe führen, die vorwiegend aus Kavallerie bestand, durchmischt mit einigen seiner besten Infanterieeinheiten. Dareios selbst kämpfte im Zentrum mit der Kavallerie und Infanterie seiner Leibgarde. Davor hatten rund 200 Sichelwagen Position bezogen. Hinter der ersten Linie befand sich

DATEN UND FAKTEN

Wer: Alexander der Große (356–323 v. Chr.) führte 47 000 griechische und makedonische Soldaten gegen die 240 000 Mann starke persische Armee unter König Dareios III. (Regentschaft 336–330 v. Chr.).

Was: Alexander nutzte eine schiefe Schlachtordnung, um die persische Front zu durchbrechen. Dareios floh, und das persische Heer löste sich auf.

Wo: Nahe dem heutigen Tel Gomel im nördlichen Irak.

Wann: 1. Oktober 331 v. Chr.

Warum: Alexander wollte Dareios endgültig in einer Schlacht besiegen und die Eroberung des Persischen Reichs abschließen.

Ergebnis: Dareios wurde ermordet, vermutlich von seinen Generälen. Alexander wurde zum Herrscher über Persien.

Bogenschützen auf Pferden wie dieser Skythe (links), die im Nahen Osten eingesetzt wurden, waren in der Antike eine tödliche Bedrohung für westliche Infanterien, wie etwa Alexanders Phalanx. Um auf die Fußtruppen zu schießen, galoppierten sie dicht heran und entfernten sich sofort wieder. Die Bogenschützen konnten aber durch die Kavallerie ausgeschaltet werden. In der Schlacht bei Gaugamela setzte Alexander seine thrakischen Reiter ein, um diese Gefahr abzuwenden.

eine zweite mit zahlreichen Fußsoldaten. Dareios plante mit seiner zahlenmäßig überlegenen Streitkraft beide Flanken Alexanders zu umfassen und dessen Armee von allen Seiten zu attackieren.

DIE SCHLACHT BEGINNT

Um zu verhindern, dass seine Flanken umfasst werden, positionierte Alexander seine Reiterei an den Flanken in gestaffelten Einheiten. Durch die Staffelung der Flanken musste der Gegner beim Angriff weite Wege zurücklegen. Die Phalanx aus gut trainierten makedonischen Infanteristen bezog im Zentrum der griechischen Linie Stellung.

Eine weitere Phalanx stand in der zweiten Reihe als Reserve bereit. Nach Alexanders Plan sollte seine linke Flanke unter dem erfahrenen Feldherrn Parmenion die Position halten, während Alexander den rechten Flügel zum Angriff führte. Die Perser selbst leisteten ihm unfreiwillig Hilfe, als sie ihren linken Kavallerieflügel weit um Alexanders rechten Flügel herumführten und dabei eine große Lücke in ihrer Linie öffneten. Die makedonische Armee schwenkte nach rechts. Sollte Dareios jetzt zu lange zögern, würde er den Vorteil seiner Kampfwagen verspielen. Der Angriff begann. Die persische Kavallerie stieß entlang der Flanken der Makedonier vor, als die Streitwagen (nach manchen Berichten unterstützt von 15 Kriegselefanten) frontal angriffen. Die makedonische Linie konnte die Streitwagen und den ersten Ansturm abwehren, obwohl einigen persischen Reitern der Durchbruch gelang. Diese wurden von der Reservephalanx und speziell dafür ausgebildeten leichteren Truppen angegriffen.

Wie geplant, attackierte Alexander nun mit seiner Elitetruppe, der Hetairenkavallerie, und anderen Einheiten den linken Flügel der Perser. Unter Ausnutzung der Lücke, die sich zwischen der persischen Kavallerie auf der Linken und dem Zentrum ihrer Streitmacht auftat, ritten die Hetairen einen heftigen Angriff gegen ihre Gegner. Ihnen folgten in einer mächtigen Keilformation Infanterie und leichtere Truppen, die über die chaotisch agierenden Perser herfielen.

Aus Angst, abgeschnitten zu werden, zog sich Bessos mit dem ihm unterstellten linken persischen Flügel zurück, was Druck vom rechten makedonischen Flügel nahm. Auch Dareios befand sich inzwischen auf dem Rückzug und musste mit seiner Leibgarde das Feld räumen.

Alexander konnte ihnen aber nicht nachsetzen, weil die Situation auf seinem linken Flügel kritisch wurde. Parmenion hatte sich, obwohl heftig attackiert, mit seinen Leuten wacker geschlagen und die persischen Einheiten dort gebunden. Nun griff Alexander die Perser dort von hinten an und zwang sie zum Rückzug. Mazaios, der Befehlshaber des rechten persischen Flügels, versuchte einen geordneten Rückzug, wurde aber heftig attackiert und seine Truppen lösten sich auf. Das bedeutete das Ende des persischen Widerstands bei Gaugamela. Dareios war auf der Flucht, auf dem Schlachtfeld lagen 40 000 tote Perser, weitere 4000 gerieten in Gefangenschaft, der Rest der Armee verstreute sich in der Umgebung.

HETAIRENKAVALLERIE

Die Hetairenkavallerie (unten) rekrutierte sich aus jungen makedonischen Adligen, die unter Philipps Aufsicht zusammen mit Alexander erzogen wurden. Sie wurden in den Taktiken trainiert, die Philipp von dem Thebaner Epaminondas gelernt hatte. Viele waren persönliche Freunde Alexanders, denen er sein Leben verdankte. Die Hetairenkavallerie trug die kürzere Kavallerielanze und einen leichteren Panzer. Sie unterstand dem direkten Kommando Alexanders. In den Schlachten fiel der Kavallerie stets die entscheidende Rolle zu. Sobald die schwerfällige Phalanx eine Lücke in die feindliche Front geschlagen hatte, preschte die Kavallerie vor und griff von den Flanken an.

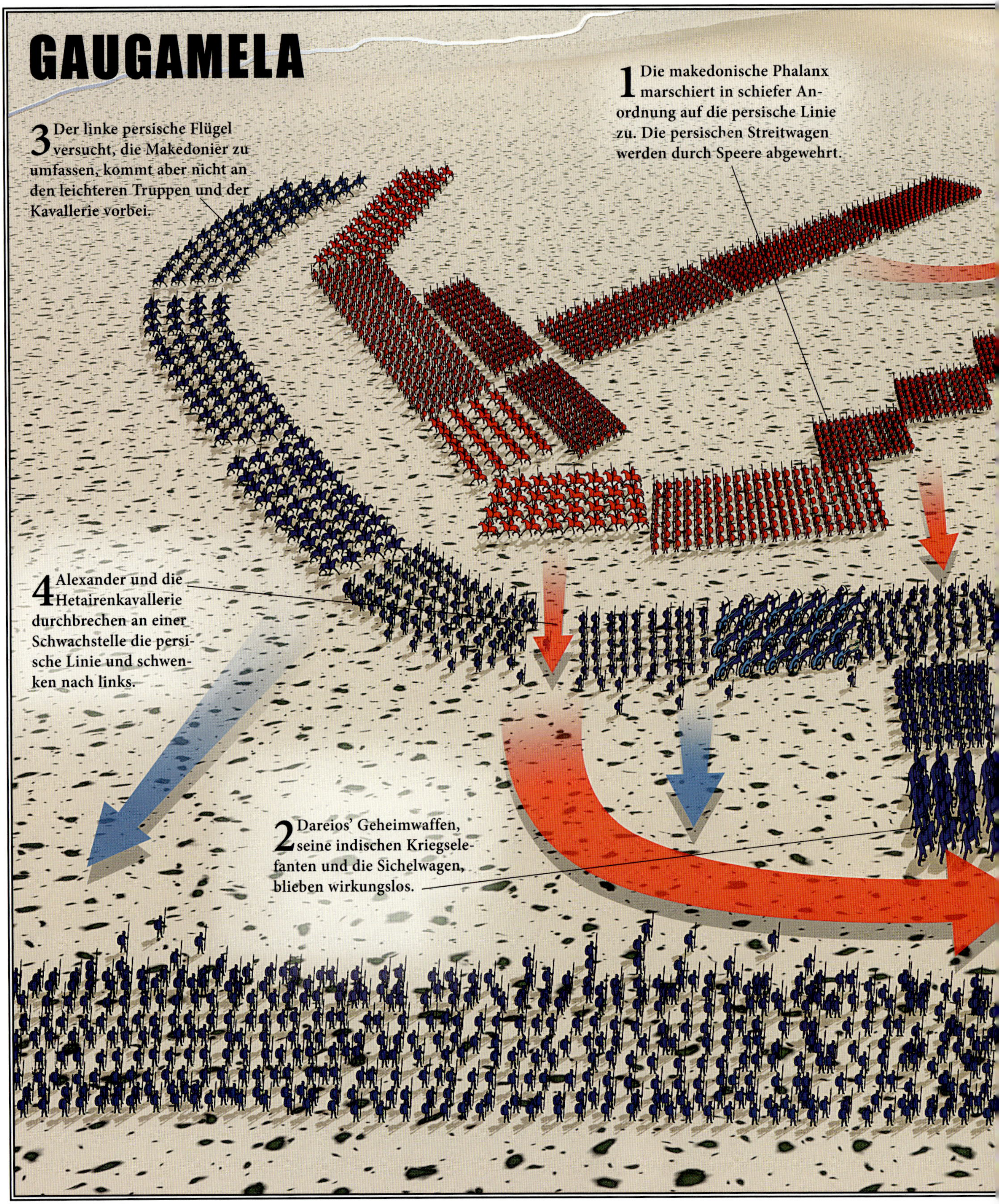
GAUGAMELA
1 Die makedonische Phalanx marschiert in schiefer Anordnung auf die persische Linie zu. Die persischen Streitwagen werden durch Speere abgewehrt.
2 Dareios' Geheimwaffen, seine indischen Kriegselefanten und die Sichelwagen, blieben wirkungslos.
3 Der linke persische Flügel versucht, die Makedonier zu umfassen, kommt aber nicht an den leichteren Truppen und der Kavallerie vorbei.
4 Alexander und die Hetairenkavallerie durchbrechen an einer Schwachstelle die persische Linie und schwenken nach links.

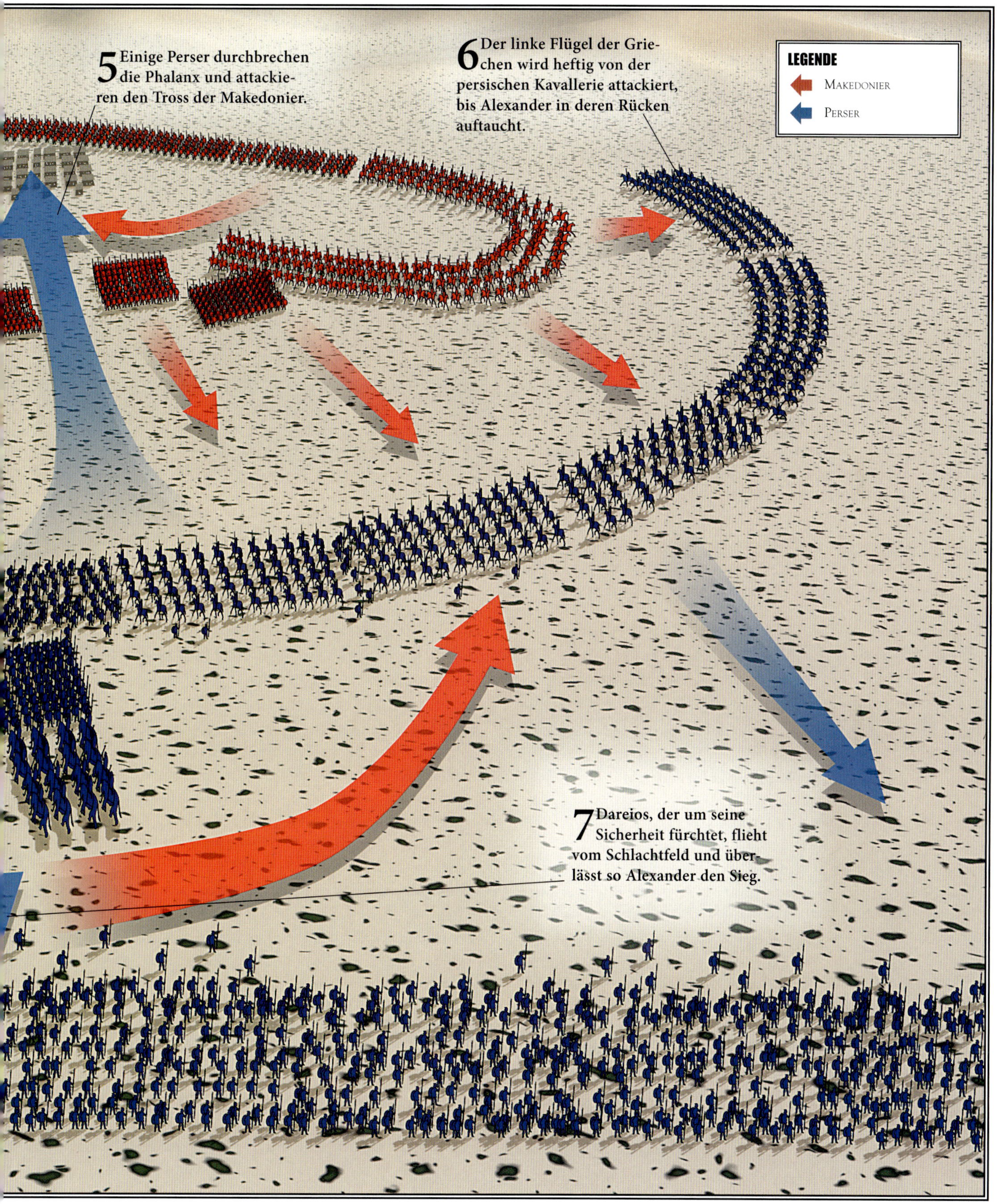
5 Einige Perser durchbrechen die Phalanx und attackieren den Tross der Makedonier.
6 Der linke Flügel der Griechen wird heftig von der persischen Kavallerie attackiert, bis Alexander in deren Rücken auftaucht.
LEGENDE
Makedonier
Perser
7 Dareios, der um seine Sicherheit fürchtet, flieht vom Schlachtfeld und überlässt so Alexander den Sieg.

Hydaspes 326 v. Chr.

DIE SCHLACHT AM HYDASPES WAR EINE TAKTISCHE MEISTERLEISTUNG, BEI DER ALEXANDER DER INDISCHEN STREITMACHT EINE SCHWERE NIEDERLAGE BEREITETE.

In seinem Eroberungsdrang zog Alexander immer weiter nach Osten und gliederte weitere Gebiete in sein Imperium ein. Seine kampferprobten Fuß- und Reitertruppen waren allerdings zunehmend kriegsmüde, als sie sich Indien näherten. Sie hatten jeden Feind besiegt, auf den sie trafen, doch nun befanden sie sich auf ungewohntem Terrain und sahen sich mit einer gut organisierten und ausgerüsteten Armee unter König Poros konfrontiert.

ALEXANDER ÜBERQUERT DEN HYDASPES

Poros wählte eine Defensivposition hinter dem Fluss Hydaspes. Er musste Alexander nicht unbedingt besiegen, sondern nur von seinem Territorium fernhalten. Er wollte lediglich die Überquerung des Hydaspes verhindern. Dabei kam ihm zugute, dass er kürzere Nachschubwege als Alexander hatte und die Aktionen des Gegners abwarten konnte. Alexander, der eher agierte als abzuwarten, befahl einem Teil seiner Armee,

Indische Kriegselefanten *im Kampf mit Alexanders Truppen am Hydaspes, ein Gemälde des Niederländers Nicolaes Berchem (1620–1683).*

sich demonstrativ am Fluss gegenüber Poros' Stützpunkt zu formieren, während der größere Teil weiter flussaufwärts den Hydaspes überquerte. Ein Gewitter half bei dem Täuschungsmanöver und erlaubte es Alexander, seine Truppen zu sammeln und am Ufer entlang vorzurücken.

Weil seine Kavallerie nichts gegen Poros' Kriegselefanten ausrichten konnte, schickte Alexander den Großteil gegen Poros' linke Flanke, um dort weitere Kräfte zu binden. Die makedonische Phalanx rückte gegen die Elefanten vor und setzte dabei ihre langen Lanzen erfolgreich ein. Die Elefanten wurden in die indische Infanterie getrieben, wo sie für Chaos sorgten.

ALEXANDERS MEISTERSTÜCK

Der Rest von Alexanders Kavallerie, der über die Seite vorgestoßen war, griff Poros' Infanterie auf der linken Flanke von hinten an. Inzwischen überquerten auch die am jenseitigen Ufer zurückgelassenen makedonischen Truppen den Fluss und griffen in den Kampf ein. Schließlich gab die indische Armee ihren erbitterten Widerstand auf. König Poros wurde gefangen genommen, doch Alexander, beeindruckt von dessen Tapferkeit, machte ihn zu seinem Klientelkönig, so wie er schon einige seiner Befehlshaber zu Herrschern in eroberten Gebieten gemacht hatte.

Bald danach forderte die erschöpfte makedonische Armee die Rückkehr in die Heimat. Alexander musste einwilligen, sein großer Eroberungsfeldzug fand damit ein Ende.

DATEN UND FAKTEN

Wer: Eine makedonische Armee mit rund 44 000 Mann unter Alexander dem Großen (356–323 v. Chr.) gegen eine 35 000 Mann starke indische Armee unter König Poros (†317 v. Chr.).

Was: Alexander lenkte seinen Gegner ab und überquerte ohne Gegenwehr den Fluss, bevor er die Inder angriff.

Wo: Der Fluss Hydaspes (Jhelam) im heutigen Pakistan.

Wann: Juni 326 v. Chr.

Warum: Alexander wollte nach Indien einfallen, wurde aber vom lokalen Herrscher daran gehindert.

Ergebnis: Alexander errang einen glanzvollen Sieg, doch seine Armee meuterte kurz darauf und zwang ihn zum Rückzug.

Trebbia 218 v. Chr.

AN DER TREBBIA MACHTE SICH HANNIBAL DIE UNBESONNENHEIT SEINES EHRGEIZIGEN GEGNERS ZUNUTZE, UM DIE STARKEN RÖMISCHEN LEGIONEN ZU BESIEGEN.

Nach der erfolgreichen Alpenüberquerung und einem siegreichen Gefecht am Ticinus gegen Publius Scipio war Hannibal zum Vorstoß nach Italien, vielleicht sogar bis Rom bereit. Die Pläne der Römer, mit Legionen in Nordafrika einzufallen und den Krieg nach Karthago zu tragen, wurden dadurch hinfällig. Die dafür vorgesehenen Truppen unter Sempronius wurden eilends nach Norden entsandt, um Scipios Armee zu verstärken.

ÜBERSTEIGERTES SELBSTVERTRAUEN

Sempronius war zuversichtlich, obwohl Scipio gerade von Hannibal geschlagen worden war. Ein erfolgreiches Geplänkel mit der karthagischen Vorhut schien ihn in seiner Überlegenheit zu bestätigen. Scipio riet zur Vorsicht, doch Sempronius suchte den Ruhm. Hannibal schätzte dessen Charakter richtig ein und provozierte Sempronius mit einer Reiterattacke auf das römische Lager. Sempronius befahl, die abziehenden Karthager zu verfolgen, was die Überquerung der eisigen Trebbia erforderte. Als die durchgefrorenen Römer vorrückten, zogen sich Hannibals Truppen zurück und attackierten die Römer mit einem Geschosshagel. Hannibals überlegene Kavallerie besiegte zusammen mit den Kriegselefanten die römische Kavallerie, nun waren die römischen Flanken ungeschützt.

Spätestens jetzt war klar, dass ein Sieg aussichtslos war, doch Sempronius drängte weiter voran. Die vordersten Einheiten erzielten einige Fortschritte, allerdings agierte ein Großteil der römischen Truppen planlos und stand mit dem Rücken zum Fluss. Sempronius setzte seinen Vormarsch, vielleicht weil er die Situation nicht erkannte, fort. Die von der Flussüberquerung erschöpften Legionäre konnten schließlich noch in das Zentrum der Karthager vordringen.

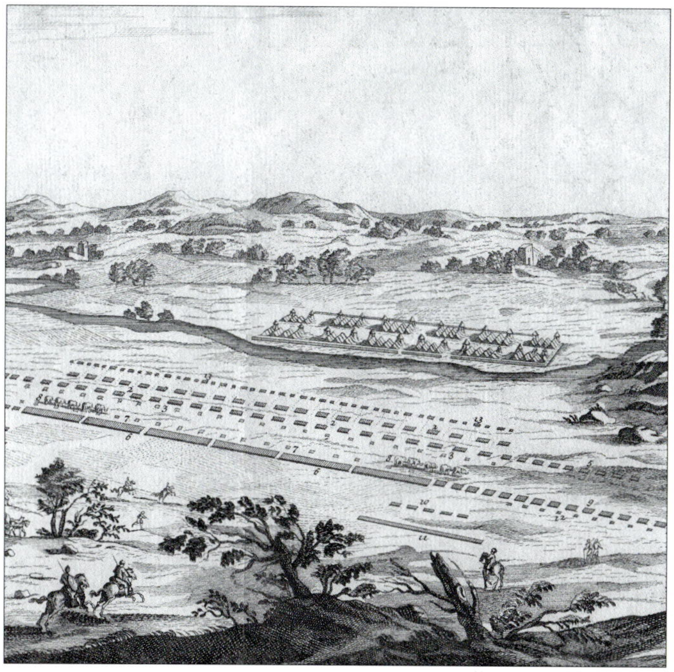

Diese Illustration aus dem 18. Jahrhundert *zeigt eine klare Aufstellung der Karthager und Römer an den Ufern der Trebbia. Tatsächlich waren die Schlachtordnungen in der Antike viel unübersichtlicher.*

DATEN UND FAKTEN

Wer: Eine römische Armee aus vier römischen und vier verbündeten Legionen unter dem Kommando von Publius Scipio (†211 v. Chr.) und Tiberius Sempronius Longus (260–210 v. Chr.) stand der Armee des karthagischen Feldherrn Hannibal (247–183 v. Chr.) gegenüber.

Was: Die Römer griffen über die Trebbia an und wurden in eine Falle gelockt.

Wo: Der Fluss Trebbia, südwestlich vom heutigen Piacenza in Norditalien.

Wann: Dezember 218 v. Chr.

Warum: Hannibal wollte in Italien einfallen und musste die Armee ausschalten, die ihn aufhalten sollte.

Ergebnis: Die römischen Truppen wurden entscheidend geschlagen, Rom erlitt seine bis dahin schwerste Niederlage.

DESASTER FÜR ROM

Eine bis dahin in einer Schlucht versteckte Einheit aus Reitern und Leichtbewaffneten griff die Römer von hinten an. Zwar konnte Sempronius mit den von ihm kommandierten rund 10 000 Legionären die karthagischen Linien durchbrechen und sich freikämpfen, doch die übrigen Römer wurden eingekesselt und systematisch niedergemacht.

Insgesamt verloren die Römer zwei Drittel ihrer Truppen, viele wurden beim Versuch, über den Fluss zu entkommen, getötet. Die meisten Überlebenden des Massakers waren bei dem Gefecht in kleine Gruppen aufgesplittert worden und konnten im Schutz der Dunkelheit entkommen.

DER SCHAUPLATZ DER SCHLACHT VON CANNAE HEUTE. *Vom Hügel oberhalb des Flusses, wo vermutlich Hannibal auch stand, kann man sich die siegesgewissen Römer vorstellen.*

Cannae 216 v. Chr.

DIE DOPPELTE UMFASSUNG IST EIN SCHWIERIGES TAKTISCHES MANÖVER. HANNIBAL GELANG SIE ABER PERFEKT: DIE RÖMISCHE ARMEE ERLEBTE EINE VERHEERENDE NIEDERLAGE. DIESE ART DER UMFASSUNG WIRD DESHALB AUCH ALS „CANNAE-MANÖVER" BEZEICHNET.

Der Zweite Punische Krieg zwischen Karthago und Rom, der von 219 bis 202 v. Chr. dauerte, verlief in den ersten Kriegsjahren für Rom katastrophal. Doch am Ende stand die Niederlage Karthagos. Hannibal (247–183 v. Chr.), der ebenso geschickte wie rücksichtslose karthagische Feldherr, zog nach Italien und wählte dafür eine sehr abwegige Route über die Alpen. Er führte der römischen Armee einige empfindliche Niederlagen zu und wollte so Rom die Verbündeten abspenstig machen. Nachdem er mehrere Schlachten gegen die Römer bestritten hatte, verfügte er noch über eine kampfstarke, erfahrene Truppe aus 40 000 Fußsoldaten und 10 000 Reitern. Mit dieser Truppe besetzte Hannibal die Nachschubbasis bei Cannae. Als eine zahlenmäßig weit überlegene römische Armee anrückte, um die Basis zurückzuerobern, stellte er sich nahe dem römischen Lager zur Schlacht auf. Dieser Schritt war wohlüberlegt. Die römische Armee

DATEN UND FAKTEN

Wer: Eine römische Armee mit 80 000 Infanteristen und 7000 Reitern unter den Konsuln Paulus und Varro stand einer karthagischen Armee aus 40 000 Infanteristen und 10 000 Reitern unter Hannibal gegenüber.

Was: Hannibal lockte die Römer zum Angriff auf seine Front. Sein Zentrum wich zurück, die Römer rückten nach, wurden aber gleichzeitig umfasst und von hinten angegriffen.

Wo: In der Nähe von Canosa in der Provinz Bari.

Wann: 2. August 216 v. Chr.

Warum: Im Zweiten Punischen Krieg (218–202 v. Chr.) zwischen Karthago und Rom wollte Hannibal einen entscheidenden Sieg, um seinen Feldzug in Italien fortzusetzen.

Ergebnis: Hannibals Plan war ein voller Erfolg: Die römische Armee wurde vernichtend geschlagen.

mit 80 000 Infanteristen und 7000 Reitern wurde von den Konsuln Varro und Paulus befehligt. Die Konsuln wechselten sich täglich im Kommando ab. Varro galt als tollkühn, daher stachelte Hannibal gezielt ihn zum Kampf auf, was gelang. Varro befahl am 2. August 216 v. Chr. seiner Armee, sich für die Schlacht zu formieren.

HANNIBAL PARADIERT MIT SEINER ARMEE *durch die Straßen einer eroberten italischen Stadt. Rüstung und Ausstattung der Karthager zeigen deutlich römische Einflüsse.*

RÖMISCHE LINIEN

Die Römer nahmen ihre Standardformation ein, die *velites* (Plänkler) mit leichter Rüstung ganz vorne, dahinter die schwerer gepanzerten Legionäre. An den Flanken des römischen Kontingents stand die Infanterie aus italischen Verbündeten. Die römische Kavallerie bildete den rechten Flügel, die Reiter der Bundesgenossen den linken. Hannibal stellte seine Truppen hinter einer Linie leichterer Einheiten als Abschirmung auf, um die Anordnung seiner Haupttruppe zu kaschieren. Seine Infanterie wurde in einem Bogen zur römischen Front hin formiert. Zur Rechten bezog die leichte numidische Kavallerie Stellung, zur Linken die schwere Kavallerie. Das Zentrum der Karthager war durch die überlegene und besser ausgerüstete gegnerische Infanterie gefährdet, die sie drohte zurückzudrängen. Doch Hannibal hatte diese Situation einkalkuliert und war daher wenig besorgt darüber.

Wie von Hannibal vermutet, rückte die römische Infanterie nach vorne, um sich den unterlegenen Gegner dort vorzunehmen. Die *velites* zogen sich zurück, um den Legionären den Weg freizumachen. Der Bogen aus karthagischen Schwertkämpfern wurde eingedrückt und dann zurückgedrängt, was die Römer ermutigte, tiefer in die gegnerische Formation nachzurücken. Tatsächlich hatte Hannibal seinen Schwertkämpfern befohlen, angesichts der überlegenen römischen Truppe zurückzuweichen. Während sich die Hauptfront kämpfend zurückzog, hatten sich die zuvor als Abschirmung positionierten leichteren Einheiten an den Flanken und im Hinterraum neu formiert.

Nun rückte die karthagische Kavallerie gegen ihren römischen Gegenpart vor. Die schwere Kavallerie konnte die römischen Reiter vertreiben und mit einem großen Kontingent die Kavallerie der römischen Verbündeten von hinten attackieren. Die römischen Kommandeure beorderten, den Sieg vor Augen, weitere Truppen ins Zentrum. Das nutzte die leichte Infanterie der Karthager, um die Flanken zu schließen, während ihre Kavallerie die Römer von hinten angriff.

Von allen Seiten eingeschlossen, standen die Römer so dicht gedrängt, dass viele ihre Waffen gar nicht mehr heben konnten. Einige merkten, dass sie in ihrem allzu großen Selbstvertrauen in eine Falle getappt waren und versuchten, sich den Weg freizukämpfen. Rund 8000 Mann konnten dem Gemetzel entkommen, der Rest wurde niedergemacht.

Rom hatte acht eigene und acht Legionen seiner Verbündeten in die Schlacht geworfen, insgesamt rund 80 000 Mann. Etwa 55 000 wurden getötet, darunter Konsul Paulus, 80 Senatoren und 21 Tribunen. Weitere 10 000 Soldaten gerieten in Gefangenschaft. Nach der Schlacht lösten einige Städte ihr Bündnis mit Rom.

Hannibal hatte zwar eine große römische Armee bei Verlust von nur knapp 6000 eigenen Männern geschlagen und einen bedeutenden politischen Erfolg errungen, doch konnte er seinen Sieg nicht wirklich nutzen, denn zur Eroberung der befestigten italischen Städte fehlte ihm die entsprechende Belagerungstechnik. Er war also gezwungen, weiter durch Italien zu ziehen. Rom blieb unbesiegt und konnte sich unter der Führung von Publius Cornelius Scipio (236–184 v. Chr.) wieder aufrichten.

KARTHAGISCHER INFANTERIST

Bei den ersten Auseinandersetzungen mit Rom waren die karthagischen Lanzenkämpfer noch deutlich von der griechischen Tradition geprägt. Bei Hannibals Feldzug nach Italien änderte sich das. Dieser Lanzenkämpfer lässt den römischen Einfluss erkennen. Die Lanze ist nun deutlich kürzer als einige Jahre zuvor, zudem wird der Kämpfer durch einen vor der linken Schulter hängenden Schild geschützt. Bei einer Rechtsdrehung kann dieser Schild vor den Körper geschwenkt werden, er ist aber nicht so flexibel wie ein nur am Unterarm getragener Schild. Zur Bewaffnung gehören auch ein Dolch oder ein kurzes Schwert.

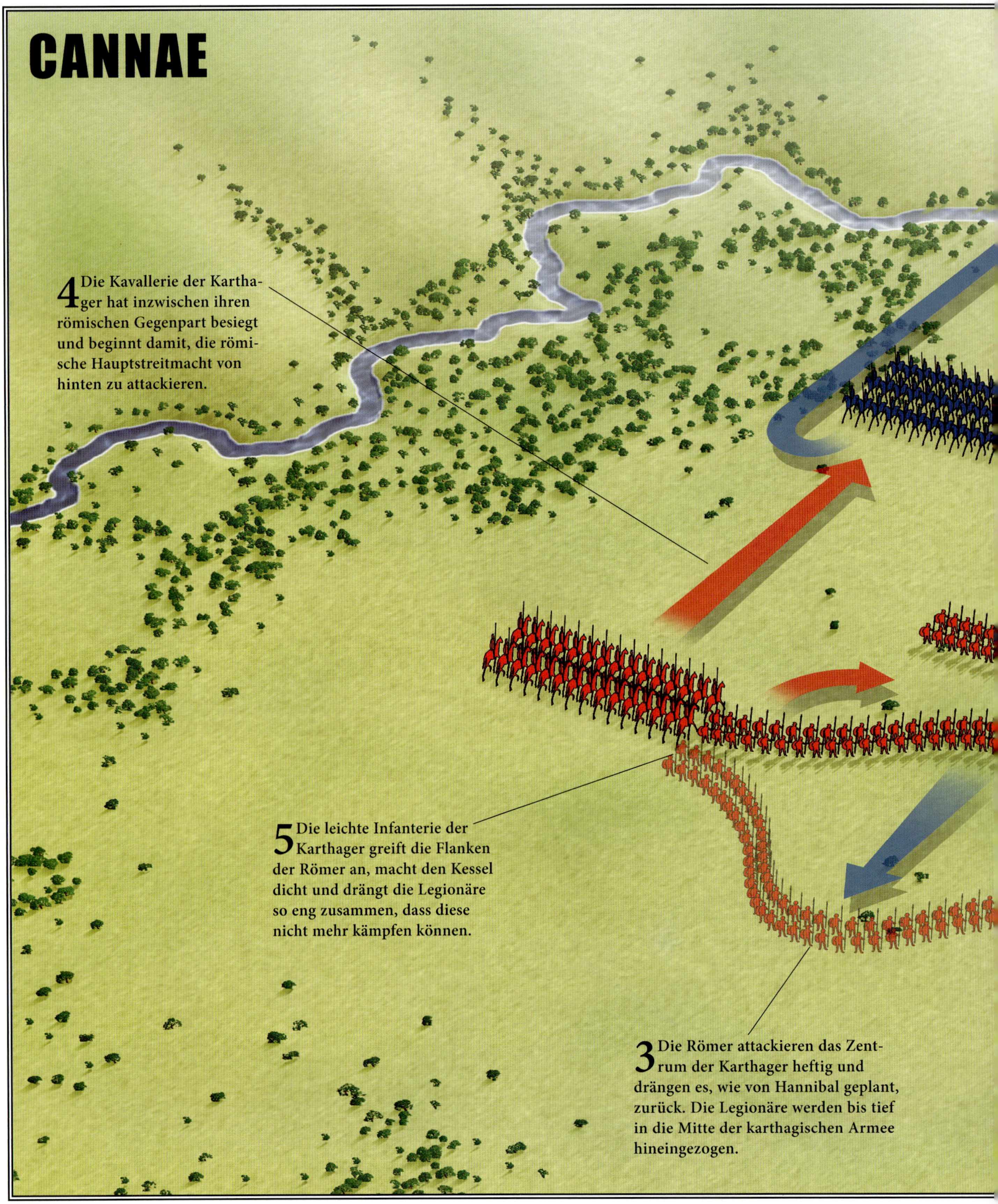
CANNAE
4 Die Kavallerie der Karthager hat inzwischen ihren römischen Gegenpart besiegt und beginnt damit, die römische Hauptstreitmacht von hinten zu attackieren.
5 Die leichte Infanterie der Karthager greift die Flanken der Römer an, macht den Kessel dicht und drängt die Legionäre so eng zusammen, dass diese nicht mehr kämpfen können.
3 Die Römer attackieren das Zentrum der Karthager heftig und drängen es, wie von Hannibal geplant, zurück. Die Legionäre werden bis tief in die Mitte der karthagischen Armee hineingezogen.

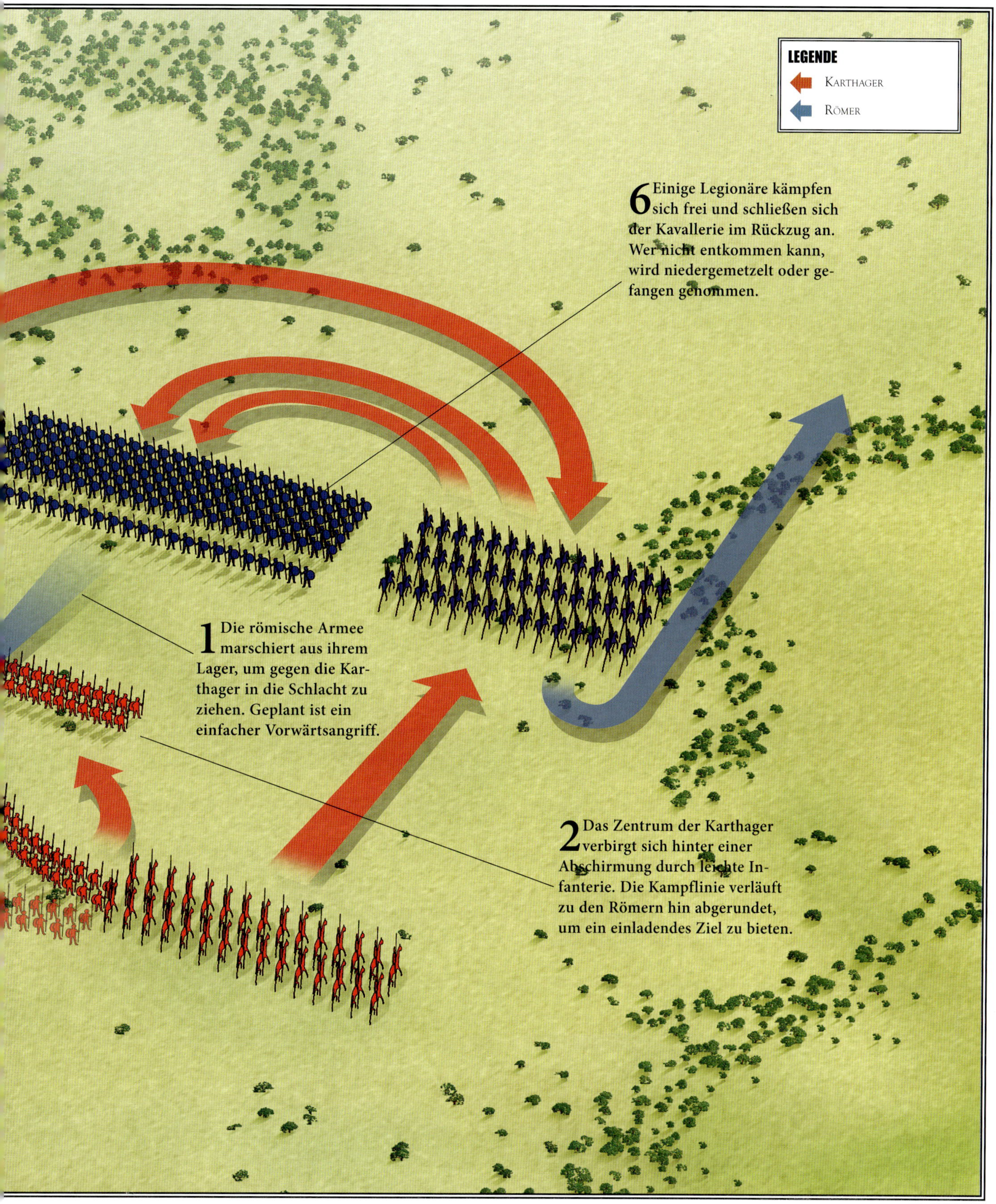
LEGENDE
KARTHAGER
RÖMER
6 Einige Legionäre kämpfen sich frei und schließen sich der Kavallerie im Rückzug an. Wer nicht entkommen kann, wird niedergemetzelt oder gefangen genommen.
1 Die römische Armee marschiert aus ihrem Lager, um gegen die Karthager in die Schlacht zu ziehen. Geplant ist ein einfacher Vorwärtsangriff.
2 Das Zentrum der Karthager verbirgt sich hinter einer Abschirmung durch leichte Infanterie. Die Kampflinie verläuft zu den Römern hin abgerundet, um ein einladendes Ziel zu bieten.

GERMANISCHE KRIEGER GREIFEN *aus dem Schutz eines Waldes eine römische Legion an. Entscheidend für den Erfolg war dabei der Überraschungseffekt. In Aquae Sextiae erwies sich die römische Disziplin als überlegen.*

Aquae Sextiae 102 v. Chr.

BEI AQUAE SEXTIAE NUTZTE GAIUS MARIUS DEN AGGRESSIVEN KAMPFSTIL SEINER GEGNER UND DIE TAKTISCHE BEWEGLICHKEIT SEINER LEGIONEN ZU EINEM SIEG.

Das römische Militärwesen veränderte sich im Lauf der Zeit. Eine zunächst griechisch inspirierte Hoplitenarmee wurde von dem flexibleren Legionssystem abgelöst. Ursprünglich wurde der Militärdienst von wohlhabenden Bürgern geleistet, die sich selbst ihre Ausrüstung finanzierten. Das funktionierte anfangs gut, doch mit der zunehmenden Machtausdehnung Roms wuchsen auch die militärischen Verpflichtungen. Dass sich die römischen Bürgersoldaten nicht um ihre Geschäfte und Ländereien kümmern konnten, wirkte sich nachteilig auf Staats- und Privatfinanzen aus. Der Militärdienst wurde immer unbeliebter.

Zu der von Gaius Marius eingeleiteten Heeresreform gehörte auch ein neues Rekrutierungssystem, nach dem jeder Bürger Soldat werden konnte und auf Staatskosten dem Standard entsprechend ausgerüstet wurde. Gleichzeitig erhielt er aus der Staatskasse einen Sold. Diese Rekruten unterlagen einem strengen Ausbildungsprogramm.

Das neue System wurde 107 v. Chr. zunächst inoffiziell eingeführt. Marius schaffte, so weit möglich, den Tross ab, um

DATEN UND FAKTEN

Wer: Eine römische Armee mit 40 000 Mann (einschließlich Hilfstruppen) unter Gaius Marius (157–86 v. Chr.) stand über 100 000 germanischen Kriegern gegenüber.

Was: Die germanischen Krieger wurden zu einem Angriff hangaufwärts gezwungen, der abgewehrt und mit einem erfolgreichen Gegenangriff der gut organisierten römischen Truppen beantwortet wurde.

Wo: Aquae Sextiae (Aix-en-Provence) in Südfrankreich.

Wann: 102 v. Chr.

Warum: Marius' Armee sollte das für Rom bedrohlich werdende Vordringen der germanischen Teutonen verhindern.

Ergebnis: Die Teutonen wurden vernichtend geschlagen und an der weiteren Migration nach Norditalien gehindert.

die Mobilität im Feld zu erhöhen. Das bedeutete, dass die Soldaten mehr selbst tragen mussten, was ihnen den Spitznamen „Maultiere des Marius“ einbrachte.

WANDERNDE STÄMME

Marius erhielt das Kommando über die neu strukturierte Armee und wurde ausgeschickt, Roms Grenzen vor der Bedrohung durch immer weiter vordringende Germanenstämme zu schützen. Teutonen, Ambronen, Kimbern und Skythen wanderten oft mit Zehntausenden Kriegern umher. Die Gallier hatten 390 v. Chr. Rom geplündert, und Marius sollte verhindern, dass dies noch einmal passierte. Die Bedrohung durch diese Stämme war ernst und schwer einschätzbar. Sie bewegten sich in unterschiedlich großen Gruppen, und ihre Wanderungen waren nicht immer vorhersehbar. Die römischen Niederlagen von 107 und 105 v. Chr. hatten gezeigt, dass die Stämme beträchtlichen Schaden anrichten konnten.

MARIUS IST VORBEREITET

102 v. Chr. zielten die Ambronen und Teutonen direkt auf Italien. Marius wurde beauftragt, sie aufzuhalten, und bezog ein befestigtes Lager als Abwehrstellung. Dort griffen ihn die Teutonen an, wurden aber zurückgeschlagen. Damit hatte Marius ein wichtiges Ziel erreicht, denn seine Gegner waren für ihre Wildheit bekannt. Indem er den Kampf nach seinen Vorstellungen lenkte, demonstrierte Marius seiner Truppe, dass sie gegen die Stammeskrieger gewinnen konnte, und festigte so die Moral der Männer vor der kommenden entscheidenden Schlacht. Weil die Teutonen die Stellung von Marius nicht ausschalten konnten, umgingen sie diese und marschierten weiter in Richtung Italien.

DIE SCHLACHT

Marius' Einheiten lösten das Lager auf und verfolgten die Germanen. Zur Ausbildung der Legionäre gehörten auch lange Trainingsmärsche, was sich nun in Form einer größeren strategischen Mobilität auszahlte. Marius überholte die Teutonen und brachte seine Truppen bei Aquae Sextiae in Stellung.

Während die Legionäre ihr befestigtes Lager errichteten, geriet eine Gruppe, die Wasser beschaffen sollte, in ein Scharmützel mit Teutonen, die ebenfalls Wasser suchten. Der Kampf eskalierte, doch die Römer behielten die Oberhand. Marius' Truppen verbrachten die Nacht in ihrem Lager und machten sich für den nächsten Tag kampfbereit.

Marius wusste, dass seine Gegner zwar gute Kämpfer waren, aber eher einfache Taktiken anwendeten. Er konzentrierte deshalb seine Haupttruppen auf einem Hügel und beorderte eine kleinere Abteilung auf die Flanke. Marius selbst führte aus der Frontlinie das Kommando, wie es auch die Stammesfürsten taten. Allerdings waren seine Soldaten viel disziplinierter und seine Taktik ausgefeilter.

Die Teutonen stürmten den Hügel aufwärts zu den wartenden Legionären, die ihre *pila* auf die Angreifer schleuderten. Der schwierige Angriff über den Hang brachte den Ansturm der Germanen zum Erliegen, während der von Marius geleitete Gegenangriff sehr diszipliniert und energisch erfolgte.

Die Teutonen wurden im Nahkampf den Hang hinab gedrängt. Am Talboden bildeten sie eine Schilderwand. Die Römer mussten kämpfen, um die Barrikade aus Speerspitzen und übereinandergelegten Schilden zu durchbrechen. Schließlich tauchten die Flankentruppen im Rücken des Feindes auf.

RÖMISCHER SIEG

Durch den Angriff der Truppen von der Flanke her riss der Schildwall auf. Nun waren wieder die Römer im Vorteil. Als dann die Teutonen flohen, setzten die Römer deren Lager in Brand und töteten zahlreiche nicht kämpfende Begleiter.

Der Sieg über die Teutonen bei Aquae Sextiae befreite Rom von einer ernsten Bedrohung, allerdings drängten weitere Stämme in Richtung Italien vor. Kurz darauf focht Marius erfolgreich eine weitere Schlacht in der Ebene bei Vercellae aus und wehrte damit zunächst weitere Invasoren ab.

RÖMISCHE *HASTATI*

Die hastati, *bewaffnet mit* pila *(schweren Wurfspeeren) und dem* gladius *(einem Kurzschwert), bildeten die Frontlinie der Legion, die als Erste den Feind angriff. Notfalls tauschte diese Truppe ihre Position mit dem ähnlich bewaffneten zweiten Rang der erfahreneren* principes *und regenerierte sich inzwischen für den weiteren Einsatz. Die römische Militärorganisation stellte so sicher, dass immer frische Truppenteile da waren, um die Verteidigung zu sichern oder Schwächen des Feindes auszunutzen.*

DIESE RECHT FANTASIEVOLLE ILLUSTRATION *zeigt Crassus und seine Kohorten, die bei Carrhae von den Parthern besiegt werden. Von links greift ein parthischer Bogenschütze an.*

Carrhae 53 v. Chr.

DER SIEG DER PARTHER ÜBER MARCUS LICINIUS CRASSUS UND SIEBEN RÖMISCHE LEGIONEN BESCHLEUNIGTE DAS ENDE DES DRITTEN TRIUMVIRATS.

Marcus Licinius Crassus landete Ende 55 v. Chr. in Syrien vorrangig mit der Absicht, durch einen Feldzug gegen die Parther, einem mächtigen Volk aus dem benachbarten Persien, einen prestigeträchtigen Sieg gegen einen vermeintlich unbesiegbaren Feind zu erringen. Crassus hatte zwar enormen Reichtum angehäuft und teilte sich die Macht mit Julius Caesar (100–44 v. Chr.) und Pompeius (106–48 v. Chr.), doch ihm fehlte noch der Ruhm, den nur militärische Triumphe einbringen.

Bei seinem Feldzug gegen die Parther befehligte Crassus sieben Legionen mit 35 000 Fußsoldaten und rund 8000 Reitern. Ein Teil der Kavallerie stammte von Artavasdes, dem König von Armenien. Dieser hatte ihm auch zu einem Vorstoß über die armenischen Berge und nicht direkt durch die mesopotamische Wüste geraten. Crassus schlug diesen Rat aus, ebenso das Angebot von weiteren 16 000 Reitern und 30 000 Infanteristen. Er überquerte bei Zeugma den Euphrat und verließ

DATEN UND FAKTEN

Wer: Römische Legionen unter Marcus Licinius Crassus (115–53 v. Chr.) gegen das parthische Heer unter General Surenas (84–52 v. Chr.).

Was: Die Parther verteidigten ihr Königreich gegen die Eroberung durch Crassus.

Wo: Nahe der Stadt Carrhae (Harran), heutige Osttürkei.

Wann: 53 v. Chr.

Warum: Crassus wollte die Wüste durchqueren und das Hauptkontingent der parthischen Armee zur Schlacht zwingen. Auf seinem Feldzug plünderte er Städte, um Ruhm und Reichtum für Rom zu gewinnen.

Ergebnis: Die römischen Legionen wurden von einer nur ein Viertel so starken Partherarmee dezimiert, weil Surenas geschickt seine berittenen Bogenschützen und Kataphrakten einsetzte.

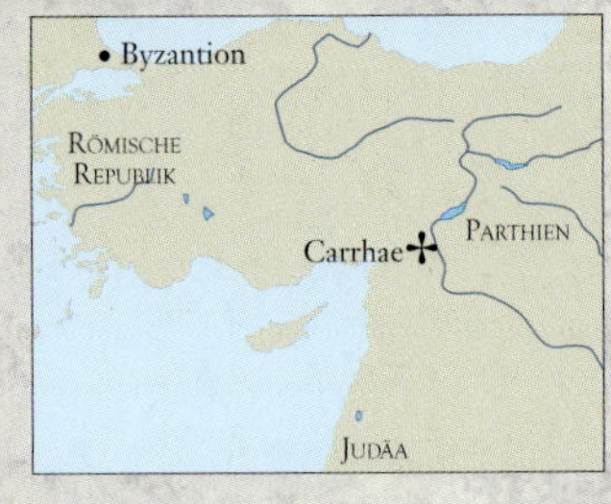

sich dabei auf den Araber Ariamnes, der heimlich mit den Parthern sympathisierte.

PARTHERSCHUSS

Als Crassus in die Wüste marschierte, griff der Partherkönig Orodes II. mit seinem Hauptheer Armenien an, um sich an Artavasdes für seine Unterstützung der Römer zu rächen. Eine 10 000 Mann starke Reitertruppe unter dem Befehlshaber Surenas sollte Crassus' Legionen aufhalten. Surenas unterstanden 9000 berittene Schützen, die ihre Pfeile im berühmten „Partherschuss" auch nach hinten abschießen konnten. Außerdem befehligte er 1000 Kataphrakten, schwer gepanzerte und mit Lanzen bewaffnete Reiter.

Die Armenier baten um Unterstützung, doch Crassus ignorierte ihren Hilferuf. In der Nähe der Stadt Carrhae traf er dann auf die kleine Armee unter Surenas. Gaius Cassius Longinus (85–42 v. Chr.), einer der Kommandeure, riet zu einer traditionellen Aufstellung mit der Reiterei an den Flanken und der Infanterie im Zentrum. Crassus ließ stattdessen ein Karree mit jeweils zwölf Kohorten an den Seiten bilden. Tollkühn zog er mit einer übermüdeten Truppe in einer wenig mobilen Formation in den Kampf.

Die berittenen Bogenschützen der Parther attackierten den römischen Verband und schossen Salven von Pfeilen auf die dicht stehenden Legionäre ab. Die Römer hatten viele Tote und Verwundete zu beklagen, denn ihre Rüstungen und Schilde boten kaum Schutz. Sobald Crassus zum Vorstoß ansetzte, brachten sich die flinken Reiter, während sie weitere Pfeile schossen, in Sicherheit. Frustriert befahl Crassus seiner Truppe, mit ihren Schilden die geschlossene *testudo*-Formation („Schildkröte") zu bilden. Die Kataphrakten nutzten dies zu wiederholten Attacken, denen viele Römer zum Opfer fielen. Als Crassus die Schildkrötenformation wieder auflösen ließ, gerieten die Legionäre wieder unter den Beschuss der parthischen Bogenschützen.

DESASTER

Kurz bevor er eingekesselt wurde, befahl Crassus seinem Sohn Publius (82–53 v. Chr.), die gegnerischen Reiter anzugreifen. Publius folgte den zurückweichenden Parthern und tappte dabei in eine Falle: Seine gesamte Truppe von über 1200 Mann wurde von den Kataphrakten ausgelöscht. Publius wurde enthauptet und sein Kopf auf einer Lanze zur Schau gestellt. Als die Kämpfe nachließen, konnten sich die geschlagenen Römer nach Carrhae zurückziehen.

Am nächsten Tag lud Surenas Crassus zu Verhandlungen über die Einstellung der Kämpfe ein. Er bot den überlebenden römischen Truppen den freien Abzug nach Syrien an, wenn Rom auf Gebietsansprüche östlich des Euphrat verzichten würde. Doch es kam zum Streit, Crassus und die römische Delegation wurden getötet.

In Carrhae, der schwersten Niederlage der Römer seit Cannae 216 v. Chr., verloren die Römer unter Crassus mindestens 30 000 Soldaten. Crassus' Tod bedeutete das Ende des ersten Triumvirats und trug zum Ausbruch des Bürgerkriegs zwischen Julius Caesar und Pompeius bei. Cassius konnte dem Debakel bei Carrhae entkommen und war 44 v. Chr. einer der Hauptverschwörer bei der Ermordung von Julius Caesar. Orodes II. ließ Surenas später, angeblich aus Neid auf dessen Ruhm, hinrichten.

BERITTENER PARTHISCHER BOGENSCHÜTZE

Die Parther benutzten einen Recurvebogen, wie später auch die Hunnen. Ein berittener Schütze hielt mehrere Pfeile in seiner linken Hand, weil sie so schneller verfügbar waren als aus einem Köcher. Die Schützen konnten bei jeder Gangart ihres Pferds schießen. Die optimale Treffsicherheit war aber beim Kanter-Galopp gegeben, wenn alle vier Hufe vom Boden abhoben.

VERCINGETORIX LEGT SEINE WAFFEN VOR CAESAR NIEDER. *Das Gemälde von Lionel-Noël Royer (1852–1926) vermittelt eine romantisierende Sicht der gallischen Kapitulation.*

Alesia 52 v. Chr.

MIT SEINEM SIEG IN ALESIA SICHERTE CAESAR DIE RÖMISCHE HERRSCHAFT ÜBER GALLIEN. DANK DER MILITÄRTECHNISCHEN ÜBERLEGENHEIT KONNTE ER EINE RIESIGE GALLISCHE ARMEE BESIEGEN, DIE IHREN ANFÜHRER VERCINGETORIX AUS DER VON RÖMERN BELAGERTEN STADT BEFREIEN WOLLTE. CAESAR HATTE KUNSTVOLLE BEFESTIGUNGSANLAGEN UM ALESIA ANGELEGT.

Gaius Julius Caesar wurde 59 v. Chr. in Rom zum Konsul gewählt. Er nutzte seine Position und seine politischen Beziehungen, um nach Beendigung des Konsulats seine Ernennung zum Prokonsul von Gallia Cis- und Transalpina sowie Illyrien zu bewirken. In den nächsten fünf Jahren führte er mehrere erfolgreiche, wenn auch manchmal höchst riskante Militäraktionen in Gallien durch, bei denen er viele der dortigen Stämme zumindest zeitweise zur Unterwerfung zwang. Caesar unternahm auch Vorstöße über den Rhein und fiel zweimal in Britannien ein.

Trotz Caesars Erfolgen kam es in Gallien zu Unruhen, die sich Ende 54 v. Chr. zunehmend ausbreiteten. Anfang des Jahres 52 v. Chr. initiierten die Gallier eine gut organisierte breite Rebellion gegen die römische Herrschaft. Die Revolte

DATEN UND FAKTEN

Wer: Gaius Julius Caesar (100–44 v. Chr.) und seine Armee mit 45 000 Mann belagerten rund 70 000 Gallier unter dem Kommando des Arverners Vercingetorix (†46 v. Chr.) und erwarteten eine gallische Entsatzarmee von weiteren 250 000 Kriegern.

Was: Caesar nutzte die römischen Erfahrungen mit Belagerungstechniken und errichtete Belagerungslinien, die nach innen und außen wirkten.

Wo: Alesia, rund 42 km nordwestlich des heutigen Dijon in Frankreich.

Wann: Ende September/ Anfang Oktober 52 v. Chr.

Warum: Caesar wollte Vercingetorix ausschalten und die römische Herrschaft in Gallien sichern.

Ergebnis: Die Niederlage Vercingetorix' und seiner Truppen bedeutete das Ende des gallischen Widerstands gegen das römische Imperium.

begann im Frühjahr mit einem Massaker an römischen Bürgern in Cenabum, einem Hauptort der Karnuten. Die Aktion hatte Signalwirkung auf die Gallier. Der junge Arvernerfürst Vercingetorix, eine charismatische Persönlichkeit, schmiedete daraufhin eine Allianz der Stämme und stellte eine gemeinsame Armee auf.

In den folgenden Schlachten erlebten beide Seiten Siege und Niederlagen. Caesar rückte in das Territorium der Biturigen vor und eroberte deren Festung Avaricum. Vercingetorix konnte einen Angriff von sechs Legionen auf die Festung Gergovia der Arverner abwehren. Vercingetorix war sich aber bewusst, dass seine Truppen Caesars Einheiten in offener Schlacht nicht standhalten konnten. Im September beschloss er, sich in die befestigte Stadt Alesia zurückzuziehen und in der Nähe ein befestigtes Lager zu errichten. Caesar erkannte, dass Alesia und das gallische Lager zu stark für einen Angriff waren, und beschloss, einen Belagerungsring um die Stadt zu ziehen. Er ließ Belagerungsanlagen und Befestigungen bauen, um die Stadt einzuschließen und sich gleichzeitig vor dem Angriff der erwarteten Entsatztruppen zu schützen.

DIE SCHLACHT

Das gallische Entsatzheer traf wie erwartet ein und griff nach einer Rast die römischen Linien an. Es kam zu einem heftigen Zusammenprall der beiden Kavallerien auf einer nahe liegenden Ebene. Die Römer und ihre Verbündeten behielten aber die Oberhand. Das Entsatzheer bereitete deshalb das Material (unter anderem Leitern, Enterhaken und Reisigbündel) für einen Großangriff auf die Befestigung am nächsten Tag vor. Um Mitternacht schlichen sich die Gallier dicht an die römischen Verteidigungsanlagen heran und gaben den in Alesia Eingeschlossenen ein Zeichen, dass der Angriff begann. Vercingetorix stürmte mit seinen Truppen aus der Festung heraus, sodass die Römer von vorne und hinten attackiert wurden. Allerdings konnten die Gallier nicht in die römischen Linien eindringen und zogen sich aus Angst vor einem Gegenangriff zurück.

Die Gallier hielten Kriegsrat und beschlossen, dass ihr Hauptheer die Befestigungen angreifen sollte, während sich eine Truppe ausgewählter Kämpfer ein römisches Lager nördlich der Stadt vornahm. Dieses Lager wurde von zwei Legionen verteidigt, lag aber durch das Terrain bedingt außerhalb des Verteidigungsrings. Vercingetorix sollte erneut einen Angriff unternehmen, sodass die Römer gezwungen waren, gleichzeitig ihren Verteidigungs- und Belagerungsring zu schützen. Rund 60 000 Gallier aus dem Entsatzheer bezogen in der Nacht ihre jeweilige Angriffsposition. Zugleich stürmte Vercingetorix aus der Stadt gegen den inneren Belagerungsring an. Caesar musste dem Lager zu Hilfe eilen, nachdem dessen Verteidigung an einigen Stellen durchbrochen wurde. Den von ihm geführten Truppen gelang es dennoch, die Gallier zurückzuschlagen. Er startete einen verzweifelten Gegenangriff und befahl gleichzeitig seiner Kavallerie einen Ausfall, um die Gallier von hinten zu attackieren. Die Gallier nahmen den Kampf auf, wurden aber durch die in ihrem Rücken auftauchende Kavallerie in die Flucht getrieben. Die innen eingeschlossenen Gallier zogen sich daraufhin entsetzt nach Alesia zurück.

Angesichts der Niederlage des gallischen Entsatzheeres waren die Gallier in Alesia zur Kapitulation gezwungen. Vercingetorix wurde an Caesar ausgeliefert. Der Sieg in Alesia brach endgültig den gallischen Widerstand, doch Caesar benötigte noch zwei Jahre, um seine Position zu festigen. Vercingetorix verbrachte sechs Jahre in Gefangenschaft, bevor er auf Caesars Triumphzug in Rom vorgeführt und dann getötet wurde.

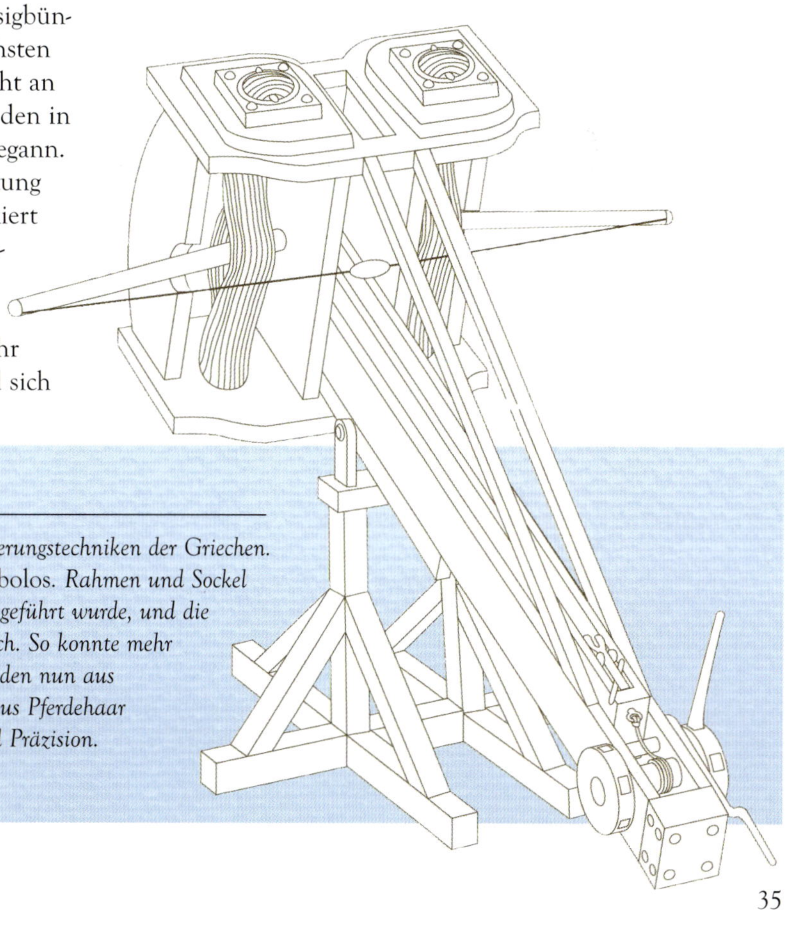

BALLISTA

Im 3. Jahrhundert v. Chr. übernahmen die Römer die Belagerungstechniken der Griechen. Die ballista *war eine neue Version der Steinschleuder* lithobolos. *Rahmen und Sockel waren robuster ausgelegt; die Öffnungen, durch die das Seil geführt wurde, und die Unterlegscheiben waren nun oval und nicht mehr quadratisch. So konnte mehr Seil für die Federn untergebracht werden. Die Federn bestanden nun aus Sehnen, die wesentlich kräftiger als die früheren Versionen aus Pferdehaar waren. Die Maschine bekam so eine größere Reichweite und Präzision.*

ALESIA
6 Die Gallier in Alesia koordinieren ihre Angriffe mit denen des Entsatzheers, dieses wird aber von Caesars germanischer Kavallerie besiegt.
5 Ein Entsatzheer mit rund 250 000 Mann trifft ein und unternimmt drei Versuche, die Belagerung der Stadt aufzuheben.
LEGENDE
Römische Truppen
Gallische Truppen

3 Entlang der Wälle werden im größeren Abstand Forts angelegt, um rasch Truppen an Brennpunkte schicken zu können.
1 Vercingetorix zieht sich mit rund 70 000 Soldaten in die Festung Alesia auf einem Hügel zurück.
4 Um Nahrungsmittel zu sparen, werden Frauen und Kinder aus Alesia rausgeschickt. Sie müssen zwischen den Fronten kampieren.
2 Nachdem die gallische Kavallerie entkommen ist, lässt Caesar einen inneren und äußeren Befestigungsring von rund 28 km Länge um Alesia bauen.

Das Gemälde aus dem 19. Jahrhundert *zeigt, wie die römischen Legionen unter Varus von den germanischen Kriegern unter Arminius angegriffen und niedergemetzelt werden.*

Teutoburger Wald 9 n. Chr.

„QUINCTILIUS VARUS, GIB MIR MEINE LEGIONEN ZURÜCK!", SOLL KAISER AUGUSTUS AUSGERUFEN HABEN, ALS ER DIE NACHRICHT VON DER NIEDERLAGE IN GERMANIEN ERHIELT. IM TEUTOBURGER WALD WAREN DREI RÖMISCHE LEGIONEN MIT 25 000 MANN AUSGELÖSCHT WORDEN. AUGUSTUS FÜRCHTETE NICHT NUR EINE BEDROHUNG FÜR DAS RÖMISCHE IMPERIUM, SONDERN AUCH DAS ENDE DER SEIT 40 JAHREN ANDAUERNDEN EXPANSION.

Das römische Desaster im Teutoburger Wald begann im Herbst 9 n. Chr. mit einer Meldung. Obwohl die Römer die vormals aufsässigen Stämme nun offenbar unter Kontrolle hatten, wurde ihre nördliche Provinz von einer Garnison mit drei Legionen und rund 800 Reitern sorgfältig überwacht. Kommandeur dieser Einheiten war der Statthalter in Germanien, Publius Quinctilius Varus. Zwei Jahre nach seiner Ernennung bezog er mit seinen Legionen

DATEN UND FAKTEN

Wer: Germanische Stämme unter Arminius (17 v. Chr.–21 n. Chr.) gegen drei römische Legionen und Hilfstruppen unter Publius Quinctilius Varus (46 v. Chr.–9 n. Chr.).

Was: Ein Bündnis germanischer Stämme lauerte den römischen Legionen in dem Wald auf und vernichtete sie bei mehreren Überfällen im Verlauf mehrerer Tage.

Wo: Teutoburger Wald, in der Nähe von Osnabrück in Niedersachsen.

Wann: 9. bis 11. September 9 n. Chr.

Warum: Die Germanenstämme wollten eine Unterwerfung durch das expandierende römische Imperium verhindern.

Ergebnis: Die römischen Legionen wurden vernichtet, Varus beging Selbstmord, und Germanien geriet nicht unter römische Herrschaft.

ein Sommerlager westlich der Weser. Anfang September, vermutlich während des Rückmarschs in das Winterquartier am Rhein, erreichte Varus die Meldung von einem sich weiter im Westen formierenden Aufstand.

Überbracht wurde diese Meldung von Arminius, einem vertrauenswürdigen Berater aus dem Stamm der Cherusker. Doch Arminius hatte sich heimlich von den Römern abgewandt und schmiedete zusammen mit verschiedenen Germanenstämmen eine Allianz, um die römische Herrschaft abzuschütteln. Der Plan war einfach. Die fingierte Nachricht von der Rebellion würde Varus veranlassen, mit seinen Legionen loszuziehen. Entlang der Marschroute wollte man die Kolonne in geeignetem Gelände in einen Hinterhalt locken und zerschlagen.

Nachdem er Varus am 9. September auf eine unbekannte Route gelenkt hatte, verabschiedete sich Arminius von der Truppe mit der Begründung, befreundete Männer für deren Unterstützung anwerben zu wollen. Varus durchschaute das Täuschungsmanöver nicht und marschierte zügig voran. Seine Marschkolonne, zu der auch der Tross sowie Frauen und Kinder gehörten, zog sich dabei immer mehr in die Länge. Schließlich erreichte er den hügeligen und dichten Teutoburger Wald.

DIE FALLE SCHNAPPT ZU

Die dort auf der Lauer liegenden Krieger griffen die Kolonne aus dem dichten Wald heraus an. Die Römer erlitten schwere Verluste, bewahrten aber eine gewisse Ordnung. Sie bezogen ein Lager in einer Defensivposition auf einem bewaldeten Hügel. Am nächsten Tag gelang es ihnen, eine Bresche in die gegnerische Absperrkette zu schlagen und offenes Gelände zu erreichen. Doch bald kamen sie wieder in dichten Wald, was der Reiterei eine Erkundung unmöglich machte. Die Verluste waren am zweiten Tag noch höher als am ersten. Der strömende Regen machte zudem Schwerter, Speere und Schilde fast unbrauchbar.

Arminius hatte den nächsten Schritt von Varus bereits vorhergesehen. Die überlebenden Römer schleppten sich durch die Nacht bis zum Fuß des Kalkrieser Bergs. Unbeabsichtigt gerieten sie so in eine ausweglose Situation: Auf der einen Seite erhob sich der Berg, auf der anderen befand sich ein weites Moor, und an der dritten Seite hatten die Germanen Gräben und einen Erdwall errichtet. Das Schicksal der Römer war besiegelt. Die Germanen griffen im Schutz der Gräben und des Walls sowie über die Flanken an. Der verzweifelte Versuch, den Wall zu durchbrechen, scheiterte. Die römischen Reiter unter Varus' Stellvertreter Numonius Vala flohen, wurden aber von germanischen Reitern verfolgt und niedergemetzelt. Einige römische Soldaten gerieten in Gefangenschaft, andere wählten den Freitod. Der Historiker Cassius Dio schrieb: „Varus und die höheren Offiziere fassten, aus Furcht, gefangen oder getötet zu werden, zumal sie bereits verwundet waren, einen furchtbaren, aber notwendigen Beschluss. Sie töteten sich selbst."

Arminius hatte mit seinem Täuschungsmanöver das Debakel der Römer im Teutoburger Wald eingeleitet, doch Varus hatte es mit seinem Ungeschick noch verschlimmert. Drei Legionen wurden ausgelöscht, ihre Legionsnummern nie mehr vergeben. Die gefangenen Römer wurden als Sklaven verkauft oder heidnischen Göttern geopfert. Die Germanen hatten nur geringe Verluste erlitten.

In den folgenden Monaten brandschatzte Arminius zahlreiche römische Außenposten östlich des Rheins. Der Konflikt dauerte noch sieben Jahre an, doch Germanien blieb die nächsten 400 Jahre frei von römischer Vorherrschaft. Am Ende stand der Niedergang und Zerfall des römischen Imperiums.

DIE HÄUFIG IN DICHTEN REIHEN *kämpfenden römischen Legionäre verließen sich auf ihre langen Speere, um den Gegner in Schach zu halten. Die kurzen Schwerter waren für den Nahkampf bestimmt.*

DIE LUFTAUFNAHME *zeigt die mächtige Bergfestung Masada heute. Die römische Belagerungsmaschinerie konnte selbst eine scheinbar uneinnehmbare Festung bezwingen.*

Masada 73 N. CHR.

DER TROTZIGE WIDERSTAND VON WENIGER ALS 1000 JUDEN, DIE DEN SUIZID DER UNTERWERFUNG UNTER DIE RÖMER VORZOGEN, IST LEGENDÄR.

Als sich um 66 n. Chr. die Spannungen zwischen den Juden und den römischen Besatzern Palästinas in einem offenen Konflikt entluden, übernahmen die Sikarier, eine Fraktion der Zeloten, die Kontrolle über Masada. Diese Festung hatte König Herodes der Große (74–4 v. Chr.) mehr als ein Jahrhundert zuvor als Fluchtburg auf einem Fels errichtet, der 250 m über dem Toten Meer aufragt. Unter der Führung von Eleasar ben Ja'ir unternahmen die Sikarier („Dolchträger") Überfälle in der Umgebung, beteiligten sich aber nicht wie andere bewaffnete Juden an der Verteidigung Jerusalems, das seit Längerem belagert wurde.

BELAGERUNG

Nach der Einnahme von Jerusalem erkannte Lucius Flavius Silva, dass die in Masada verschanzten Juden als letzte bedeutsame Gruppe der römischen Vorherrschaft in Palästina im Weg standen. Er marschierte 73 n. Chr. mit der X. Legion nach Masada, um die Bergfestung einzunehmen. Seine Truppen konnten die Befestigung allerdings nicht über den einzi-

DATEN UND FAKTEN

Wer: Jüdische Zeloten unter Führung von Eleasar ben Ja'ir wurden von der römischen X. Legion unter Lucius Flavius Silva belagert.

Was: Nach der Einnahme Jerusalems marschierten die Römer nach Masada, um die von Herodes dem Großen erbaute, als uneinnehmbar geltende Festung zu erobern.

Wo: Der Bergrücken von Masada am Toten Meer.

Wann: 73–74 n. Chr.

Warum: Flavius wollte den letzten jüdischen Widerstand gegen die römische Herrschaft in Palästina brechen.

Ergebnis: Die Römer durchbrachen zunächst die Festungsmauern von Masada. Am nächsten Tag griffen sie an und fanden die Leichen von fast 1000 Juden, die den Tod der Unterwerfung unter die Römer vorgezogen hatten.

gen schmalen Zugang, „Schlange“ genannt, erklimmen. Stattdessen plante der Kommandeur ein sehr ambitioniertes Bauprojekt.

Zunächst ließ er einen 4,8 km langen Wall zum Schutz seiner Belagerungstruppen errichten. Der stellenweise 1,8 m breite Wall hatte zusätzlich etwa alle 20 m Wachtürme. Dann mussten Sklaven an der Nordwestflanke von Masada eine riesige Rampe aufschütten. Über die 74 n. Chr. fertiggestellte Rampe konnten die Römer schweres Belagerungsgerät bis an die Befestigungen heranführen. Die römischen *ballistae* schleuderten schwere Steine gegen die Mauern, und ihre Rammböcke konnten eine Bresche schlagen. Die Juden errichteten zur Abwehr eilends eine Holzwand, doch die Römer setzten diese in Brand.

MASSENSELBSTMORD

Moderne Historiker interpretieren die darauf folgenden Ereignisse unterschiedlich. Der einzige zeitgenössische Bericht über den Kampf um Masada stammt von Josephus. Dieser war Mitglied des jüdischen Widerstands, wurde gefangen genommen und konnte sich retten, weil er den Kampfesmut der Römer pries. Josephus zog mit den Römern nach Masada und notierte, was er dort offenbar sah. Trotzdem ist seine Version der letzten Stunden von Masada Anlass für verschiedene Theorien und Mutmaßungen.

Josephus beteuerte, dass sich die Römer nach der Zerstörung der Holzwand erst einmal über Nacht ausruhten, denn die Eroberung Masadas am nächsten Morgen schien keine große Sache mehr. Eleasar soll, so wurde berichtet, die jüdischen Verteidiger ermahnt haben, lieber den Tod als die Sklaverei zu wählen. Er ordnete an, dass alle Besitztümer verbrannt wurden und die Männer ihre Familien töten sollten. Dann wurden per Los zehn Männer ausgesucht, die zunächst die anderen töteten. Einer tötete dann die übrigen neun und zum Schluss sich selbst. Nach Josephus griffen die Römer, wie geplant, am nächsten Morgen an, doch sie fanden nur noch die Leichen von fast 1000 Juden. Josephus soll dies von zwei Frauen erfahren haben, die zusammen mit fünf Kindern versteckt in einer Zisterne das Gemetzel überlebt hatten.

Moderne Archäologen konnten viele Aspekte von Josephus' Bericht bestätigen. Man fand Hinweise auf die verbrannte Holzwand und eine Tonscherbe mit dem Namen von Eleasar, die als Los verwendet worden sein könnte. Gleichwohl bleiben Fragen hinsichtlich der Authentizität der gesamten Darstellung. Für viele moderne Juden ist Masada trotzdem zu einem Symbol des trotzigen Widerstands gegen die Feinde Israels geworden. In Masada fand der organisierte jüdische Widerstand gegen die römische Vorherrschaft in Palästina sein Ende.

RÖMISCHER BELAGERUNGSTURM

Die Römer bauten ihre Belagerungstürme immer auf den jeweiligen Zweck abgestimmt. Der Turm für die Erstürmung von Masada war 30 m hoch. Für kleinere Befestigungsanlagen genügten auch niedrigere Türme. Die Türme waren mit verschiedenen Waffen, wie Rammböcken und Artillerie, und Brücken zum Erstürmen der Mauern bestückt.

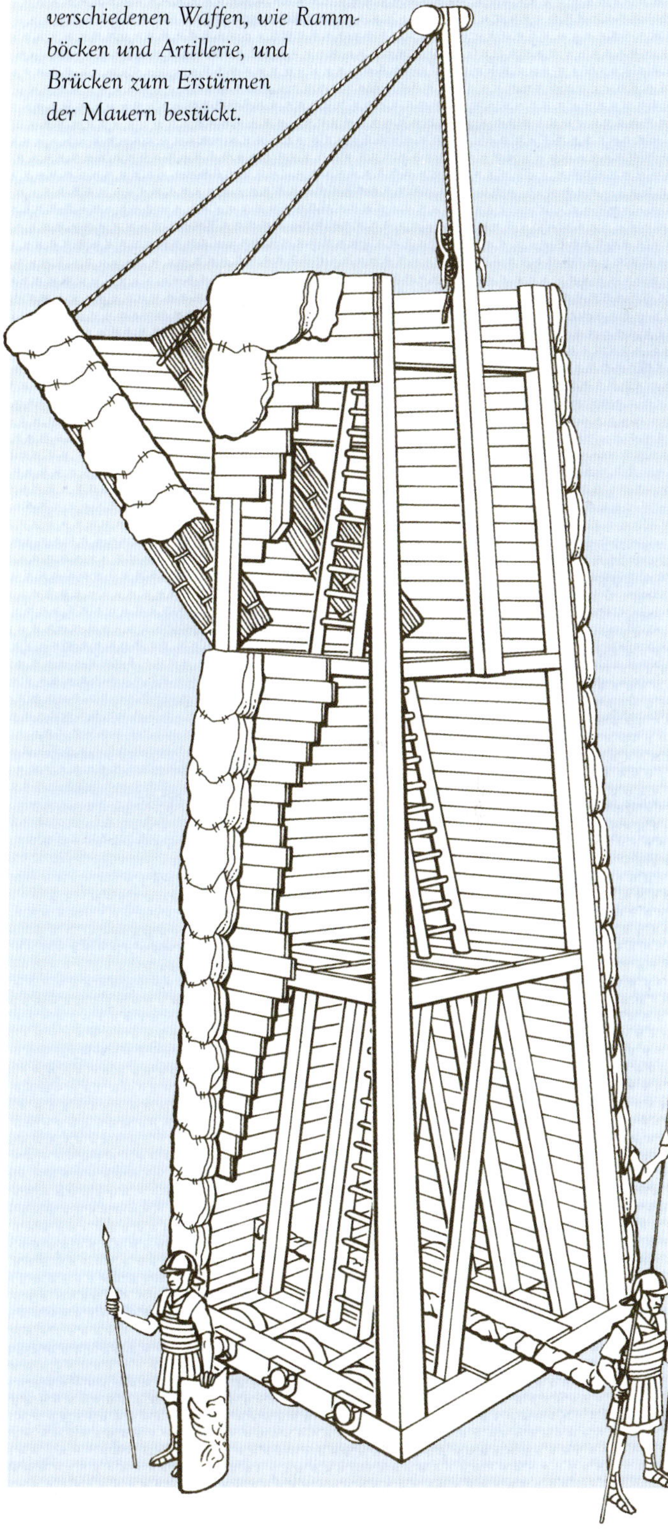

DAS RELIEF DES LUDOVISI-SARKOPHAGS (*ca. 250–260 n. Chr.*) *zeigt römische Truppen im erbitterten Kampf gegen Barbaren.*

Adrianopel 378 N. CHR.

DER SOLDAT UND HISTORIKER AMMIANUS MARCELLINUS BEZEICHNETE DIESE SCHLACHT ALS DIE SCHLIMMSTE NIEDERLAGE DER RÖMER SEIT CANNAE. IN DER SCHLACHT BEI ADRIANOPEL WURDE DAS FELDHEER DES OSTRÖMISCHEN REICHS VERNICHTET UND DER KAISER GETÖTET. ADRIANOPEL STEHT FÜR EINEN HERAUSRAGENDEN SIEG DER GOTEN.

Im Jahr 376 n. Chr. baten die Führer der Westgoten, Fritigern und Alavivus, den oströmischen Kaiser Valens darum, die Donau überqueren und sich auf der römischen Seite ansiedeln zu dürfen. Valens willigte ein, denn er sah in den Goten potenzielle Unterstützer und eine Einnahmequelle. Die Beziehungen zwischen Goten und Römern zerrüttete, und es kam zum Krieg. 377 wurde bei den Kämpfen das römische Thrakien verwüstet. Valens zog selbst mit rund 30 000 Mann los, um die rebellischen Goten niederzuwerfen. Anfang August 378 stieß er auf die Truppen von Fritigern, die in einer großen Wagenburg rund 16 km vor Adrianopel (dem heutigen Edirne in der Türkei) lagerten.

Schon bevor die Schlacht entbrannte, machte Valens einige entscheidende Fehler. Er wartete nicht auf die römischen

DATEN UND FAKTEN

Wer: Der oströmische Kaiser Valens (†378) stand mit 20 000 Mann einer deutlich kleineren gotischen Armee unter Fritigern gegenüber.

Was: Die Goten nutzten den übereilten Vorstoß der Römer und die schnelle Rückkehr ihrer Kavallerie (die eigentlich ausgezogen war, um Nahrung zu beschaffen) zu ihrem Vorteil. Die römischen Truppen wurden zwischen der gotischen Wagenburg und der Reitereinheit eingekreist.

Wo: Bei Adrianopel, dem heutigen Edirne, Türkei.

Wann: 9. August 378 n. Chr.

Warum: Die von den Hunnen nach Westen vertriebenen Goten fielen in Thrakien ein, um sich die von den Römern versprochenen Vorräte gewaltsam zu holen.

Ergebnis: Die Schlacht wurde zu einer verheerenden taktischen Niederlage der Römer, die mehr als 60 Prozent ihrer Armee verloren.

Verstärkungstruppen, die bereits unterwegs waren. Ohne seinen Männern nach dem langen Marsch Zeit zum Essen und zur Erholung zu gönnen, formierte er sie zur Schlacht: die Kavallerie an den Flügeln, die Infanterie im Zentrum. Gleichzeitig ließ er sich in Verhandlungen mit dem Feind verwickeln, die nur dazu dienten, die Zeit bis zum Eintreffen der gotischen Kavallerie zu überbrücken, die Fritigerns Fußtruppe verstärken sollte. Unwissentlich schuf Valens so die Basis für seine Niederlage.

EINE SPÄTER ZU EINEM ANHÄNGER UMGEARBEITETE GOLDMÜNZE *mit dem Porträt von Kaiser Valens (Regentschaft 364–378 n. Chr.). Valens war einer der letzten römischen Kaiser, die auf Münzen in ziviler Kleidung dargestellt wurden.*

VERNICHTUNG

Am frühen Morgen des 9. August führte Valens seine in mehreren Kolonnen marschierende Armee ins Feld. Auch hier entglitt den Römern die Kontrolle. Zwei Einheiten der römischen Kavallerie am rechten Flügel, darunter eine mit Bogenschützen, die in ein Geplänkel mit den Goten geraten waren, führten einen unerwarteten und schlecht geplanten Angriff auf die Wagenburg aus. Diese Vortrupps hatten vermutlich weder die geeignete Aufstellung für eine solche Attacke noch die dafür nötigen Unterstützungseinheiten.

Sie wurden zum Rückzug gezwungen. Genau in diesem Moment traf die gotische Kavallerie auf dem Schlachtfeld ein und stürzte sich auf die römischen Linien. Die gotischen Reiter attackierten die Kavallerie auf der linken Flanke, die sich noch nicht zur Schlachtformation zusammengeschlossen hatte. Die römische Kavallerie geriet unter enormen Druck. Die bis zur Wagenburg vorgedrungenen Einheiten bekamen keine Unterstützung durch die anderen römischen Verbände. So wurde die römische Kavallerie schnell und entscheidend geschlagen. Die Wirkung auf die römische Infanterie, die gerade versuchte, sich für die Schlacht zu formieren, war verheerend. Die Niederlage der Kavallerie schuf eine breite Lücke im linken Teil der römischen Linie, die die Reiter der Goten sofort ausnutzten. In dieser Phase der Schlacht standen die römischen Infanteristen der Frontlinie im Kampf mit der gegnerischen Infanterie. Durch die Niederschlagung des Vortrupps und der Kavallerie am linken Flügel wurden die römischen Fußtruppen von vorne und zusätzlich an der Flanke durch Reiter angegriffen. Die Schlacht war erbittert, doch die hervorragende römische Infanterie kämpfte weiter, auch dann noch, als sie so zusammengedrängt wurde, dass sie kaum noch ihre Waffen handhaben konnte.

Lange Zeit schien der Ausgang der Schlacht unentschieden. Doch nach wiederholten Attacken und der Erschöpfung durch Kampf, aber auch durch Hitze und Hunger, begannen die römischen Linien nachzugeben. Valens bezog mit zwei noch ausharrenden Legionen (den *lanciarii* und *mattiarii*) Position, doch dann begannen selbst die römischen Reserveeinheiten zu fliehen, darunter auch die Elitetruppe der Bataver.

Jetzt brach auch der letzte Widerstand zusammen, und eine allgemeine Flucht begann. Die Goten setzten nach und vernichteten zwei Drittel der römischen Armee. Valens wurde durch einen Pfeil verwundet und starb vermutlich auf dem Schlachtfeld, doch sein Leichnam wurde nie gefunden. Nach einer Überlieferung konnte er sich mit einer kleinen Gruppe seiner Leibgarde in ein Bauernhaus flüchten. Die Männer verteidigten ihren verwundeten Kaiser erbittert, doch die Goten brannten das Haus mitsamt seiner Insassen nieder.

RÖMISCHER HILFSSOLDAT

Im 4. Jahrhundert hatte sich das Erscheinungsbild der römischen Soldaten im Vergleich zu früheren Zeiten deutlich verändert. Dieser Mann ist mit einem langen Speer und einem langen Schwert bewaffnet, wie es die germanischen Hilfstruppen im Dienst der Römer bevorzugten. Der ovale Schild besteht aus leder- oder leinenbezogenem Holz, Rand und Buckel sind aus Metall. Der einfache Eisenhelm besteht aus zwei in der Mitte zusammengefügten Schalen und hat bewegliche Wangenteile. Der Soldat hat keine Panzerung, der Schild ist sein einziger Schutz. An den Füßen trägt er statt der römischen Sandalen genagelte Stiefel.

Das dramatische Gemälde *von Carl von Steuben (1788–1856) zeigt Karl Martell, der die Franken bei Tours und Poitiers in eine heroische Schlacht führt.*

Tours/Poitiers 732 n.Chr.

DIE SCHLACHT VON TOURS UND POITIERS WAR EIN WENDEPUNKT IN DER WELTGESCHICHTE, DER DIE KULTURELLE ENTWICKLUNG WESTEUROPAS ENTSCHEIDEND PRÄGTE. HIER WURDEN DIE ARABISCHEN EROBERER ZURÜCKGESCHLAGEN, WAS WESENTLICHE KONSEQUENZEN FÜR DAS EUROPÄISCHE CHRISTENTUM HATTE.

Ab dem frühen 7. Jahrhundert drangen die muslimischen Araber vom Nahen Osten nach Asien und Europa vor. 713 war Spanien an die Araber gefallen, und 730 unternahm der dortige Statthalter, Abd ar-Rahman, eine erfolgreiche Militärexpedition über die Pyrenäen gegen das Herzogtum von Aquitanien. Das Königreich der Franken weiter nördlich war aber nicht direkt bedroht. Geführt wurde das Frankenreich von dem Hausmeier Karl Martell, der wichtige Innovationen im Militärwesen einführte. Zwischen 720 und 732 war er an verschiedenen Feldzügen beteiligt. Weil er sich der Bedrohung aus dem Südosten bewusst war, begann er eine Armee zu deren Abwehr aufzubauen. Typisch für Karl Martell war, nicht einfach in den Kampf zu ziehen, sondern zuvor eine Strategie zu entwickeln, wie der Gegner geschlagen werden kann. Karls Abwehrstrategie setzte auf eine

DATEN UND FAKTEN

Wer: Eine fränkische Armee unter Karl Martell (688–741) gegen eine offensichtlich größere Kavalleriearmee des maurischen Emirs Abd ar-Rahman (†732).

Was: Die fränkische Infanterie bezog eine Defensivposition und wartete den Angriff der maurischen Kavallerie ab. In der hart ausgefochtenen Schlacht siegten die Franken.

Wo: Zwischen Tours und Poitiers in Frankreich.

Wann: 10. Oktober 732.

Warum: Die Muslime hatten Iberien erobert und drängten nun über die Pyrenäen weiter nach Europa. Die christlichen Franken stellten sich ihnen in den Weg.

Ergebnis: Entscheidender Sieg für die Franken und großer Erfolg für Karl Martell: Der maurische Feldherr wird getötet, seine Armee zieht sich nach Spanien zurück.

Eliteeinheit innerhalb der schweren Infanterie, die aus Berufssoldaten bestand. Das war für die damalige Zeit ungewöhnlich, denn abgesehen von einer kleinen Leibgarde wurden die Kämpfer nur für den jeweiligen Feldzug rekrutiert und dann wieder auf ihre Bauernhöfe geschickt. Karl rüstete seine Berufssoldaten großzügig aus, unter anderem mit einem wirkungsvollen Schutzpanzer. Die Männer wurden intensiv ausgebildet und konnten im Kampf Erfahrungen sammeln, was ihr Selbstvertrauen und ihre Verlässlichkeit steigerte. Er verfügte auch über berittene Einheiten, doch die Kavallerie spielte damals in Europa keine große Rolle. Diese berittenen Soldaten waren keine echte Kavallerie und hatten keine Chance gegen die exzellenten Reiter der Mauren. Sie dienten eher als mobile Reserve und stiegen zum Kampf oft einfach vom Pferd. Nun sollten sie sich im Kampf gegen eine der erfolgreichsten Eroberungsarmeen bewähren.

SPERRPOSITION

Als die Araber bis zur Loire vorgestoßen waren, zog Karl mit seiner Streitmacht los, um sie abzufangen. Der genaue Ort, an dem er seine Sperrposition einrichtete, ist nicht bekannt, er lag irgendwo zwischen Tours und Poitiers, weshalb Historiker die Schlacht nach beiden Städten benannt haben.

Die vorrückenden Muslime stießen Anfang Oktober 732 auf Karls Abwehrformation. Die nächsten sechs Tage pausierten die Invasoren, um Informationen zu sammeln. Rahman hatte zwischen 40 000 und 60 000 sieggewohnte Reiter unter seinem Kommando und war entsprechend zuversichtlich, die große Verteidigungsphalanx der Franken mit Reserveeinheiten im Zentrum durchbrechen zu können.

Am 10. Oktober begann die Schlacht. Die maurische Kavallerie unternahm wiederholt Angriffe. Verschiedentlich gelang es Gruppen von maurischen Reitern, sich in das fränkische Karree hineinzukämpfen, aber dort machten sich die Reserveeinheiten über sie her, töteten oder vertrieben sie. Dass die Infanterie eine gepanzerte Kavallerie angriff, war schon außergewöhnlich, doch hier hatte sie auch noch Erfolg. Irgendwann ließen die Angriffe nach, die fränkische Formation war zwar mitgenommen, aber sie hielt Stand.

Inzwischen war es einigen von Karls Kundschaftern gelungen, während der Schlacht in das maurische Lager einzudringen. Dort befreiten sie Gefangene und sorgten für Chaos. Diese Verwirrung in ihrem Rücken und die Befürchtung, die Franken könnten ihnen ihre hart erkämpfte Kriegsbeute wieder abnehmen, bewog viele von Rahmans Kämpfern, ins Lager zurückzukehren. Der Angriff auf die Franken verlor dadurch nachhaltig an Schwung. Rahman versuchte, die Rückwärtsbewegung zu stoppen, vernachlässigte dabei aber seinen eigenen Schutz und wurde von fränkischen Soldaten getötet. Die Mauren waren schockiert und zogen sich fast ungeordnet vom Schlachtfeld zurück. Trotz ausreichend großer Truppen verzichteten die Franken auf eine Verfolgung.

Die Schlacht von Tours und Poitiers wurde zeitweilig als Wendepunkt betrachtet, an dem verhindert wurde, dass Europa muslimisch und Teil des arabischen Reichs wurde. Dies ist gewiss eine Übertreibung. Seinen Beinamen Martell („der Hammer") bekam Karl nach der dramatischen Niederlage der expansionsorientierten Araber verliehen. Doch die maurischen Vorstöße über die Pyrenäen endeten damit nicht, und Karl Martell kämpfte zeitlebens dagegen an. Die maurische Herrschaft über die Iberische Halbinsel bestand über viele Jahrhunderte, mal hatten hier im Südwesten Europas die muslimischen, mal die christlichen Kräfte die Oberhand. Doch die Schlacht von Tours und Poitiers beendete für die maurischen Eroberer die Phase der leichten Siege.

FRÄNKISCHER SCHILDWALL *Mitte des 8. Jahrhunderts: Die Soldaten tragen meist Lanzen, einige auch Äxte und Schwerter. Die Stärke der Formation hängt von der gegenseitigen Unterstützung der Männer ab.*

Auf dem Teppich von Bayeux *ist die normannische Armee mit Reitern und Bogenschützen dargestellt. Die Schützen werden wegen ihrer Rolle beim Tod von König Harald besonders hervorgehoben.*

Hastings 1066

DIE NORMANNISCHEN REITER TRAFEN IM FRÜHMITTELALTER IN DIESER LANGEN UND HARTEN ENTSCHEIDUNGSSCHLACHT IN ENGLAND AUF DEN SCHILDWALL DER ANGELSACHSEN. DER SIEG VON WILHELM DEM EROBERER VERÄNDERTE DIE GESCHICHTE ENGLANDS NACHHALTIG UND LEITETE DIE DOMINANZ DER RITTER AUF EUROPÄISCHEN SCHLACHTFELDERN EIN.

Am 28. September 1066 landet eine rund 7000 Männer zählende Invasionstruppe des Normannenherzogs Wilhelm bei Pevensey in Sussex, Südengland. Am 1. Oktober erhält der englische König Harald II. in York die Nachricht von der Landung. Er ist mitten in den Feiern anlässlich seines Siegs über die Wikinger bei Stamford Bridge. Harald eilt über London nach Süden und sammelt unterwegs eine Armee von 6000–7000 Mann. Am späten Nachmittag des 13. Oktober trifft Harald am Senlac Ridge ein, den er bereits im Sommer als mögliches Schlachtfeld ausgewählt hatte, denn eine Invasion der Normannen wurde schon lange erwartet. Der sanft abfallende Hügel Senlac wird im Süden am Flüsschen Asten vom Sumpfgelände, im Westen und Osten durch tiefe, mit dichtem Gestrüpp bewachsene Schluchten

DATEN UND FAKTEN

Wer: Wilhelm, Herzog der Normandie (1028–1087), der Anspruch auf den englischen Thron erhob, fiel mit einer 6000 Mann starken Armee in England ein. König Harald II. (1022–1066) stellte sich ihm mit 6300 Mann entgegen.

Was: Normannische Kavallerie und Bogenschützen rieben den angelsächsischen Schildwall auf.

Wo: Senlac Ridge, 11 km nördlich von Hastings im Südosten Englands.

Wann: 14. Oktober 1066.

Warum: Wilhelm wollte England erobern, um den ihm, wie er meinte, durch Geburt zustehenden Thron zu besteigen.

Ergebnis: Harald und ein Großteil des angelsächsischen Adels wurden in der Schlacht getötet, Wilhelm sicherte sich den englischen Thron.

geschützt. An der Nordseite bot ein steilerer Hügel Schutz und verhinderte einen Angriff der Normannen auf Haralds Armee von hinten.

Wilhelm rückte gegen Harald vor. Er teilte seine Armee in drei Divisionen, mit den Bretonen als Vorhut, gefolgt von fränkisch-flämischen Truppen und schließlich den Normannen unter Wilhelms Führung. Wilhelm hatte den Blackhorse Hill an der Straße von Hastings nach London als Sammelpunkt gewählt. Die Bretonen trafen dort um 7.30 Uhr ein. Hier, außer Sichtweite der Angelsachsen, stationierte Wilhelm seinen Tross und befahl seinen Männern, die Kettenhemden als Schutz anzulegen. Dann marschierte die normannische Armee nach Norden, um den Angelsachsen gegenüber Position zu beziehen.

ABNÜTZUNGSSCHLACHT

Fanfarenstöße verkündeten am 14. Oktober um 9 Uhr den Beginn der Schlacht, als Wilhelms drei Divisionen den Hügel Senlac hinaufstürmten. Die Bretonen erreichten als Erste Haralds Linien, doch um 10.30 Uhr zogen sie sich zurück, weil ihnen kein Durchbruch gelang. Wilhelm startete zur Unterstützung einen Angriff seiner gepanzerten Ritter, die zahlreiche angelsächsische Infanteristen töteten und eine Niederlage verhinderten. Nach einer Neuformation führte er selbst um 11 Uhr einen zweiten Angriff an. Das Vorankommen war schwierig, denn der Boden war inzwischen matschig und mit toten Männern und Pferden übersät.

Über zwei Stunden stürmten die Angriffswellen gegen den Schildwall, wurden aber erneut abgewehrt. Um 14 Uhr beorderte Wilhelm seine Männer hinter die eigenen Linien unterhalb des Hügels zurück, damit sie essen und sich erholen konnten. Harald nutzte diese Pause, um die durch Verluste ausgedünnte Linie der Angelsachsen zu verkürzen. Harald befürchtete, dass ihm bald die Männer fehlen würden, um die wachsenden Lücken in der Front zu schließen. Zumindest waren die Angelsachsen besser ausgeruht als die Normannen, die einen zunehmend aufgewühlten, mit Trümmern gespickten Hang überwinden mussten.

In dem fünf Stunden dauernden Kampf hatte Wilhelm rund 1800–1900 Mann verloren, ein Viertel seiner Armee. Zudem hatten die Angelsachsen mit ihren Äxten unzählige Pferde abgeschlachtet, weshalb viele seiner Ritter nun zu Fuß

HUSCARL

Die Huscarls waren die Leibgarde der anglodänischen Aristokratie, die vor der normannischen Eroberung 1066 England beherrschte. Dieser Kämpfer schwingt eine langstielige Axt, mit der man ein Pferd enthaupten konnte. Seinen Schild trägt er auf dem Rücken, damit er der Axt mit beiden Händen besonders viel Wucht verleihen kann.

kämpften. Daher beschloss er, die gesamte Armee in einer einzigen Formation angreifen zu lassen.

DER FINALE ANGRIFF

Der dritte und finale Angriff der gesamten Armee mit den Bogenschützen im Rücken begann etwa um 15 Uhr. Die Normannen brauchten 30 Minuten, um die angelsächsischen Linien zu erreichen. Doch diesmal fing der angelsächsische Schildwall zu wanken an, brach teilweise ein und löste sich dann unter dem Ansturm der Normannen auf. Sobald eine Lücke in den Wall geschlagen war, stürmte die normannische Kavallerie hinein und attackierte mit Lanzen, Speeren und Schwertern die angelsächsischen Truppen. Um 16 Uhr war die normannische Flut nicht mehr zu stoppen, der Kampf fand nun in Gruppen oder Mann gegen Mann statt.

Eine große Schar Angelsachsen sammelte sich um Haralds Standarte, als Wilhelm zu seinen Leuten auf dem Hügel stieß. Harald führte seine Männer mit gewohnter Beharrlichkeit und Tapferkeit, ein Vorbild für seine Huscarls, seine Leibgarde. Doch sie waren nicht genug, um die Normannen abzuwehren. Der Tod Haralds versetzte den Angelsachsen dann den letzten Schlag. Die Normannen trafen ihn an der Spitze seiner wenigen verbliebenen Huscarls tödlich. Beide Seiten hatten über 2000 Mann verloren, die Normannen gut ein Drittel ihrer Armee. Für Wilhelm war es gleichwohl ein Triumph auf seinem langen, von Hindernissen gesäumten Weg zur Krönung als König von England am 25. Dezember 1066.

DIE WICHTIGSTE MILITÄRISCHE WAFFE *des Mittelalters war die Reiterattacke. In dieser Zeit, als der Erfolg auf dem Schlachtfeld oft vorrangig darin bestand, den Gegner in die Flucht zu schlagen, und nicht darin, ihn zu töten, mussten die Fußtruppen sehr diszipliniert sein, um derartigen Attacken zu widerstehen.*

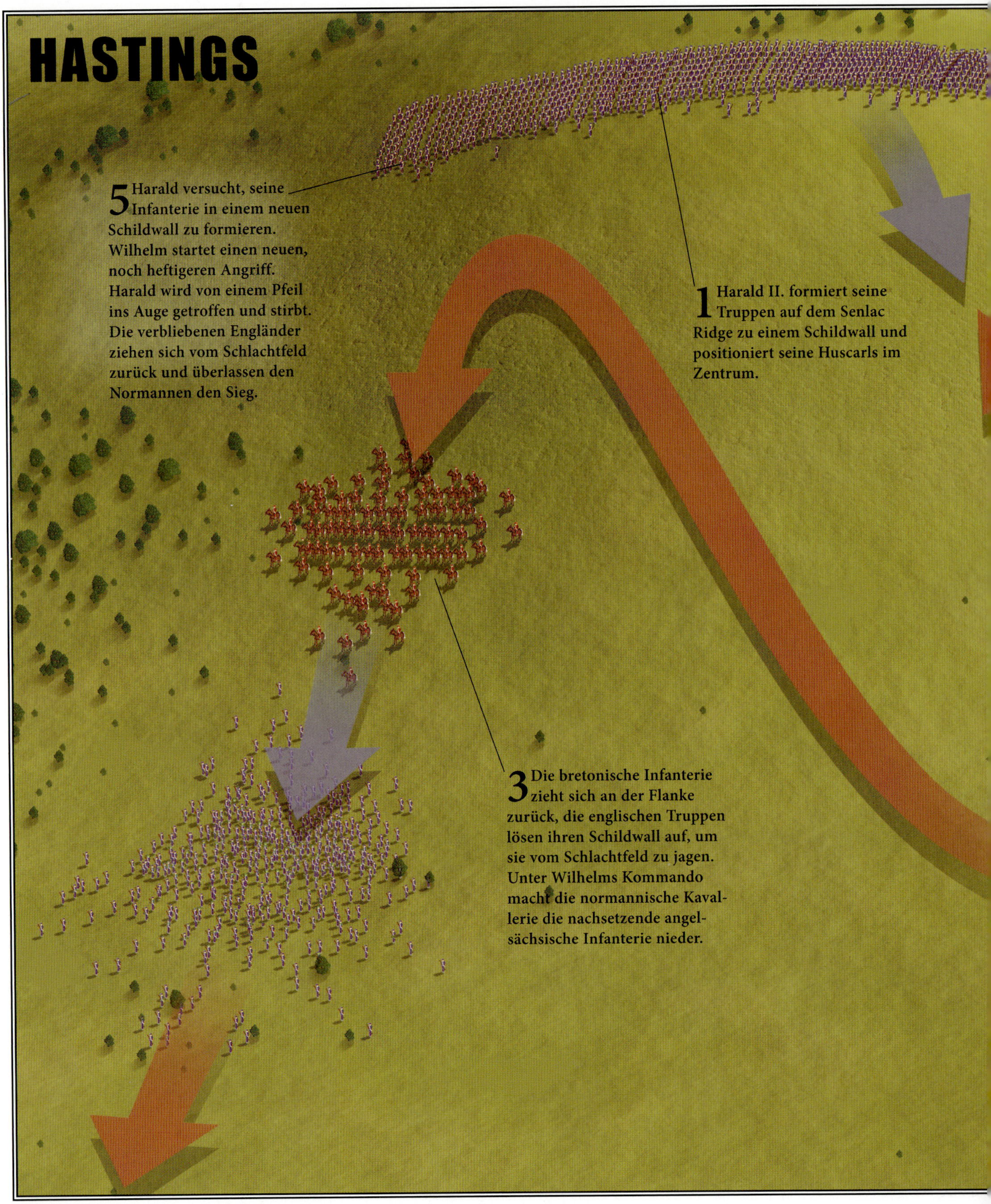
HASTINGS
5 Harald versucht, seine Infanterie in einem neuen Schildwall zu formieren. Wilhelm startet einen neuen, noch heftigeren Angriff. Harald wird von einem Pfeil ins Auge getroffen und stirbt. Die verbliebenen Engländer ziehen sich vom Schlachtfeld zurück und überlassen den Normannen den Sieg.
1 Harald II. formiert seine Truppen auf dem Senlac Ridge zu einem Schildwall und positioniert seine Huscarls im Zentrum.
3 Die bretonische Infanterie zieht sich an der Flanke zurück, die englischen Truppen lösen ihren Schildwall auf, um sie vom Schlachtfeld zu jagen. Unter Wilhelms Kommando macht die normannische Kavallerie die nachsetzende angelsächsische Infanterie nieder.

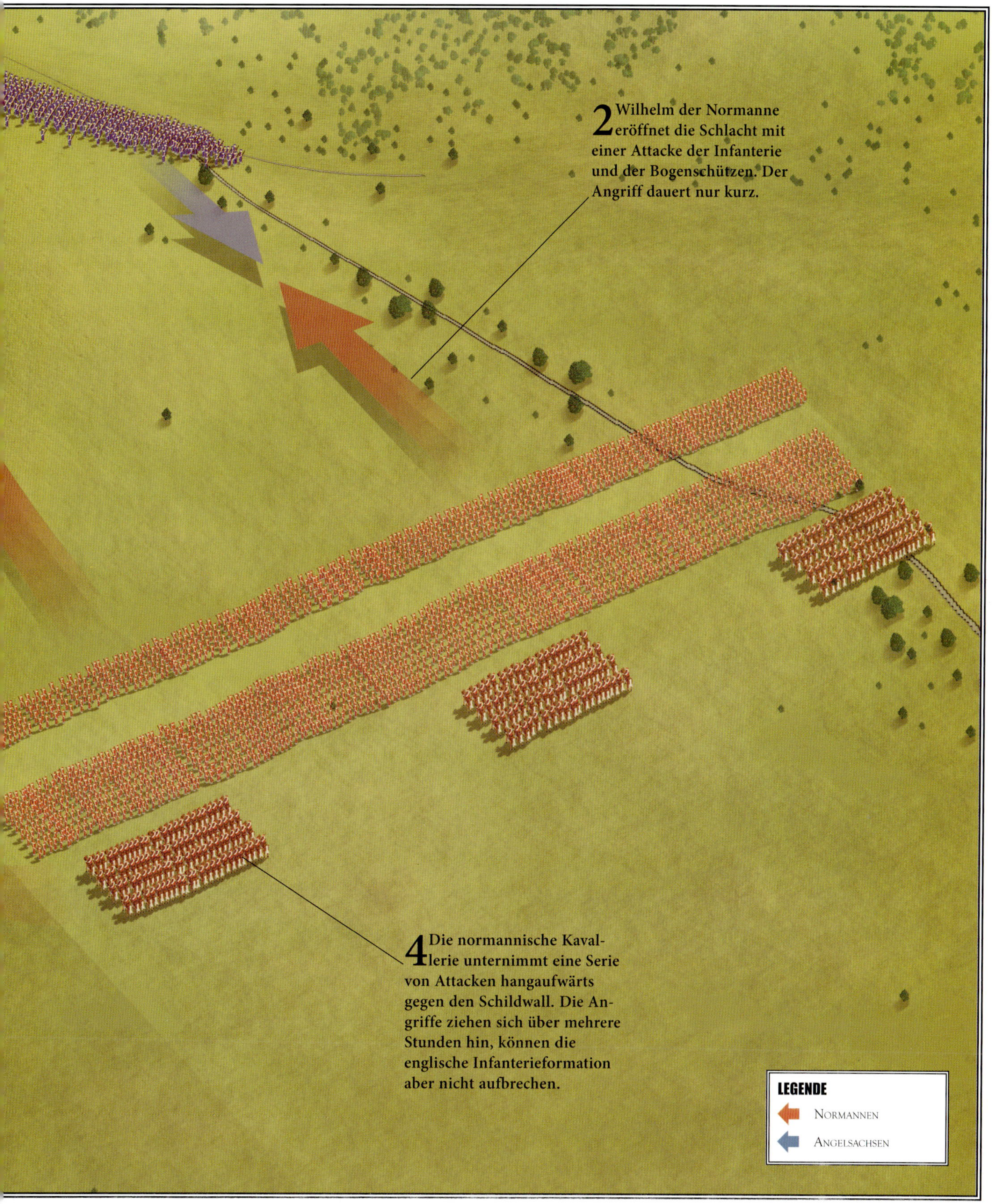
2 Wilhelm der Normanne eröffnet die Schlacht mit einer Attacke der Infanterie und der Bogenschützen. Der Angriff dauert nur kurz.
4 Die normannische Kavallerie unternimmt eine Serie von Attacken hangaufwärts gegen den Schildwall. Die Angriffe ziehen sich über mehrere Stunden hin, können die englische Infanterieformation aber nicht aufbrechen.
LEGENDE
Normannen
Angelsachsen

NACH DER KATASTROPHALEN NIEDERLAGE *bei Hattin liefern die besiegten Kreuzfahrer ihre Waffen ab. Beim anschließenden dritten Kreuzzug wurde 1191 Akkon zurückerobert.*

Hattin 1187

HATTIN WAR EIN GROSSER SIEG FÜR SALADIN, DER HIER SEINE SCHNELLEN UND LEICHTEN TRUPPEN EINSETZTE. SEIN GEGNER, KÖNIG GUIDO, ERLEICHTERTE IHM DEN SIEG MIT DER ENTSCHEIDUNG, SEINE SCHWER GEPANZERTEN KÄMPFER IN DER HEISSESTEN ZEIT DES JAHRES DURCH EIN GEBIET OHNE WASSER ZU FÜHREN.

In den 1180er-Jahren sahen sich die zerstrittenen fränkischen Führer in Outremer (dem christlichen Palästina und Syrien) einer zunehmenden Bedrohung durch den arabischen Herrscher Saladin ausgesetzt, der 1187 Ägypten und Syrien unter seine Kontrolle gebracht hatte. Am 1. Juli 1187 belagerte er mit rund 20 000 Mann die Festung Tiberias, was die Christen zu einem gemeinsamen Vorgehen bewog. Unter Rainald von Châtillon (ca. 1125–1187), Raimund III. von Tripolis (1140–1187) und König Guido von Lusignan, dem König von Jerusalem, zog im Juni 1187 ein Heer mit 13 000 Kämpfern gegen die muslimische Armee ins Feld.

Saladins Kontingent bestand aus leichter Infanterie, bewaffnet mit Speer, Schild und einem hervorragenden Bogen. In der mit Bogen und Speer ausgerüsteten Kavallerie dienten vor allem Askari, erfahrene Reiter aus Syrien und Ägypten. Die

DATEN UND FAKTEN

Wer: Christliche Truppen unter König Guido gegen die Armee Saladins, des Sultans von Ägypten (1138–1193).

Was: Die heftigen Attacken der mobilen Truppen Saladins und die ungeschickte Führung von König Guido (Regentschaft 1186–1192) besiegelten die Niederlage der Christen.

Wo: Die Hörner von Hattin bei Tiberias im heutigen Israel.

Wann: 4. Juli 1187.

Warum: Die christliche Armee wollte die belagerte Festung Tiberias befreien.

Ergebnis: Die Armee von König Guido wurde von Saladin komplett vernichtet. Saladin konnte den Kreuzfahrerhafen Akkon erobern und das christliche Königreich Jerusalem vom Meer abschneiden. Im September belagerte Saladin die Heilige Stadt, die er dann am 2. Oktober einnahm.

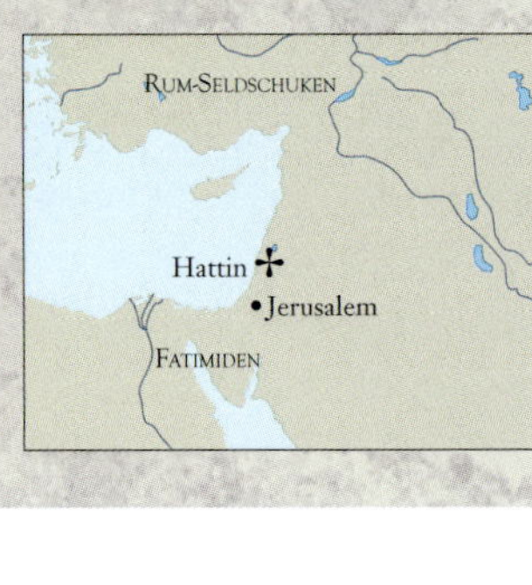

christlichen Truppen umfassten dagegen rund 1200 schwer gepanzerte Ritter, 10 000 mit Speeren und langsamen Armbrüsten bewaffnete Infanteristen und eine kleine Einheit von Turkopolen, berittenen Schützen, die König Heinrich II. von England als Söldner angeworben hatte. Die Ritter waren – unter geeigneten Umständen – ein hervorragender Stoßtrupp, allerdings fehlte ihnen die Mobilität und Schnelligkeit des Gegners.

MARSCH INS VERDERBEN

Anstatt die Christen direkt anzugreifen, hoffte Saladin, Guido durch die Belagerung der Festung Tiberias in einen offenen Kampf zu ziehen. Raimund drängte zur Zurückhaltung, denn man erwartete Unterstützungstruppen aus Antochia, zudem gab es in Akkon ausreichend Wasser und Nahrung. Guido fühlte sich aber zur Unterstützung von Tiberias verpflichtet und zog so mit seiner Armee los. In der Nacht des 2. Juli 1187 lagerte die christliche Streitmacht bei Sepphoris an einer guten Wasserquelle. Raimund plädierte weiterhin dafür abzuwarten, doch die anderen Parteien, darunter Rainald von Châtillon, sprachen sich für den weiteren Vorstoß aus.

Guido wusste, dass die Durchquerung der Tiefebene von Toran, in der es kein Wasser gab, für eine Armee schwer gepanzerter Soldaten mit Hunderten von Pferden eine Herausforderung war. Dieser direkte Weg nach Tiberias bedeutete eine starke Schwächung der Truppen vor dem Kampf gegen Saladin. Gegen den Rat Raimunds ging er ein kalkuliertes Risiko ein. Die Armee marschierte durch das Wadi Hamman, wo man eine Wasserquelle vermutete, nach Tiberias.

Am Morgen des 3. Juli setzte die ausgedurstete Armee der Christen ihren Vormarsch fort. Als sich die Christen den Hörnern von Hattin näherten, einer vom See Genezareth sichtbaren doppelten Bergkuppe, entsandte Saladin eine starke Einheit in den Rücken von Guidos Truppen, um die lebenswichtige Quelle zu besetzen und Guido die Fluchtroute abzuschneiden. Die Truppen Saladins mieden den offenen Kampf und beschossen den Gegner mit Pfeilhageln.

Bei Sonnenaufgang am 4. Juli geriet die Kreuzfahrerinfanterie, die verzweifelt versuchte, den See Genezareth zu erreichen, in Panik. Von Saladins Truppen wurden sie zum östlichen Horn abgedrängt. Wer nicht fiel, wurde gefangen genommen. Nach der Dezimierung ihres Infanterieschirms blieb den Rittern nur noch die Attacke, denn in der abwartenden Position waren die Pferde ein leichtes Ziel für die muslimischen Bogenschützen.

In der Hoffnung, den Ring durchbrechen zu können, führte Raimund rund 200 Ritter zu einem kühnen Angriff. Doch die mobilen muslimischen Kämpfer wankten auch nicht unter dem Beschuss durch die Armbrüste der schweren christlichen Infanterie. Raimund, der verwundet war, konnte mit einigen seiner Männer entkommen. Die Mehrheit der Ritter wurde am westlichen Horn eingeschlossen. Drei weitere Ausbruchversuche blieben erfolglos, die stark dezimierte, erschöpfte Truppe brach zusammen und ergab sich. Unter Saladins Gefangenen waren zahlreiche Adelige, darunter auch Rainald und Guido. Rund 200 Ritter des Templer- und Malteserordens wurden sofort enthauptet. Saladin soll Rainald persönlich exekutiert haben. Man schätzt die Verluste der Christen auf insgesamt 17 000 Mann. König Guido kam nach Zahlung eines Lösegelds frei. Nach seinem entscheidenden Sieg bei Hattin eroberte Saladin dann Akkon und weitere Städte. Am 2. Oktober fiel Jerusalem. Die Nachricht von dieser dramatischen Wende schockierte die gesamte Christenheit.

Die von zahllosen Pfeilen durchbohrten Körper *der Kreuzfahrer liegen um ein Kruzifix zu einem Haufen aufgetürmt da. Über ihnen schwebt eine den Heiligen Geist symbolisierende Taube in einem Ring aus Sternen.*

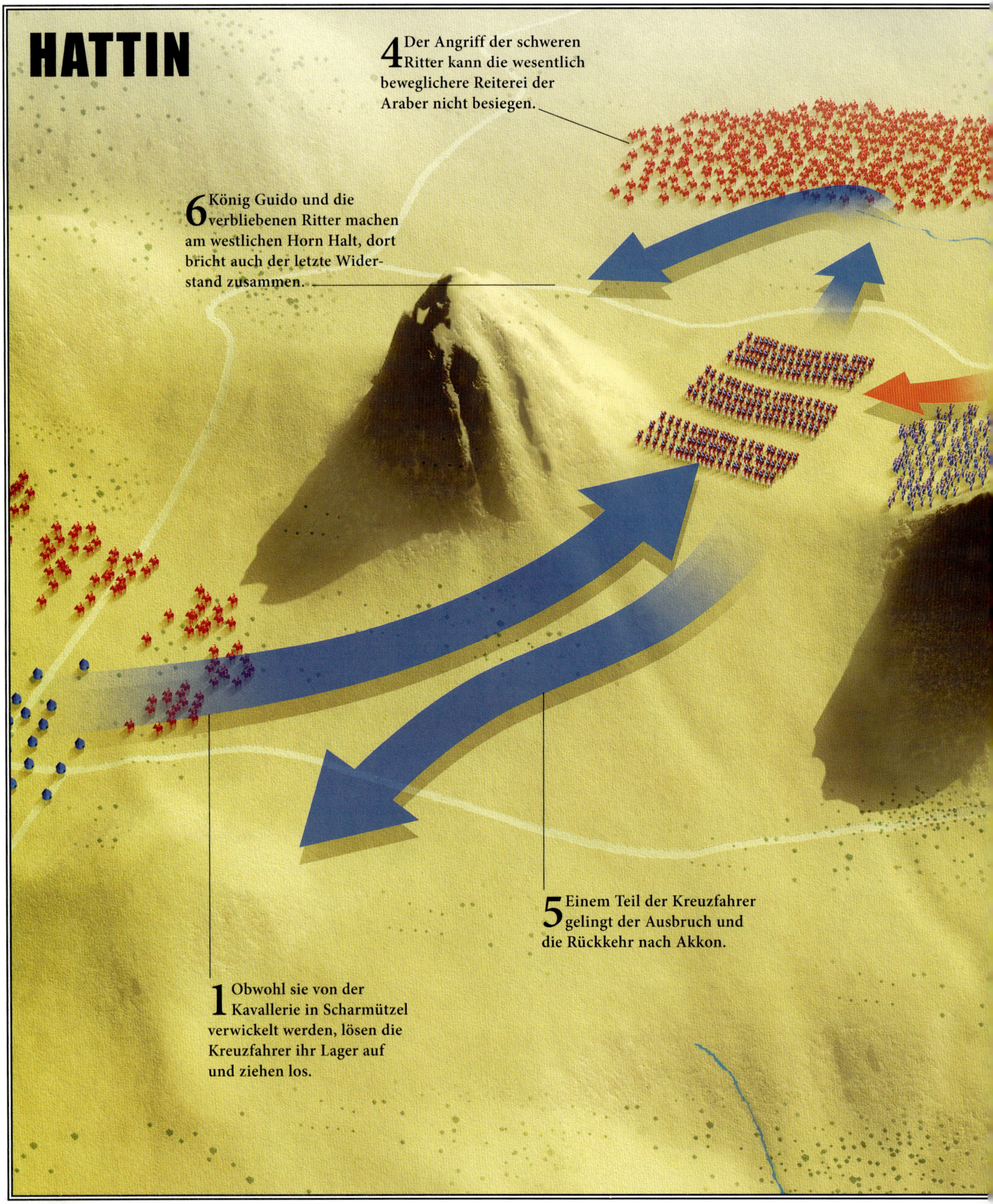
HATTIN
4 Der Angriff der schweren Ritter kann die wesentlich beweglichere Reiterei der Araber nicht besiegen.
6 König Guido und die verbliebenen Ritter machen am westlichen Horn Halt, dort bricht auch der letzte Widerstand zusammen.
5 Einem Teil der Kreuzfahrer gelingt der Ausbruch und die Rückkehr nach Akkon.
1 Obwohl sie von der Kavallerie in Scharmützel verwickelt werden, lösen die Kreuzfahrer ihr Lager auf und ziehen los.

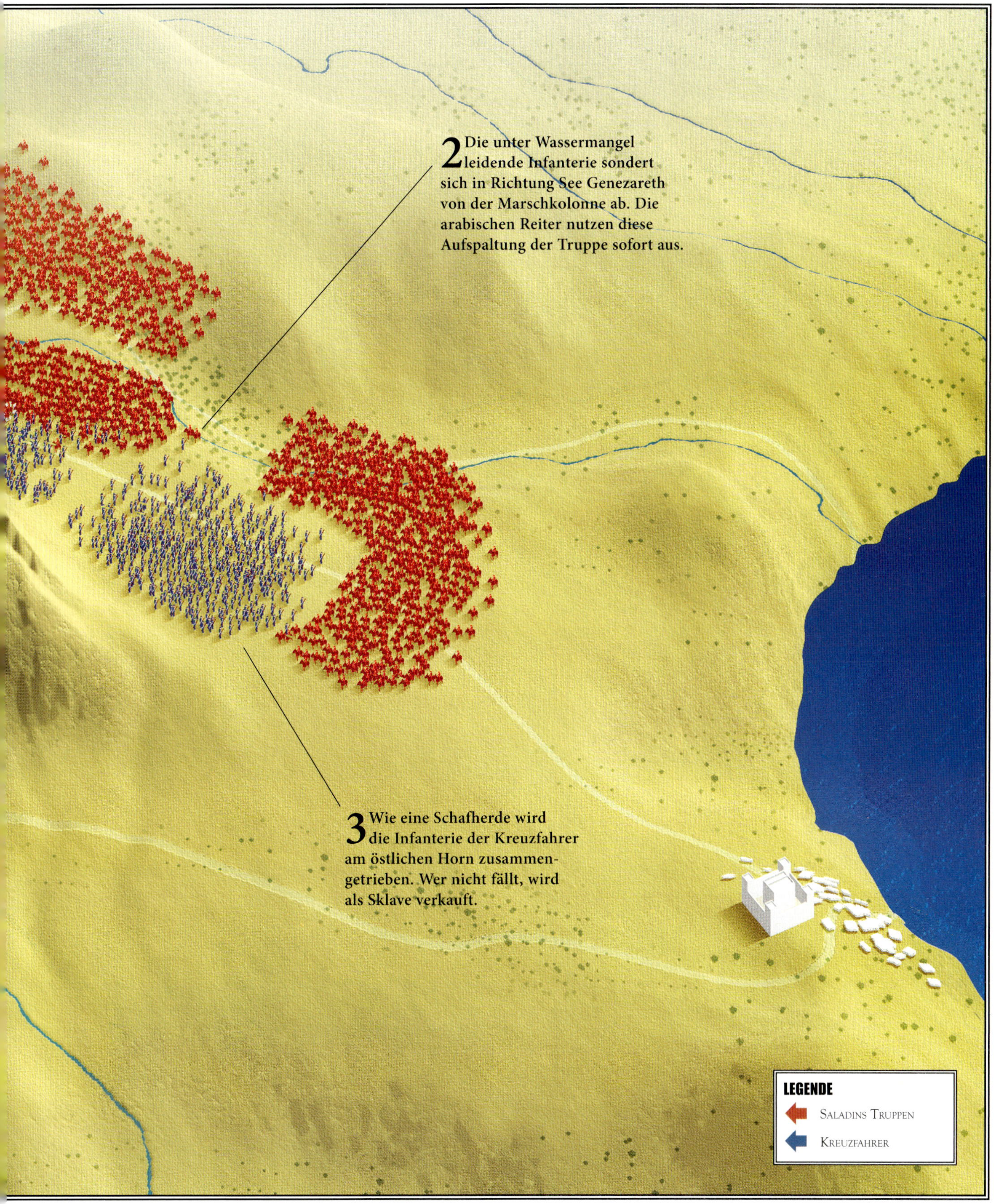
2 Die unter Wassermangel leidende Infanterie sondert sich in Richtung See Genezareth von der Marschkolonne ab. Die arabischen Reiter nutzen diese Aufspaltung der Truppe sofort aus.
3 Wie eine Schafherde wird die Infanterie der Kreuzfahrer am östlichen Horn zusammengetrieben. Wer nicht fällt, wird als Sklave verkauft.
LEGENDE
Saladins Truppen
Kreuzfahrer

Liegnitz 1241

EINE KLEINERE MONGOLISCHE ARMEEEINHEIT FÜHRTE BEIM ANGRIFF AUF DAS KÖNIGREICH UNGARN DEN TRUPPEN DER EUROPÄISCHEN VERBÜNDETEN EINE VERNICHTENDE NIEDERLAGE ZU.

Als der ungarische König Béla IV. (1206–1270) die Herausgabe geflüchteter Kumanen an die Mongolen verweigerte, plante der berühmte Militärstratege Subutai (1176–1248) eine Invasion der Goldenen Horde in Osteuropa. Im Frühjahr 1241 rückten die Mongolen mit ihren in drei Armeen aufgeteilten Truppen vor.

Zwei sollten unter Subutai und Batu Khan (1207–1255) Ungarn direkt angreifen. Die dritte Armee, kommandiert von Baidar, Kadan und Orda Khan stieß nach Polen vor, um eine Intervention europäischer Truppen zugunsten Ungarn zu verhindern. Die Schätzungen über die Truppenstärke dieser Armee reichen von 8000 bis mehr als 20 000 Mann. Die Mongolen waren hervorragende, von herausragenden Taktikern befehligte Kämpfer.

In der Annahme, die Mongolen wollten weiter nach Westen vordringen, sammelte der polnische Herzog Heinrich II. eine Armee, die je nach Quelle auf 2000–25 000 Kämpfer geschätzt wird. Dazu gehörten Truppen aus verschiedenen polnischen Staaten, Bayern, Mähren und einige Ritter des Templer- und Malteserordens, angeblich auch des Deutschen Ordens.

DIESE MITTELALTERLICHE BUCHILLUSTRATION *zeigt die europäische Armee von Herzog Heinrich II., die von den mobilen Mongolenreitern mit einem Pfeilhagel überschüttet wird. Der Kompositbogen der Mongolen entschied die Schlacht.*

DATEN UND FAKTEN

Wer: Die osteuropäische Armee von Herzog Heinrich II. (der Fromme, 1207–1241) stand der Mongolenarmee unter Baidar, Kadan und Orda Khan (1204–1251) gegenüber.

Was: Die Mongolen suchten eine Entscheidungsschlacht mit Heinrichs Armee, bevor eine zweite europäische Truppe dazustoßen konnte.

Wo: Nahe der Stadt Liegnitz in Schlesien.

Wann: 9. April 1241

Warum: Die Teilarmee unter Baidar, Kadan und Orda Khan schirmte den eigentlichen Vorstoß der Mongolen nach Ungarn ab. Heinrich wollte den Ungarn helfen und den Vormarsch der Mongolen nach Westen stoppen.

Ergebnis: Die Mongolen nutzten die Taktik eines fingierten Rückzugs und bereiteten den Europäern eine vernichtende Niederlage.

VORGETÄUSCHTER RÜCKZUG

Die Mongolen suchten am 9. April den Kontakt zum Gegner, weil sie wussten, dass eine weitere europäische Armee anrückte. Herzog Heinrich teilte seine Truppen in vier Einheiten auf und befahl drei aufeinanderfolgende Kavallerieattacken. Alle wurden von den Mongolen abgewehrt, die einen vorgetäuschten Rückzug antraten, ihre Falle aber geschickt hinter einer Rauchwand verschleierten.

Die europäische Kavallerie und die Ritter setzten der fliehenden Vorhut der Mongolen nach und entfernten sich so von der Unterstützung durch ihre Infanterie. Die schwere Kavallerie der Mongolen griff frontal, die leichte Kavallerie von den Flügeln an. Berittene Bogenschützen deckten die verwirrten Europäer mit einem Pfeilregen ein. Die Ritter in ihren schweren Rüstungen wurden niedergemetzelt.

Beim darauf einsetzenden unkoordinierten Rückzug der Europäer wurde Heinrich ergriffen und enthauptet. Die Gesamtzahl der Opfer auf beiden Seiten ist unbekannt. Die Templer sollen 500 Ritter verloren haben. Nach dem Sieg drehte die mongolische Armee nach Süden, um sich mit Subutai zu vereinen, der die Ungarn bei Mohi besiegt hatte. Gemeinsam zog man sich nach Osten zurück.

Nikopolis 1396

DER LETZTE GROSSE KREUZZUG ENDETE MIT EINER VERHEERENDEN NIEDERLAGE FÜR DIE CHRISTEN, DIE IHNEN DIE OSMANISCHE ARMEE AUF DEM BALKAN ZUFÜGTE.

Im Herbst 1396 vereinte sich eine Koalitionsarmee aus ungarischen, französischen und deutschen Rittern mit Truppen aus weiteren europäischen Königreichen bei Buda und marschierte auf die von den Osmanen besetzte Stadt Nikopolis zu. Ein osmanisches Entsatzheer von rund 16000 Mann unter Sultan Bayezid I. marschierte entlang der Donau in Bulgarien nach Nikopolis.

Die Kreuzfahrer, deren Zahl wohl bei 15000 Mann lag, konnten sich mit den Ungarn unter König Sigismund, den Franzosen unter Philipp von Artois (1358–1397) und den anderen Truppenführern nicht über ein gemeinsames Kommando einigen. Am 12. September näherten sich die Kreuzfahrer Nikopolis und belagerten die Stadt. Venezianische Kriegsschiffe patrouillierten auf der Donau.

Als man im Lager der Kreuzfahrer erfuhr, dass Bayezid anrückte, zog der Franzose Enguerrand de Coucy (1340–1397) mit 700 Rittern und Bogenschützen dem osmanischen Vortrupp entgegen. Er befahl einen fingierten Rückzug und griff dann von hinten an, wobei viele Gegner getötet oder gefangen wurden.

Philipp lehnte Sigismunds Schlachtplan ab, demzufolge die französischen Ritter nach der Infanterie attackieren sollten. Stattdessen führte Philipp die Franzosen weit vor die unterstützende Infanterie und griff an. Die zunächst auf ihren Pferden erfolgreich vorpreschenden französischen Ritter und Bogenschützen wurden aber durch angespitzte Pfähle behindert. Die osmanische Infanterie zog sich hinter ihre Kavallerie zurück. Als die Franzosen schließlich einen Hügel erstürmten, trafen sie nicht auf eine Armee im Rückzug, sondern die versammelten Reiterscharen der Osmanen, die sofort zum Gegenangriff ansetzten. Einige Franzosen hielten stand, wurden dann aber getötet oder gefangen genommen.

DER UNGARISCHE KÖNIG SIGISMUND *zieht sich mit seinen Rittern auf Schiffe zurück, die auf der nahen Donau warten. Sigismund konnte entkommen, doch die Nachhut der Christen hatte weniger Glück.*

DATEN UND FAKTEN

Wer: Überwiegend von französischen Adeligen geführte Kreuzfahrer und die ungarische Armee unter König Sigismund (1368–1437) gegen die osmanische Armee unter Sultan Bayezid I. (1360–1407).

Was: Der letzte große Kreuzzug des Mittelalters wollte die osmanische Expansion nach Europa abwehren und Druck von Konstantinopel nehmen.

Wo: Nahe der Stadt Nikopolis (heute Nikopol) in Bulgarien.

Wann: 25. September 1396.

Warum: Die Europäer fürchteten die Expansion der Osmanen nach Zentraleuropa und wollten die Ausbreitung des Islam verhindern.

Ergebnis: Der osmanischen Armee gelang ein entscheidender Sieg. Die nächsten 50 Jahre formierte sich auf dem Balkan kein organisierter Widerstand mehr.

VERNICHTUNG DER KREUZFAHRER

In einiger Entfernung sah sich Sigismund umgeben von panischen, reiterlosen Pferden und zurückströmenden Franzosen. Er versuchte eine Umfassung durch die Osmanen zu verhindern, doch bald lösten sich auch seine Truppen auf. Sigismund floh vom Schlachtfeld. Bayezid machte rund 3000 Gefangene, darunter viele Franzosen, die auf dem Weg nach Nikopolis die Stadt Rachowa geplündert und die Einwohner massakriert hatten. Zur Vergeltung ordnete der Sultan die Exekution einiger Hundert Gefangener an.

Mit ihrem Sieg bei Nikopolis verhinderten die Osmanen für die nächsten 50 Jahre eine gemeinsame Opposition der Europäer und festigten ihre Herrschaft über den Balkan.

DAS GEMÄLDE DES POLNISCHEN MALERS WOJCIECH KOSSAK *(1824–1899) vermittelt einen Eindruck der blutigen Schlacht zwischen königlicher Armee und den Ordensrittern.*

Tannenberg 1410

DIE ENTSCHEIDUNGSSCHLACHT BEI TANNENBERG ZWISCHEN DER ARMEE DES DEUTSCHEN ORDENS UND DER KÖNIGLICHEN ARMEE VON POLEN-LITAUEN STOPPTE DIE AUSDEHNUNG DES BIS DAHIN UNBESIEGTEN ORDENS NACH OSTEN UND SICHERTE DIE UNABHÄNGIGKEIT VON POLEN-LITAUEN.

Der 1190 in Akkon zur Verteidigung des Heiligen Landes gegründete Deutsche Orden beherrschte mit seinen Ordensrittern zu Beginn des 15. Jahrhunderts weite Teile Preußens und der baltischen Staaten. Seine Macht führte zum Konflikt mit den östlichen Nachbarn, speziell den Polen, Litauern und Russen. 1410 entschloss sich der polnische König und ehemalige Großfürst von Litauen Wladislaw II. Jagiello zum Handeln. Er stellte eine polnisch-litauische Armee auf und zog, unterstützt durch Einheiten der Russen und Tataren, gegen die Ordensritter in den Krieg.

Der Kampf, erst recht ein Sieg, war für Jagiello eine große Herausforderung, denn das Heer der Ordensritter hatte seit seinem Auftauchen 1230 in der Region jede Schlacht gewonnen. 2000–3000 in weiße Mäntel mit schwarzen Kreuzen gekleidete Ordensritter bildeten die schwere Kavallerie, die als

DATEN UND FAKTEN

Wer: Die Armee des Deutschen Ordens unter ihrem Hochmeister Ulrich von Jungingen (†1410) kämpfte gegen die königliche Armee von Polen-Litauen unter König Wladislaw II. Jagiello (ca. 1350–1434).

Was: Die polnisch-litauische Armee rieb die deutlich erfahrenere und schwer bewaffnete Armee des Deutschen Ordens auf.

Wo: Eine grasbewachsene Senke zwischen den ostpreußischen Dörfern Tannenberg und Grünfelde.

Wann: 15. Juli 1410.

Warum: Die königliche Armee wurde vom Ansturm der vereinigten Ordensarmee überrascht, doch die Ordensritter verschenkten den Sieg, weil sie nicht als Erste angriffen.

Ergebnis: Der polnisch-litauische Sieg stoppte die Expansion des Deutschen Ordens nach Osten und brach seine Macht.

vielleicht beste Europas das Kernstück einer herausragenden Militärmaschinerie war. Der technische Fortschritt im 14. Jahrhundert machte einer Ergänzung der Kerntruppe durch Söldner und Spezialisten, wie englische Langbogen- und Genueser Armbrustschützen, deutsche und Schweizer Infanteristen und französische Artilleristen, nötig. Die Armee des Deutschen Ordens war somit ein gefährlicher Gegner. Die deutlich schwächeren Polen und Litauer hatten dagegen wenig Grund, auf einen Sieg gegen die Ordenskrieger zu vertrauen. Die Polen besaßen eine konventionelle Armee, wie im europäischen Mittelalter üblich. Die von Witold (Jagiellos Cousin) befehligten litauischen Verbände waren, was Erscheinung, Ausrüstung und Taktik anging, eher asiatisch als europäisch beeinflusst, denn sie hatten über Jahrhunderte gegen die mongolischen Besatzer Russlands gekämpft. Sie verließen sich deshalb eher auf Mobilität, taktisches Geplänkel und Manöver der leichten bis mittelschweren Kavallerie denn auf direkte Vorstöße mit schwerer Kavallerie und geballter Infanterie.

DER FELDZUG

Als Anfang Juli 1410 alle Truppen versammelt waren, begann der polnisch-litauische Feldzug, und am 9. Juli wurde die preußische Grenze überschritten. Am 14. Juli standen sich die gegnerischen Armeen zwischen den preußischen Dörfern Tannenberg, Grünfelde und Ludwigsdorf auf einem Schlachtfeld in einer leichten Senke von etwa 3 km Durchmesser gegenüber. Jagiellos vereinte Streitkräfte bestanden aus 10 000–20 000 Infanteristen und rund 40 000 Reitern (einschließlich tatarischer Hilfstruppen), während Ulrich von Jungingen, der Hochmeister des Deutschen Ordens, 21 000 Reiter und knapp 6000 Infanteristen befehligte.

Ulrich wartete darauf, dass der Gegner den ersten Schritt unternahm, doch Jagiello hielt sich zurück. Als die Morgenstunden des 15. Juli anbrachen und seine Männer zunehmend ungeduldig wurden, beschloss Ulrich, die „feigen“ Polen und Litauer durch gezielte Verhöhnung zum Handeln zu zwingen. Daraufhin gab Jagiello den Befehl zum Angriff. Die Polen rückten wohlgeordnet auf der Linken vor, während die Litauer, Russen und Tataren sich unkontrolliert auf die Deutschen stürzten, die vor dem Angriff zurückwichen. Die Ordensritter setzten zum Gegenangriff an. Die zunehmend entmutigte litauische Armee begann zu fliehen, als die Tataren (durch Flucht oder bei einem fingierten Rückzug) außer Sicht gerieten. Nur Witolds Regimenter im Zentrum hielten die Stellung. Witold musste seinen Cousin persönlich um Unterstützung bitten.

Jagiello schickte seine letzten Reservetruppen, die den Vorstoß der Ordensritter stoppen konnten. Als sich der Staub legte, erkannte Ulrich, wie ungeschützt der polnische König auf einem kleinen Hügel am Schlachtfeld stand. Er schickte eine Einheit aus, um ihn zu töten oder gefangen zu nehmen. Das Attentat schlug fehl, denn einige polnische Ritter erkannten die Situation und fingen die Deutschen ab. Witold nutzte dies, um seine Männer zu sammeln, die kehrtmachten und wieder auf das Schlachtfeld zuschwenkten. Völlig unerwartet sahen sich die Ordensritter mit den Pfeilen der Tataren, den Äxten der Russen und den Schwertern der Litauer konfrontiert. Die Polen, die ihre Linie gehalten hatten, drängten die Ordensritter zurück und kreisten sie ein. Ulrich, stur, stolz und tapfer, blieb bei seinen Männern und kämpfte mit ihnen bis zum Schluss. Als die Schlacht gegen 19 Uhr bei Grünfelde zu Ende ging, war ein Großteil der Kämpfer gefallen. Rund 14 000 Ordensritter und Soldaten wurden gefangen genommen, der Rest lag tot oder sterbend auf dem Schlachtfeld. Der Deutsche Orden hatte eine schwere Demütigung erfahren.

DEUTSCHORDENS-RITTER

Die Ursprünge des Deutschen Ordens waren militärisch-religiös, was sich in dem einfachen weißen Mantel und dem Kreuz als einzigem Dekor auf Schild, Kleidung und Pferd zeigte. Die militärische Macht des Ordens basierte auf seinen Rittern, die als vorderste Angriffstruppe agierten. Sie trugen keine Platten-, sondern Kettenpanzer, um den immer besser ausgerüsteten und gut trainierten Infanteriearmeen schnell und beweglich entgegentreten zu können. Tannenberg war eine Kavallerieschlacht, in der aber Infanterie und Hilfstruppen eine wichtige Rolle bei der Niederschlagung der bis dahin unbesiegbaren Ordensritter spielten.

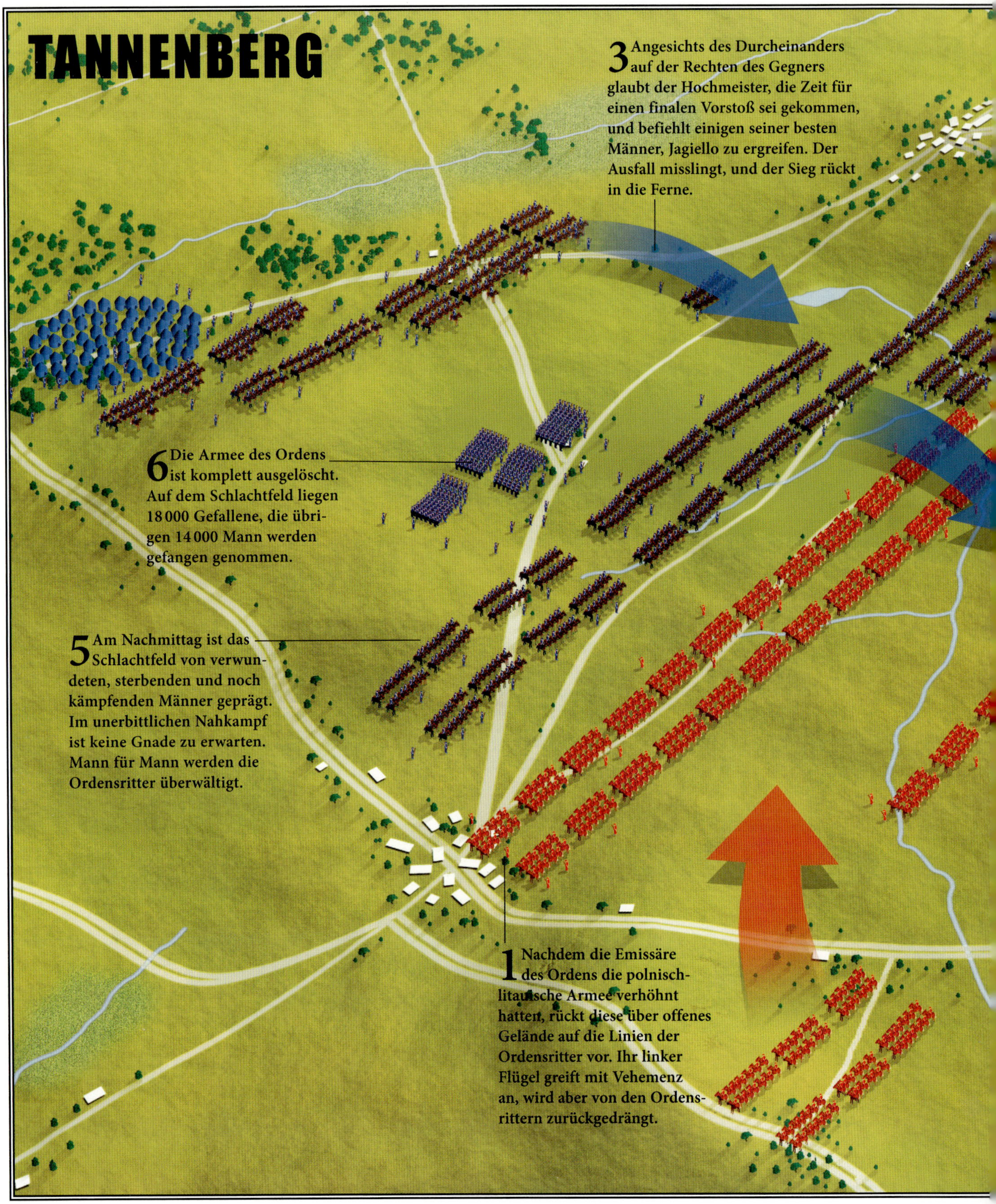
TANNENBERG
3 Angesichts des Durcheinanders auf der Rechten des Gegners glaubt der Hochmeister, die Zeit für einen finalen Vorstoß sei gekommen, und befiehlt einigen seiner besten Männer, Jagiello zu ergreifen. Der Ausfall misslingt, und der Sieg rückt in die Ferne.
6 Die Armee des Ordens ist komplett ausgelöscht. Auf dem Schlachtfeld liegen 18 000 Gefallene, die übrigen 14 000 Mann werden gefangen genommen.
5 Am Nachmittag ist das Schlachtfeld von verwundeten, sterbenden und noch kämpfenden Männer geprägt. Im unerbittlichen Nahkampf ist keine Gnade zu erwarten. Mann für Mann werden die Ordensritter überwältigt.
1 Nachdem die Emissäre des Ordens die polnisch-litauische Armee verhöhnt hatten, rückt diese über offenes Gelände auf die Linien der Ordensritter vor. Ihr linker Flügel greift mit Vehemenz an, wird aber von den Ordensrittern zurückgedrängt.

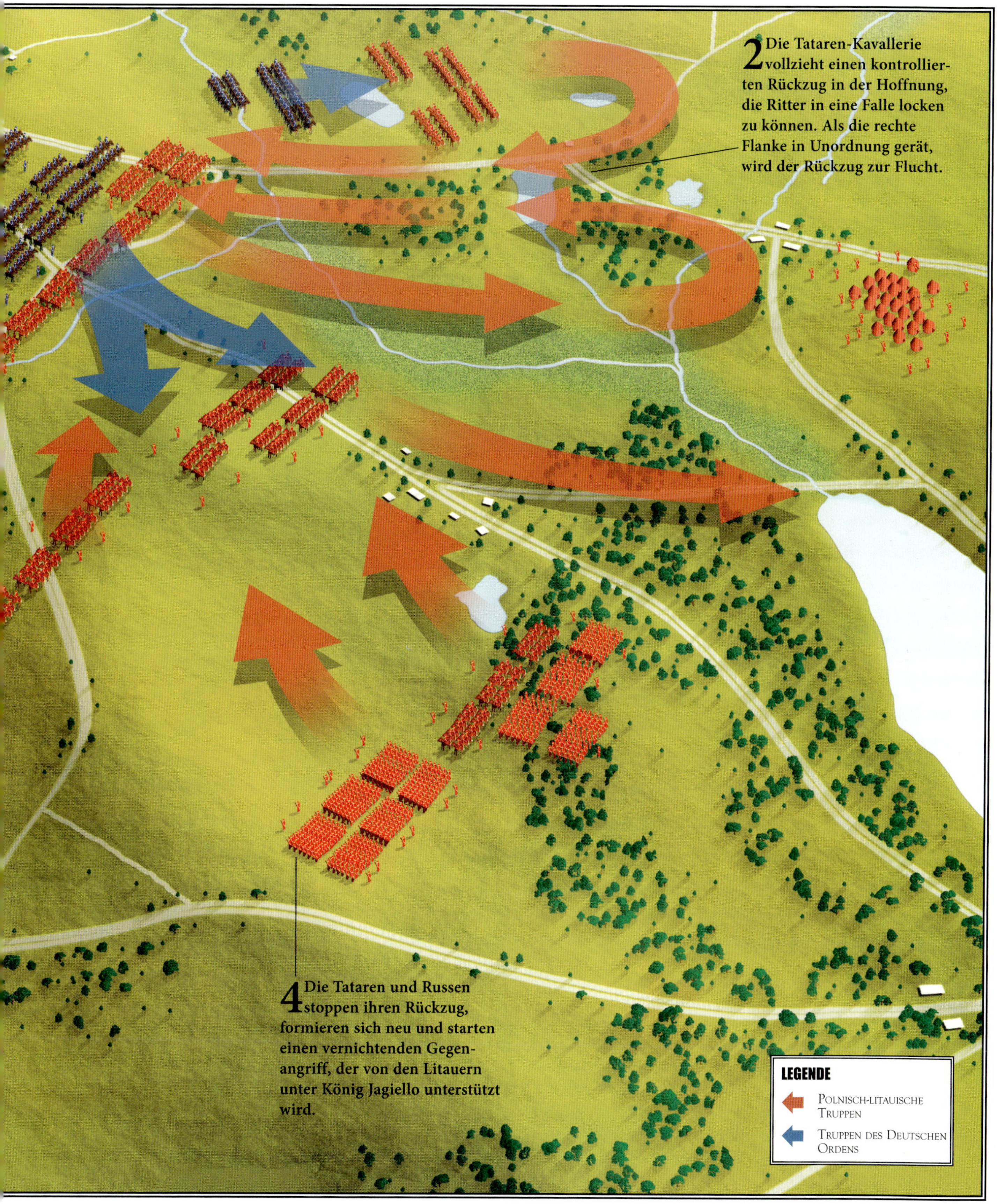
2 Die Tataren-Kavallerie vollzieht einen kontrollierten Rückzug in der Hoffnung, die Ritter in eine Falle locken zu können. Als die rechte Flanke in Unordnung gerät, wird der Rückzug zur Flucht.
4 Die Tataren und Russen stoppen ihren Rückzug, formieren sich neu und starten einen vernichtenden Gegenangriff, der von den Litauern unter König Jagiello unterstützt wird.
LEGENDE
Polnisch-litauische Truppen
Truppen des Deutschen Ordens

EIN ENGLISCHER FUSSSOLDAT *nimmt in der Schlacht von Azincourt einen französischen Adeligen gefangen. Das Bild zeigt die zunehmende Bedeutung der Infanterie.*

Azincourt 1415

DER SIEG HEINRICHS V. MIT SEINER KLEINEN, ERSCHÖPFTEN ARMEE ÜBER EIN RIESIGES FRANZÖSISCHES HEER WAR DER GRÖSSTE TRIUMPH DER ENGLÄNDER IM HUNDERTJÄHRIGEN KRIEG ZWISCHEN ENGLAND UND FRANKREICH. TROTZ EINES PFEILHAGELS DER LEGENDÄREN LANGBOGENSCHÜTZEN ENDETE DIE SCHLACHT IN EINEM HARTEN KAMPF MANN GEGEN MANN.

Die Schlacht von Azincourt war der Höhepunkt der Invasion Frankreichs durch Heinrich V., der am 13. August 1415 an der Kanalküste gelandet war. Als Erstes nahmen die Engländer Harfleur ins Visier, das am 22. September nach langer Belagerung fiel, dann zog Heinrich nordwärts nach Calais. Eine 20 000 Mann starke französische Armee unter dem Connétable Charles d'Albret und Marschall Jean Bouciquat folgte der deutlich kleineren Armee Heinrichs, die aus etwa 1000 gepanzerten Reitern und 5000 Bogenschützen bestand. Die französische Armee und das Hochwasser der Somme zwangen die Engländer bei schlechtesten Wetterbe-

DATEN UND FAKTEN

Wer: Eine englische Armee von 6000 Mann unter König Heinrich V. (1388–1422) bezwang eine französische Armee von 36 000 Mann unter dem Kommando von Charles d'Albret, Connétable de France (1369–1415).

Was: In Azincourt bezwingt eine kleine, disziplinierte und gut verschanzte englische Armee durch massiven Beschuss mit Pfeilen eine viel größere französische Armee.

Wo: Nahe beim Schloss Azincourt auf halber Strecke zwischen Calais und Abbeville in Nordfrankreich.

Wann: 25. Oktober 1415.

Warum: Heinrich wollte den englischen Anspruch auf den französischen Thron wiederbeleben.

Ergebnis: Azincourt war der größte englische Sieg im Hundertjährigen Krieg gegen Frankreich.

dingungen zu mühsamen Umwegen. Schließlich erkannte Heinrich, dass er keine Wahl hatte und sich dem Kampf stellen musste. Das tat er bei dem Dorf Azincourt nordwestlich von Arras.

Er beschloss, die Engländer zwischen den Wäldern und Hecken in der Umgebung von Maisoncelle und Tramecourt zu formieren. Den Boden vor der durch angespitzte Holzpfähle geschützten englischen Linie hatte der Regen in Morast verwandelt. Das würde den Ansturm der Franzosen verlangsamen und sie zu einem guten Ziel für seine Bogenschützen machen. Die Bedingungen waren ideal. Heinrich platzierte seine abgesessenen Reiter im Zentrum seiner Schlachtlinie, die Schützen an den Flanken. Zuversichtlich rückte die französische Armee an und machte sich kampfbereit.

DER TAG DES HEILIGEN CRISPIAN

Nach einer langen, kalten Nacht mit heftigem Regen waren die Felder bei Sonnenaufgang am 25. Oktober 1415, dem Festtag des heiligen Crispin, völlig durchweicht. Die Engländer hatten die Nacht im Freien verbracht, während die Franzosen nach üppigem Mahl mit Wein in Zelten geschlafen hatten: Sie glaubten an einen leichten Sieg.

Es sollte anders kommen. Die englischen Bogenschützen schossen über große Entfernung unzählige Pfeile in die gegnerischen Reihen. Die Franzosen antworteten mit einer Reiterattacke, die aber mit einem Drittel (420 Mann) der insgesamt 1200 Ritter zu schwach bemessen war. Ihre adeligen Kameraden zu Fuß wurden von ihren schweren Rüstungen in den Schlamm gezogen. Als sie knietief im Morast steckten, gab Sir Thomas Erpingham seinen Bogenschützen den Befehl zu einem noch intensiveren Pfeilhagel. Tausende Pfeile schwirrten wie eine Wolke durch die Luft. Die panzerbrechenden Pfeile mit stählernen Bodkin-Spitzen stoppten den französischen Vorstoß. Die Wirkung auf die kaum geschützten Pferde war verheerend. Reiterlose Pferde stürmten blutend und panisch in die französischen Linien zurück und trampelten dabei viele abgestiegene Ritter nieder.

Die Schlacht ging nun in ein wirres Handgemenge über. Die englischen Schützen und sogar Marketender stürmten mit Äxten, Schwertern und Dolchen nach vorne und fielen über die kaum beweglichen Ritter her. Das blutige Gemetzel zog sich drei grausame Stunden hin, bis sich die toten Franzosen vor den englischen Linien in Haufen türmten. Als der Herzog von Brabant am Nachmittag eintraf, schöpften die Franzosen wieder etwas Hoffnung, doch er konnte nichts mehr bewirken und wurde zusammen mit seinen Männern getötet. Durch diese Attacke alarmiert und aus Angst, die zahlreichen gefangenen Franzosen könnten wieder zu den Waffen greifen, wollte Heinrich nichts riskieren. Er ließ sie augenblicklich hinrichten.

Es gab kein Aufbäumen der Franzosen. Die verbliebenen Reste der französischen Armee flohen vom Schlachtfeld, wo sie Tausende Tote und Verwundete ihrem Schicksal in den Händen der Engländer überließen. Die Engländer hatten nur 112 Mann verloren, zwei Drittel davon Bogenschützen. Und sie hatten entgegen allen Erwartungen einen höchst erstaunlichen Sieg errungen. Die Franzosen beklagten mehr als 10 000 Gefallene.

Einen Monat später kehrte Heinrich nach England zurück. Seine Männer wurden reich entlohnt, und England feierte den Tag des heiligen Crispin, während die traumatisierten Franzosen über Generationen von „jenem Unglückstag" sprachen. Der Hundertjährige Krieg sollte noch fast vier Jahrzehnte weitergehen.

KÖNIG HEINRICH V. ORDNETE IN AZINCOURT AN, *dass jeder Bogenschütze einen Pfahl anspitzen und als Schutz gegen Kavallerieangriffe bei sich tragen sollte. Das trug wesentlich zum Sieg über die Franzosen bei.*

DAS DETAIL EINES FRESKOS *aus dem 16. Jahrhundert zeigt die mit Lanzen und Bögen bewaffnete osmanische Kavallerie bei der siebenwöchigen Belagerung Konstantinopels.*

Konstantinopel 1453

MIT DEM FALL VON KONSTANTINOPEL 1453, DESSEN MAUERN VON OSMANISCHEN KANONEN DURCHLÖCHERT WURDEN, VERSCHWAND DAS BYZANTINISCHE REICH. DAS OSMANISCHE REICH ETABLIERTE SICH FÜR DIE NÄCHSTEN ZWEI JAHRHUNDERTE ALS HAUPTBEDROHUNG DER CHRISTENHEIT IM MITTELMEERRAUM UND IN OSTEUROPA.

Von 1396 bis in die 1450er-Jahre überstand Konstantinopel, das Zentrum des Byzantinischen Reichs, drei Belagerungen der Osmanen. 1453 unternahm Sultan Mehmed II. einen neuen Versuch, diesmal unter verstärktem Einsatz von Artillerie. Der Schlüssel zur Eroberung Konstantinopels lag darin, eine Bresche in die massiven 5,7 km langen Landmauern mit Gräben, Türmen und dreifachen Wallanlagen zu brechen. Urban aus Transsylvanien, ein Christ, baute für Mehmed II. eine Riesenkanone von über 8 m Länge und einem Kaliber von 20,3 cm. Das Monster konnte massive Steinkugeln von rund einer halben Tonne mehr als 1500 m weit schießen. Im Januar 1453 war die Kanone fertig. Für den Transport, das Laden und die Bedienung waren mehr als

DATEN UND FAKTEN

Wer: Sultan Mehmed II. Fatih (1432–1481) belagerte die Stadt mit einer Armee von 120 000 Mann. Die Verteidiger unter Kaiser Konstantin XI. (1405–1453) zählten nur 10 000 Mann.

Was: Die Türken benutzten erstmals schwere Artillerie, um eine Bresche in die Stadtmauern zu schlagen.

Wo: Konstantinopel, Hauptstadt des byzantinischen Kaiserreichs, am Zusammenfluss von Bosporus und Goldenem Horn in der heutigen Türkei.

Wann: 5. April–29. Mai 1453.

Warum: Die Osmanen wollten Konstantinopel zu ihrer Hauptstadt machen und die letzte christliche Bastion in ihrem Reich ausschalten.

Ergebnis: Die Stadt wurde unter großem Blutvergießen eingenommen und zur Hauptstadt des Osmanischen Reichs.

700 Mann notwendig, doch sie erwies sich als höchst wirkungsvoll gegen die Mauern Konstantinopels.

Auch zahlenmäßig befand sich Mehmed im Vorteil. In Konstantinopel gab es nur 10 000 Bewaffnete zur Verteidigung der Stadt. Allein die Janitscharen, Mehmeds Eliteeinheit, zählten 12 000 Mann, die gesamte Armee war wohl zehnmal so groß. Die Schätzungen variieren zwischen 100 000 und 150 000 Mann. Entscheidend war aber, dass Mehmed II. in einem Kraftakt eine Kriegsflotte hatte bauen lassen, die erste in der Geschichte der Osmanen, auf der Christen vom Balkan Dienst taten. Sein Kommandeur Süleyman Baltoglu, der Großadmiral der Flotte (*kapudan paşa*), war ein bulgarischer Konvertit. Zum Entsetzen der Byzantiner kreuzte die Flotte Anfang März 1453 im Marmarameer vor Konstantinopel auf. Nun waren auch die Seemauern bedroht, sodass dort eine Garnison eingerichtet werden musste.

DIE BELAGERUNG BEGINNT

Der erste osmanische Vortrupp erschien am 1. April vor der Landmauer. Auf Befehl Konstantins XI. wurden die Tore geschlossen, die Holzbrücken über den Gräben angezündet und die Mauern bemannt. Konstantinopel befand sich nun definitiv unter Belagerung und war vom Rest der Welt isoliert. Fünf Tage später traf Mehmed mit dem Hauptkontingent ein und bezog vor der Landmauer ein Lager.

Kurz darauf begann die osmanische Artillerie mit dem permanenten, insgesamt sechs Wochen dauernden Beschuss der Landmauer. Urbans Riesenkanone feuerte siebenmal am Tag, dazu kamen noch 70 kleinere Geschütze. Die Kanone sprengte Stücke aus der Befestigung und riss verschiedene Lücken, die aber fast alle wieder repariert wurden. Die Belagerten erwiesen sich als sehr hartnäckig. Am 18. April und 7., 12. und 21. Mai startete Mehmed Angriffe der Infanterie, die alle abgewehrt wurden. Die Einfahrt zum Goldenen Horn wurde durch eine schwere Eisenkette versperrt, die das Eindringen der gegnerischen Flotte verhindern sollte. Mit großem Aufwand transportierten die Türken deshalb ihre Schiffe über Land vom Bosporus ins Goldene Horn.

Am 29. Mai stürmten um 1.30 Uhr rund 20 000 Irreguläre (*başı bozuk*) mit Gebrüll gegen die Landmauer an. Nach zweistündigem erbarmungslosem Kampf hatten die schwer gepanzerten Verteidiger die Angreifer niedergemetzelt. Auch die Regulären der osmanischen Armee scheiterten kläglich, ebenso die Angriffe auf die Seemauer. Dann entdeckten christlichen Quellen zufolge einige Irreguläre, dass das kleine Tor Kerkaporta zwischen dem Mauerabschnitt am Blachernen-Palast und der Theodosianischen Mauer, sei es durch Verrat oder Unachtsamkeit, nicht verschlossen war. Ohne zu zögern, stürmten Hunderte Türken durch das Tor und gelangten so zwischen den ersten und zweiten Mauerring. Die wenigen Verteidiger konnten dem Ansturm nicht standhalten.

Schließlich konnten die osmanischen Soldaten das Haupttor öffnen. Die eindringenden Belagerer machten die kleinen Trupps der Verteidiger nieder, auch Konstantin fiel im Kampf. Die Katalanen kämpften mit grimmiger Entschlossenheit, denn allen im Kampf gegen die Ungläubigen Gefallenen stand die sofortige Aufnahme in den Himmel bevor.

Rund 4000 Verteidiger starben, ein Großteil der Einwohner wurde versklavt. Zahlreiche Kirchen, Klöster und Häuser wurden niedergebrannt oder entweiht. Mehmed wandelte die Hagia Sophia in eine Moschee um. Der Fall von Konstantinopel bedeutete das Ende des Byzantinischen Reichs. Von da an blieben die osmanischen Türken bis zur zweiten vergeblichen Belagerung Wiens 1683 eine permanente Bedrohung für Europa.

ARMBRUSTSCHÜTZE UND RITTER

Armbrustschützen waren bei einer Belagerung sehr effizient. Zur Verteidigung Konstantinopels wurden einige angeworbene Schützen aus Aragón und Genua eingesetzt. Der westliche Plattenpanzer war damals bereits so schwer, dass die Ritter kein Schild mehr trugen und ihre Waffen beidhändig führen konnten.

KONSTANTINOPEL
1 Mehmed II. richtet Anfang April 1453 sein Lager vor der Landmauer ein. Die Stadt ist abgeschnitten, die Mauern werden ständig attackiert.
4 In der Nacht zum 29. Mai dringen die Türken über die Mauer und durch ein kleines Nebentor in die Stadt ein.
5 Konstantin XI. wird getötet, die Stadt drei Tage lang geplündert und verwüstet.

LEGENDE
Osmanische Truppen
Christliche Truppen
3 Mehmed lässt die türkischen Schiffe auf Rollen über Land vom Bosporus ins Goldene Horn transportieren. Konstantinopel ist nun komplett umzingelt.
2 Einer kleinen italischen Flotte gelingt der Durchbruch. Sie kann in das Goldene Horn einfahren und zeitweilig Entlastung bringen.
Goldenes Horn
Konstantinopel

Schießpulver und Feuerwaffen

Mit der Einführung von Feuerwaffen im späten Mittelalter kam es zu tief greifenden Veränderungen in der Kriegsführung. In den kommenden Jahrhunderten entschied Feuerkraft und weniger Muskelkraft über den Ausgang von Schlachten.

Das Aufkommen von Handfeuerwaffen und Kanonen beeinflusste auch taktische Entscheidungen auf dem Schlachtfeld. Nun musste ein Feldherr nicht nur den richtigen Zeitpunkt und Ort für den Einsatz von Infanterie und Kavallerie wählen, er musste auch seine Feuerkraft optimal einsetzen. Die Natur der Armeen veränderte sich dadurch ebenfalls. Der technische Professionalismus verdrängte schließlich den aristokratischen Krieger von seinem privilegierten Platz innerhalb der Militärhierarchie. Traditionelle Hieb- und Stichwaffen, wie Schwert und Spieß, waren noch viele Jahrhunderte neben den Feuerwaffen in Gebrauch. An Land wie auf See führte die Kombination aus Schusswaffen und stetig wachsenden staatlichen Armeen dazu, dass die Schlachten immer zerstörerischer wurden.

LINKS: DIESE LEICHT ROMANTISIERENDE DARSTELLUNG *der Attacke der Leichten Brigade in der Schlacht von Balaklawa (25. Oktober 1854) zeigt britische Lanzenreiter und Husaren beim Angriff auf russische Kanoniere.*

DIE TRUPPEN DES MOGULPRINZEN BABUR *setzen, wie auf dieser Illustration von 1901 dargestellt, bei Panipat Feldgeschütze gegen die Kriegselefanten von Ibrahim II. Khan Lodi ein.*

Panipat 1526

ZAHLENMÄSSIG DEUTLICH UNTERLEGEN, SETZTE BABUR, DER HERRSCHER VON KABUL, EINE ÜBERLEGENE TAKTIK UND SEINE FELDARTILLERIE GEGEN SULTAN IBRAHIM II. KHAN LODI EIN UND BEGRÜNDETE DIE MOGUL-DYNASTIE IN INDIEN.

Ende 1525 unternahm Zahir ad-Din Muhammad Babur, Herrscher von Kabul und Nachkomme des berühmten Mongolenführers Dschingis Khan, seinen fünften Feldzug nach Hindustan (Indien). Nach Eroberung des gesamten Punjab zog er in Richtung Delhi, ein besonders verlockendes Ziel. Sein Gegner Sultan Ibrahim II. Khan Lodi hatte die Stadt Anfang des Jahres eingenommen. Im Frühjahr 1526 sammelte Ibrahim dort eine riesige Armee mit fast 130 000 Soldaten und 300 Kriegselefanten. Baburs Truppe zählte dagegen nur 15 000 Mann, von denen einige den Gewaltmarsch und die Überquerung des Indus nicht überlebten.

Babur war entschlossen, seinem Rivalen die Vorherrschaft über Nordindien abzuringen und die Mogul-Dynastie zu etablieren. Sein geschickt geführter Feldzug fand einen Höhepunkt

DATEN UND FAKTEN

Wer: Die kleine Armee von Zahir ad-Din Muhammad Babur (1483–1531), Herrscher von Kabul, gegen Sultan Ibrahim II. Khan Lodi (1489–1526) und eine Armee mit über 100 000 Mann und 300 Kriegselefanten.

Was: Baburs innovative Taktik mit Musketen, Bogenschützen und Artillerie dezimierte die Truppen Ibrahims, der selbst in der Schlacht fiel.

Wo: Das Dorf Panipat in der heutigen indischen Provinz Haryana.

Wann: 21. April 1526.

Warum: Babur hielt sich für den rechtmäßigen Herrscher über Nordindien und wollte Agra und Delhi erobern.

Ergebnis: Durch den Sieg in Panipat begründete Babur die Mogul-Dynastie in Indien und beendete das Sultanat von Delhi.

in der Schlacht bei Panipat am 21. April 1526. Im Februar, während des Marschs nach Delhi, hatte Babur eine Teilarmee unter dem Kommando seines Sohns Hamayun (1508–1556) zur Bekämpfung einer Ibrahim treu ergebenen Einheit in Hisar-Firuza ausgesandt. Babur rückte zunächst ost-, dann südwärts vor und erzielte am 2. April bei Doab einen weiteren Sieg. Inzwischen zog Ibrahim von Agra nach Delhi und zur Entscheidungsschlacht weiter nach Norden, nach Panipat.

INNOVATIVE TAKTIK

Als sich beide Armeen näherten, erkannte Babur die fast zehnfache Überlegenheit des Feindes. Gleichzeitig war ihm bewusst, dass ein wohldurchdachter Schlachtplan und der geschickte Einsatz neuer Technik trotzdem den Sieg für ihn bringen konnten. Als einfallsreicher Taktiker teilte er seine Armee in Panipat in drei große Divisionen auf, die das Zentrum und die beiden Flügel seiner Aufstellung bildeten. Die Flankendivisionen untergliederte er in Front- und Reserveeinheiten, die schnelle Manöver mit gleichzeitigen Attacken aus verschiedenen Richtungen auf Ibrahim ermöglichten.

Babur befahl seinen Männern, 700 Karren zu beschaffen und so mit Seilen zu verbinden, dass sich dazwischen jeweils Musketenschützen hinter Schutzschilden positionieren konnten. Dann beorderte er seine Bogenschützen in günstige Positionen und ließ 24 Geschütze der Artillerie gegen Ibrahim richten.

Mehrere Tage versuchten Baburs Truppen vergeblich, den Gegner zu einem Angriff auf ihre Verteidigungsstellungen zu verleiten. Ein Nachtangriff auf Ibrahim verlief nicht wie gewünscht und endete mit einem hastigen Rückzug bei Tagesanbruch. Zunächst wollte Ibrahim ihnen nachsetzen, hielt sich dann aber zurück und rückte erst am 21. April vor.

DIE SCHLACHT

Einige Beobachter der Schlacht berichten, der Geschützdonner von Baburs Artillerie habe eine Panik unter Ibrahims Kriegselefanten ausgelöst und viele seiner Männer seien in dem Durcheinander getötet worden. Andere, darunter Babur selbst, erwähnen die Artillerie nur nebenbei. Sein Schlachtplan mit einer klassischen doppelten Umfassung ging jedenfalls auf.

Als Ibrahim vorpreschte, trafen Flankenangriffe seine große, schwerfällige Armee von links und rechts, während kleinere Einheiten seine dichten Formationen von hinten bedrängten. Im Zentrum Baburs hielten die von Artillerie unterstützten Musketenschützen ihre Position. Seine Bogenschützen überzogen den konfusen, von allen Seiten attackierten und zusammengedrängten Gegner mit einem Pfeilhagel.

Die Schlacht tobte vom frühen Morgen bis zum Mittag. Ibrahim fiel, und seine Armee floh ungeordnet vom Schlachtfeld. Babur verfolgte die geschlagenen Truppen bis Agra, das er mitsamt Ibrahims Staatsschatz eroberte. Humayun zog mit einer großen Armee weiter, um die Reste der feindlichen Streitkräfte zu vernichten. Drei Tage später hielt Babur triumphalen Einzug in Delhi, wo er einige Familienmitglieder von Ibrahim ergriff, die er respektvoll behandelt haben soll.

Der Sieg in Panipat beendete Ibrahims Herrschaft wie auch das Sultanat von Delhi, und die Mogul-Dynastie konnte sich in Indien etablieren. Baburs Truppen erlitten nur geringe Verluste, während sein Kontrahent nach Schätzungen zwischen 15 000–40 000 Mann verlor. In Panipat erlangte Babur mit dem Sieg eine beträchtliche Erweiterung seines Reichs. Erstmals kamen bei einer Schlacht in größerem Maße Feuerwaffen und Artillerie zum Einsatz.

DIESE ILLUSTRATION *aus dem Babur-Nama (1590), den Memoiren des Mogulherrschers Babur, zeigt das hitzige Getümmel der Schlacht von Panipat in grellen Farben.*

DIESES GEMÄLDE DER SCHLACHT VON LEPANTO *aus der venezianischen Schule zeigt sehr genau das dichte Schlachtgetümmel, in dem sich die Schiffe aus nächster Nähe mit Kanonen beschießen.*

Lepanto 1571

VOR DER SCHLACHT VON LEPANTO GALT DIE OSMANISCHE MARINE ALS UNBESIEGBAR. DOCH ENTWICKLUNGEN IN DER WAFFENTECHNIK UND DEN DAMIT VERBUNDENEN TAKTIKEN ERMÖGLICHTEN ES DER HEILIGEN LIGA, EINE ÜBERLEGENE TÜRKISCHE FLOTTE ZU BEZWINGEN.

Die osmanischen Türken waren Mitte des 16. Jahrhunderts äußerst mächtig. Europa war damals schwach und durch innere Auseinandersetzungen zerstritten, was den Türken die stetige Expansion auf europäisches Territorium und sogar die Belagerung Wiens ermöglichte. Die starke osmanische Flotte griff Schiffe und Besitzungen von Seemächten wie Venedig und Genua an.

Nach dem türkischen Angriff auf das von Venedig beherrschte Zypern 1570 beschlossen Papst Pius V. (1504–1572) und Philipp II. von Spanien (1527–1598) die Gründung einer Heiligen Liga. Eine europäische Kriegsflotte sollte sich den Osmanen unter Selim II. (1524–1574) entgegenstellen. Am 3. August 1571 fiel Zypern an die Türken, doch feindliche Schiffe waren bereits im Anmarsch. Die Heilige Liga schickte unter dem Kommando von Don Juan de Austria 316 Schiffe, 50 000 Mann Besatzung und 30 000 Soldaten. Dazu zählten

DATEN UND FAKTEN

Wer: Philipp II. von Spanien und Papst Pius V. gründeten die Heilige Liga, um die osmanischen Türken unter Sultan Selim II. zu bekämpfen. Die Flotte der Liga wurde von Don Juan de Austria (1545–1576) kommandiert, die der Türken von Ali Pascha (†1571).

Was: Lepanto war der größte Seesieg der Christen über die Muslime und die letzte, ausschließlich mit Galeeren bestrittene Seeschlacht.

Wo: Im Golf von Patras an der Westküste Griechenlands nahe dem Hafen von Lepanto (Naupaktos).

Wann: 7. Oktober 1571.

Warum: Das Osmanische Reich war eine tödliche Bedrohung für Italien und das übrige Europa.

Ergebnis: Das Geschützfeuer der Liga versenkte die osmanische Flotte und brach die türkische Seeherrschaft im Mittelmeerraum.

208 mit Kanonen bestückte Galeeren und sechs größere Galeassen mit großkalibrigen Geschützen. Die türkische Flotte bei Zypern stand unter dem Befehl von Ali Pascha und verfügte über 250 Galeeren: Sie waren zwar schneller als die europäischen Schiffe, dafür aber nur mit Bogenschützen und kleinkalibrigen Kanonen bestückt. Am 7. Oktober trafen die zwei Flottenverbände bei Lepanto im Südwesten Griechenlands aufeinander.

Beide Seiten formierten sich zu je vier Geschwadern mit Mittelteil, zwei Flügeln und einer Reserveeinheit. Die Liga platzierte ihre Galeassen vor der Hauptfront, während die Osmanen rasch vorstießen, um ihre Bogenschützen in Schussweite zu bringen und die Schlacht zu eröffnen. Der rechte Flügel der christlichen Flotte hing etwas zurück, weil er Kap Skrofa an der griechischen Küste umrunden und deshalb die weiteste Strecke zurücklegen musste.

Als sich die osmanischen Galeeren näherten, begannen die Galeassen, aus schweren Geschützen zu feuern, was wie ein Schock wirkte. Die Galeassen waren umgebaute Handelsschiffe und sahen nicht wie Kriegsschiffe aus. Man hatte sie deshalb auch für Versorgungsschiffe gehalten. Zwei osmanische Galeeren wurden versenkt, weitere beschädigt, was die Kampflinie der Türken durcheinanderbrachte, bevor ihre Bogenschützen auch nur in Schussweite gelangen konnten.

Die geschickt und mutig geführten osmanischen Galeeren stießen in einer breiten Sichelformation vor. Die Kommandanten der Verbände und einzelnen Schiffe nutzten jede Gelegenheit, die sich ihnen bot. Uluç Ali, der Befehlshaber der südlichen Division, beobachtete einen Schwenk des rechten christlichen Flügels nach Süden, um einer Umklammerung auszuweichen. Dadurch erweiterte sich eine bereits bestehende Lücke in der Front der Liga zwischen rechtem und mittlerem Geschwader. Uluç Ali dirigierte seinen Verband nach Norden, attackierte die zentralen Streitkräfte der Christen von der Seite und verschaffte sich eine lokale Überlegenheit, ohne dass die 53 Schiffe vom rechten Flügel der Liga eingreifen konnten.

Die ersten Hinterladerkanonen *auf Schiffen spuckten beim Zünden rund um den Verschluss Feuer, was für den Kanonier schreckliche Folgen haben konnte. Er füllte Schießpulver in die Verschlussöffnung und schob die Kugel ins Rohr. Um die Kanone beim Abfeuern zusammenzuhalten, brauchte man Keile, Gewichte und Gebete.*

Dieser osmanische Bogenschütze *trägt den kurzen Kompositbogen, der sich bei Kavallerieattacken bewährt hatte, aber auch in Seegefechten eine praktische und tödliche Waffe abgab. Der türkische Kurzbogen bestand aus einem Laminat aus Holz und Horn, zusammengehalten von Leim, der sich bei längerer Feuchtigkeitseinwirkung auflöste.*

WENDE DER SCHLACHT

Die 62 Galeeren im Zentrum der Liga standen erheblich unter Druck. Der Gegner vor ihnen hatte ähnlich viele Galeeren, dazu 32 leichtere Galioten und einen ebenfalls starken Flankenverband. Endlich traten aufseiten der Liga auch die 30 Galeeren der Reserve und der rechte Flügel in Aktion und stabilisierten die Lage.

Inzwischen war auch der linke Flügel der Liga in Küstennähe in Nöten. Ein schneller Verband osmanischer Galeeren hatte ein Flankenmanöver vollzogen und bedrohte ihn zeitweilig. Allmählich brachte man die Situation aber unter Kontrolle. Die mächtigen Kanonen der Galeassen brachten die Wende, denn sie konnten ganze Schiffe versenken, und ihr Beschuss zeigte Wirkung.

Die Schlacht von Lepanto glich in vieler Hinsicht einer Auseinandersetzung an Land: Feindliche Einheiten wurden durch Beschuss geschwächt und dann überfallartig von Enterkommandos niedergemacht. Auf beiden Seiten wurden mehrere Schiffe gekapert, oft wechselten sie mehrfach den Besitzer.

Insgesamt erwiesen sich die Kanonen der Liga-Schiffe als schlachtentscheidend. Sie rissen große Löcher in die zum Entern beidrehenden osmanischen Schiffe und töteten zahlreiche Männer. Oft wurde so ein erfolgreicher Angriff verhindert. Aus der Nähe waren die Kanonen immer treffsicher und richteten erheblich größeren Schaden an als Pfeile. Die Osmanen hingegen sahen Kanonen nicht als wichtige Waffen an, entsprechend unzureichend waren diese bemannt und munitioniert.

Die Kanone brachte die Entscheidung, speziell dort, wo die Galeassen gegnerische Schiffe aus der Distanz versenken konnten. Es gab aber noch andere Ursachen für die türkische Niederlage. Ali Pascha wurde von einer Kugel am Kopf getroffen und sein Schiff erfolgreich gekapert. Als die Christen Alis Kopf auf einem Spieß präsentierten und die Fahne der Kalifen erbeuteten, konnten sie ihre demoralisierten Gegner in die Flucht schlagen.

Nach dieser Wende wurde der größte Teil der osmanischen Flotte erobert oder versenkt. Uluç Ali konnte mit den meisten seiner Schiffe entkommen, doch der Rest der türkischen Geschwader wurde fast vollständig vernichtet.

LEPANTO

1 Don Juans Geschwader dringen in den Golf von Patras vor, wo die Türken, geschützt durch Wachtürme und Küstenartillerie, vor Anker liegen. Die Christen formieren sich zu einer Sichelfront, deren Spitzen auf den Feind gerichtet sind.

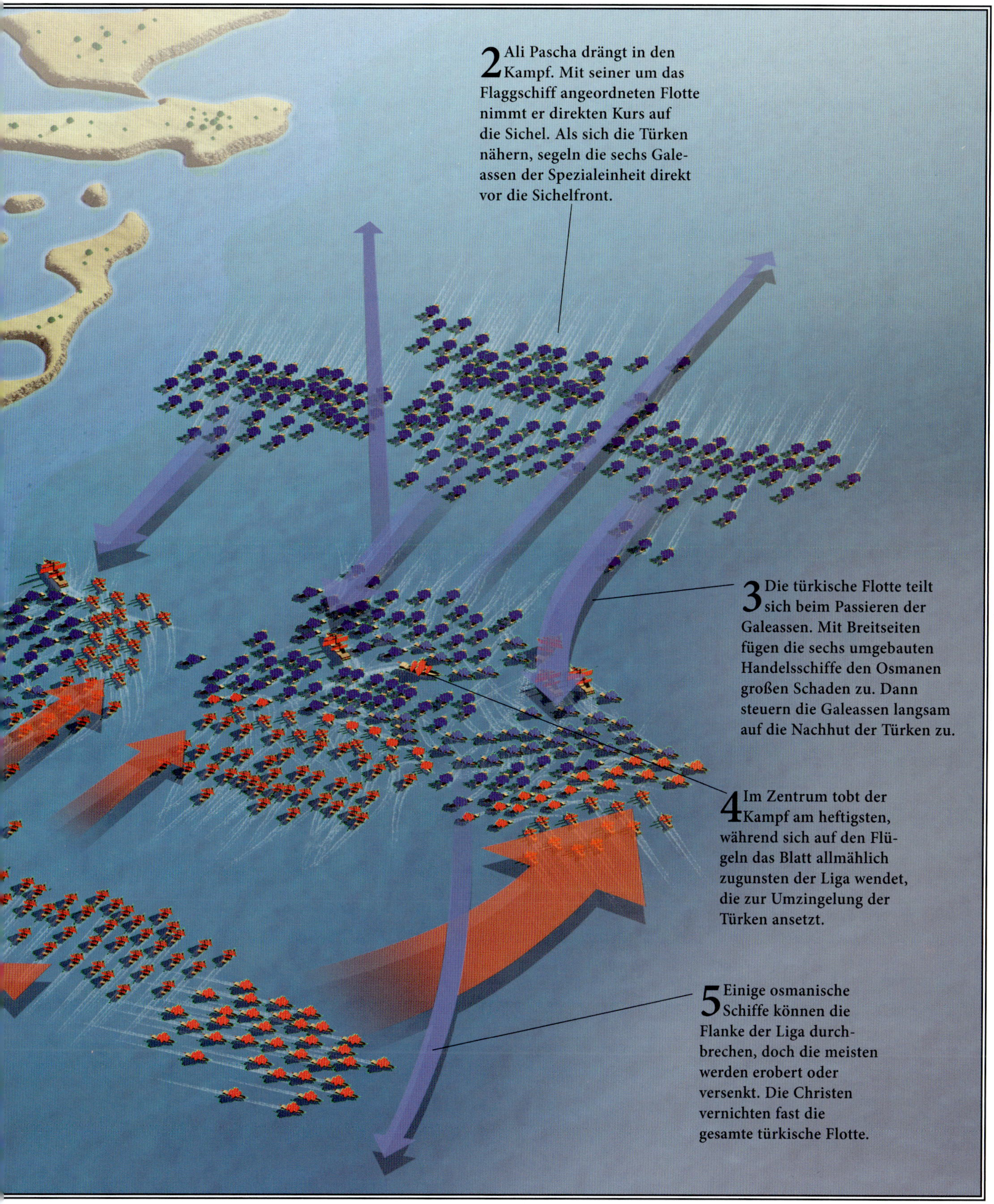
2 Ali Pascha drängt in den Kampf. Mit seiner um das Flaggschiff angeordneten Flotte nimmt er direkten Kurs auf die Sichel. Als sich die Türken nähern, segeln die sechs Galeassen der Spezialeinheit direkt vor die Sichelfront.
3 Die türkische Flotte teilt sich beim Passieren der Galeassen. Mit Breitseiten fügen die sechs umgebauten Handelsschiffe den Osmanen großen Schaden zu. Dann steuern die Galeassen langsam auf die Nachhut der Türken zu.
4 Im Zentrum tobt der Kampf am heftigsten, während sich auf den Flügeln das Blatt allmählich zugunsten der Liga wendet, die zur Umzingelung der Türken ansetzt.
5 Einige osmanische Schiffe können die Flanke der Liga durchbrechen, doch die meisten werden erobert oder versenkt. Die Christen vernichten fast die gesamte türkische Flotte.

DICHT GEDRÄNGT BEKÄMPFEN SICH SPANISCHE GALEONEN *und englische Kriegsschiffe bei Gravelines. Die Armada war gezwungen, auf dem Rückweg nach Spanien die Britischen Inseln zu umsegeln.*

Spanische Armada 1588

IM FESTEN GLAUBEN, GOTTES WILLE AUSZUFÜHREN, ZOG KÖNIG PHILIPP II. VON SPANIEN 1585 IN DEN KRIEG GEGEN ENGLAND. ALS FROMMER KATHOLIK WOLLTE ER DAS PROTESTANTISCHE ENGLAND UND SEINE HÄRETISCHE KÖNIGIN ELISABETH I. IN DEN SCHOSS DES PAPSTES ZURÜCKLEITEN UND DIE SPANISCHE HERRSCHAFT ÜBER FLANDERN BESTÄTIGEN.

Am 28. Mai 1588 stach eine spanische Flotte von 130 Schiffen, darunter 22 mächtige Galeonen, von Lissabon aus in See. Ihr Kommandeur, der Herzog von Medina Sidonia, hatte den Auftrag, die Kontrolle über den Ärmelkanal zu übernehmen und dann den Transport einer 30 000 Mann starken Invasionsarmee von den Niederlanden nach Britannien zu bewerkstelligen.

Die Engländer wussten von dem Vorhaben. Im Hafen von Plymouth wartete ihr inzwischen auf 200 Schiffe angewachsener Verband (darunter nur wenige Schlachtschiffe) auf das Auftauchen der Armada. Oberbefehlshaber der britischen Marine war Lordadmiral Charles Howard, 1. Earl of Nottingham. Ihn unterstützten die Geschwaderkommandanten Sir Francis Drake (1540–1596), Martin Frobisher (1539–1594)

DATEN UND FAKTEN

Wer: Die spanische Armada (22 Galeonen und 108 bewaffnete Handelsschiffe) unter Don Alonso Pérez de Guzmán el Bueno, Herzog von Medina Sidonia (1550–1619), gegen die englische Flotte (35 Kriegsschiffe und 163 bewaffnete Handelsschiffe) unter Lordadmiral Charles Howard (1536–1624).

Was: Die Spanier wollten die englische Flotte besiegen und eine Invasion Englands eröffnen.

Wo: Der Ärmelkanal und die Nordsee vor der Küste Flanderns.

Wann: Juli bis August 1588.

Warum: Spaniens König Philipp II. wollte in England den Katholizismus wieder einführen und englische Überfälle auf seine Schatzgaleonen beenden.

Ergebnis: Die spanische Armada wurde in mehreren Gefechten mit der Schlacht bei Gravelines als Höhepunkt besiegt und durch Stürme auf der Rückfahrt stark beschädigt.

und John Hawkins (1532–1595). Durch schlechtes Wetter behindert, erreichte die Armada erst Mitte Juni die englische Küste. Am 19. Juni wurden die feindlichen Schiffe vor Cornwall gesichtet. Über ein System von Signalfeuern erreichte die Nachricht die Verteidigungsflotte und den Hof von Königin Elisabeth I. in London. Mehr als 50 englische Kriegsschiffe lichteten ihre Anker, um die Invasoren zu stellen.

Zwar bot die riesige Flotte der Spanier einen imposanten Anblick, doch bald mussten sie erkennen, dass ihre Taktik und Ausrüstung ungenügend waren und nicht zeitgemäß. Ihre Galeonen waren große, schwerfällige Schiffe, die Mannschaften wurden weniger im Nachladen der Kanonen trainiert als im Abfeuern einer einzigen Breitseite und anschließendem Entern. Die englischen Schiffe verfügten über professionellere Besatzungen und Kanoniere. Außerdem waren sie kleiner und durch ihren geringen Tiefgang viel schneller als die behäbigen spanischen Galeonen. Die Wendigkeit ihrer Schiffe nutzend, wollten sich die englischen Kapitäne in sicherem Abstand auf der Luvseite des Gegners halten und die Spanier mit gezieltem Geschützfeuer belegen.

KLEINERE GEFECHTE

Über mehrere Tage testeten die Engländer in vereinzelten Gefechten die Kampfkraft der Armada. Am 31. Juli nahmen die Spanier ihre Schlachtformation ein: Zwei Flügel mit jeweils 20 oder mehr Schiffen unterstützten den Hauptverband aus rund 36 Galeonen, der die Transportschiffe schützte. Drake und Howard konnten dieser Formation keine größeren Schäden zufügen. Bei Eddystone und Portland kam es zu Konfrontationen, doch ohne eine Entscheidung. Am 4. August verhinderten die Engländer vor der Isle of Wight, dass Medina Sidonia sicher vor Anker ging. Um nicht auf Grund zu laufen, musste er ins offene Meer zurücksegeln. Zwei andere Galeonen allerdings strandeten. Schließlich ankerten die Spanier in Sichelformation vor der flämischen Küste bei Dünkirchen, wo auch ihre Invasionsarmee lagerte. Ein ausreichend großer Hafen zu ihrem Schutz war dort aber nicht vorhanden. Howard ließ acht mit Teer, Pech und Schießpulver beladene Brander in Richtung der Armada treiben. Zwei von ihnen konnten abgeschleppt werden, doch ein spanisches Schiff fing Feuer, und viele mussten ihre Ankerketten kappen, um sich in Sicherheit zu bringen.

Nach fast drei Wochen kleinerer Scharmützel trafen die gegnerischen Flotten am 8. August erneut aufeinander. Vor Gravelines im spanisch besetzten Flandern nahmen die Engländer die Armada unter Feuer, ließen diese erst ihre Breitseite abfeuern und rückten dann vor. Man schätzt, dass die Spanier dabei 11 Schiffe und rund 800 Mann verloren. Mindestens zwei Schiffe liefen auf Grund. Am nächsten Tag, als die Munition fast verbraucht war, verfolgten die Engländer ihren Gegner in die Nordsee hinein, wo dieser keine Chance mehr hatte, eine Invasion zu unterstützen.

Medina Sidonia stand nun vor der Wahl, einen riskanten Durchbruch zu wagen oder den weiten Umweg um Schottland und Irland zu segeln. Er entschied sich für die sichere Variante, doch die Armada geriet dabei in heftige Stürme, und viele Galeonen wurden gegen die Felsen der irischen Küste geschleudert. Tausende Männer ertranken beim Untergang ihrer Schiffe.

ÜBEL ZUGERICHTET

Monate nach ihrem Aufbruch gegen England kehrten die Reste der Armada, nur 67 stark mitgenommene Schiffe, in sichere spanische Gewässer zurück. Mehr als 8000 ihrer Seeleute waren gefallen, verwundet oder litten an Krankheiten. Die englischen Verluste bei den Kämpfen beliefen sich auf lediglich 500 Mann. Die Invasion war abgewehrt, und das Haus Tudor behielt den Thron im protestantischen England, doch der Krieg mit Spanien zog sich weitere 18 Jahre hin.

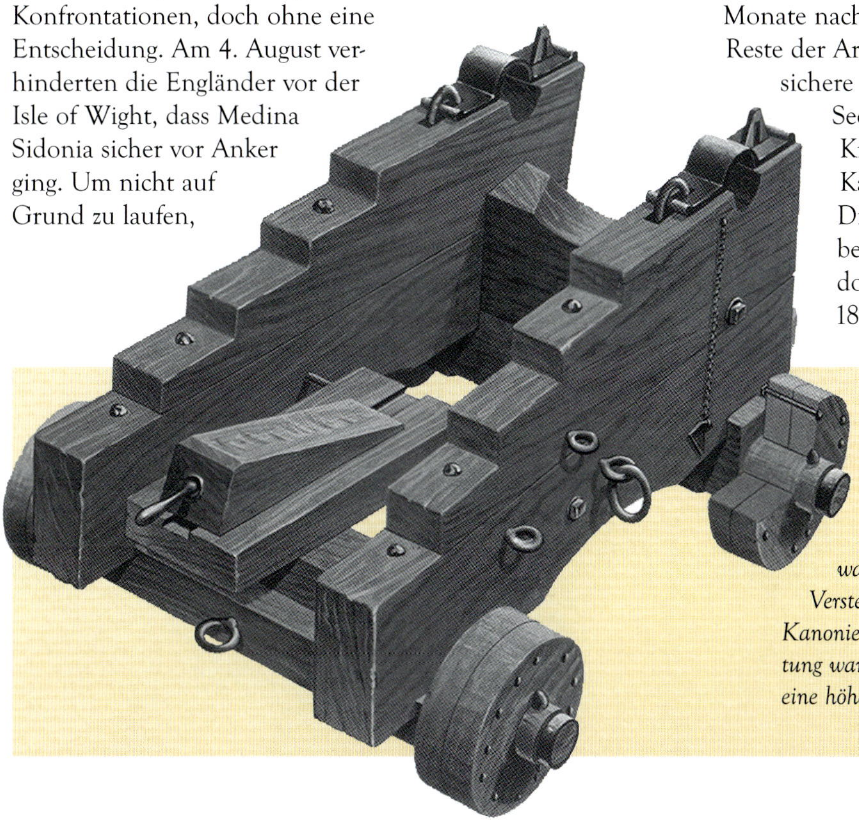

LAFETTE EINES SCHIFFSGESCHÜTZES

Durch die Räder an der Lafette konnte der Rückstoß des Geschützes in Bewegung umgesetzt werden, was Schäden an den Schiffsplanken verhinderte. Durch Verstellen des Holzkeils unter dem Verschluss richtete der Kanonier das Rohr in der Höhe aus, und auch eine Seitenrichtung war möglich. Dank solcher Lafetten erreichten die Briten eine höhere Schussfrequenz beim Kampf gegen die Armada.

Sacheon 1592

MIT DER KUNST DER TÄUSCHUNG SIEGTE ADMIRAL YI SUN-SIN, DER GROSSE MARINEHELD KOREAS, ÜBER EINE STARKE JAPANISCHE FLOTTE UND KONNTE DEN RÜCKZUG EINER FEINDLICHEN LANDSTREITMACHT ERZWINGEN.

DIESES JAPANISCHE GEMÄLDE *von 1876 zeigt General Kato Kiyomasa, einen der Oberbefehlshaber der Japaner im siebenjährigen Imjin-Krieg (1592–1598) gegen Korea.*

Am 25. Mai 1592 landete eine mächtige japanische Armee auf der koreanischen Halbinsel bei Busan. Man wollte die Koreaner unterwerfen und sich den laufenden Krieg mit China erleichtern. Dafür sollte der japanische Stützpunkt in Sacheon, wichtig für Operationen und Nachschub, gesichert und verteidigt werden. Eine Flottille japanischer Kriegs- und Versorgungsschiffe ging vor Anker, und die angelandeten Truppen begannen mit dem Bau von Befestigungen zum Schutz der besetzten Stadt und ihres Hafens.

Direkt nach seinem überwältigenden Sieg bei Okpo segelte Admiral Yi Sun-sin mit 26 koreanischen Kriegsschiffen nach Sacheon. Er kannte die Gegend und war sich darüber im Klaren, dass seine Schiffe bei einem Gefecht in dem begrenzten, bei Ebbe trocken fallenden Hafen kaum Chancen hatten. Er wies deshalb seine Kapitäne zu einem fingierten Rückzug an, um den japanischen Kommandeur, dessen Name nicht überliefert ist, zur Verfolgung zu animieren. Sobald die Japaner in offenes Wasser gelockt waren, wollte Yi wenden und den Gegner unter Ausnutzung seiner Bewegungsfreiheit angreifen.

SCHILDKRÖTENSCHIFFE

Am 29. Mai 1592 tauchten die koreanischen Schiffe am Horizont auf und vollführten das geplante Täuschungsmanöver. Die Japaner bissen an und wurden bald darauf zum Opfer eines Überraschungsangriffs. Admiral Yi verschonte einige japanische Schiffe, die unter seiner Überwachung in den Hafen Sacheon zurückkehren mussten, um ihre noch mit dem Festungsbau beschäftigten Truppen an Bord zu nehmen.

Bei Sacheon kam erstmals ein Schildkrötenschiff zum Einsatz, dessen Deck mit Speerspitzen bestückt war, um ein Entern zu verhindern. Die Besatzung konnte sich in den Gängen im Inneren frei bewegen und die Kanonen bedienen – sechs auf jeder Seite und je eine an Bug und Heck. Obwohl nur ein Schildkrötenschiff am koreanischen Angriff teilnahm, war es doch entscheidend.

Während die Japaner in dem kurzen, aber heftigen Gefecht schwere Verluste erlitten, kamen die Koreaner relativ unbeschädigt davon. Admiral Yi erlitt eine leichte Verletzung, behielt aber das Kommando. In den folgenden Tagen sollte er seine erstaunlichen Siege zur See noch mit der Bezwingung einer großen japanischen Streitmacht bei Hansando krönen.

DATEN UND FAKTEN

Wer: Der koreanische Admiral Yi Sun-sin (1545–1598) mit 26 Kriegsschiffen gegen rund 13 japanische Kriegsschiffe, befehligt von einem unbekannten Marinekommandeur.

Was: Yi lockte die Japaner durch einen fingierten Rückzug in offene Gewässer, attackierte dort heftig und zwang sie zur Evakuierung ihrer Landtruppen und zum Abzug.

Wo: Der Hafen und das offene Meer bei der Stadt Sacheon in Südkorea.

Wann: 29. Mai 1592.

Warum: Japan war in Korea einmarschiert, und Yi wollte ihre Nachschub- und Versorgungslinien unterbrechen.

Ergebnis: Admiral Yi nutzte ein Täuschungsmanöver und schickte erstmals eines der neuen Schildkrötenschiffe in den Kampf. Er errang so einen überwältigenden Sieg für Korea.

Sekigahara 1600

DIE ARMEE VON TOKUGAWA IEYASU, DEM DAIMYO DER KANTO-EBENE, BESIEGTE DIE LOYALEN TRUPPEN UNTER ISHIDA MITSUNARI. DAS DADURCH BEGRÜNDETE TOKUGAWA-SHOGUNAT HERRSCHTE BIS 1868 ÜBER JAPAN.

Toyotomi Hideyoshi (1537–1598), dem großen Daimyo der Sengoku-Zeit, gelang Ende des 16. Jahrhunderts die Einigung Japans. Nach seinem Tod 1598 kam es zwischen zwei seiner Statthalter zu einem von Intrigen begleiteten Kampf um die Vorherrschaft im Inselstaat. Tokugawa Ieyasu wollte die Macht an sich reißen, sein Gegenspieler Ishida Mitsunari unterstützte Hideyori, den fünfjährigen Sohn und Erben des verstorbenen Herrschers Hideyoshi.

Als sich der Machtkampf verschärfte, beschloss Ishida, Ieyasu in den Rücken zu fallen, während dieser zur Sicherung seines Herrschaftsgebiets nach Edo (Tokio) vorrückte. Ende 1600 zog Ishida mit 85 000 Samurai und Fußsoldaten los. Ihm stand mit Ieyasu allerdings ein erfahrener Krieger gegenüber. Einige von Ishidas untergebenen Daimyos beschlossen, ihn zu verraten und sich auf die Seite Ieyasus zu schlagen.

DATEN UND FAKTEN

Wer: Tokugawa Ieyasu (1543–1616), Daimyo der Kanto-Ebene, gegen Ishida Mitsunari (1560–1600), einen loyalen Gefolgsmann von Hideyori, dem fünfjährigen Sohn und Erben des Daimyo der Sengoku-Zeit, Toyotomi Hideyoshi.

Was: Die Entscheidungsschlacht um die politische Kontrolle im Land fand zwei Jahre nach dem Tod von Toyotomi Hideyoshi statt, der erst kurz zuvor Japan geeint hatte.

Wo: Der Gebirgspass bei Sekigahara im Südwesten Japans an der strategischen Kreuzung der Nakasendo-Straße.

Wann: 21. Oktober 1600.

Warum: Der loyale Daimyo Ishida Mitsunari wollte die Tokugawa besiegen, als diese einen Feldzug zur Sicherung ihres Territoriums führten.

Ergebnis: Der Sieg von Tokugawa Ieyasu bei Sekigahara beendete den Einfluss der Sippe Toyotomi und brachte das Tokugawa-Shogunat für die nächsten 250 Jahre an die Macht.

TOKUGAWA IEYASU *war einer der großen Daimyo oder Fürsten seiner Zeit. Nach seinem Sieg bei Sekigahara herrschte das Tokugawa-Shogunat die folgenden 250 Jahre über Japan.*

Am 21. Oktober, noch vor dem Morgengrauen, erreichte Ishida den schmalen Gebirgspass bei Sekigahara, wo beide Armeen um 8 Uhr bei strömendem Regen aufeinanderprallten. Ieyasu war zahlenmäßig unterlegen, nutzte aber alle gesammelten Informationen zur Planung seines Angriffs. Er wollte ein Vorrücken nach Norden vortäuschen, dann abrupt nach Westen schwenken und Ishida direkt angreifen.

VERRAT

Überrascht durch Ieyasus plötzliche taktische Kehrtwendung, bezog Ishida seine Verteidigungsstellung in Sekigahara, um den Vormarsch des Gegners zu stoppen. Dort wurde er zunächst im Mittelabschnitt von der berüchtigten Kavallerie angegriffen. Während sein Zentrum schwer bedrängt wurde, rückten Ieyasus Truppen im Norden langsam vor. Ishidas Südflanke konnte aber den feindlichen Angriffen standhalten.

Gegen Mittag tobte die Schlacht noch immer. Ieyasu hatte darauf gewartet, dass der 17-jährige Kobayakawa Hideaki (1577–1602) wie geplant Ishida verraten und über dessen Südflanke herfallen würde. Schließlich befahl Ieyasu das Abfeuern einer warnenden Salve in Richtung Kobayakawas. So angespornt, entschied sich der junge General endgültig gegen seinen einstigen Verbündeten und schlug ihn in die Flucht. Ishida wurde gefangen genommen und in Kyoto enthauptet.

Nach dem Sieg in Sekigahara festigte Ieyasu seine Macht. 1603 verlieh ihm Kaiser Go-Yozei den Titel eines Shoguns.

Der schwedische König *hatte sich in das Getümmel gestürzt, um einer wankenden Einheit beizustehen. Sein verwundetes Pferd trug ihn in die Reihen der Kaiserlichen, die ihn umzingelten und töteten.*

Lützen 1632

IN EINER DER GROSSEN SCHLACHTEN DES DREISSIGJÄHRIGEN KRIEGS STAND GUSTAV II. ADOLF VON SCHWEDEN EINER ERNEUERTEN KAISERLICHEN ARMEE UNTER WALLENSTEIN GEGENÜBER. DER SCHWEDISCHE KÖNIG WURDE IN LÜTZEN GETÖTET, DOCH SEINE TRUPPEN BESIEGTEN NACH SCHWEREM KAMPF EINEN GEGNER, DER AUS SEINEN NIEDERLAGEN GELERNT HATTE.

In der Schlacht bei Lützen traf eine Armee des Heiligen Römischen Reichs, befehligt von Graf Albrecht von Wallenstein, auf schwedische Truppen unter ihrem innovativen und entschlossenen Kommandeur, König Gustav II. Adolf. Das Schlachtfeld lag in Sachsen, wo die kaiserliche Armee eingefallen und ihr der schwedische König gefolgt war. Den rund 18 000 Alliierten hatte Wallenstein 25 000 Mann entgegenzusetzen, erwartete aber weitere 8000 Soldaten von Graf Gottfried zu Pappenheim (1594–1632) als Verstärkung. Er wollte eine einzige Schlachtreihe unmittelbar nördlich der Straße nach Leipzig formieren. Sein rechter Flügel war auf

DATEN UND FAKTEN

Wer: König Gustav II. Adolf von Schweden (1594–1632) mit der schwedischen Armee gegen Albrecht von Wallenstein, Herzog von Friedland (1583–1634), den Befehlshaber der kaiserlichen Truppen.

Was: In der erbitterten Schlacht zeigten die Kaiserlichen, dass sie aus früheren Niederlagen gegen den Gegner gelernt hatten. Gustav II. Adolf fiel, doch die schwedische Armee sammelte sich und siegte.

Wann: 16. November 1632.

Wo: Um den Ort Lützen in der Nähe von Leipzig.

Warum: Wallenstein bedrohte Sachsen, einen Verbündeten der Schweden.

Ergebnis: Die Schlacht rettete Sachsen, doch der Dreißigjährige Krieg (1618–1648) zog sich trotz des Siegs der Protestanten weiter hin.

REITER BEVORZUGTEN FÜR DEN EINSATZ IN DER SCHLACHT *die Radschlosspistole mit ihrem effizienten Zündmechanismus. Sie ließ sich einfacher laden und war zur Zündung nicht auf eine unpraktische Lunte angewiesen. Außerdem konnte man ziemlich sicher sein, dass sie auch dann schoss, wenn sie sollte.*

dem Windmühlenhügel nördlich von Lützen positioniert, der linke auf freiem Feld.

Im Morgengrauen des 16. November 1632 bezogen die Schweden und ihre Verbündeten Position gegenüber den kaiserlichen Truppen. Weil der Frühnebel immer dichter wurde, musste die geplante Attacke von 8 Uhr auf 11 Uhr verschoben werden, bis sich der Nebel zeitweilig lichtete und Gustav II. Adolf seinen Angriff starten konnte. Auf der Linken und in der Mitte wurde der Vorstoß von den Kaiserlichen mit gezieltem und koordiniertem Artillerie- und Musketenfeuer gestoppt. Nur auf der Rechten gelang ein Durchbruch, allerdings unter hohen Verlusten. Die schwedische und die Gelbe Brigade konnten den mit Musketieren besetzen Graben überrennen, die Straße passieren und die Batterien nördlich davon erobern.

Während sich der Nebel wieder auf das Schlachtfeld senkte, ergab sich ein mörderisches Patt. Gerade als die kaiserliche Linke zerfiel, traf Pappenheim ein und rettete sie vor einem schwedisch-finnischen Vorstoß. Im anschließenden Gemetzel verlor die schwedische Brigade 70 Prozent ihrer Pikeniere und 40 Prozent ihrer Musketiere. Den Gegner traf es fast ebenso schwer. Nun wankte die schwedische Kavallerie, die in kleine Grüppchen beiderseits der erhöhten Straße zersprengt war. Erst dem obersten Feldprediger Jakob Fabricius gelang es, sie zu beruhigen und wieder in den Kampf zu führen.

WENDEPUNKT

Die Schlacht nahm eine entscheidende Wendung mit dem Tod Gustavs II. Adolf, der seinen Truppen zu Hilfe geeilt war. Auf diese Nachricht hin befürchteten die Schweden und ihre Verbündeten, alles sei verloren. Das Kommando führte nun Herzog Bernhard von Sachsen-Weimar (1604–1639). Er sammelte die verzagten Männer zu einem Gegenangriff. Beim Vorrücken fanden die Schweden den Leichnam ihres Königs – entblößt und verstümmelt. Daraufhin wollten sie, wie von Bernhard kalkuliert, den unwürdigen Tod ihres Königs um jeden Preis rächen. Der schwedische Hauptangriff hatte die Linie der Kaiserlichen zu einer Art Halbmond verbogen, doch beide Seiten waren erschöpft und des Kämpfens müde. Man stand sich gegenüber, feuerte aufeinander, kam aber nicht weiter. Die einzige Möglichkeit zu einem Beenden der furchtbaren Schlacht sah Bernhard in einem Angriff auf den Windmühlenhügel, um die verbliebenen 13 Geschütze Wallensteins auszuschalten und die feindliche Linie zwischen der Mitte und der Linken zu durchbrechen.

Die schwedischen Batterien feuerten aus allen Rohren, bis die Geschütze auf dem Hügel schwiegen. Um 15 Uhr stürmten Schweden, Finnen und die übrigen Truppen den Hang hinauf. Sie wurden durch heftiges Feuer zurückgeworfen, gruppierten sich neu und griffen wieder an, bis die Anhöhe samt den umliegenden, mit Toten und Sterbenden angefüllten Schützengräben eingenommen war. Nach zweistündigem schwerem Kampf wurde um 17 Uhr die schwedische Flagge auf dem Hügel gehisst. Die Schlacht war gewonnen.

Wallenstein hätte zwar weiterkämpfen können, doch seine Soldaten waren völlig erschöpft und demoralisiert. Auch sein Sohn Berthold war unter den 7000 Toten, die das Gemetzel gefordert hatte: rund 4000 Kaiserliche, der Rest Schweden und deren Alliierte. Lützen war ein knapper Sieg der Schweden und ihrer Verbündeten unter der Führung von Herzog Bernhard. Erstaunlicherweise zog sich der Krieg aber weiter hin, bis die erschöpften Kontrahenten schließlich am 24. Oktober 1648 den Westfälischen Frieden schlossen.

KAISERLICHER KÜRASSIER

Auch im Dreißigjährigen Krieg trugen die Kürassiere zum optimalen Schutz weiterhin einen Harnisch, hatten aber die Lanze durch die Pistole ersetzt. Die Panzerung war meist von guter Qualität und konnte Schwerthiebe und Pistolenkugeln abhalten. Sie räumte relativ viel Bewegungsfreiheit ein, denn die mit Gelenken verbundenen Platten ließen sich gegeneinander verschieben. Die Träger wurden deshalb auch spöttisch als „Hummer" bezeichnet.

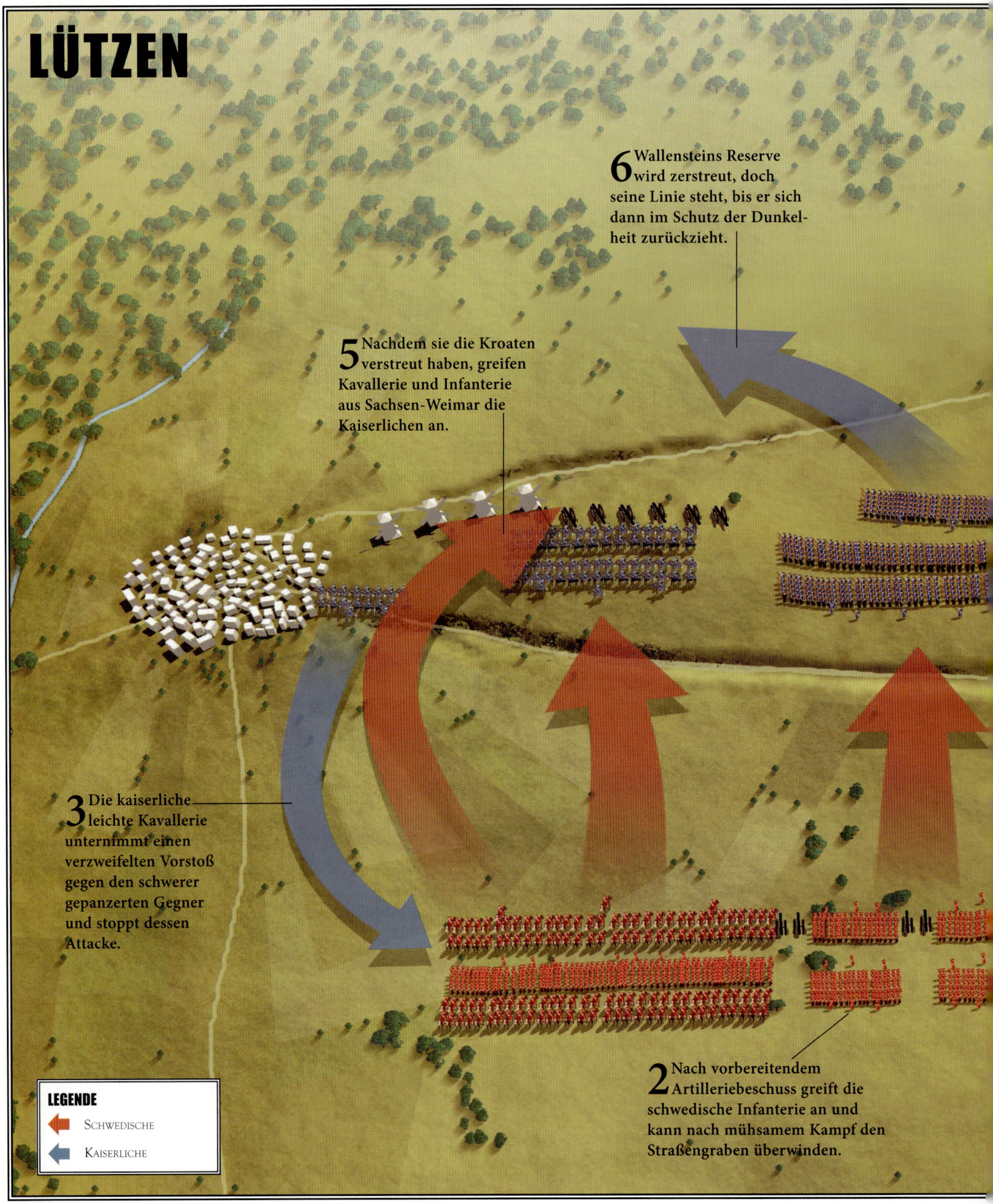
LÜTZEN
6 Wallensteins Reserve wird zerstreut, doch seine Linie steht, bis er sich dann im Schutz der Dunkelheit zurückzieht.
5 Nachdem sie die Kroaten verstreut haben, greifen Kavallerie und Infanterie aus Sachsen-Weimar die Kaiserlichen an.
3 Die kaiserliche leichte Kavallerie unternimmt einen verzweifelten Vorstoß gegen den schwerer gepanzerten Gegner und stoppt dessen Attacke.
2 Nach vorbereitendem Artilleriebeschuss greift die schwedische Infanterie an und kann nach mühsamem Kampf den Straßengraben überwinden.
LEGENDE
Schwedische
Kaiserliche

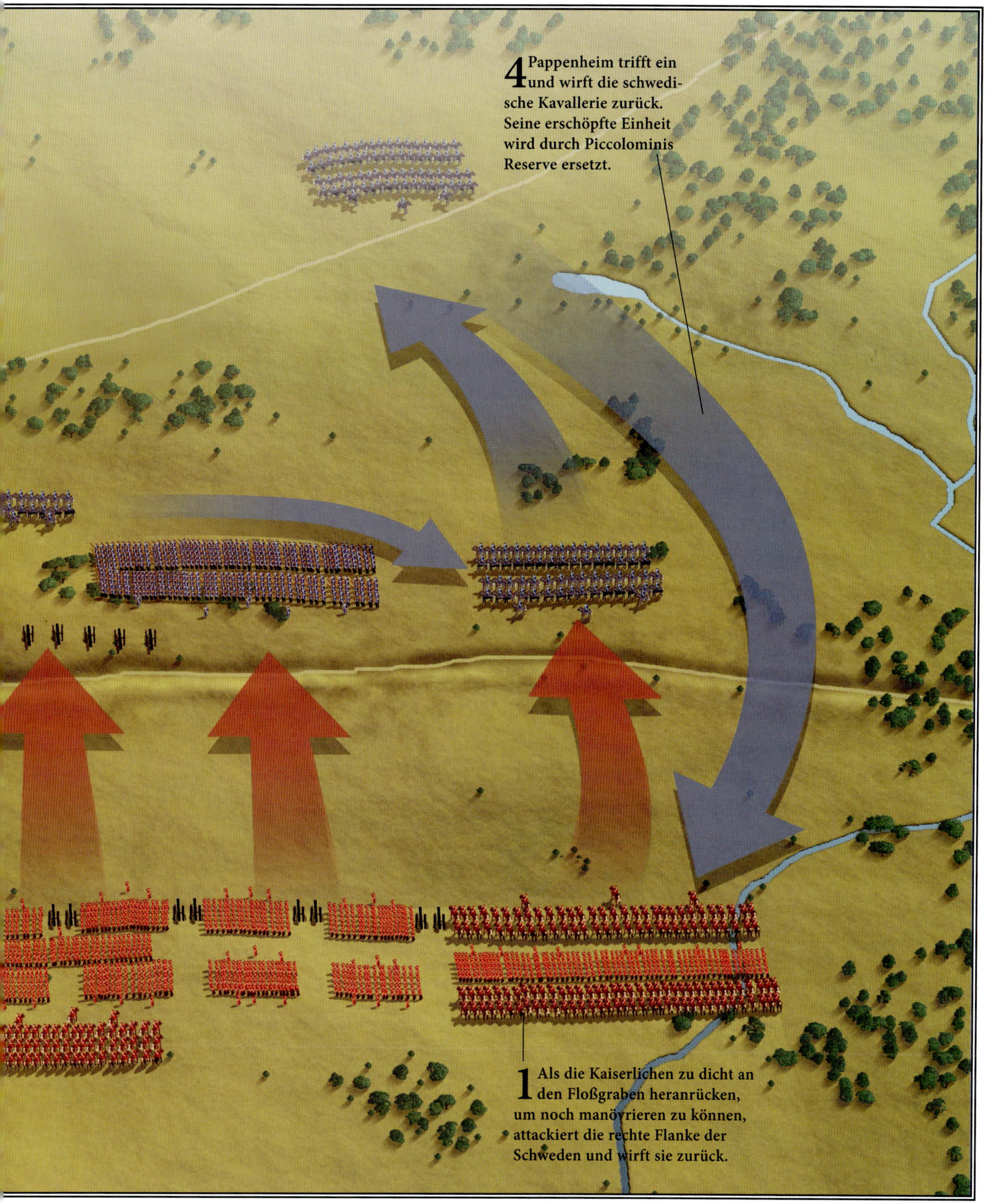
4 Pappenheim trifft ein und wirft die schwedische Kavallerie zurück. Seine erschöpfte Einheit wird durch Piccolominis Reserve ersetzt.
1 Als die Kaiserlichen zu dicht an den Floßgraben heranrücken, um noch manövrieren zu können, attackiert die rechte Flanke der Schweden und wirft sie zurück.

IM HINTERGRUND LIEGT DAS BELAGERTE WIEN, *im Vordergrund kämpfen dicht gedrängt osmanische und europäische Reiter auf dem Kahlenberg.*

Kahlenberg 1683

DAS BÜNDNISHEER VON JOHANN III. SOBIESKI, KÖNIG VON POLEN, BEENDETE EINE ZWEIMONATIGE BELAGERUNG, BEZWANG DIE OSMANISCHEN TRUPPEN VON KARA MUSTAFA PASCHA UND BEENDETE DEREN VORSTÖSSE NACH MITTELEUROPA.

Das Eintreffen von Krimtataren vor Wien im Sommer 1683 veranlasste den römisch-deutschen Kaiser Leopold I. (1640–1705) zur Flucht aus der Stadt, die Graf Ernst Rüdiger von Starhemberg mit nur 11 000 Soldaten verteidigen sollte. Schon bald zählten die Osmanen über 150 000 Mann, und ihr Befehlshaber, Großwesir Kara Mustafa Pascha, erwartete den entscheidenden Sieg im 300-jährigen Konflikt zwischen den muslimischen Truppen des Osmanischen Reichs und dem vom Haus Habsburg dominierten Heiligen Römischen Reich in Mitteleuropa.

Kara Mustafa Pascha hatte den osmanischen Hof zu einem Angriff auf Wien überzeugen können, um das zu vollenden, was bei der Belagerung gut ein Jahrhundert zuvor nicht gelungen war. Als er das Mandat im August 1682 erhielt, war dies

DATEN UND FAKTEN

Wer: Die Streitkräfte der europäischen Verbündeten unter Graf Ernst Rüdiger von Starhemberg (1638–1701) und Johann III. Sobieski, dem König von Polen (1629–1696), gegen die Armee des Osmanischen Reichs unter Großwesir Kara Mustafa Pascha (1635–1683).

Was: Vor der Schlacht hatten die osmanischen Truppen zwei Monate lang Wien belagert.

Wo: Der Kahlenberg außerhalb von Wien in Österreich.

Wann: 12. September 1683.

Warum: Das Osmanische Reich wollte Mitteleuropa unterwerfen, das Heilige Römische Reich und das Haus Habsburg stürzen.

Ergebnis: Die von Sobieski geführten Truppen der Verbündeten errangen einen entscheidenden Sieg.

kein günstiger Zeitpunkt, denn wetterbedingt und aus logistischen Gründen konnte das Unternehmen erst im Frühjahr darauf beginnen.

OSMANISCHE BEDROHUNG

Trotzdem schickte der osmanische Sultan Mehmet IV. (1642–1693) eine bedrohliche Botschaft an Leopold I.: „In erster Linie befehlen wir Euch, uns in Eurer Residenzstadt Wien zu erwarten, damit wir Euch enthaupten können. (...) Wir werden Euch und Eure Gefolgsleute auslöschen. (...) Kinder und Erwachsene werden den grausamsten Foltern unterzogen, bevor sie auf die schmachvollste Weise zu Tode gebracht werden."

Die Europäer verloren keine Zeit, und Leopold I. schloss Bündnisverträge mit anderen, durch das Vorrücken der osmanischen Armee nach Westen bedrohten Ländern. Besonders wichtig war die Übereinkunft mit dem polnischen König Johann III. Sobieski. Bei der Ankunft der Osmanen in Wien eilte er Starhemberg zu Hilfe. Seine Armee umfasste 40 000 Mann, denen sich weitere Truppen aus Österreich, Bayern, Sachsen, Schwaben und Franken anschlossen.

Schließlich waren über 80 000 Soldaten versammelt. Zwischenzeitlich vergab Mustafa eine Chance durch die Weigerung, seine Übermacht stärker gegen Starhemberg einzusetzen, dessen Soldaten bereits unter Nachschubmangel litten. Stattdessen beschloss er die Belagerung von Wien und musste feststellen, dass seine über Hunderte Kilometer herbeigeschafften 300 Kanonen nichts gegen die starken Befestigungen der Stadt ausrichten konnten. Von Juli bis zur Entscheidungsschlacht im September versuchte er, die Mauern durch mächtige Sprengladungen in darunter vorgetriebenen Tunneln zu zerstören. Keine dieser Aktionen hatte Erfolg, auch wenn eine gewaltige Mine erst im letzten Moment von den Verteidigern entschärft werden konnte.

KAVALLERIEANGRIFF

Bei der Annäherung Sobieskis an Wien unternahm Mustafa wenig gegen dessen Vormarsch. Am frühen Morgen des 12. September erreichten die Truppen der europäischen Verbündeten das Hochplateau am Kahlenberg. Als Mustafa erkannte, dass der Gegner sich zur Schlacht rüstete, griff er an. Sein linker Flügel stieß aber auf heftigen Widerstand österreichischer Truppen und sein Zentrum auf den der Deutschen unter Herzog Karl V. von Lothringen (1643–1690). Mustafa beging den taktischen Fehler, die Stadt erstürmen zu wollen, anstatt die ihm direkt gegenüberstehenden Truppen zu konfrontieren. Sobieski führte die polnische Infanterie ins Gefecht und gewann die Oberhand an seiner rechten Flanke.

Während die Infanterie schon mehrere Stunden kämpfte, hielt sich ein großes Kontingent polnischer, österreichischer und deutscher Kavallerie zwischen den benachbarten Hügeln bereit. Um 17 Uhr befahl Sobieski den größten Kavallerieangriff der Geschichte. An der Spitze seiner 20 000 Reiter durchbrach er die osmanischen Linien. Seine 3000 berühmten, mit Lanzen bewaffneten Flügelhusaren schlugen die türkischen Truppen in die Flucht. Sie konnten bei der Verfolgung Tross und Lager des Gegners erobern. Nach Ende der Schlacht zählte man 15 000 tote oder verwundete osmanische Soldaten. Die Verluste der europäischen Verbündeten beliefen sich auf rund 4500 Mann.

DIE WENDE

Sobieskis Sieg bei Wien setzte der türkischen Expansion nach Mitteleuropa ein Ende und beschleunigte den Niedergang der osmanischen Herrschaft. Der polnische König wurde als Held gerühmt, der Christentum und westliche Kultur gerettet hatte. Mustafa wurde am 25. Dezember 1683 in Belgrad durch Erdrosseln hingerichtet.

OSMANISCHE JANITSCHAREN

Die Janitscharen bildeten die Elite der osmanisch-türkischen Armee. Die meist mit Steinschlossgewehren, aber auch Lanzen und anderen Handwaffen gut ausgerüsteten Soldaten galten als die diszipliniertesten Truppen im Europa des 17. Jahrhunderts. Im 18. Jahrhundert liefen ihnen dann die stehenden Heere der europäischen Großmächte den Rang ab.

Der Wandteppich The Battle of Blenheim *hängt im Grünen Schreibzimmer des Blenheim Palace in England. Der Herzog von Marlborough sitzt in der Pose des Feldherren auf seinem Schimmel.*

Höchstädt 1704

WÄHREND DES SPANISCHEN ERBFOLGEKRIEGS ZOG DER HERZOG VON MARLBOROUGH QUER DURCH EUROPA, UM BEI HÖCHSTÄDT AN DER DONAU EINE ÜBERLEGENE FRANZÖSISCH-BAYERISCHE STREITMACHT ZU BESIEGEN. DIESER SIEG RETTETE NICHT NUR DIE HAUPTSTADT DER HABSBURGER, SONDERN VERSCHAFFTE MARLBOROUGH AUCH DEN RUF ALS EINER DER GRÖSSTEN FELDHERREN DER GESCHICHTE.

Die bei Höchstädt gegeneinander angetretenen Parteien waren in etwa gleich stark: Rund 52 000 Engländer, Niederländer und Deutsche der Allianz standen etwa 56 000 Soldaten aus Frankreich und Bayern gegenüber. John Churchill, 1. Duke of Marlborough, führte zusammen mit Prinz Eugen von Savoyen die Armee der Allianz. Der Gegner wurde von den Marschällen Tallard und Marsin (1656–1706) und dem bayerischen Kurfürsten Maximilian II. Emanuel (1662–1726) kommandiert. Die Schlacht begann am 13. August 1704 um 8.30 Uhr mit einem massiven Sperrfeuer der

DATEN UND FAKTEN

Wer: Eine französisch-bayerische Armee unter Marschall Tallard (1652–1728) stand einer alliierten Armee unter dem Herzog von Marlborough (1650–1722) und Prinz Eugen von Savoyen (1663–1736) gegenüber.

Was: Marlboroughs kluge Taktik, die stärkere Feuerkraft seiner Infanterie und die Überraschungsangriffe der Kavallerie setzten der militärischen Vormacht Frankreichs im Spanischen Erbfolgekrieg ein Ende.

Wo: Bei Höchstadt an der Donau.

Wann: 13. August 1704.

Warum: Die Große Allianz wollte die Macht der Franzosen und Bayern eindämmen.

Ergebnis: Marlborough bezwang die französisch-bayerische Armee und bewahrte Österreich vor einer Invasion.

französischen Artillerie, das die Briten mit ihren rund 90 Geschützen beantworteten. Tallard blieb kaum Zeit zur Ausarbeitung eines raffinierten Schlachtplans. Die französisch-bayerischen Truppen würden in der Defensive bleiben und getrennt kämpfen. Marsin sollte die Mitte halten, der Kurfürst die Linke und Tallard selbst das Gebiet um Blindheim bis zur Donau.

Marsin und Max Emanuel würden am Ufer des Nebelbachs Position beziehen, während die Truppen Tallards eine Stellung etwa 1 km südlich am Strom halten sollten. Dieser hoffte, Marlborough werde über den Nebelbach vorstoßen, ins Kreuzfeuer der in Oberglauheim und Blindheim stationierten Franzosen geraten, was Tallard die Möglichkeit zum Gegenangriff und zum Abdrängen der Briten in das Sumpfland am Nebelbach bieten würde.

Marlborough hatte erkannt, dass die rechte Flanke des Gegners stärker als die linke war, und entschied sich für den Angriff auf die stärkere. Er ahnte Tallards List und schickte Eugen zum Angriff auf den Kurfürsten los, während er auf die französischen Garnisonen in Blindheim und Oberglauheim vorrückte. Britische und französische Artillerie lieferten sich ein vierstündiges Duell, während eine Infanterie-Kavallerie-Kolonne unter General Lord John Cutts den Nebelbach überquerte und am Südufer einen Brückenkopf errichtete. Marlborough wartete ungeduldig auf die Nachricht von Eugens Attacke auf die Bayern, um dann selbst angreifen zu können.

Endlich traf Eugens Adjutant mit der erhofften Meldung ein, und um 12.30 Uhr sagte Marlborough zu seinen Generälen: „Gentlemen, nehmen Sie Ihre Posten ein." Eine Viertelstunde später griff General Archibald Row mit seiner

Um eine Kanone feuerbereit zu machen, *musste man einige Vorbereitungen treffen: Zunächst wurde das Rohr mit einem Schwamm ausgewischt, dann das Pulver eingefüllt und die Ladung mit dem Ladestock ins Rohr getrieben. Erst nach dem Ausrichten mit der Visierstange konnte das Geschütz mit dem Zündstab abgefeuert werden.*

Die dreireihige Formation der Infanterie, *die im 18. Jahrhundert üblich war, ergab sich aus dem Einsatz des Bajonetts. Diese Infanteristen bereiten sich auf einen Kavallerieangriff vor. Die vordere Reihe kniet, um mit ihren Bajonetten die Reiter abzuwehren, während die zweite und dritte Reihe feuert.*

britischen Brigade Blindheim an, wo man – ohne großen Nutzen – 12 000 Franzosen zusammengezogen hatte. In der Mitte gerieten die Deutschen unter dem Herzog von Schleswig-Holstein-Beck beim Angriff auf Oberglauheim in Schwierigkeiten, bis Marlborough ihnen die von Eugen abgestellte österreichische Kavallerie schickte, um die französischen Reiter zurückzuschlagen, was unter schweren Verlusten auch gelang. Schleswig-Holstein-Beck drängte die Franzosen ins Dorf zurück, wo er sie bis zum Ende der Schlacht einkesselte.

ZUSAMMENBRUCH

Gegen 15 Uhr wurde ein Zusammenschluss des Kurfürsten mit den Franzosen verhindert, und Tallards Gegenangriff konnte auch nicht aus den Dörfern unterstützt werden. Marlborough überquerte eine Stunde später mit seiner restlichen Armee den Bach. Um 16.30 Uhr kam die willkommene Nachricht, dass Eugen den Kurfürsten aus der befestigten Stellung Lützingen vertrieben hatte. Tallard erkannte nun, dass Marlborough ihn ausmanövriert hatte, und schickte neun Bataillone los zur Verteidigung der Stellung bei Oberglauheim. Doch das war zu wenig und zu spät.

Die Bataillone kämpften erbittert, wurden aber an Ort und Stelle niedergemacht, während die französische Kavallerie ins Wasser und an die sumpfigen Ufer der Donau flüchtete. Um 17.30 Uhr war die Schlacht vorbei. Tallard war den Briten in die Hände gefallen, die französisch-bayerische Armee existierte als organisierte Militäreinheit nicht mehr. Die französischen Garnisonen in Blindheim und Oberglauheim hielten bis 21 Uhr stand, bis auch sie genug hatten von dem Gemetzel.

Dieser Sieg war nicht leicht und kostete viel Blut. Ein Fünftel der alliierten Armee war verloren – 4500 Tote und 7500 Verwundete. Doch das war nichts im Vergleich zu den Franzosen und Bayern, die 15 000 Gefangene sowie 13 600 Tote und Verwundete beklagten.

HÖCHSTÄDT

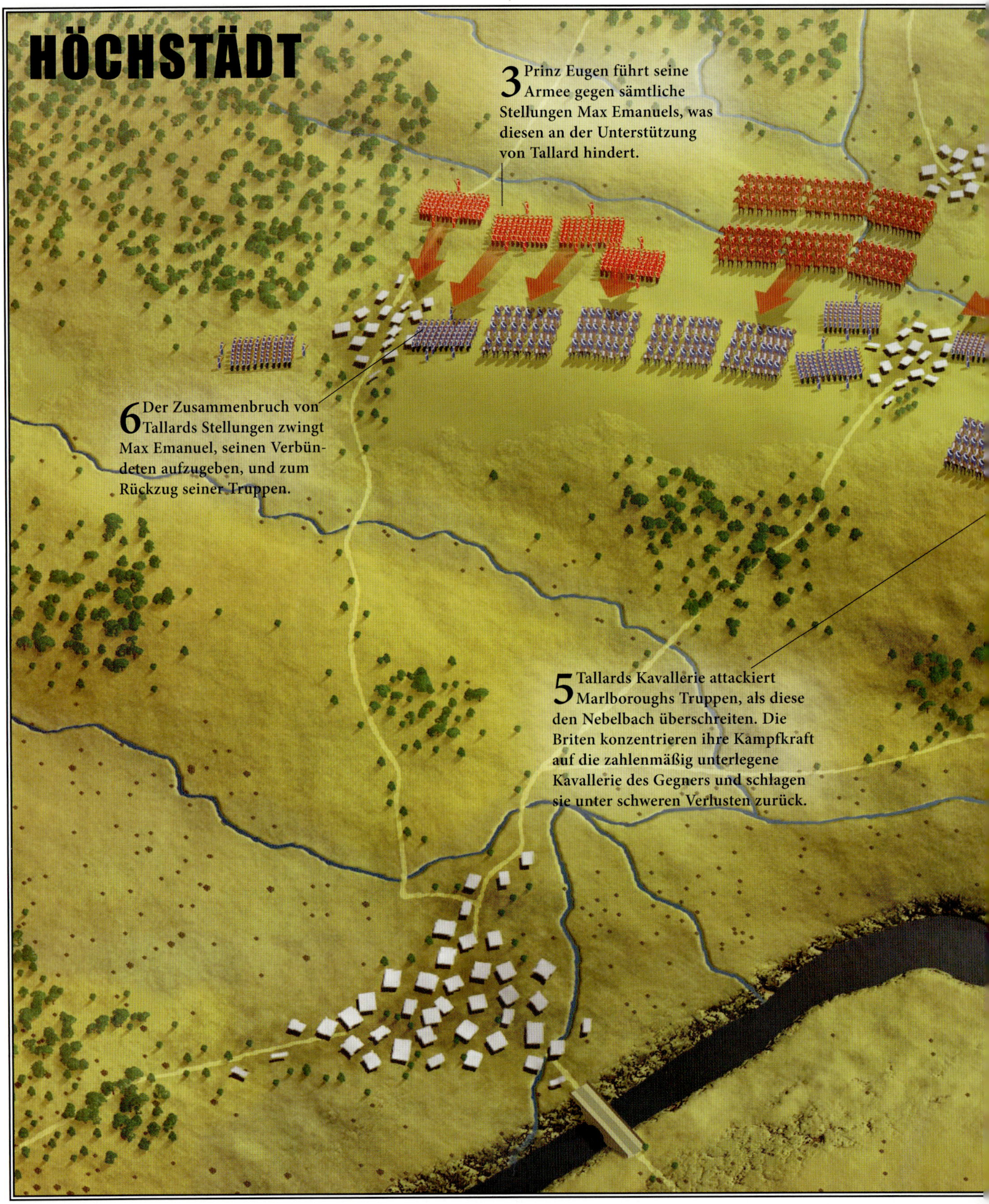
3 Prinz Eugen führt seine Armee gegen sämtliche Stellungen Max Emanuels, was diesen an der Unterstützung von Tallard hindert.
6 Der Zusammenbruch von Tallards Stellungen zwingt Max Emanuel, seinen Verbündeten aufzugeben, und zum Rückzug seiner Truppen.
5 Tallards Kavallerie attackiert Marlboroughs Truppen, als diese den Nebelbach überschreiten. Die Briten konzentrieren ihre Kampfkraft auf die zahlenmäßig unterlegene Kavallerie des Gegners und schlagen sie unter schweren Verlusten zurück.

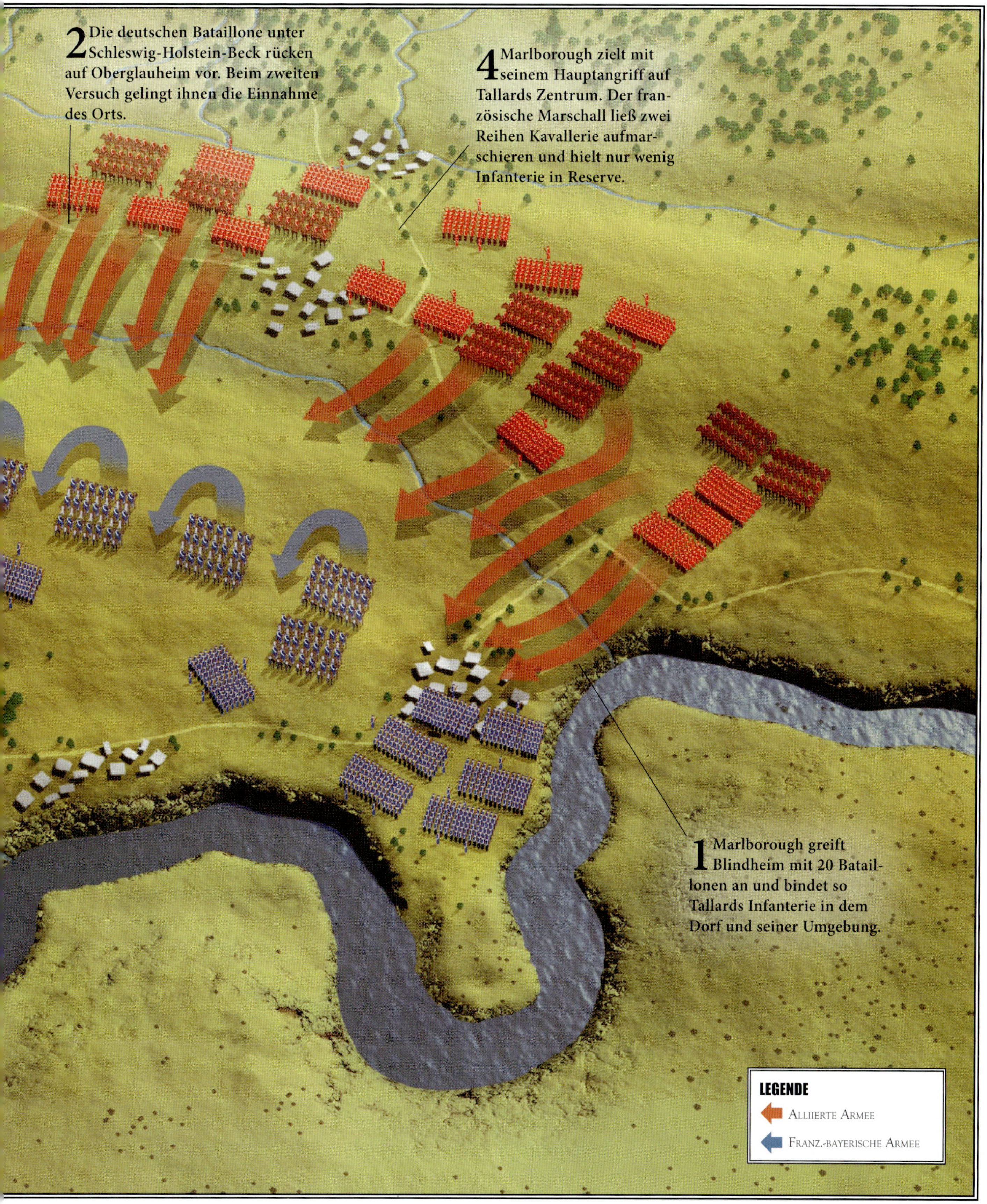
2 Die deutschen Bataillone unter Schleswig-Holstein-Beck rücken auf Oberglauheim vor. Beim zweiten Versuch gelingt ihnen die Einnahme des Orts.
4 Marlborough zielt mit seinem Hauptangriff auf Tallards Zentrum. Der französische Marschall ließ zwei Reihen Kavallerie aufmarschieren und hielt nur wenig Infanterie in Reserve.
1 Marlborough greift Blindheim mit 20 Bataillonen an und bindet so Tallards Infanterie in dem Dorf und seiner Umgebung.
LEGENDE
Alliierte Armee
Franz.-bayerische Armee

Roßbach 1757

DAS VON VIELEN SEITEN ATTACKIERTE PREUSSEN ERRANG UNTER FRIEDRICH DEM GROSSEN BEI ROSSBACH EINEN ERSTAUNLICHEN SIEG ÜBER DIE ÖSTERREICHISCHEN, KAISERLICHEN UND FRANZÖSISCHEN STREITKRÄFTE.

Kurz nach Ausbruch des Siebenjährigen Kriegs sah sich die preußische Armee Friedrichs II. mit Feinden aus fast allen Himmelsrichtungen konfrontiert. Der preußische König beschloss, sich zuerst dem Feind im Westen zuzuwenden.

Seine 22 000 Mann starke Armee erreichte nach 13 Tagen und einem Marsch von 175 km die Umgebung von Roßbach. Obwohl zahlenmäßig deutlich unterlegen, wollte Friedrich sich den 42 000 Soldaten Frankreichs, des Reichs und Österreichs in der Schlacht stellen. Am Morgen des 5. November 1757 beobachtete er das Flankenmanöver, das der alliierte Kommandeur, Prinz Charles von Soubise, einleitete. Dieser wendete die beiden alliierten Kolonnen nach Osten im Glauben, er könne den Preußen bald nachsetzen, die sich aus Angst vor einem Flankenangriff zurückziehen würden. Friedrich erkannte seine Chance und errang einen spektakulären Sieg.

DER PREUSSISCHE KÖNIG FRIEDRICH DER GROSSE *wird von seinen Truppen nach der Schlacht bei Roßbach begrüßt. Der Sieg bestätigte Friedrichs Ruf als einer der großen Feldherren seiner Zeit.*

DATEN UND FAKTEN

Wer: Die Armee von Friedrich II., König von Preußen (1712–1786), gegen die gemeinsamen Heere Frankreichs, des Heiligen Römischen Reichs und Österreichs unter Prinz Charles von Soubise (1715–1787).

Was: Friedrich der Große marschierte in 13 Tagen von Dresden nach Roßbach und griff dort eine alliierte Streitmacht an, bevor größere russische Truppenverbände die preußische Ostgrenze erreichen konnten.

Wo: Der Ort Roßbach in Sachsen-Anhalt.

Wann: 5. November 1757.

Warum: Friedrich der Große wollte seine Feinde im Westen besiegen und eine Invasion Preußens verhindern.

Ergebnis: Friedrich nutzte das Überraschungsmoment und schnelle Bewegungen für einen phänomenalen Sieg bei minimalen Verlusten.

SEYDLITZ GREIFT AN

Die nahen Hügel als Deckung nutzend, verlegte Friedrich eilig Artillerie und Infanterie nach vorn. Das alliierte Manöver war schwierig auszuführen, und Friedrich hoffte, beim Schwenk die exponierte Flanke oder die Spitze der Marschformation attackieren zu können. General Friedrich Wilhelm von Seydlitz (1721–1773) führte einen schnellen Kavallerievorstoß, während 18 preußische Kanonen von benachbarten Hügeln aus das Feuer eröffneten. Gleichzeitig stürmte die preußische Infanterie den Janushügel hinab.

Fast augenblicklich begannen sich die alliierten Kolonnen aufzulösen, und alle Bemühungen zur Formierung eines geschlossenen Widerstands waren vergeblich. Die Gegenangriffe der französischen Kavallerie wurden rasch zurückgeschlagen. Der plötzliche Angriff der preußischen Kürassiere traf die alliierte Kavallerie unvorbereitet. Von Soubises Hauptkontingent abgeschnitten, wurde sie verjagt. Seydlitz formierte seine Reitertruppen neu und attackierte die rechte Flanke der Alliierten. Diese zogen sich desorganisiert und geschlagen zurück.

In nur 90 Minuten hatte Friedrich schnelle Truppenbewegungen und das Überraschungsmoment genutzt, um eine etwa doppelt so große gegnerische Streitmacht zu schlagen. Bei Roßbach wurden über 5000 alliierte Soldaten getötet oder verwundet, weitere 5000 gefangen genommen. Die Preußen dagegen zählten nur 169 Tote und 379 Verwundete.

Quebec 1759

BRITISCHE TRUPPEN EROBERTEN DIE FRANZÖSISCH-KANADISCHE STADT QUEBEC NACH DREIMONATIGER BELAGERUNG UND EINER KURZEN SCHLACHT AUF DER ABRAHAM-EBENE VOR DEN MÄCHTIGEN STADTMAUERN.

Im Frühjahr 1759 hatte der Siebenjährige Krieg eine Wende genommen durch Siege in Nordamerika, wo die britische Krone die Oberhand in der Neuen Welt gewann. Die französische Bastion Quebec am Sankt-Lorenz-Strom bot sich als Angriffsziel an. Am 28. Juni 1759 landete eine von General James Wolfe geführte Truppe von 4800 britischen Soldaten und Kolonisten flussabwärts der Stadt. In Quebec standen ihm rund 4200 französische Soldaten, Kolonisten, Milizionäre und Indianer gegenüber, die am Nordufer des Sankt-Lorenz-Stroms aufmarschiert waren. Deren Kommandeur, Marquis Louis-Joseph de Montcalm, rechnete nicht mit einer Bedrohung stromaufwärts.

DER TÖDLICH VERLETZTE GENERAL WOLFE *wird nach dem Sieg der Briten auf der Abraham-Ebene von einer repräsentativen Abordnung seiner Armee umsorgt.*

DIE ABRAHAM-EBENE

Doch nach einem gescheiterten Landungsversuch am Nordufer, bei dem am 31. Juli 450 Mann der britischen Einheit getötet oder verwundet wurden, entschloss sich Wolfe genau dazu. Er erkannte, dass eine Landung bei L'Anse-au-Foulon oberhalb Quebecs den Gegner zwingen würde, seine Versorgungsroute nach Montreal zu verteidigen. In der Nacht des 12. September startete Wolfe das Unternehmen. Rund 3300 britische Soldaten kletterten den 53 m hohen Steilhang hinauf und marschierten zur 1,6 km entfernten Abraham-Ebene vor den Mauern der Stadt.

Am frühen Morgen des 13. September wurde Montcalm vom Anblick der neun britischen, in einer Schlachtreihe angetretenen Regimenter begrüßt. Seine Truppen zogen in den Kampf. Als es zu ersten Geplänkeln kam, feuerten die vorrückenden Franzosen aus großer Entfernung. Die Briten legten sich zum Schutz hin, standen dann bei Annäherung des Gegners auf und gaben zwei vernichtende Salven ab, die Erste aus 32 m Entfernung. Innerhalb einer Viertelstunde war alles vorbei. Die Franzosen zogen sich zurück, doch Wolfe und Montcalm trugen jeweils tödliche Verletzungen davon.

Bei dem kurzen Feuergefecht gab es aufseiten der Briten 60 Tote und 600 Verwundete, während die Franzosen 200 Gefallene und 400 Verwundete verzeichneten. Fünf Tage später ergab sich Quebec den Briten, die später noch einer französischen Belagerung standhielten und die Stadt nie mehr aus den Händen gaben.

DATEN UND FAKTEN

Wer: Britische Truppen unter General James Wolfe (1727–1759) gegen die französische Armee, befehligt von Marquis Louis-Joseph de Montcalm (1712–1759).

Was: Die Briten wollten die Stadt Quebec unter ihre Kontrolle bringen und so den Sankt-Lorenz-Strom mit seiner Umgebung dominieren.

Wo: Die Abraham-Ebene bei Quebec, an der Verengung des Sankt-Lorenz-Stroms in Kanada.

Wann: 13. September 1759.

Warum: Briten und Franzosen kämpften um die Kontrolle über die riesigen Kolonialgebiete der Neuen Welt, während in Europa der Siebenjährige Krieg tobte.

Ergebnis: In einer heftigen, nur 15 Minuten dauernden Schlacht feuerten die Briten zwei Salven ab, die den Vormarsch der Franzosen stoppten und sie zum Rückzug zwangen.

AMERIKANISCHE EINHEITEN *verteidigen den Bunker Hill gegen britische Attacken. Die Briten siegten, verloren aber über 1000 Mann, rund ein Drittel ihrer Truppenstärke.*

Bunker Hill 1775

EIN PYRRHUSSIEG DER BRITEN VERTRIEB DIE AMERIKANISCHEN TRUPPEN VON DEN HÖHEN DER CHARLESTOWN-HALBINSEL, KONNTE AN DER BELAGERUNG BOSTONS ABER WENIG ÄNDERN.

Nach den Eröffnungsschlachten des Unabhängigkeitskriegs in Lexington und Concord wurden die britischen Einheiten in Boston von amerikanischen Milizionären eingekesselt. Im Frühjahr 1775 war das britische Kontingent in der belagerten Stadt auf rund 6000 Mann angewachsen. Der Garnisonskommandant General Thomas Gage beschloss eine Besetzung der Anhöhen auf der Charlestown-Halbinsel nördlich von Boston, um seine Position zu verbessern.

Durch einen Informanten erfuhren die Kolonisten von dem Plan der Briten. Sie eilten mit 1500 Mann unter dem Befehl von Oberst William Prescott und General Israel Putnam zum Breed's Hill, um ihre Artillerie in Reichweite von Boston zu positionieren. Der Breed's Hill lag dichter an der Stadt als der benachbarte Bunker Hill. Unter dem Beschuss der Fregatte HMS Lively, die mit 38 Kanonen bestückt im Bostoner Hafen ankerte, bauten Prescotts Soldaten die Stellungen auf

DATEN UND FAKTEN

Wer: Amerikanische Truppen unter Oberst William Prescott (1726–1795) und General Israel Putnam (1718–1790) standen britischen Streitkräften unter Generalmajor William Howe (1729–1814) gegenüber.

Was: Die britischen Einheiten wollten die Charlestown-Halbinsel unter ihre Kontrolle bringen, um den Belagerungsdruck der Kolonisten auf Boston zu senken.

Wo: Der Breed's Hill auf der Charlestown-Halbinsel nahe dem Hafen von Boston.

Wann: 17. Juni 1775.

Warum: General Thomas Gage (1719–1787), der Kommandant der Garnison Boston, glaubte die Stadt durch eine Sicherung der Charlestown-Halbinsel besser verteidigen zu können.

Ergebnis: Die Briten eroberten den Bunker Hill, erlitten dabei aber schwerste Verluste.

dem Hügel aus. Zum Schutz der verletzlichen Flanken ließ Prescott die Befestigungen bis zur Uferlinie erweitern. Die Briten reagierten rasch auf die Bedrohung vom Breed's Hill. Unter dem Kommando von Generalmajor William Howe zog man etwa 1500 Mann zusammen, um am nächsten Tag die Amerikaner anzugreifen. Nach mehrstündiger Vorbereitung und Planung – die Attacke sollte sich gegen Zentrum und rechte Flanke der Kolonisten richten – wurden die britischen Einheiten auf Langbooten zum Moulton's Point an der Südspitze der Charlestown-Halbinsel gebracht. Prescott hatte inzwischen Unterstützung angefordert, und die neu eingetroffenen Milizionäre bezogen Stellung auf dem Bunker Hill. Viele von ihnen sträubten sich aber gegen eine Besetzung des exponierten Breed's Hill.

BRITISCHER ANGRIFF

Der Eröffnungsangriff der Briten mit mehreren Kompanien leichter Infanterie unter General Howe richtete sich gegen die linke Flanke der Amerikaner nahe der Uferlinie. Kurz darauf folgte eine Hauptoffensive auf die starke Redoute im Zentrum, die die Kolonisten in der Nacht zuvor gebaut hatten.

Die britischen Infanteristen und Grenadiere traten in langen, bis zu vier Mann tief gestaffelten Linien an, was die erste Angriffswelle zu leichten Ziele für die Kolonisten machte. Einige hinter einem Lattenzaun postierte Amerikaner konnten mit ihren aufgestützten Musketen besonders gut zielen. Die erste Attacke scheiterte, und die Briten sammelten sich erneut.

Wenig später konzentrierte sich ein zweiter Angriff auf die Stellungen am Lattenzaun und der zentralen Schanze. Dutzende Briten wurden innerhalb weniger Augenblicke getötet oder verwundet, sowie sie sich dem Feuer der Amerikaner aussetzten. Auch der zweite Versuch zur Eroberung des Breed's Hill endete ähnlich wie der erste. Allerdings ging den Kolonisten

TROMMLER FÜHREN DIE BRITISCHEN GRENADIERE *zum Angriff auf den Bunker Hill. Offiziere und Flaggenträger stürmten meist der Front voran, was sie zu Zielen für die amerikanischen Scharfschützen machte.*

DIESER BRITISCHE SOLDAT *ist mit einer Steinschloss-Infanterie-Muskete bewaffnet, auch Brown Bess genannt, die bei den Briten von den 1720er- bis zu den 1830er-Jahren gebräuchlich war. Ein geübter Soldat konnte sie bis zu dreimal pro Minute laden und abfeuern.*

inzwischen langsam die Munition aus. Verzweifelt bat General Putnam die kaum beschäftigten Einheiten am Bunker Hill um Verstärkung, aber ohne große Resonanz.

Auch Howe forderte von der Garnison in Boston Verstärkung an, bevor er einen dritten Vorstoß gegen das Zentrum der Amerikaner und ihre Redoute unternahm. Als die Verteidiger keine Munition mehr hatten, durchbrachen die britischen Soldaten die Schanzenwälle. Es kam zum Kampf Mann gegen Mann, bei dem die Briten Bajonette, die Amerikaner Fäuste und ihre Musketen als Keulen einsetzten. Schließlich räumten die Kolonisten die Kuppe und begannen mit dem Rückzug vom Breed's Hill und Bunker Hill. Nur wenige der schlimm zugerichteten Briten setzten ihnen nach.

PYRRHUSSIEG

Die Briten hielten noch die Hügel auf der Charlestown-Halbinsel, bis ihre Truppen Ende 1775 aus Boston evakuiert wurden. Howe und andere hohe britische Befehlshaber wurden kritisiert, weil sie direkt vor den Befestigungen der Amerikaner gelandet waren anstatt weiter hinten auf der Halbinsel, was einen Flankenangriff und die Einnahme der Höhen von hinten erleichtert hätte. Dies war nicht der einzige Fehler bei der britischen Unternehmung: Für ihr Sechspfündergeschütz hatte man Zwölfpfündermunition mitgeliefert, weshalb ein Beschuss der amerikanischen Stellungen damit unmöglich war. Zwar konnte die junge amerikanische Armee ihrem disziplinierten, professionellen Gegner standhalten, doch die Befehlsverweigerung vieler Soldaten und der eklatante Mangel an Disziplin sollten in Zukunft zum Problem werden.

Die britischen Verluste waren erschreckend mit 226 Toten und 828 Verwundeten, rund einem Drittel der in die Schlacht geschickten Männer, und die höchsten der Briten im ganzen Unabhängigkeitskrieg. Zu den Opfern gehörten auch 19 Offiziere. Die Verlustzahlen der Kolonisten beliefen sich auf 115 Gefallene und 305 Verwundete. Den Briten gelang zwar die Eroberung der Charlestown-Halbinsel, doch angesichts des Preises urteilte General Henry Clinton (1730–1795), einer der Planer der Offensive, die Schlacht am Bunker Hill sei „... ein teuer erkaufter Sieg, ein weiterer dieser Art hätte uns ruiniert".

DER MALER JOHN TRUMBULL *hielt fest, wie General John Burgoyne (links) bei Saratoga vor der Kontinentalarmee unter General Horatio Gates (rechts) kapituliert.*

Saratoga 1777

IM HERBST 1777 FÜHRTE DER BRITISCHE GENERALMAJOR JOHN BURGOYNE SEINE ARMEE ALS HAUPTTRUPPE EINER DREIGLIEDRIGEN OFFENSIVE DURCH DIE REBELLISCHE KOLONIE NEW YORK SÜDWÄRTS NACH ALBANY. DOCH STATT EINES SIEGS ERWARTETEN IHN ENTBEHRUNGEN, FRUSTRATION UND SCHLIESSLICH – NACH MEHREREN SCHLACHTEN – DIE KAPITULATION BEI SARATOGA.

Am 13. Juni 1777 begann Burgoyne seinen Feldzug den Lake Champlain hinab mit gut 7000 Soldaten. Es gab zwar Erfolge, wie die Eroberung von Fort Ticonderoga am 6. Juli, doch der Marsch war eine militärische und physische Herausforderung. Der Verlust von etwa 1000 Männern am 16. August beim Versuch, die amerikanische Nachschubbasis bei Bennington einzunehmen, war ein besonders schwerer Schlag. Bedingt durch die verheerende Wirkung der amerikanischen Guerillataktiken und die Tatsache, dass die beiden anderen Kontingente bei der Offensive auf New York kaum Erfolg hatten, war Burgoynes Position zum Herbst hin

DATEN UND FAKTEN

Wer: Der britische General John Burgoyne (1722–1792) mit einer Armee aus 8000 britischen Soldaten, Indianern und deutschen Söldnern gegen 7000 Soldaten der Kontinentalarmee unter General Horatio Gates (1727–1793).

Was: Am Ende seines Feldzugs sah sich Burgoyne nach Niederlagen bei Freeman's Farm und Bemis Heights zur Kapitulation gezwungen.

Wo: Im Osten von New York im Tal des Hudson River nördlich von Albany.

Wann: 17. Oktober 1777.

Warum: Die Briten wollten Neuengland, das Zentrum der Unabhängigkeitsbewegung, isolieren.

Ergebnis: Die Kapitulation einer kompletten britischen Armee bewog die Franzosen zum Kriegseintritt aufseiten der Amerikaner.

deutlich geschwächt. Zusammen mit der am 7. Oktober ausgetragenen Schlacht von Bemis Heights sollte die Konfrontation bei Freeman's Farm am 19. September 1777 eine der entscheidenden Aktionen des Saratoga-Feldzugs sein. Mitte August hatte Horatio Gates zudem General Philip Schuyler als Kommandeur der amerikanischen Hauptarmee im Norden abgelöst. Burgoyne hatte sich noch nicht von den schweren Verlusten bei Bennington erholt, während Gates Verstärkung bekommen hatte. Zusätzlich konnte er Freiwillige rekrutieren, die durch Nachrichten über Gräueltaten von mit den Briten verbündeten Indianern aufgeschreckt waren.

Von seiner Position auf den Bemis Heights bemerkte Gates im September, dass Burgoyne den Hudson überquert hatte und nach Süden marschierte. Gates formierte seine drei Infanteriebrigaden und die konzentrierte Artillerie zu seiner Rechten nahe am Fluss. 2000 Soldaten unter Brigadegeneral Ebenezer Learned bildeten das Zentrum, die gemeinsamen Truppen von Benedict Arnold (1741–1801) und Daniel Morgan (1736–1802) mit rund 2000 Mann den linken Flügel. Gates hatte aber Sorge, dass die Briten die linke Flanke der Amerikaner umgehen und höheres Gelände in der Nähe besetzen könnten. Von dort wäre es ihnen möglich, die Amerikaner mit Artilleriefeuer aus ihrer Stellung zu vertreiben.

Arnold bat deshalb nachdrücklich um Erlaubnis, als Erster angreifen zu dürfen. Gates aber wartete die Initiative der Briten ab. Als Burgoyne am Morgen des 19. September mit drei Divisionen bei Freeman's Farm vorrückte, beorderte Gates die Scharfschützen Morgans nach vorn. Diese konzentrierten ihr Feuer auf die britischen Offiziere und stachelten die Rotröcke zum Gefecht an. Arnold forderte mit seiner Reserveeinheit den Briten unter General John Hamilton das Äußerste ab. Doch seine Bitte um Verstärkung lehnte Gates ab und befahl ihm den Rückzug in die amerikanischen Linien. Arnold ignorierte den Befehl und griff weiter an. Er zog sich erst zurück, als 1100 frische Soldaten unter der Führung des deutschen Generals Friedrich Adolf Riedesel aufseiten der Briten eingriffen. Am Abend lagen Burgoynes Verluste bei 600 Mann, die der Amerikaner waren nur halb so groß.

BEMIS HEIGHTS

Burgoynes Bilanz nach dem Gefecht bei Freeman's Farm fiel beunruhigend aus. Die Vorräte waren unzureichend und seine Truppen stark geschwächt. Verstärkung von anderen britischen Einheiten war nicht zu erwarten. Doch mit einem entscheidenden Schlag gegen Gates hoffte er, den Feldzug noch retten zu können. Aus ihren Stellungen um Freeman's Farm rückten die Briten mit 1500 Mann unter dem Befehl von Simon Fraser gegen die amerikanischen Positionen rund um die Bemis Heights vor. Das Manöver wurde entdeckt, und Gates schickte wieder Morgan los. Dieser traf am Rand eines Weizenfelds auf Frasers rechte Flanke, während Enoch Poor mit seinen 800 Mann die linke angriff. Beide Flanken brachen zusammen, wodurch Riedesels deutsche Truppen im Zentrum dem Angriff von Learneds Brigade ausgesetzt waren.

Die wachsende Animosität zwischen Gates und Arnold hatte sich inzwischen zur offenen Verachtung gesteigert, weshalb der aufmüpfige Untergebene durch General Benjamin Lincoln (1733–1810) ersetzt wurde. In der Schlacht bei Bemis Heights hatte Arnold kein offizielles Kommando, hielt sich aber nicht aus den Kämpfen heraus. Er galoppierte mitten ins Getümmel und rief Learneds angreifende Truppen dazu auf, ihm zu folgen. Riedesels Linie knickte ein, und Fraser wurde beim Formieren einer zweiten Verteidigungslinie erschossen. Nachdem dessen Aufklärungseinheit außer Gefecht war, führte Arnold seine Männer zum Angriff auf zwei britische Befestigungen bei Freeman's Farm. Die Schanze Balcarre wurde umgangen und eingenommen, als die deutschen Verteidiger dort die Waffen niederlegten. Kurze Zeit später fiel auch die Breymann-Schanze in die Hände der Amerikaner.

Bei Kampfende hatten die Briten weitere 600 Mann verloren. Die amerikanischen Verluste waren mit 150 Soldaten relativ niedrig. Unter Zurücklassung der Opfer marschierten die Briten am nächsten Tag in die höher gelegenen Bereiche um das Dorf Saratoga. Zunächst waren der Kommandeur und seine Offiziere sich einig, dass ein kämpfender Rückzug nach Fort Edward möglich sei. Später änderte er seine Meinung und nahm Verhandlungen auf. Am 17. Oktober 1777 veränderte seine Kapitulation bei Saratoga den weiteren Verlauf des Unabhängigkeitskriegs.

AMERIKANISCHE INFANTERISTEN

Die Infanteristen der jungen Kontinentalarmee erwiesen sich, obwohl unerfahren und oft schlecht ausgerüstet, bei entsprechender Führung als sehr entschlossen. Ihr Durchhaltevermögen verhalf ihnen mit Unterstützung durch Milizen und die französische Armee schließlich zum Sieg.

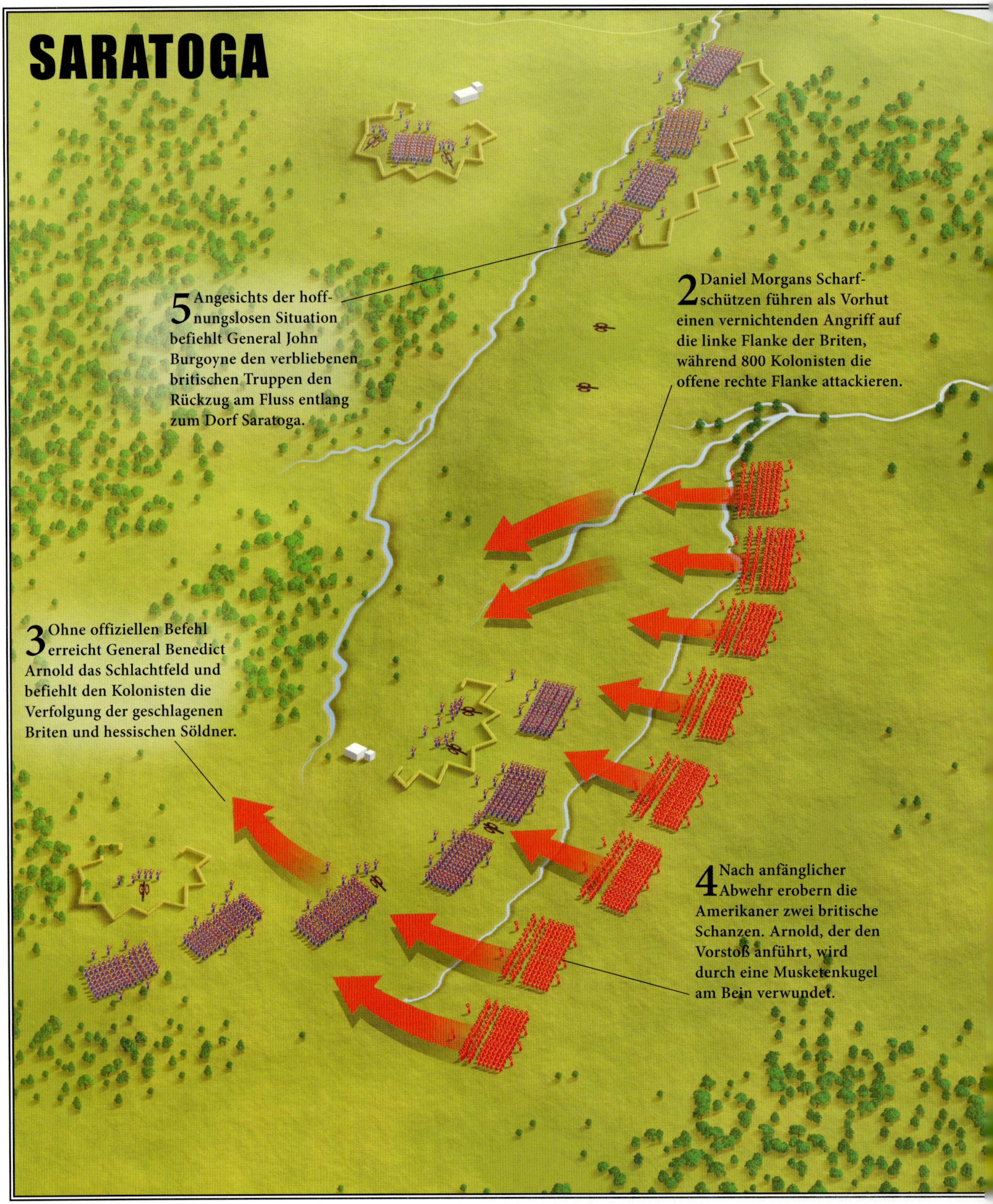
SARATOGA
5 Angesichts der hoffnungslosen Situation befiehlt General John Burgoyne den verbliebenen britischen Truppen den Rückzug am Fluss entlang zum Dorf Saratoga.
2 Daniel Morgans Scharfschützen führen als Vorhut einen vernichtenden Angriff auf die linke Flanke der Briten, während 800 Kolonisten die offene rechte Flanke attackieren.
3 Ohne offiziellen Befehl erreicht General Benedict Arnold das Schlachtfeld und befiehlt den Kolonisten die Verfolgung der geschlagenen Briten und hessischen Söldner.
4 Nach anfänglicher Abwehr erobern die Amerikaner zwei britische Schanzen. Arnold, der den Vorstoß anführt, wird durch eine Musketenkugel am Bein verwundet.

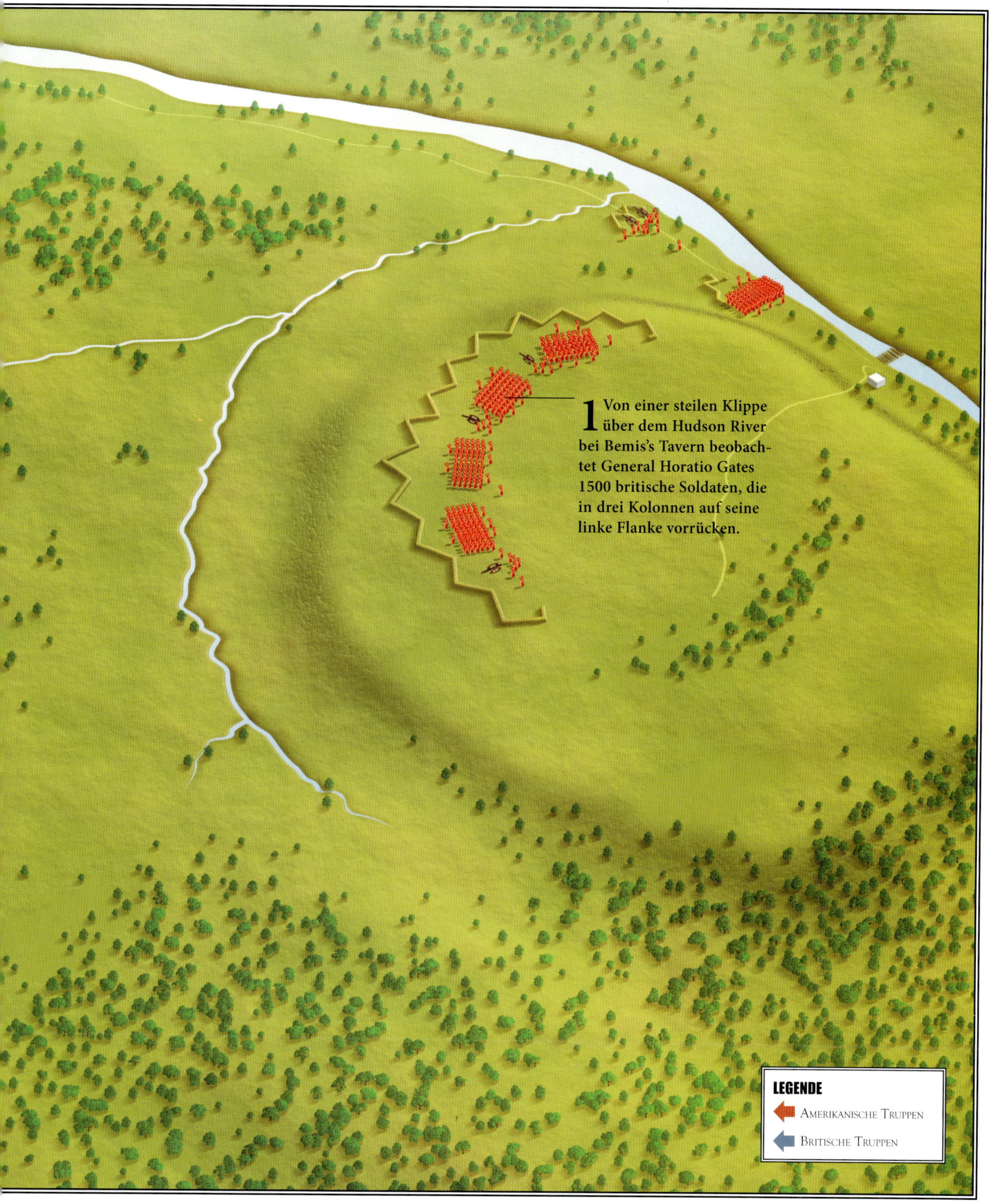
1 Von einer steilen Klippe über dem Hudson River bei Bemis's Tavern beobachtet General Horatio Gates 1500 britische Soldaten, die in drei Kolonnen auf seine linke Flanke vorrücken.
LEGENDE
Amerikanische Truppen
Britische Truppen

Das Gemälde Belagerung von Yorktown *von Louis Cuder zeigt den amerikanischen Oberbefehlshaber und späteren Präsidenten George Washington im Kreise französischer Pionieroffiziere.*

Yorktown 1781

DIE ENTSCHEIDENDE SCHLACHT DES UNABHÄNGIGKEITSKRIEGS ENDETE MIT DER GEFANGENNAHME VON MEHR ALS 7000 BRITISCHEN SOLDATEN DURCH WASHINGTONS KONTINENTALARMEE UND DEREN FRANZÖSISCHE VERBÜNDETE.

Als die britische Armee von General Lord Charles Cornwallis im Sommer 1781 von den Carolinas nach Norden marschierte, erwies sich das als schwerer Fehler. Er wollte seinen Feldzug in Virginia fortsetzen, erhielt dann aber Anweisung, einen Hafen mit Zugang zur Chesapeake Bay und zum Atlantik zu sichern.

Diese Aufgabe übernahm Cornwallis in dem auf einer Halbinsel zwischen den Flüssen James und York gelegenen Yorktown, Virginia. Zur selben Zeit hatte sich eine gemeinsame Streitmacht der Kontinentalarmee unter General George Washington und dem Comte de Rochambeau gesammelt und rückte nach Süden vor. Parallel errichtete eine starke französische Marineeinheit unter Admiral François Joseph Paul de Grasse (1722–1788) eine Blockade der Bucht. In der Schlacht

DATEN UND FAKTEN

Wer: Kontinentale und französische Truppen unter General George Washington (1732–1799) und dem Comte de Rochambeau (1725–1807) gegen die britische Armee von General Lord Charles Cornwallis (1738–1805).

Was: Die verbündeten Einheiten belagerten Cornwallis' Streitmacht in Yorktown.

Wo: Yorktown, Virginia, auf einer Halbinsel zwischen James und York River.

Wann: 28. September bis 19. Oktober 1781.

Warum: Washington und Rochambeau suchten einen entscheidenden Sieg über die britischen Streitkräfte in Amerika.

Ergebnis: Die Alliierten zwangen die Briten zur Kapitulation und entschieden damit den Unabhängigkeitskrieg.

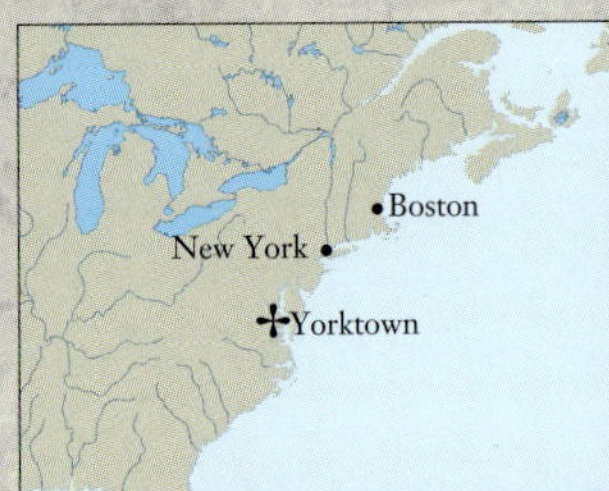

ATTACKEN DER AMERIKANER UND FRANZOSEN *auf die britischen Redouten konnten den Verteidigungsring zwar nicht sprengen, machten aber deutlich, dass die Stellung nicht zu halten war. Cornwallis begann daraufhin Kapitulationsverhandlungen.*

vor der Chesapeake Bay besiegte sie am 5. September 1781 ein britisches Marinegeschwader unter Admiral Thomas Graves (1725–1802). Neben Grasse trafen Ende September auch Washington und Rochambeau in Yorktown ein und begannen mit dem Ausbau der Belagerungsstellungen. Cornwallis und seine versammelte Armee mit rund 9000 britischen Soldaten und hessischen Söldnern saßen nun fest.

DIE BELAGERUNG

Cornwallis hatte auf Verstärkung durch General Henry Clinton (1730–1795) in New York gewartet und war deshalb nicht nach Süden in die Carolinas oder nach Norden zu Clintons Operationsbasis in New York marschiert, sondern in Yorktown geblieben, wo die neuen Einheiten gut abgesetzt werden konnten. Graves' Niederlage schloss aber einen Truppentransport über See aus. Schnell stand fest, dass Cornwallis für eine heile Flucht aus Yorktown zu lange gewartet hatte.

Anfang Oktober hatte Washington genug Einheiten gesammelt, um das Bombardement von Yorktown zu beginnen. Amerikanische und französische Truppen hatten die von den Briten aufgegebenen Befestigungen besetzt und zu einer halbkreisförmigen Belagerungslinie erweitert (sogenannte „erste Parallele"). Washington soll persönlich den ersten Kanonenschuss auf Yorktown abgefeuert haben.

In der Nacht des 14. Oktober erstürmte ein Kontingent aus 400 Franzosen die Redoute Nr. 9, während 400 Soldaten der Kontinentalarmee die Redoute Nr. 10 am Ufer des York River einnahmen. Es wurde hart gekämpft, oft Mann gegen Mann. Cornwallis hatte die wichtigsten Stützpunkte seiner Verteidigungslinie verloren. Washington konnte seine zweite Belagerungslinie ausdehnen und Yorktown von drei Seiten beschießen.

Zwei Nächte später versuchte Cornwallis, einige seiner Soldaten über den York River nach Gloucester überzusetzen, vermutlich um einen Fluchtkorridor ins Hinterland von Virginia einzurichten. Doch während der Operation zog ein schwerer Sturm auf, der die Aktion vereitelte. Angesichts des stündlich zunehmenden Geschützfeuers wusste Cornwallis, dass die britische Armee in Yorktown verloren war.

„THE WORLD TURNED UPSIDE DOWN"

Am Morgen des 17. Oktober erschien ein britischer Offizier, begleitet von einem Trommler, auf dem Befestigungswall und wurde ins Lager der Alliierten gebracht. Am nächsten Tag begannen die Kapitulationsverhandlungen, die am 19. Oktober abgeschlossen wurden. Die Briten marschierten in Gefangenschaft, begleitet von ihren Pfeifern und Trommlern, die das populäre Lied „The World Turned Upside Down" spielten. Cornwallis entschuldigte sich mit einer Erkrankung von der Kapitulationszeremonie und schickte stattdessen General Charles O'Hara (1740–1802). Dieser wollte Cornwallis' Schwert zunächst Rochambeau überreichen, der lehnte ab und zeigte auf Washington, der wiederum an den ihm unterstellten General Benjamin Lincoln (1733–1810) verwies. Briten und Hessen verzeichneten rund 300 Gefallene und 600 Verwundete, dazu über 7000 gefangen genommene Soldaten. Aufseiten der Amerikaner und Franzosen gab es 88 Tote und 300 Verletzte. Der Sieg der Kontinental- und der französischen Armee in Yorktown sollte, wie sich bald herausstellte, die entscheidende Schlacht des Unabhängigkeitskriegs sein.

BELAGERUNGSGESCHÜTZ DER MARINE

Im 18. Jahrhundert waren Kanonenrohre vergleichsweise billige Ausrüstungsteile, und oft hatte ein einziges Kriegsschiff weit mehr Geschütze an Bord, als eine normale Armee transportieren und warten konnte. Dieses Marinegeschütz kam bei der Belagerung Yorktowns zum Einsatz. Die britische Royal Navy nutzte die Artillerie nicht nur zur Belagerung von Festungen. In Yorktown ließ General Cornwallis solche Kanonen zur Unterstützung der Verteidigung an Land bringen.

Karansebesch 1788

FÜR EINE SCHLACHT BRAUCHT MAN NORMALERWEISE ZWEI ODER MEHR GEGNER. IN DER „SCHLACHT" VON KARANSEBESCH WAR DAS NICHT DER FALL. VIELMEHR WAR SIE EIN SELBST VERSCHULDETES DESASTER, DAS IN DRAMATISCHEN DIMENSIONEN ESKALIERTE.

Als es 1787 zu Kämpfen zwischen Russland und dem Osmanischen Reich kam, trat Österreich als getreuer Bündnispartner ebenfalls in den Krieg gegen die Türken ein und sammelte eine Armee. Joseph II. (1741–1790), der Kaiser des Heiligen Römischen Reichs, führte die Truppen selbst an. Er war ein großer Bewunderer des brillanten Preußenkönigs Friedrich des Großen (1712–1786), konnte an dessen Fähigkeiten auf dem Schlachtfeld aber nicht heranreichen.

Die österreichische Armee rückte im Nordwesten Bulgariens vor, um einen türkischen Vorstoß auf die Festung Widin am Südufer der Donau zu verhindern. Wie üblich schickte man Kundschafter zur Feindbeobachtung los. Die Österreicher setzten dafür die leichte Kavallerie der Husaren ein. Bei Erreichen des Flusses Temesch wurde also eine Gruppe Husaren auf Feindsuche ausgesandt. Sie stießen auf keine Spuren der osmanischen Armee, die noch zwei Tagesmärsche entfernt war. Allerdings trafen sie eine Gruppe walachischer Zigeuner, die ihnen Schnaps zum Verkauf anboten. Die Husaren griffen zu und waren bald betrunken.

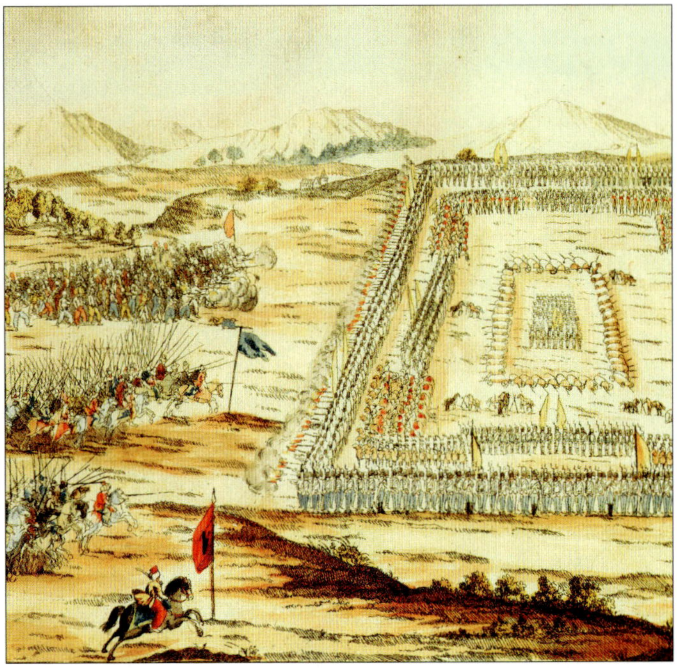

TÜRKISCHE KAVALLERIE GREIFT EIN ÖSTERREICHISCHES FELDLAGER AN, *das von im Karree angetretener Infanterie verteidigt wird. Die Österreicher fürchteten osmanische Kavalleristen zu Recht.*

DATEN UND FAKTEN

Wer: Die österreichische Armee gegen sich selbst.

Was: Ein banaler Zwischenfall löste eine Panik aus. In dem Chaos schossen Truppenteile aufeinander. Rund 10 000 österreichische Soldaten wurden getötet oder verwundet.

Wo: Bei der Stadt Karansebesch (Caransebeş) im heutigen Rumänien.

Wann: 17. September 1788.

Warum: Unglückliche Zufälle und Sprachprobleme führten zum gegenseitigen Beschuss österreichischer Einheiten, die sich jeweils im Kampf gegen osmanische Türken wähnten.

Ergebnis: Die österreichische Armee floh ungeordnet, als die Osmanen zwei Tage später anrückten und die Stadt ohne Gegenwehr einnahmen.

CHAOS IN KARANSEBESCH

Die Husaren feierten mit ihren neuen Zechkumpanen, als eine Gruppe österreichischer Infanteristen dazustieß, die mittrinken wollte. Schüsse fielen. Andere Infanteristen hatten die Idee, sich als Türken auszugeben oder vorzugeben, diese seien im Anmarsch, um die Kavallerie zu erschrecken. Doch die Finte funktionierte nicht wie geplant. Das Ganze eskalierte schnell zu einer Schießerei „unter Freunden" und endete im völligen Durcheinander. Einzelne Soldaten, kleine Haufen und Artilleriebatterien flohen oder versuchten Widerstand zu leisten, indem sie auf jeden schossen, der sich näherte. In der Dunkelheit konnte man unmöglich zwischen angreifenden Feinden und verschreckten Freunden unterscheiden. Andere Gruppen versuchten, sich durch wildes Umherschießen vor der imaginären Attacke zu schützen. Die österreichische Armee war mit 100 000 Mann in Karansebesch eingetroffen. In einer einzigen Nacht verlor sie ein Zehntel ihrer Mannschaftsstärke, wenn man tote, verwundete und vermisste Soldaten einberechnet. Viele waren auch einfach davongelaufen. Das Lager war weitgehend zerstört, und viele Vorräte gingen verloren.

Abukir 1798

EIN BRITISCHES MARINEGESCHWADER UNTER ADMIRAL HORATIO NELSON BRACHTE NAPOLEONS FLOTTE EINE ENTSCHEIDENDE NIEDERLAGE BEI UND SICHERTE DER ROYAL NAVY DIE KONTROLLE ÜBER DAS MITTELMEER.

Die territorialen Ambitionen von Napoleon Bonaparte (1769–1821) endeten fast, als seine Schiffe im Sommer 1798 durch das Mittelmeer nach Ägypten segelten und dabei unerbittlich verfolgt wurden. Nach dem Absetzen eines Expeditionsheers am Nil wartete die französische Flotte in der Bucht von Abukir auf ihren Verfolger, Konteradmiral Horatio Nelson mit 13 Linienschiffen der britischen Royal Navy.

ANGRIFF VON ZWEI SEITEN

Der französische Flottenverband unter Vizeadmiral François-Paul Brueys d'Aigalliers bestand aus 13 Linienschiffen und vier kleineren Fregatten. Flaggschiff war die mächtige L'Orient mit 118 Kanonen. Der Admiral formierte sein Geschwader am Rand einer Untiefe in einer Linie und mit der L'Orient im Zentrum. Am Nachmittag des 1. August 1798 sichtete Nelson die Franzosen, und der britische Kommandeur an Bord der HMS Vanguard (74 Kanonen) befahl seinen Kapitänen, sich gefechtsbereit zu machen.

IN DER SCHLACHT BEI ABUKIR *kam es zur größten Explosion der Napoleonischen Kriege, als das Magazin des französischen Kriegsschiffs L'Orient spektakulär in die Luft flog.*

Um 18.20 Uhr eröffneten die französischen Schiffe Guerrier und Conquérant das Feuer. Doch Kapitän Thomas Foley (1757–1833) an Bord der HMS Goliath nutzte eine Lücke zwischen der Guerrier und der Untiefe, kurz darauf folgte ihm die HMS Zealous, sodass die Franzosen nun von zwei Seiten attackiert wurden. Im Zentrum griff die Vanguard die Franzosen an der Steuerbordseite an. Das Gefecht dauerte über drei Stunden. Kurz nach 21 Uhr entdeckte man einen Brand an Deck des französischen Flaggschiffs, eine Stunde später explodierten die Magazine der gewaltigen L'Orient.

Die Schlacht ging am 2. August weiter. Einige französische Schiffe konnten entkommen, die übrigen wurden von den Briten geentert. Elf Linienschiffe der Franzosen wurden versenkt oder gekapert. Bei den Briten erlitten die Vanguard, Bellerophon und Majestic schwere Schäden am Rumpf, die Majestic und Bellerophon verloren auch Masten. Nelson wurde verwundet und D'Aigalliers getötet. Aufseiten der Briten zählte man 218 Gefallene und 677 Verwundete, während die französischen Verluste auf gut 5000 Mann geschätzt wurden.

Mit dem Sieg in der Seeschlacht bei Abukir (englisch „Battle of the Nile") sicherte sich die Royal Navy die Vorherrschaft im Mittelmeer. Sie konnte nun die Häfen des Gegners blockieren, die französische Garnison auf Malta neutralisieren und Napoleons Nachschublinien nach Ägypten kappen.

DATEN UND FAKTEN

Wer: Die britische Flotte unter Konteradmiral Horatio Nelson (1758–1805) gegen französische Schiffsverbände unter Vizeadmiral François-Paul Brueys d'Aigalliers (1753–1798).

Was: Die Briten verfolgten Napoleons Invasionsflotte quer durchs Mittelmeer nach Ägypten und zwangen sie zur Schlacht.

Wo: Die Bucht von Abukir nahe der Nilmündung in Ägypten im östlichen Mittelmeer.

Wann: 1. bis 3. August 1798.

Warum: Napoleon begann einen Feldzug in den Nahen Osten, mit der Eroberung von Britisch-Indien als Ziel.

Ergebnis: Die britische Royal Navy errang einen entscheidenden Sieg. Napoleons Expedition an Land scheiterte unter anderem, weil er die Kontrolle über das Mittelmeer verlor.

Dieser Druck nach dem Gemälde Trafalgar *von William Overend zeigt Nelson an Deck der Victory, unverwandt nach vorn blickend, während ringsum die Schlacht tobt.*

Trafalgar 1805

MIT DEM SIEG BEI TRAFALGAR WENDETE NELSON DIE GEFAHR EINER FRANZÖSISCHEN INVASION AUF DEN BRITISCHEN INSELN AB UND SICHERTE DER ROYAL NAVY FÜR DIE FOLGENDEN 100 JAHRE DIE HOHEIT AUF SEE. DOCH IM AUGENBLICK DES GRÖSSTEN TRIUMPHS WURDE GROSSBRITANNIENS SEEHELD AN DECK SEINES FLAGGSCHIFFS HMS VICTORY TÖDLICH VERWUNDET.

Am 21. Oktober 1805 um 11 Uhr, mitten in den Napoleonischen Kriegen, richtete Vizeadmiral Lord Nelson einen aufrüttelnden Appell an seine Flotte, die vor Kap Trafalgar im Südwesten Spaniens lag: „England erwartet, dass jeder Mann seine Pflicht tut." Auf den 27 Kriegsschiffen nahmen Offiziere und Mannschaften diese Botschaft mit großer Begeisterung auf.

Die britische Marine sah sich mit 18 französischen und 15 spanischen Schiffen konfrontiert, die unter dem Kommando von Admiral Pierre de Villeneuve am 19. Oktober von Cádiz losgesegelt war. Bei Sichtung des französisch-spanischen

DATEN UND FAKTEN

Wer: Eine französisch-spanische Flotte von 33 Schiffen unter Admiral Pierre de Villeneuve (1763–1806) gegen einen britischen Verband aus 27 Schiffen unter Vizeadmiral Lord Horatio Nelson (1758–1805).

Was: Nelsons Frontalangriff durchbrach die französisch-spanische Formation und ermöglichte der überlegenen britischen Artillerie die Vernichtung des Gegners.

Wo: Der Eingang zur Straße von Gibraltar vor dem spanischen Kap Trafalgar.

Wann: 21. Oktober 1805.

Warum: Nach einer Verfolgungsjagd stellte Nelson die französisch-spanische Flotte in der Straße von Gibraltar. Villeneuve zog den Kampf einer Flucht vor.

Ergebnis: Die vereinigte Flotte wurde vernichtet und die Gefahr einer französischen Invasion Großbritanniens gebannt.

Verbands gingen die Briten in die Offensive. Villeneuve wendete seine Schiffe in einer Linie nach Norden, bereit zum Abfeuern tödlicher Breitseiten.

45 Minuten nach Nelsons Appell begann der erste Beschuss, als Villeneuve auf seinem Flaggschiff Bucentaure (80 Kanonen) zögerlich seine Flagge hisste. Nelson stand auf dem Achterdeck der Victory und gab der Flotte um 11.50 Uhr das Signal „Näher heran an den Feind". Um 12.04 Uhr wurde der Eichenrumpf der Victory erschüttert von Geschossen der Bucentaure, Redoutable, Héros und auch des spanischen Flaggschiffs, der mit 136 Kanonen bestückten Santísima Trinidad unter Admiral Baltazar de Cisneros.

Während die französischen und spanischen Schiffe Breitseiten abfeuerten, nahmen zugleich an Deck und in den Masten positionierte Scharfschützen die Decks der Victory ins Visier. Doch diese segelte am Heck der Bucentaure vorbei und feuerte aus ihren Heckgalerien eine verheerende Doppelsalve ab, die der Bucentaure 20 Kanonen herausriss und Dutzende Männer tötete. Der Rest der Flotte rückte nach und durchbrach, wie von Nelson geplant, die französisch-spanische Linie. Die Schlacht wurde zu einem Kampf Schiff gegen Schiff, bei dem sich die britische Artillerie als überlegen erwies.

Um 13.10 Uhr geriet die Victory in ein Gefecht mit der Redoutable unter Kapitän Jean-Jacques Lucas. Der hitzige Provenzale spornte seine Mannschaft zum Kampf gegen den Gegner an. Innerhalb weniger Minuten töteten die französischen Scharfschützen 40 Briten. Der Schuss eines Scharfschützen der Redoutable traf auch Admiral Nelson in die Schulter und durchschlug ihm Lunge und Wirbelsäule.

SCHWERES GESCHÜTZFEUER

In den folgenden zwei Stunden tobte die Schlacht besonders heftig. Lucas' Redoutable geriet von zwei Seiten unter Feuer, als die HMS Téméraire (98 Kanonen) in den Kampf eingriff. Um 13.40 Uhr belegte die Téméraire die bereits beschädigte Redoutable wiederholt mit Breitseiten. Dennoch wollten Lucas und seine tapfere Crew die Flagge erst streichen, wenn auch die Téméraire in einem ähnlich desolaten Zustand war wie ihr eigenes Schiff. Erst dann kapitulierten sie. Auf der Redoutable waren 487 Mann tot und 81 verwundet, darunter Lucas selbst.

Um 14.30 Uhr war auch die Santísima Trinidad nur noch ein Wrack. Obwohl keine Kanone mehr funktionstüchtig war, erklärte ein spanischer Offizier gegenüber der britischen Entermannschaft, das stolze Flaggschiff würde nicht kapitulieren. Bis zur endgültigen Kaperung durch die Briten dauerte es noch Stunden. Auch die Bucentaure war dann um 16.15 Uhr kampfunfähig. Das lange, intensive Feuergefecht hatte 450 Opfer an Bord gefordert. Über den ganzen Kampf hatte Villeneuve, in der Hoffnung, auch getötet zu werden, regungslos an Deck ausgeharrt, erlitt aber keine einzige Schramme. Er übergab sein zerschossenes Flaggschiff an Kapitän Israel Pellew von der Conqueror. Eine Viertelstunde später, um 16.30 Uhr, starb Nelson mit der Gewissheit, dass seine Flotte einen großen Sieg errungen hatte. Zu diesem Zeitpunkt hatte Admiral Collingwood (1750–1810) auch das spanische Geschwader unter Admiral Gravina (1757–1806) im Südwesten der Kampfzone zerschlagen. Spanier wie Franzosen verteidigten ihre Schiffe erbittert, wurden aber von den erfahreneren Briten bezwungen.

Die Meldung von Nelsons Sieg traf am 6. November in England ein. Die Freude über die Vernichtung der gegnerischen Flotte und das Ende der Invasionsgefahr wurde getrübt durch den Tod des größten Helden der Nation. Die Schlacht von Trafalgar war eine der entscheidenden Schlachten der Marinegeschichte und läutete ein Jahrhundert fast unangefochtener Vorherrschaft der Royal Navy ein.

BATTERIEDECK

Die großen, unter Segel fahrenden Kriegsschiffe hatten damals drei Batteriedecks. Die geladene Kanone auf dem oberen Deck wird auf ihrer Lafette zur Stückpforte gezogen und ist dort zum Feuern auf den anrückenden Feind bereit. Auf dem mittleren Deck sieht man eine abgefeuerte Kanone, die durch den Rückstoß nach hinten gerollt ist. Dort wird sie von der Mannschaft gereinigt und neu geladen. Die Kanone auf dem untersten Deck ist hinter der verschlossenen Stückpforte vertäut, um die Seetauglichkeit des Schiffs zu erhalten. Ein umherrollendes Geschütz war bei stürmischem Seegang eine große Gefahr.

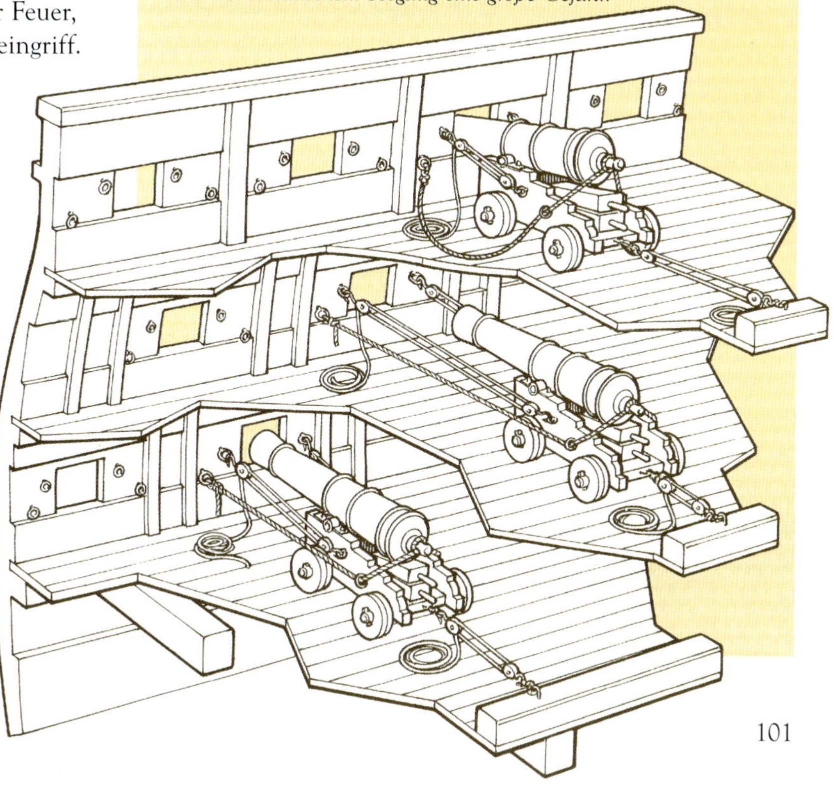

TRAFALGAR

1 Am frühen Morgen des 21. Oktober 1805 befiehlt Admiral de Villeneuve, der Kommandeur der französischen Flotte, einen Schwenk nach Norden und hält auf die britische Flotte zu.

5 Als sein Flaggschiff Bucentaure in Stücke geschossen ist und 400 Opfer zu beklagen sind, lässt Villeneuve die Flagge streichen und kapituliert um 16.15 Uhr. Die Schlacht ist vorbei.

3 Kurz vor Mittag beginnt die Schlacht. Die nächsten zwei Stunden wird besonders erbittert gekämpft. Die HMS Victory, Nelsons Flaggschiff, liefert sich Kanonenduelle mit vier französischen Schiffen. Nelson wird bei dem heftigen Gefecht getötet.

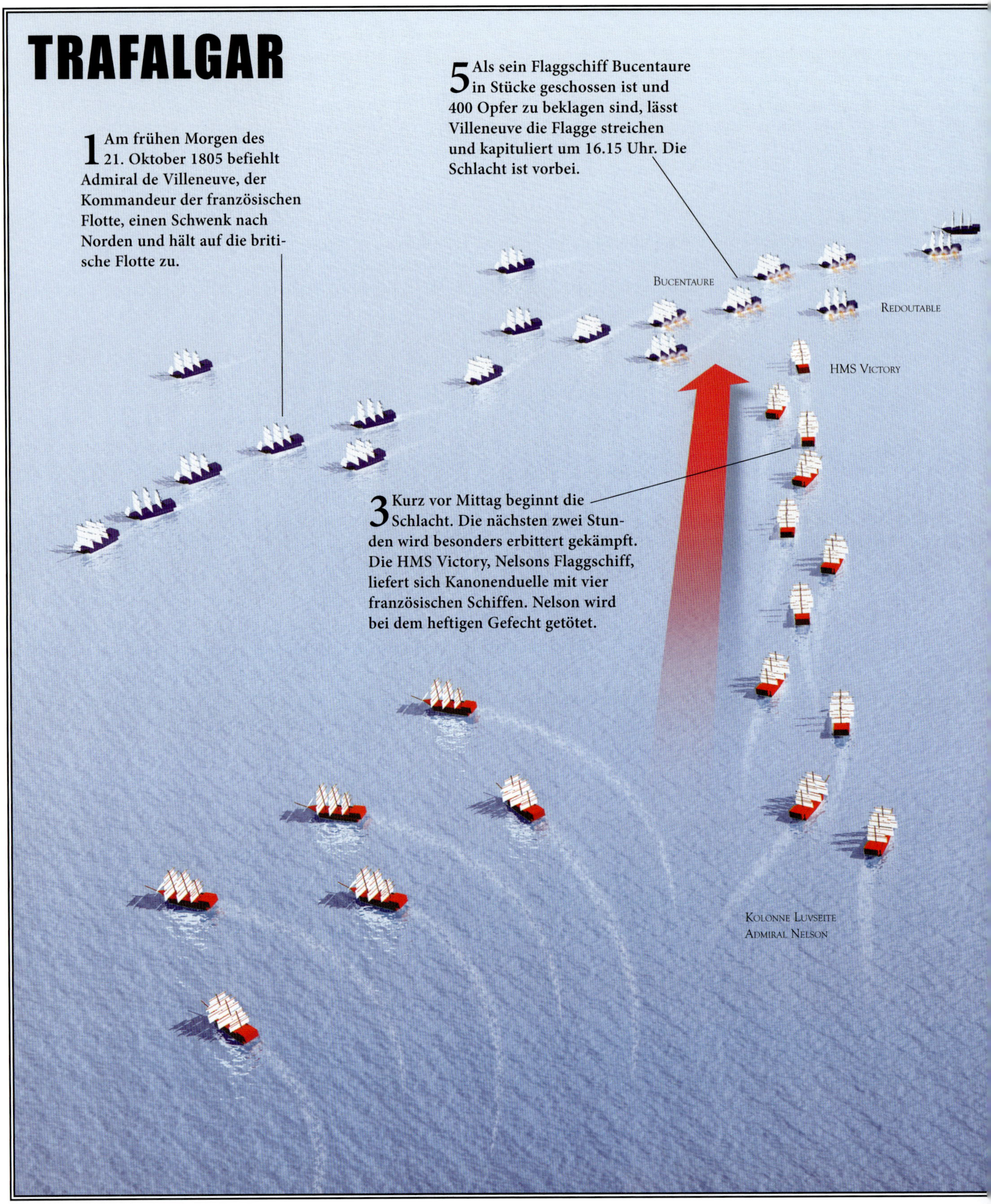

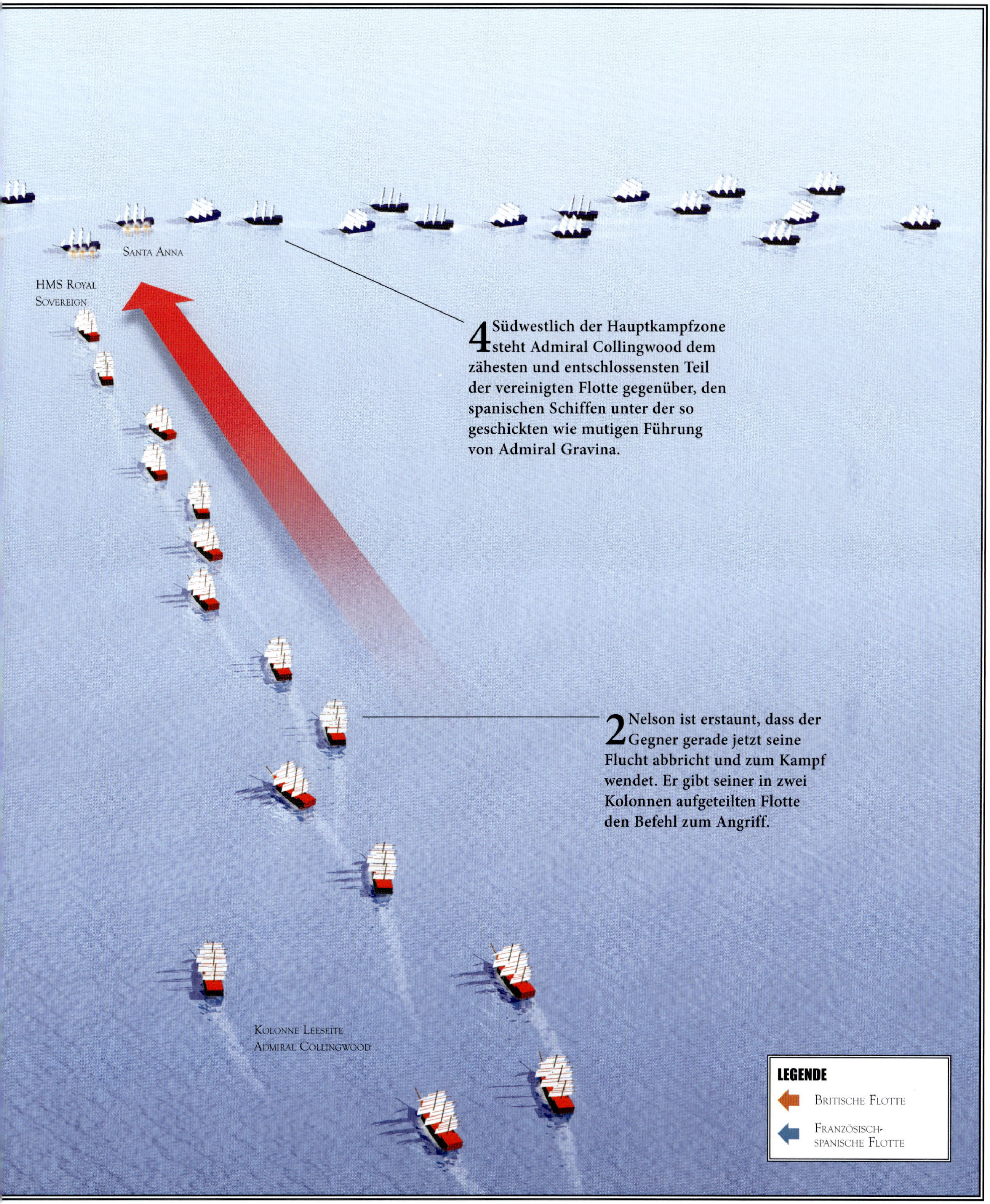

Santa Anna
HMS Royal Sovereign
4 Südwestlich der Hauptkampfzone steht Admiral Collingwood dem zähesten und entschlossensten Teil der vereinigten Flotte gegenüber, den spanischen Schiffen unter der so geschickten wie mutigen Führung von Admiral Gravina.
2 Nelson ist erstaunt, dass der Gegner gerade jetzt seine Flucht abbricht und zum Kampf wendet. Er gibt seiner in zwei Kolonnen aufgeteilten Flotte den Befehl zum Angriff.
Kolonne Leeseite
Admiral Collingwood
LEGENDE
Britische Flotte
Französisch-spanische Flotte

DIESES GEMÄLDE VON BARON LOUIS ALBERT BACLER D'ALBE *(1761–1848) zeigt Napoleon, wie er am Vorabend der Schlacht vom 2. Dezember 1805 seinen Truppen Mut zuspricht.*

Austerlitz 1805

EIN JAHR NACH DER SELBSTKRÖNUNG ZUM KAISER BESIEGTE NAPOLEON AUF DEM GRÖSSTEN FELDZUG SEINER KARRIERE DIE VEREINIGTEN ARMEEN VON RUSSLAND UND ÖSTERREICH BEI AUSTERLITZ. DORT STELLTEN ER, SEINE GENERÄLE UND DIE BESTENS AUSGEBILDETEN TRUPPEN IHRE FÄHIGKEITEN AUF DEM SCHLACHTFELD UNTER BEWEIS. DOCH AUCH DER GENIALE SIEG BEI AUSTERLITZ BRACHTE NICHT DEN SOFORTIGEN FRIEDEN.

In der Schlacht von Austerlitz am 2. Dezember 1805 zeigte der Kaiser und Feldherr während des Donaufeldzugs sein ganzes taktisches Können. In der zweiten Novemberhälfte machte er mit 70 000 Soldaten bei dem mährischen Dorf Austerlitz Halt, in der Hoffnung, eine 86 000 Mann starke russisch-österreichische Armee zur Schlacht verleiten zu können. Eine Schlüsselposition war der Pratzeberg, der das Schlachtfeld dominierte. Napoleon zog aber seine Truppen freiwillig von der Anhöhe ab, woraufhin die gegnerischen Verbündeten sofort nachrückten. Am 2. Dezember um 5 Uhr

DATEN UND FAKTEN

Wer: Kaiser Napoleon (1769–1821) besiegt mit 73 000 Mann die vereinigten Armeen Russlands unter Führung von Zar Alexander I. (1777–1825) und Österreichs unter Kaiser Franz II. (1768–1835) mit insgesamt 85 000 Soldaten.

Was: Napoleon provozierte die Alliierten zum Angriff, besetzte dann den Pratzeberg inmitten des Schlachtfelds, spaltete die Front des Gegners und besiegte ihn.

Wo: In der Nähe von Austerlitz in Mähren, rund 113 km nordöstlich von Wien.

Wann: 2. Dezember 1805.

Warum: Der neue Staat in Frankreich bedrohte die etablierten Monarchien Europas.

Ergebnis: Die alliierte Armee wurde zerschlagen. Die Franzosen versetzten der dritten Koalition einen schweren Schlag.

berief er seinen Generalstab ein und befahl General Legrand und Marschall Davout, mit 18600 Soldaten den rechten Flügel zu halten, während er sich mit dem Hauptteil der Armee von 65000 Mann auf den linken konzentrieren wollte.

Beim Frühstück rügte Zar Alexander I. den Befehlshaber der vereinigten Armee, General Michail Kutusow (1745–1813), für das langsame Vorrücken seiner Truppen. Kutusow entgegnete, erst müssten alle Einheiten in Linie formiert sein, was dann um 6 Uhr der Fall war. In Telnitz geriet die österreichische Vorhut unter schweren Beschuss durch die Eliteeinheit der korsischen Legion. Eine Stunde lang wurde rund um das Dorf heftig gekämpft, bis sich die Franzosen zurückzogen.

Rund 13600 Russen unter Führung von General Dochturow hätten den Plan der Alliierten noch vollenden können, wären sie rechtzeitig nachgerückt für eine Attacke auf Napoleons schwache und offene Flanke. Doch Verzögerungen und Konfusion beim Gegner erlaubten den Franzosen, sich neu zu formieren. Während der frühen Morgenstunden konnten so 10000 französische Soldaten den Vorstoß von 50000 Russen und Österreichern aufhalten.

DER PRATZEBERG

Napoleon hatte sein Hauptquartier auf dem nahen Santonhügel eingerichtet. Um 8.45 Uhr beobachtete er durch sein Fernrohr, wie die Alliierten nach Süden marschierten und den wichtigen Pratzeberg räumten. Auf seine Frage, wie lange die unterhalb des Hügels versammelte Truppe von Marschall Soult für eine Einnahme der Anhöhe bräuchte, gab Soult die Antwort, das würde nur 20 Minuten dauern. Napoleon wartete den Abzug des letzten alliierten Soldaten vom Pratzen ab, dann befahl er Soult, vorzurücken.

Obwohl die Franzosen fast lautlos den Hang hinaufkletterten, wurde ihre Aktion von einem russischen Offizier bemerkt und an Kutusow gemeldet. Der General befahl seinem Stellvertreter Miloradowitsch eine Rückeroberung der Anhöhe, doch es war zu spät, obwohl sich die Russen tapfer bemühten, Soults Einheit aus dem Dorf Pratzen zu vertreiben. Um 11 Uhr hatte Soult die Anhöhe nach dem Scheitern mehrerer russischer Angriffsversuche gesichert. Kutusow und der Zar wären dabei fast im massiven Feuer der französischen Artillerie umgekommen.

Zunehmend verzweifelt schickte der Zar seinen Bruder, Großfürst Konstantin, mit 8500 Mann der Kaiserlichen Garde ins Gefecht, die man als Reserve zurückgehalten hatte. Die hochgewachsenen, handverlesenen Soldaten rückten auf den Pratzeberg vor und durchbrachen die erste Linie der Franzosen, doch das massive Musketen- und Artilleriefeuer vertrieb sie wieder von der Anhöhe. Jetzt schwenkten Soults Männer zur Attacke auf Flanke und Rücken der russisch-österreichischen Angriffsformation zur Rechten der Franzosen, wodurch eine Umfassung drohte.

Gegen 14 Uhr war von der Mittelposition der russischen Armee kaum noch etwas übrig, und die Alliierten flohen allmählich vom Schlachtfeld. In den Straßen des südlich gelegenen Sokolnitz und um dessen Schloss lagen dicht gedrängt Tote, Sterbende und Verwundete. Davout befahl seinen Leuten, gegnerische Verwundete und Gefangenen nicht zu verschonen, was die Konventionen verletzte. Dennoch konnten viele alliierte Soldaten über das gefrorene Sumpfgelände entkommen. Mit einsetzendem Schneefall endete die Schlacht, denn die Franzosen waren zu erschöpft für eine Verfolgung der fliehenden Alliierten. Napoleon hatte der dritten Koalition einen schweren Schlag versetzt: Österreich war besiegt, Russland gedemütigt und Großbritannien seiner Verbündeten auf dem Kontinent beraubt. Die Franzosen hatten 9000 Mann verloren, rund 12 Prozent ihrer Streitmacht. Bei den Alliierten beliefen sich die Verluste auf etwa 27000 Mann, fast ein Drittel.

ÖSTERREICHISCHER DRAGONER

Als Gegenpart zu Napoleons Kürassieren gab es bei den Österreichern die Eliteeinheit der Dragoner. Ihnen fehlte allerdings die angsteinflößende Reputation der Franzosen, und sie waren auch im Gefecht weniger effizient. Solch schwere Reiter setzte man als Stoßtruppen auf dem Schlachtfeld ein, um eine Entscheidung durch massive Frontalangriffe zu erzwingen oder um das Blatt durch schnelles Ausnutzen von Schwächen oder Lücken in den feindlichen Linien zu wenden.

AUSTERLITZ
BRÜNN
2 Für den scharfsinnigen Napoleon ist diese Strategie offensichtlich. Legrand und Davout sollen mit knapp 20 000 Mann die Rechte halten, während er sich mit der übrigen Armee (60 000 Mann) auf die Linke konzentrieren will.
3 Die alliierte Offensive wird jedoch aufgehalten, und diese Verzögerung bringt den Angriffsplan durcheinander. Ein Teil der französischen Armee kann den Hauptangriff stoppen, während Napoleon seinen Plan zum Vorstoß auf den verwaisten Pratzeberg entwickelt.
PRATZEBERG
SCHWARZACH
5 Die Schlacht ist verloren, auch wenn die Alliierten noch Stunden weiterkämpfen, vor allem um das Dorf Sokolnitz. Als sie sich endlich zurückziehen, sind die Franzosen zu erschöpft für eine Verfolgung. Dennoch haben sie mit ihrem Kaiser zusammen Frankreichs größten Sieg auf dem Schlachtfeld errungen.
SOKOLNITZ

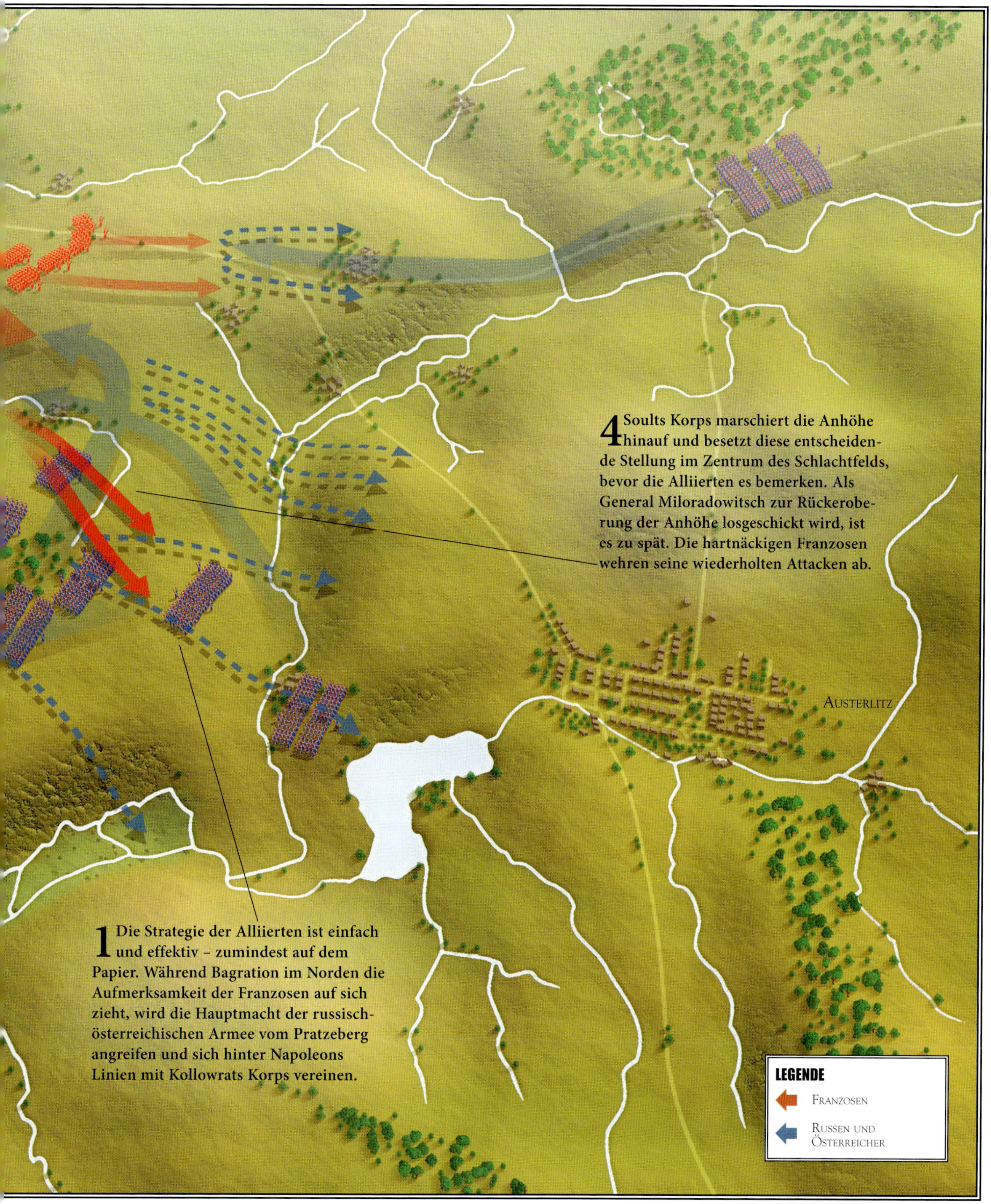
4 Soults Korps marschiert die Anhöhe hinauf und besetzt diese entscheidende Stellung im Zentrum des Schlachtfelds, bevor die Alliierten es bemerken. Als General Miloradowitsch zur Rückeroberung der Anhöhe losgeschickt wird, ist es zu spät. Die hartnäckigen Franzosen wehren seine wiederholten Attacken ab.
Austerlitz
1 Die Strategie der Alliierten ist einfach und effektiv – zumindest auf dem Papier. Während Bagration im Norden die Aufmerksamkeit der Franzosen auf sich zieht, wird die Hauptmacht der russisch-österreichischen Armee vom Pratzeberg angreifen und sich hinter Napoleons Linien mit Kollowrats Korps vereinen.
LEGENDE
Franzosen
Russen und Österreicher

Jena-Auerstedt 1806

ZWEI KLUG ERKÄMPFTE SIEGE NAPOLEONS UND SEINER TRUPPENKOMMANDEURE FÜHRTEN SCHLIESSLICH ZUR EINNAHME DER PREUSSISCHEN HAUPTSTADT BERLIN.

Im Oktober 1806 marschierte Napoleon Bonaparte mit 180 000 erfahrenen Soldaten durch den Thüringer Wald nach Norden und sah sich mit einer preußischen Armee konfrontiert, die von Westen heranzog. Die 145 000 Mann starken Preußen unter dem Herzog von Braunschweig, Fürst Friedrich Ludwig zu Hohenlohe und General Ernst von Rüchel (1754–1823) wähnten Bonaparte direkt vor sich und glaubten, er könne nur langsam auf die Entdeckung des Gegners reagieren.

Am 10. Oktober schaltete Napoleon eine kleine preußische Truppe bei Saalfeld aus und nahm drei Tage später fälschlicherweise an, bei Jena an der Saale die gegnerische Hauptstreitmacht gefunden zu haben. Er schickte vier Korps, rund 96 000 Mann, zum Angriff auf das preußische Kontingent von knapp 50 000 Soldaten und schlug den Feind am 14. Oktober vernichtend. Die Preußen beklagten 26 000 Opfer, die Franzosen verloren 5000 Mann.

DATEN UND FAKTEN

Wer: Die französische Armee von Napoleon Bonaparte (1769–1821) gegen preußische Truppen unter Führung des Herzogs von Braunschweig (1735–1806) und des Fürsten Friedrich Ludwig zu Hohenlohe (1746–1818).

Was: Bei einem seiner erfolgreichsten Feldzüge setzte Napoleon auf dezentrale Manöver mit unabhängigen, sich aber gegenseitig unterstützenden Korps.

Wo: Die Umgebung von Jena und Auerstedt in Mitteldeutschland nahe dem Thüringer Wald.

Wann: 14. Oktober 1806.

Warum: Napoleon wollte Preußen besiegen und sich dann der Bedrohung durch Russland im Osten stellen.

Ergebnis: Obwohl Napoleon zunächst eine kleinere preußische Armee für das Hauptkontingent hielt, gelangen ihm und seinen Kommandeuren überwältigende Siege.

TRUPPEN MARSCHIEREN IN GEORDNETEN KOLONNEN *in die Schlacht bei Jena – so die Vorstellung des Malers. Tatsächlich waren Gefechte damals wesentlich unübersichtlicher.*

DOPPELSIEG

Bei Jena zeigte Napoleon seine Genialität in der Manöverführung: In einer Hauptstoßrichtung rückte er mit unabhängigen Korps vor, die sich gegenseitig unterstützen konnten. Während des Gefechts konnte er gerade noch ein Unglück abwenden, als Marschall Michel Ney (1769–1815) ohne Befehl angriff und mit seiner überdehnten Linie in preußisches Artilleriefeuer geriet. Aus dem französischen Zentrum heraus schickte ihm Napoleon als Unterstützung Marschall Jean Lannes (1769–1809), der bereits bei Saalfeld seine Qualitäten als Kommandeur bewiesen hatte. Dann formierte er seine Kaiserliche Garde im Zentrum. Das Manöver gelang, Ney wurde gerettet.

Bei Sichtung der Preußen hatte Napoleon die Marschälle Louis-Nicolas Davout (1770–1823) und Jean-Baptiste Bernadotte (1763–1844) nach Norden und Osten beordert, um die Preußen von der Flanke anzugreifen, während diese mit dem französischen Hauptkontingent an der Saale beschäftigt waren. In Auerstedt stand Davouts III. Korps mit 27 000 Mann einer fast dreimal stärkeren preußischen Truppe unter dem Herzog von Braunschweig gegenüber, der tödlich verwundet wurde.

Der verwegene Davout manövrierte die ziellos agierenden Preußen aus und schlug sie vernichtend. Bernadotte marschierte zwischen den Schauplätzen hin und her, ohne sich am Gefecht zu beteiligen, wofür ihn Napoleon später maßregelte. Die Franzosen beklagten in Auerstedt 10 000 Opfer, die preußischen Truppen 13 000. Nach diesem Doppelsieg verfolgte Napoleon den Gegner und konnte am 24. Oktober Berlin einnehmen. Der Feldzug endete mit französischen Siegen, die jeden organisierten Widerstand der Preußen auslöschten.

Wagram 1809

IN DER LETZTEN SCHLACHT DES FÜNFTEN KOALITIONSKRIEGS BESIEGTE NAPOLEON DIE ÖSTERREICHER UNTER EINSATZ VIELER SOLDATEN UND GESCHÜTZE.

Kaiser Napoleon beobachtet bei Wagram Truppenbewegungen *des Gegners. Dieses Gemälde von Horace Vernet hängt im Nationalmuseum des Versailler Schlosses.*

Nach einem taktischen Rückschlag bei Aspern-Eßling im Mai 1809, der über 25 000 Opfer forderte, zog sich Napoleon mit seiner Grande Armée aus französischen, italienischen und deutschen Verbänden südlich der Donau zurück. Die feindliche Streitmacht unter Erzherzog Karl von Österreich versäumte die Chance zur Initiative.

Die Franzosen dagegen gruppierten sich neu und überschritten die Donau wieder in der Nacht des 4. Juni. Ihre Hauptarmee mit 180 000 Soldaten war dem nur 130 000 Mann starken Gegner überlegen. Die lethargischen Österreicher reagierten zögerlich auf die Offensive und bezogen beiderseits von Wagram Stellungen auf dem Marchfeld, nordöstlich von Wien.

SCHWERE KÄMPFE

Vor dem Eintreffen einer österreichischen Verstärkungsarmee mit 30 000 Mann unter Karls Bruder, Erzherzog Johann (1782–1859), wollte Napoleon möglichst noch einen Sieg erringen. Er griff deshalb am Abend des 5. Juli die Linke seines Gegners an, erzielte aber nur geringe Gewinne. Eine Attacke auf das österreichische Zentrum wurde durch einen Gegenangriff von Karl abgewehrt, der die Franzosen in die Ausgangsposition zurückdrängte.

Karl erkannte die Verwundbarkeit seines Mittelabschnitts und ließ seine Truppen am 6. Juli auf breiter Front gegen die feindliche Linie vorrücken. Die linke Flanke der Franzosen geriet schwer unter Druck, und Napoleon befahl dem Korps von Marschall André Masséna (1758–1817) auf die anstürmenden Österreicher vorzurücken und so die Situation zu stabilisieren. Im Zentrum stoppten konzertierte Angriffe von Artillerie und Kavallerie den österreichischen Vorstoß.

Dann schickte Napoleon 8000 Mann unter General Jacques MacDonald (1765–1840) gegen den Mittelabschnitt der Österreicher. Die Attacke konnte zwar nicht in die gegnerische Linie eindringen, hinderte Karl aber an einer Unterstützung seiner bedrängten linken Flanke. Die österreichische Armee begann zu wanken und bekam Befehl zum Rückzug. Obschon Napoleon nicht mit aller Macht nachsetzte, sahen sich die Österreicher wenig später zu Friedensverhandlungen gezwungen.

Beide Seiten erlitten bei Wagram schwere Verluste: Die Österreicher beklagten über 40 000 Opfer, die Franzosen fast 38 000. Napoleon blieb ein eindeutiger Sieg verwehrt, zudem hatte er seit Mitte Mai über 60 000 Soldaten verloren. Seine Kräfte schienen im Schwinden begriffen, während sich die Möglichkeiten seiner Gegner ganz offenkundig verbesserten.

DATEN UND FAKTEN

Wer: Die Grande Armée von Napoleon Bonaparte (1769–1821) gegen die Österreicher unter Erzherzog Karl (1771–1847).

Was: Nach einem zeitweiligen Rückschlag bei Aspern-Eßling nahm Napoleon seinen Feldzug wieder auf.

Wo: Die Stadt Deutsch-Wagram im Marchfeld, 16 km nördlich von Wien.

Wann: 5. bis 6. Juli 1809.

Warum: Mit einem Sieg über Österreich im Fünften Koalitionskrieg wollte Napoleon andere Länder am Beitritt zur österreichisch-britischen Koalition hindern.

Ergebnis: Napoleon siegte zwar, konnte aber keinen entscheidenden Triumph erringen, zudem erlitt er schwere Verluste. Später musste Österreich am 14. Oktober 1809 den Frieden von Schönbrunn unterzeichnen.

FRANZOSEN ATTACKIEREN *die schwer befestigten russischen Stellungen bei Borodino. Anstelle von Flankenmanövern entschied sich Napoleon für direkte Frontalangriffe, was sich als sehr verlustreich erwies.*

Borodino 1812

ZWAR KONNTE NAPOLEON KURZ VOR MOSKAU EINEN SIEG VERBUCHEN, DOCH DIE RUSSISCHE ARMEE VERNICHTETE ER NICHT, WAS IHM ZUM VERHÄNGNIS WURDE.

Napoleon marschierte im Frühjahr 1812 mit seiner Grande Armée in Russland ein und setzte dort den Truppen von Fürst Michael Barclay de Tolly (1761–1818) quer durch das riesige Land nach. Wegen Unstimmigkeiten unter seinen Kommandeuren mied Barclay eine offene Feldschlacht mit dem rund 286 000 Mann starken Gegner. Dies erregte den Zorn der russischen Regierung, doch die Strategie sollte sich zu ihren Gunsten auswirken, als die überdehnten Nachschublinien der Franzosen gefährlich schwach wurden und anfällig für Flankenattacken.

Am 29. August wurde Barclay als Befehlshaber durch den 67-jährigen Fürsten Michail Kutusow abgelöst. Kutusow behielt die Rückzugsstrategie bei, Napoleon rückte nach und verlor durch Krankheit, Erschöpfung und Desertion viele Soldaten. Am 3. September bezog der russische Kommandeur Stellung beim Dorf Borodino, rund 110 km vor den Toren Moskaus, und ließ befestigte Schanzen ausheben. Eine davon versperrte

DATEN UND FAKTEN

Wer: Die Grande Armée von Napoleon I. (1769–1821) gegen russische Truppen unter Fürst Michail Kutusow (1745–1813).

Was: Nach dem Rückzug der Russen ins Landesinnere kam es zum blutigsten Gefechtstag der gesamten Napoleonischen Kriege.

Wo: Nahe der Stadt Borodino, etwa 110 km westlich von Moskau.

Wann: 7. September 1812.

Warum: Napoleon wollte sein Reich bis in die Weiten Russlands ausdehnen.

Ergebnis: Borodino war für die Franzosen ein Pyrrhussieg. Nach dem Rückzug der russischen Armee rückte Napoleon in Moskau ein. Später wurde er zum verhängnisvollen Winterrückzug aus der Stadt gezwungen.

bei Schewardino die Route von Napoleons Vormarsch. Das Zentrum der russischen Linie wurde von der Großen Schanze und drei pfeilförmigen Befestigungen auf der Linken dominiert, die als „Drei Pfeile" bezeichnet wurden oder nach Kutusows Untergebenem, Fürst Pjotr Bagration (1765–1812), auch als „Bagration Flèches".

NAPOLEONS POLNISCHE LANZENREITER *greifen vor der Großen Schanze die Kürassierdivision von General Duka an. So zeigt es das Panoramabild des Malers Franz Roubard (1856–1928).*

FRONTALANGRIFFE

Bei ihrem Eintreffen nahe Borodino Anfang September war die Grande Armée auf rund 160 000 französische und alliierte Soldaten geschrumpft, während die Russen knapp 130 000 Mann aufbieten konnten. Am 5. September griffen die Franzosen die Schanze von Schewardino an, gerade als sich die russischen Kräfte auf der Linken neu ordneten. Nach Kavallerieattacken kam es am nächsten Tag zu einem Hauptangriff. Die Stellung fiel nach schweren Kämpfen, bei denen die Angreifer 5000 Gefallene und Verwundete verzeichneten, die Russen sogar 6000.

Die Berichte über Kutusows Verhalten während der Schlacht sind widersprüchlich. Einige behaupten, er habe die meisten wichtigen Entscheidungen seinen Untergebenen überlassen. Kutusow war bestens im Defensivkampf ausgebildet, und Borodino entwickelte sich für die Russen zu einer Abwehrschlacht. Der Fall von Schewardino schwächte ihre linke Flanke, doch Kutusow gab den Bitten um Verstärkung nicht nach. Über die Hälfte der russischen Artillerie, 300 Geschütze, verharrte untätig ebenso wie der Großteil seiner Truppen auf dem rechten Flügel, der nie angegriffen wurde. Bagration ließ bei der Verteidigung der Linken sein Leben.

Auch für Napoleon war Borodino keine Glanzstunde. Gegen die Empfehlung seiner Marschälle befahl er anstatt eines Flankenmanövers den direkten Angriff auf die „Drei Pfeile". Diese konnten nach Kämpfen vom Morgen bis zum Mittag auch eingenommen werden. Doch die Verluste der Franzosen waren entsetzlich, und die russischen Reserveeinheiten wurden vom konzentrierten Artilleriefeuer zerfetzt.

PYRRHUSSIEG

Mehr zum Zentrum hin fiel auch die Große Schanze an die Franzosen und wurde dann im Nahkampf wieder zurückerobert. In einem weiteren Frontalangriff erstürmte sie Napoleons Armee um 14 Uhr erneut, unterstützt von polnischer und sächsischer Kavallerie. Auch bei Utiza, auf der äußersten Linken der Russen, tobte am Morgen der Kampf. Unter dem Kommando von Fürst Józef Poniatowski (1763–1813), gebürtiger Pole und Marschall von Frankreich, kämpften französische Soldaten gegen feindliche Infanteristen und Grenadiere um das Dorf. Die Franzosen drangen in Utiza ein und wurden wieder verjagt, bis ein letzter Vorstoß die Russen aus dem brennenden Dorf vertrieb.

Napoleon war krank und hielt sich etwas abseits vom Schlachtfeld auf. Trotz Drängen seiner Kommandeure und dem allgemeinen Eindruck, dass die Russen kurz vor dem Zusammenbruch ständen, was auch den Weg nach Moskau eröffnet hätte, wollte er seine Reserveeinheiten nicht in die Schlacht werfen. Von diesen 30 000 Mann gehörten zwei Drittel zur Kaiserlichen Garde, der Eliteeinheit der Grande Armée. Sein Zögern, die schwer erkämpften Vorteile des 7. September für sich zu nutzen, führte zu einem Pyrrhussieg am blutigsten Tag der Napoleonischen Kriege. Die russische Armee war besiegt, aber nicht zerstört, und die einmalige Gelegenheit vertan, Zar Alexander I. (1777–1825) an den Verhandlungstisch zu zwingen.

Bei Borodino beklagten die Russen mehr als 45 000 Opfer, die Franzosen verloren über 28 000 Mann. Eine Woche später marschierte Napoleon in Moskau ein. Lange wartete er auf eine Kapitulation der Russen, doch die blieb aus, und schließlich sah er sich zu einem langen, verhängnisvollen Rückzug nach Westen gezwungen, der seine einst so stolze Armee dezimierte.

DIE FRANZÖSISCHEN KÜRASSIERE, *geschützt durch Brustpanzer (Kürass) und Helm und bewaffnet mit einem langen Pallasch, waren eine sehr schlagkräftige Einheit auf dem Schlachtfeld.*

DIESE DARSTELLUNG DES RÜCKZUGS *aus Moskau, gemalt von Laslett John Pott (1837–1898), zeigt das Elend der napoleonischen Truppen, die sich durch den russischen Winter in Sicherheit schleppen.*

Rückzug aus Moskau 1812

KAISER NAPOLEON WIRD MANCHMAL AUCH ALS „GROSSER SPIELER" BEZEICHNET. VIELE RISIKEN, DIE ER EINGING, ZAHLTEN SICH AUS, DOCH DER EINMARSCH IN RUSSLAND 1812 WAR EIN DESASTER. DIE FRANZÖSISCHE GRANDE ARMÉE GING DURCH KÄLTE, HUNGER UND ZERMÜRBUNG UNTER UND NICHT DURCH EINE SCHLACHT.

Nach der Schlacht bei Friedland 1807 schlossen Russland und Frankreich ein Bündnis, das viele Russen als einseitig empfanden. Um 1810 ignorierte Zar Alexander I. (1777–1825) zunehmend Vertragsklauseln des Friedens von Tilsit, der Grundlage des Bündnisses. 1812 entschied Napoleon (1769–1821), dass dieses Arrangement nicht länger seinen Zielen diente, und startete eine große Invasion Russlands.

Für den Umgang mit internationalen Krisen hatte er eine sehr direkte Strategie: Er marschierte einfach im jeweiligen

DATEN UND FAKTEN

Wer: Die französische Grande Armée mit 600 000 Soldaten unter Napoleon gegen drei russische Verbände und zahlreiche Partisanen und Irreguläre, insgesamt 900 000 Mann.

Was: Nach der Eroberung Moskaus wurden die Franzosen mitten im Winter zum Rückzug gezwungen.

Wo: Der französische Vorstoß führte über Wilna (Vilnius, Litauen) und Smolensk nach Moskau. Der Rückzug folgte einer ähnlichen Route.

Wann: Juni bis Dezember 1812.

Warum: Durch die Einnahme Moskaus wollte Napoleon die Russen zu einem Vertrag zwingen.

Ergebnis: Die Grande Armée war vernichtet. Die Franzosen verloren 300 000 Mann, ihre Verbündeten etwa 240 000. Die russischen Verluste waren ähnlich hoch.

KAISER NAPOLEON IN MILITÄRUNIFORM: *Im Jahr 1812 hatte er seinen Zenit überschritten und musste den Sieg mit hohen Verlusten bezahlen.*

Land ein und versuchte, dessen militärisches Potenzial in einer Entscheidungsschlacht zu vernichten. Das genügte meist, um dem besiegten Staat ein für Frankreich günstiges Abkommen aufzuzwingen. War das nicht der Fall, pflegte er auf die Hauptstadt des Gegners vorzurücken, um dort seine Bedingungen zu diktieren.

Napoleon war sich durchaus der militärischen Stärke Russlands und der beachtlichen Entfernungen bewusst, die er durch Feindesland zurücklegen musste. Seine nächsten Stützpunkte lagen in Polen. Von dort setzte die Grande Armée mit über 600000 Mann am 23. Juni zur Invasion des Russischen Kaiserreichs an – ohne stabiles Nachschubsystem.

Das zaristische Russland konnte zwar viele Soldaten rekrutieren, doch diese waren nicht an einem Ort konzentriert, und kleinere Einheiten vermochten die Franzosen nicht aufzuhalten. Alle Versuche, Truppen in einer guten Position zusammenzuziehen, scheiterten an der Schnelligkeit des feindlichen Vorstoßes, der die Russen zum Zurückweichen zwang.

Auch die Franzosen stießen auf Schwierigkeiten. Störmanöver von Kosaken und regulärer Kavallerie bedrängten sie, und die Nahrungsbeschaffung war mühsam. Bei Erreichen von Wilna (die lettische Hauptstadt Vilnius) wurde die französische Versorgungssituation entsetzlich, was vor allem an der Taktik der verbrannten Erde lag, die die Russen bei ihrem Rückzug hinterließen. Männer mussten zur Sicherung der Versorgungswege abgestellt werden, während die Nachschubeinheiten nach besten Kräften Lebensmittel und Material aus den weit entfernten Magazinen in Polen herbeischafften. Die Verluste der Grande Armée waren beängstigend, obwohl keine großen Schlachten ausgefochten wurden. Die Russen bemühten sich um eine Abwehrformation bei Smolensk, mussten aber weiter zurückweichen. Bei dem Dorf Borodino, rund 110 km von Moskau entfernt, zogen sie genügend Truppen in einer relativ guten Stellung zusammen und stellten sich dann zum Kampf auf.

Wenig einfallsreich setzte Napoleon bei seiner Planung auf einen Frontalangriff. Am 7. September begann die Schlacht von Borodino, die blutigste Schlacht der Napoleonischen Kriege. Während die Eroberung des Schlachtfelds traditionell auch über den Sieg entscheidet, verhielt es sich in diesem Fall weniger eindeutig. Beide Seiten verloren 30000 bis 40000 Mann, wobei die Russen ihre Verluste leichter ersetzen konnten. Dennoch wichen sie zurück, und Napoleon konnte seine Armee ohne weiteren Widerstand bis nach Moskau führen.

ENTTÄUSCHUNG IN MOSKAU

Napoleon erwartete nach der Einnahme Moskaus eine Kapitulation des Zaren. Stattdessen musste er feststellen, dass fast die gesamte Bevölkerung geflohen war und alle Lebensmittel mitgenommen hatte. Der Winter kündigte sich an, und die Franzosen waren gezwungen, überall in der Stadt nach Essbarem zu suchen. Brände brachen aus und gerieten bald außer Kontrolle, da eine zivile Verwaltungsstruktur fehlte. Fast 80 Prozent der Stadt wurden zerstört.

Um den Sieg gebracht, ohne Aussicht auf Verpflegung und Unterkünfte, entschied sich Napoleon zum Rückzug. Eigentlich wollte er eine andere Route nehmen als beim Hinmarsch und durch Gebiete ziehen, die nicht von seiner Armee geplündert und von den Russen bereits zerstört worden waren. Doch seine Vorhut konnte die russischen Linien nicht durchbrechen, die wichtige Positionen besetzt hielten und ihn so auf die ursprüngliche Route zurücklenkten.

Auf dem erzwungenen Rückzug durch eine öde Landschaft löste sich die französische Armee langsam auf, als Kälte, Hunger und die Angriffe irregulärer Einheiten zunehmend Opfer forderten. Viele Einheiten schrumpften oder brachen komplett auseinander, andere konnten ihre Struktur noch bis zum Schluss bewahren. Einige Kommandanten sammelten alle Männer, die sie auftreiben konnten, und bildeten eine Nachhut zum Schutz der anderen.

Größere Aktionen gab es nur noch wenige. Bei Überquerung der Beresina forderte ein russischer Angriff zahlreiche Opfer. Doch einer großen Schlacht bedurfte es nicht mehr, denn die Franzosen verloren auch so tagtäglich viele Männer. Nur 30000 bis 40000 Soldaten erreichten französisches Gebiet in einigermaßen geordneter Formation, ähnlich viele kamen noch als Nachzügler aus Russland zurück.

FRANZÖSISCHER INFANTERIST

Der dicke Mantel dieses „französischen" Soldaten diente ihm auch als Decke. Seine Kappe wird durch eine Haube vor Beschädigung geschützt. Die restliche Ausrüstung ist minimal, was der französischen Armee ein schnelles Vorankommen ermöglichte, solange sie unterwegs ausreichend Proviant beschaffen konnte.

In seinem Gemälde Die Schlacht von Leipzig *stellt Alexander Iwanowitsch Sauerweid (1783–1844) die gewaltige Armee der sechsten Koalition dar.*

Leipzig 1813

BESIEGT VON DEN VEREINTEN ARMEEN DER SECHSTEN KOALITION, VERLOR NAPOLEON DIE KONTROLLE ÜBER SEIN IMPERIUM ÖSTLICH VOM RHEIN.

Trotz des verhängnisvollen Russlandfeldzugs, dem schrecklichen Rückzug im Winter 1812 und einer sich verschlechternden militärischen Lage auf der Iberischen Halbinsel konnte sich Napoleon I. neu aufstellen. Im nächsten Frühjahr marschierte er mit fast 200 000 Soldaten ostwärts zur Sicherung seiner deutschen Territorien. Die Zahl erscheint beeindruckend, doch war die Kampfkraft seiner Formationen teils schwach. Viele erfahrene Soldaten und Offiziere waren in den Monaten zuvor gefallen.

Bis Oktober 1813 hatte er im Osten Siege bei Großgörschen, Bautzen und Dresden errungen, Berlin konnte er allerdings nicht einnehmen. Wohl weil er aus der bitteren Lektion in Russland gelernt hatte, zog er sich zum Schutz seiner Nachschub- und Kommunikationslinien über die Elbe zurück und führte seine Truppen nach Leipzig. Eine direkte Konfrontation hatten die Armeen der sechsten Koalition zuvor vermie-

DATEN UND FAKTEN

Wer: Die zahlenmäßig unterlegene französische Armee unter Kaiser Napoleon (1769–1821) gegen die alliierten Truppen der sechsten Koalition.

Was: Eine Entscheidungsschlacht, auch Völkerschlacht bei Leipzig genannt.

Wo: Die Stadt Leipzig und ihre Umgebung im heutigen Freistaat Sachsen.

Wann: 16. bis 19. Oktober 1813.

Warum: Napoleon wollte seine Herrschaft über die zuvor eroberten deutschen Provinzen festigen.

Ergebnis: Ein entscheidender Sieg der Alliierten zwang Napoleon zur Aufgabe seiner Territorien östlich des Rheins und führte zur Invasion Frankreichs und der Abdankung des Kaisers 1814.

den, doch nun erkannten ihre Kommandeure, dass die Stunde der Wahrheit gekommen war.

Aus verschiedenen Richtungen vereinigten sich in Leipzig die Armeen Preußens, Russlands, Schwedens und Österreichs zu einem Heer von 425 000 Soldaten, befehligt vom österreichischen Fürsten Karl Philipp zu Schwarzenberg (1771–1820), dem russischen Generalfeldmarschall Michael Andreas Barclay de Tolly (1761–1818), dem preußischen General Gebhard von Blücher (1742–1819) und Kronprinz Karl Johann von Schweden (1763–1844), einem ehemaligen Marschall Napoleons.

ERSTE GEFECHTE

Die Völkerschlacht bei Leipzig begann am 16. Oktober, als die Franzosen an ihrer Nord- und Südflanke einzelne Attacken schwach besetzter alliierter Einheiten zurückschlugen. Napoleons Truppe war allerdings – ein seltener Umstand in seiner Militärkarriere – von der Substanz her zu schwach, um dies zu einem Vorstoß durch die alliierten Linien zu nutzen. Weitere isolierte Gefechte erfolgten bei Dölitz, das österreichische Truppen unter effizientem Einsatz schwerer Artillerie den von Fürst Józef Poniatowski (1763–1813) geführten Polen abrangen, und bei Markkleeberg, wo polnisch-französische Einheiten vor ihrem Rückzug hartnäckigen Widerstand leisteten.

Ebenfalls am 16. Oktober wurden russische Truppen bei Wachau schwer bedrängt und konnten den Ort nicht gegen das Artilleriefeuer und wiederholte Infanterieattacken der Franzosen halten. In Liebertwolkwitz wechselte zweimal die Oberhand. Eine französische Kavalleriestreitmacht mit 10 000 Mann rückte in großen Kolonnen vor, wurde aber von russischer Artillerie zerschmettert. Gleichzeitig nahmen über 100 französische Geschütze von einem benachbarten Hügel aus die russische Infanterie unter Feuer. Eliteeinheiten von Napoleons Kaiserlicher Garde stießen vor, eroberten Wachau und Liebertwolkwitz zurück und wurden erst gestoppt, als russische und österreichische Elitegrenadiere in Stellung gingen und ein mörderisches Feuer auf sie eröffneten. Im Norden eroberte die russische Infanterie zwei Dörfer.

Weitere Gefechte tobten bei Möckern, wo die französischen Verteidiger hinter Gebäuden und Wällen vor dem Angriff zweier preußisch-russischer Korps Schutz suchten. Blücher, der seine Truppen geschickt führte und den Franzosen schwere Verluste zufügte, wurde noch vor Ort zum Generalfeldmarschall befördert. Der französische Marschall Auguste de Marmont (1774–1852) befahl einen Kavallerieangriff, doch sein Untergebener verweigerte den Gehorsam. Ein Angriff russischer Husaren traf die Franzosen schwer, die 9000 Mann durch Tod, Verwundung oder Gefangennahme verloren. Die alliierten Verluste waren ähnlich hoch.

ENTSCHEIDENDER SIEG

Blüchers hart erkämpfter Sieg bereitete den Boden für die Entscheidungsschlacht bei Leipzig zwei Tage später. Der

DIESER FRANZÖSISCHE FUSSARTILLERIST *trägt die neue dunkelblaue Uniform von 1812. Französische Artilleristen galten als Elitesoldaten und erhielten einen entsprechend hohen Sold. Auswahlkriterien waren Intelligenz und Kraft. Sie waren die beste Artillerietruppe der damaligen Zeit.*

17. Oktober verlief relativ ruhig mit nur zwei Gefechten, bei denen die Russen Gohlis eroberten und Blücher ein französisches Kavalleriekontingent dezimierte.

Die Ankunft von fast 150 000 zusätzlichen russischen und schwedischen Soldaten brachte das Ende für Napoleon in Leipzig. Am 18. Oktober wurden die Franzosen auf der gesamten Breite ihrer Front angegriffen. Das Gefecht dauerte fast zehn Stunden. In gut koordinierten Angriffen von Kavallerie und Infanterie gelang den Österreichern die Rückeroberung von Wachau und des benachbarten Lößnig. Als die Kämpfe Leipzig erreichten, lief ein Kontingent von mehr als 5000 sächsischen Infanteristen von Napoleons Armee zu den Alliierten über.

Napoleon entglitt zusehends die Kontrolle über das Geschehen, und so befahl er bei Einbruch der Nacht einen allgemeinen Rückzug über die Elster. Sehr früh am nächsten Morgen bemerkten alliierte Aufklärungstrupps den Abzug, doch ihre Attacken wurden durch gut organisierte Rückzugsgefechte von Marschall Nicolas Oudinot (1767–1847) abgeblockt. Der anschließende Befehl zur Sprengung der einzigen Elsterbrücke wurde allerdings zu früh ausgeführt. Tausende französische Soldaten waren dadurch in Leipzig gefangen oder fanden den Tod. Auch Poniatowski ertrank bei der versuchten Elsterüberquerung.

Die dreitägigen Kämpfe bei Leipzig forderten 74 000 Opfer unter den französischen und polnischen Soldaten, die Alliierten verloren 54 000 Mann. Napoleon wurde endgültig hinter den Rhein zurückgedrängt. Anfang 1814 rückten die Alliierten in Frankreich ein. Der französische Kaiser musste bald darauf abdanken und auf die Mittelmeerinsel Elba ins Exil gehen.

Mit aufgepflanzten Bajonetten *hält die schottische Infanterie den französischen Kürassieren stand, die gegen die verzahnten Karrees anstürmen. Die alliierte Infanterie erwies sich in Waterloo als wichtig.*

Waterloo 1815

IN DER LETZTEN SCHLACHT DER NAPOLEONISCHEN KRIEGE WURDEN DIE AMBITIONEN DES FRANZÖSISCHEN KAISERS EIN FÜR ALLE MAL ZERSTÖRT. OBWOHL SEINE FRÜHERE BRILLANZ NOCHMALS AUFBLITZTE, KONNTE NAPOLEON DIE ALLIIERTEN ARMEEN NICHT ZERSCHLAGEN. SEIN SCHICKSAL WAR BESIEGELT, ALS DIE PREUSSEN AM 18. JUNI WELLINGTON ZU HILFE EILTEN.

Die Schlacht von Waterloo bildete den Höhepunkt der Napoleonischen Kriege. Napoleon sah sich mit einer Vielzahl alliierter Armeen konfrontiert und ging deshalb in Belgien gegen die englisch-niederländische Armee des Herzogs von Wellington (95 000 Mann) und Gebhard von Blüchers preußische Truppen (124 000 Soldaten) in die Offensive. Am 16. Juni kämpfte er in Ligny und Quatre-Bras gegen beide Heere der Alliierten. Er konnte die Preußen von Ligny nach Wavre zurückdrängen, setzte ihnen aber nicht entschieden nach. Wellington, ebenfalls von französischen Einheiten verfolgt, bezog mit 68 000 Mann Stellungen bei Waterloo.

DATEN UND FAKTEN

Wer: Kaiser Napoleon (1769–1821) griff mit 72 000 Soldaten eine englisch-niederländische Armee von 68 000 Mann unter dem Herzog von Wellington (1769–1852) an, zu der preußische Truppen unter Fürst Gebhard von Blücher (1742–1819) stießen.

Was: Wellingtons Armee konnte die unkoordinierten Angriffe Napoleons parieren, bis die Preußen eintrafen.

Wo: Der Höhenzug Mont St. Jean bei der Ortschaft Waterloo, 16 km südlich von Brüssel in Belgien.

Wann: 18. Juni 1815.

Warum: Die Alliierten konnten Napoleons Rückkehr an die Macht nicht hinnehmen und wollten diese Bedrohung für Europa beseitigen.

Ergebnis: Die Niederlage in Waterloo zwang Napoleon zur Abdankung und ins Exil.

Am 18. Juni wollte Napoleon die englisch-niederländische Armee eigentlich um 10.30 Uhr mit 72 000 Mann angreifen, doch ein Platzregen in der Nacht hatte den Boden für Kavallerie und Artillerie zu stark aufgeweicht. Er verschob den Hauptangriff auf 13 Uhr – mit fatalen Folgen. Um 10.50 Uhr eröffneten die Franzosen den vorbereitenden Artilleriebeschuss gegen Schloss Hougoumont an Wellingtons rechter Flanke, das die Hannoveraner Truppen der King's German Legion (KGL) und einige Einheiten aus Nassau hielten.

Um Wellingtons Aufmerksamkeit von seiner linken Flanke abzulenken, wo der französische Hauptangriff erfolgen sollte, befahl Napoleon seinem Bruder Prinz Jérôme eine Attacke auf Hougoumont, was die Reserve Wellingtons dorthin ziehen sollte. Diese verlustreiche Aktion bewirkte wenig, band aber französische Truppen. Kurz vor 13 Uhr erreichten Napoleon schlechte Nachrichten. Das preußische Korps General Blüchers rückte mit 30 000 Mann aus Wavre an. Napoleon hoffte noch, die Preußen durch eine Streitmacht unter Marschall Grouchy aufzuhalten, doch die Zeit arbeitete gegen ihn.

Die Alte Garde *mit ihren charakteristischen Bärenfellmützen, üppigem Schnauzbart und Koteletten war Napoleons letzte Reserve, die er in Waterloo sinnlos vergeudete.*

DER HAUPTANGRIFF

Erst um 14 Uhr schickte Napoleon das I. Korps von Marschall d'Erlon ins Feld. Dieser wollte die alliierten Linien allein durch die Masse seiner Divisionen mit drei hintereinander formierten Bataillonskolonnen durchbrechen. Die Aufstellung war dem Artillerie- und Musketenfeuer fast ungeschützt ausgesetzt, doch die Lawine aus blau gekleideten Infanteristen erwies sich als schier unaufhaltbar, sobald das I. Korps seinen Angriff begonnen hatte und van Biljandts exponierte 1. Niederländische (holländisch-belgische) Brigade einfach zur Seite drängte.

Wellingtons halb linke Stellungen gaben angesichts der riesigen Welle angreifender Infanteristen allmählich nach. Bei hohen Verlusten musste er alle Einheiten einsetzen, die zu entbehren waren. Die Attacke der Franzosen kam zum Erliegen, sie zogen sich zurück und flohen schließlich. Die Briten machten 3000 Gefangene. Gegen 15 Uhr hatten die Briten den ersten französischen Angriff niedergeschlagen.

Um 15.30 Uhr befahl Napoleon seiner Artillerie den Beschuss von La Haye Sainte, und Marschall Ney (1769–1815) sollte eine neue Offensive vorbereiten, die er selbst anführen würde. Die Attacke erfolgte dann aber nicht auf den ausdrücklichen Befehl Napoleons. Ohne ausreichende Unterstützung durch Infanterie und Artillerie stürmte Neys Kavallerie waghalsig den Hügel hinauf, wo sie aus nächster Nähe von massivem Geschütz- und Musketenfeuer empfangen wurde. Trotz weiterer in die Schlacht geworfener Kavallerieeinheiten lief sich der Angriff tot. Ney musste sogar zu Fuß zu den eigenen Linien zurücklaufen. Hunderte mutige Reiter fanden den Tod, während die britischen Infanteriekarrees Welle um Welle von Kürassieren, Dragonern und Ulanen abwehrten. Gegen 16 Uhr waren die Preußen am Rand des Schlachtfelds, dem Bois de Paris, aufgetaucht, und eine Stunde später musste Napoleon das auf 7000 Mann geschrumpfte VI. Korps von Georges Mouton durch 4000 Soldaten der Jungen Garde unterstützen. In einem letzten Versuch, Wellingtons Zentrum zu durchbrechen, befahl Napoleon den Angriff der Alten Garde, seiner letzten und noch nie besiegten Reservetruppe. Hinter einem Hügel verborgene britische Einheiten konnten die Kolonnen überraschen und aus nächster Nähe unter Musketenfeuer nehmen, bevor diese sich zum Angriff zu formieren vermochten.

Mit dem Zurückweichen der Alten Garde war die Moral der französischen Armee endgültig gebrochen, und eine allgemeine Flucht setzte ein. Napoleon floh in einer Kutsche.

Die Franzosen hatten rund 30 000 Mann verloren, Wellington etwa 15 000 und die Preußen 6700. Am 22. Juni dankte Napoleon ein zweites Mal ab und verließ Paris. Am 15. Juli ging er in Plymouth an Bord der HMS Bellerophon. Genau vier Monate später betrat er die Insel Sankt Helena, die bis zu seinem Tod 1821 auch seine „Heimat" sein sollte.

95TH RIFLES

In der britischen Armee und auch im britischen Expeditionskorps in Belgien 1815 nahm das 95. Schützenregiment, die 95th Rifles, aus zwei Gründen eine Sonderstellung ein. Zum einen waren die Infanteristen mit Gewehren mit gezogenem Lauf bewaffnet statt wie die übrigen Truppen mit der gängigen „Brown Bess"-Muskete. Zum zweiten trugen sie nicht die scharlachrote königliche Uniform, sondern zur besseren Tarnung ein dunkles Grün. Die Einheit wurde im Spanischen Unabhängigkeitskrieg (1808–1814) geschaffen, um als regulärer Infanterieverband oder als vorgeschobene Scharfschützentruppe zu kämpfen.

WATERLOO

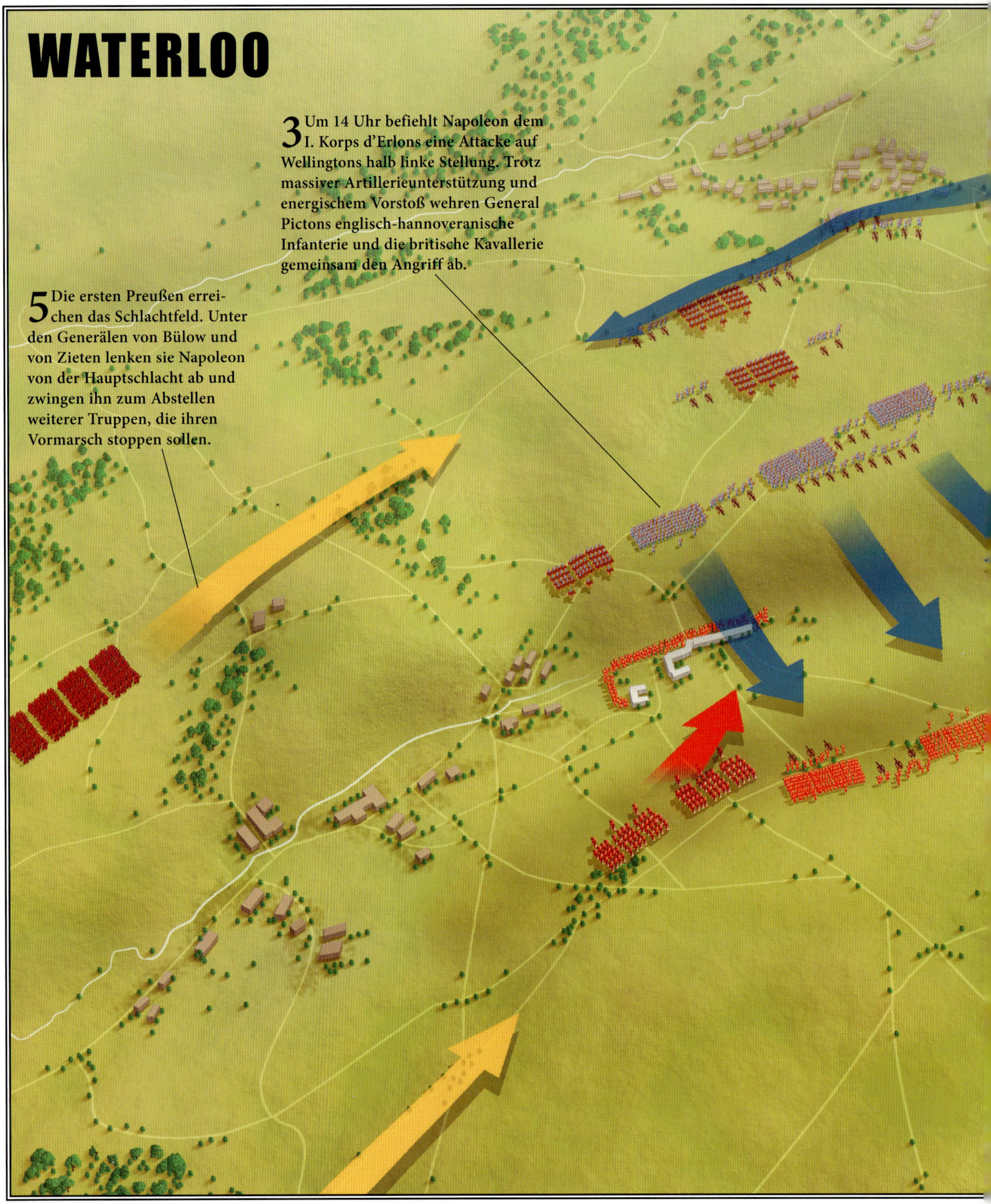

3 Um 14 Uhr befiehlt Napoleon dem I. Korps d'Erlons eine Attacke auf Wellingtons halb linke Stellung. Trotz massiver Artillerieunterstützung und energischem Vorstoß wehren General Pictons englisch-hannoveranische Infanterie und die britische Kavallerie gemeinsam den Angriff ab.

5 Die ersten Preußen erreichen das Schlachtfeld. Unter den Generälen von Bülow und von Zieten lenken sie Napoleon von der Hauptschlacht ab und zwingen ihn zum Abstellen weiterer Truppen, die ihren Vormarsch stoppen sollen.

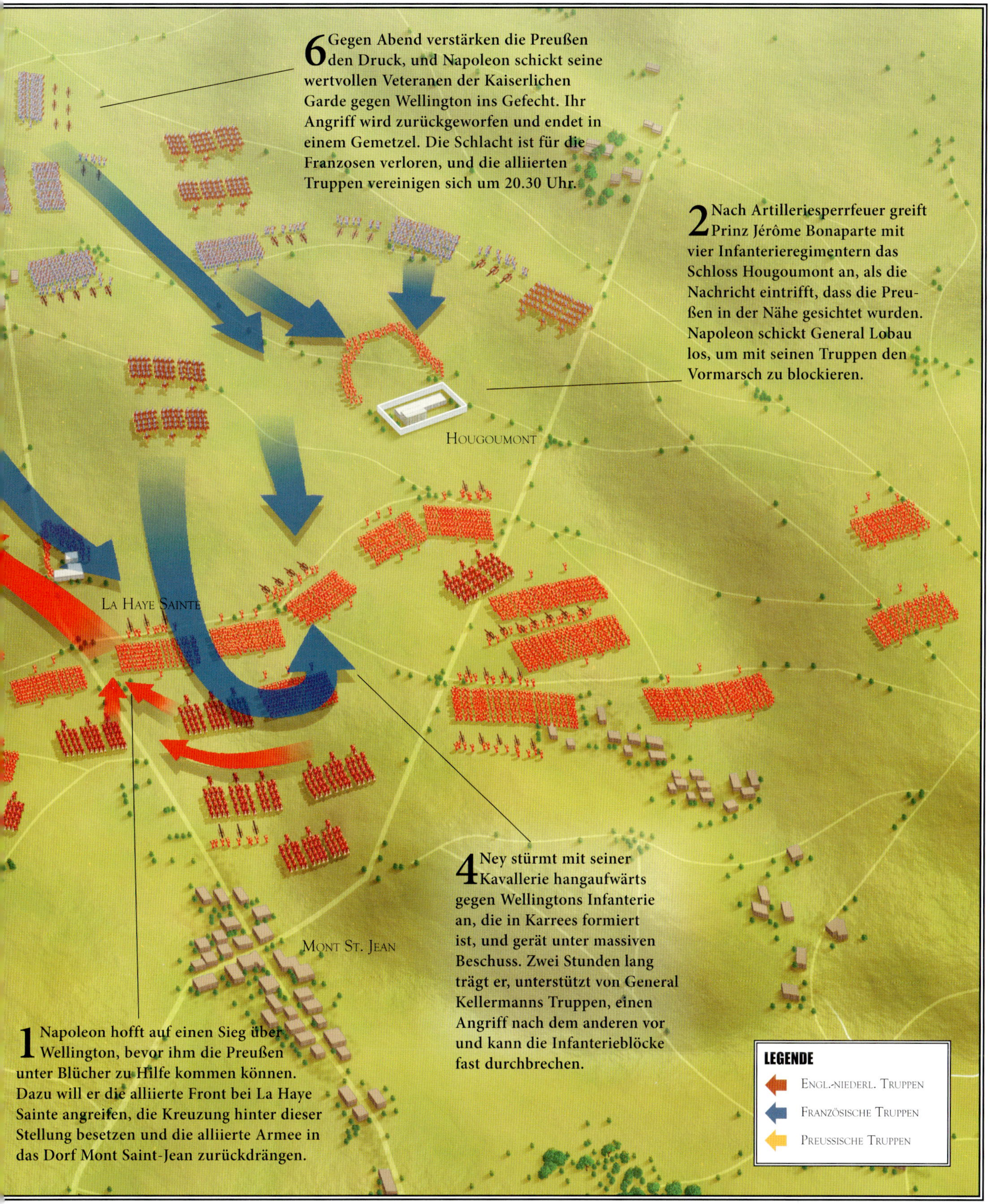
6 Gegen Abend verstärken die Preußen den Druck, und Napoleon schickt seine wertvollen Veteranen der Kaiserlichen Garde gegen Wellington ins Gefecht. Ihr Angriff wird zurückgeworfen und endet in einem Gemetzel. Die Schlacht ist für die Franzosen verloren, und die alliierten Truppen vereinigen sich um 20.30 Uhr.
2 Nach Artilleriesperrfeuer greift Prinz Jérôme Bonaparte mit vier Infanterieregimentern das Schloss Hougoumont an, als die Nachricht eintrifft, dass die Preußen in der Nähe gesichtet wurden. Napoleon schickt General Lobau los, um mit seinen Truppen den Vormarsch zu blockieren.
Hougoumont
La Haye Sainte
4 Ney stürmt mit seiner Kavallerie hangaufwärts gegen Wellingtons Infanterie an, die in Karrees formiert ist, und gerät unter massiven Beschuss. Zwei Stunden lang trägt er, unterstützt von General Kellermanns Truppen, einen Angriff nach dem anderen vor und kann die Infanterieblöcke fast durchbrechen.
Mont St. Jean
1 Napoleon hofft auf einen Sieg über Wellington, bevor ihm die Preußen unter Blücher zu Hilfe kommen können. Dazu will er die alliierte Front bei La Haye Sainte angreifen, die Kreuzung hinter dieser Stellung besetzen und die alliierte Armee in das Dorf Mont Saint-Jean zurückdrängen.
LEGENDE
Engl.-niederl. Truppen
Französische Truppen
Preussische Truppen

Angeführt von Davy Crockett, *hier mit erhobener Muskete, wehren sich die texanischen Verteidiger von Alamo gegen mexikanische Infanterie, die in den Innenhof eindringt.*

Alamo 1836

EINE HANDVOLL TEXANER HIELT 13 TAGE LANG DER GEBALLTEN KRAFT DER MEXIKANISCHEN ARMEE UNTER GENERAL ANTONIO LÓPEZ DE SANTA ANNA STAND.

Ende 1835 brachen im gärenden Unabhängigkeitskrieg der Texaner gegen Mexiko offene Feindseligkeiten aus. Amerikanische Siedler und Abenteurer waren es gewohnt, ohne Einmischung der Regierung zu leben, und bekamen die diktatorische Autorität des mexikanischen Präsidenten Antonio López de Santa Anna zu spüren, der auch die Armee des Landes kommandierte.

Nach Vertreibung mexikanischer Truppen aus Texas war Santa Anna entschlossen, die Rebellen zur Räson zu bringen. Er stellte eine gut 6000 Mann starke Armee auf und marschierte nach San Antonio de Bexar, wo Texaner die ehemals spanische Missionsstation Alamo samt ihren Nebengebäuden befestigt hatten.

Anfangs hielten rund 100 Texaner die Station mit einigen wenigen Geschützen entlang der Mauern besetzt. Ihr Befehlshaber, Oberstleutnant William Barrett Travis, bat um weitere Soldaten und stritt mit dem berühmten Abenteurer James

DATEN UND FAKTEN

Wer: Die mexikanische Armee unter General Antonio López de Santa Anna (1794–1876) gegen eine kleine Gruppe Texaner unter Führung von Oberstleutnant William Barrett Travis (1809–1836) und James Bowie (1796–1836).

Was: Die Texaner befestigten die alte spanische Missionsstation Alamo, und Santa Anna wollte ihren Aufstand niederschlagen.

Wo: Alamo bei San Antonio, Texas.

Wann: 23. Februar bis 6. März 1836.

Warum: Die Texaner hatten gegen die Herrschaft von Santa Anna rebelliert.

Ergebnis: Die Verteidiger von Alamo wurden ausgelöscht. Aber eine texanische Armee schlug die Mexikaner am 21. April 1836 bei San Jacinto vernichtend und vertrieb Santa Anna aus Texas.

Bowie um das Kommando, bis Bowie erkrankte und ans Bett gefesselt war. Doch nur wenige Reservekräfte trafen in Alamo ein, sodass dort nie mehr als 260 Verteidiger präsent waren. Zu ihnen gehörte ebenfalls der bekannte Grenzer, Indianerkämpfer und ehemalige Kongressabgeordnete Davy Crockett (1786–1836). Auch Frauen und Kinder waren vor Ort.

DIE LINIE IM SAND

Am 23. Februar 1836 wurden Santa Anna und rund 1500 mexikanische Soldaten in einiger Entfernung von Alamo gesichtet. Der mexikanische Kommandeur räumte den Texanern keine Möglichkeit zur Kapitulation ein, denn ihm schien ein Sieg wichtig für den weiteren langen Marsch. Er befahl der Artillerie den Beschuss von Alamo, und so wurde die Belagerungskanone näher an die Mauern der Mission herangerückt.

Über mehrere Tage kam es rund um San Antonio de Bexar zu mehreren Geplänkeln. Dann fielen die Temperaturen, und beide Seiten mussten Feuerholz suchen. Bei den Texanern wurden die Vorräte knapp. Am 24. Februar richtete Travis einen leidenschaftlichen Brief „an die Menschen von Texas und alle Amerikaner in der Welt“ und sprach darin von dem Opfer, das die Verteidiger von Alamo für die Freiheit bringen würden. Am 3. März trafen weitere 900 mexikanische Soldaten in Alamo ein, und Santa Anna ordnete Vorbereitungen für einen Großangriff an.

Travis erkannte, dass es am Ausgang der Schlacht gegen die Mexikaner kaum Zweifel gab. Angeblich rief er am 5. März alle Verteidiger zusammen, zog eine Linie in den Sand und forderte alle, die für Texas zu sterben bereit waren, zum Überschreiten der Linie auf. Nur einer soll sich geweigert haben.

KEINE GEFANGENEN

Die mexikanischen Geschütze bombardierten Alamo den ganzen Tag über bis 22 Uhr. In den folgenden Stunden zog Santa Anna seine Truppen für die Attacke zusammen, die kurz vor Tagesanbruch in vier Formationen erfolgte. Eine Kolonne sollte die Nordmauer angreifen, eine zweite gleichzeitig die Ostmauer, die dritte die nordwestliche Umgrenzung und die vierte das Hauptziel, die Kapelle, deren Fassade heute das bekannteste Symbol für die Schlacht ist. Rund 1400 mexikanische Soldaten, teilweise mit Leitern zum Erstürmen der Mauern und Äxten zum Einschlagen von Toren bewaffnet, beteiligten sich an dem direkten Angriff. Die etwa 400 Mann Reserve waren unmittelbar dem Befehl von Santa Anna unterstellt.

Auf der Brüstung postierte Scharfschützen und Kanonen der Texaner forderten viele Opfer unter den vorrückenden Gegnern, darunter zahlreiche Rekruten. Einige Mexikaner schafften es bis zu den Mauern und

Die Fassade der Kapelle in der Missionsstation Alamo *wurde als Denkmal erhalten. Für Patrioten ist sie der „Schrein der texanischen Freiheit“.*

kletterten die Leitern hoch, wurden dann aber erschossen oder zurückgeworfen. Die Angreifer gruppierten sich schnell neu und rückten wieder vor. Der zweite Angriff wurde innerhalb von Minuten zurückgeschlagen. Unter dem Dauerbeschuss der Texaner lösten sich die mexikanischen Formationen auf und wurden zusammengedrängt.

Als zahlreiche Texaner fielen, warf Santa Anna seine Reserve ins Gefecht. Soldaten überstiegen die Nordmauer und öffneten das Tor, sodass ihre Kameraden hineinstürmen konnten. Die Texaner wurden fast alle getötet. Rund 600 mexikanische Soldaten fielen oder wurden verwundet. Für Verteidiger, die sich ergeben wollte, gab es kein Pardon. Über Crocketts Tod gibt es unterschiedliche Angaben. Ein Augenzeuge berichtete, man habe seinen Leichnam außerhalb der Mauern im Kreis von 16 toten Mexikanern gefunden. Travis war schon früh gefallen, als er sich beim Abfeuern seiner Flinte über die Brüstung lehnte.

Die Geschichte der Belagerung von Alamo verschwamm hinter Mythen, Legenden und Mutmaßungen. Fest steht aber, dass dieser Kampf die Texaner motiviert hat. Unter Sam Houston (1793–1863) kämpften sie sechs Wochen später in San Jacinto gegen Santa Anna, besiegten die mexikanische Armee und gewannen so ihre Unabhängigkeit.

TEXANISCHER OFFIZIER

Amerikanische Offiziere trugen damals, so wird berichtet, Jagdmützen aus Robbenfell und einen grauen Arbeitsanzug, ähnlich der späteren Uniform der Konföderierten im Bürgerkrieg. Die Bewaffnung besteht aus einer Steinschlosspistole und einem langen Kavallerieschwert.

MEXIKANISCHE SOLDATEN FLIEHEN IN PANIK *vor dem Angriff der Texaner am San Jacinto. Das Gemälde von Henry A. McArdle wurde 1898 vollendet.*

San Jacinto 1836

ANGESICHTS DER ZAHL DER STREITKRÄFTE MAG DIE SCHLACHT BEI SAN JACINTO ZUNÄCHST WIE EIN GEPLÄNKEL ERSCHEINEN. NUR KNAPP 2300 MEXIKANER UND TEXANER WAREN VOR ORT, UND DAS GANZE DAUERTE BLOSS 20 MINUTEN. ABER KAUM EINE ANDERE SCHLACHT IN DER GESCHICHTE HATTE BEI SO WENIGEN BETEILIGTEN DOCH SO WEITREICHENDE KONSEQUENZEN.

In den Jahren nach der Unabhängigkeit von Spanien hielt General Antonio López de Santa Anna, der sich selbst als „Napoleon des Westens" bezeichnete, die Regierung in Mexiko unter seiner Kontrolle. In dieser Zeit ließen sich viele Siedler aus den benachbarten Vereinigten Staaten in der Provinz Coahuila y Tejas im Norden Mexikos nieder. Die Herrschaft Santa Annas wurde zunehmend autokratischer. Er setzte die Verfassung außer Kraft, erhob hohe Steuern und untersagte schließlich jede weitere Ansiedlung von Nichtmexikanern in Texas. Die Unterdrückung durch den General förderte die Herausbildung einer nationalen Identität der

DATEN UND FAKTEN

Wer: Die Armee von Texas mit 900 Mann unter dem Kommando von Sam Houston (1793–1863) gegen mexikanische Truppen mit 700 Mann unter General Antonio López de Santa Anna (1794–1876).

Was: Houston ergriff die Initiative, und seine vorpreschenden Soldaten vernichteten die mexikanische Streitmacht.

Wo: Harris County, Texas, nahe der heutigen Stadt Houston.

Wann: 21. April 1836.

Warum: Santa Anna hoffte auf einen entscheidenden Sieg über die rebellierenden Texaner.

Ergebnis: Santa Anna stimmte dem Rückzug mexikanischer Truppen aus Texas zu, das bis zur Annektion durch die USA unabhängig blieb.

Texaner, und im Herbst 1835 kam es zur offenen Rebellion. Im März des folgenden Jahres versammelten sich Delegierte in Washington-on-the-Brazos, formulierten eine Unabhängigkeitserklärung und wählten David G. Burnet (1788–1870) zum Präsidenten der Republik Texas. Der Konvent tagte noch, da rückte Santa Anna bereits mit seiner starken Armee nach Norden gegen die Aufständischen vor.

Santa Annas Anmarsch versetzte viele Texaner in Angst und Schrecken, als sich Berichte über Gräueltaten wie ein Lauffeuer verbreiteten. Grausige Höhepunkte in dieser Anfangsphase waren die Belagerung von Alamo vom 23. Februar bis 6. März 1836, die in einem Massaker endete, und die Exekution texanischer Soldaten in Goliad am 27. März. General Sam Houston hatte eine kleine texanische Armee aufgestellt, die vor der entscheidenden Schlacht von San Jacinto gerade einmal 900 Soldaten umfasste. Die kleine und relativ schlecht ausgebildete Truppe brauchte vor allem eines – Zeit. Solange Houstons Armee Bestand hatte, lebte auch der junge, unabhängige Staat Texas.

TAG DER ABRECHNUNG

Nach mehrwöchigem Marsch trafen Santa Anna und seine 700 fußkranken Soldaten schließlich am 19. April bei Lynch's Ferry nahe dem Fluss San Jacinto auf Houston. Unter dem Kommando von General Martín Perfecto de Cos kamen noch über 500 Mann als Verstärkung hinzu, sodass die Mexikaner schließlich knapp 1400 Soldaten zählten. Als Houston von Cos' Ankunft unterrichtet wurde, ordnete er die Zerstörung von Vince's Bridge an. Die Brücke, 13 km hinter seiner Position gelegen, war für beide Armeen der einzige Weg für einen Rückzug oder Vormarsch. Santa Anna wähnte Houston in der Falle und ging von einem problemlosen Sieg aus. Anstatt sofort anzugreifen, ließ er seine Stellungen mit Barrikaden aus Kisten und Gepäck befestigen.

Angesichts der neuen Situation hielt Houston am Morgen des 21. April einen Kriegsrat ab. Gegen Empfehlung seiner Offiziere entschloss er sich zum Angriff. Um 15.30 Uhr marschierte die texanische Infanterie los und näherte sich vorsichtig der feindlichen Linie, während rund 60 Reiter die linke Flanke der Mexikaner umgingen. Santa Anna hatte – warum auch immer – keine Wachen oder Vorposten aufgestellt, und viele Mexikaner hielten gerade Siesta, als die Texaner anrückten.

Wenige Meter vor der mexikanischen Linie stürmten die Texaner mit den Rufen „Denkt an Alamo!“ und „Denkt an Goliad!“ los. Santa Annas aufgeschreckte Soldaten waren völlig verwirrt. Ihnen blieb keine Zeit, sich zu formieren, und viele flohen ohne einen einzigen Schuss. Andere kämpften Mann gegen Mann und wurden von den Texanern niedergemacht. Auf der Flucht wurden sie verfolgt und beim Waten durch die umliegenden Sümpfe erschossen oder von Reitern mit Säbeln getötet. General Don Juan Almonte versuchte eine Verteidigung, erkannte aber bald die Aussichtslosigkeit seines Vorhabens und ergab sich mit 400 Mann. In den Mantel eines einfachen Soldaten gehüllt, konnte Santa Anna auf einem Pferd fliehen. Houston war mitten im Angriff von einer mexikanischen Kugel am Fuß verletzt worden.

Die aufgebrachten Texaner übten Rache für die Ermordungen in Alamo und Goliad. Nach nur 18 Minuten war alles vorbei. Die mexikanische Armee verzeichnete 630 Gefallene, 208 Verwundete und 730 Gefangene, während nur neun Texaner getötet und 30 verletzt wurden.

Am Tag nach seiner katastrophalen Niederlage am San Jacinto wurde Santa Anna gefasst und vor Sam Houston gebracht. Sein Leben blieb verschont gegen das Versprechen, mit seiner Armee aus Texas abzuziehen. Der Sieg am San Jacinto sicherte zumindest vorübergehend das Überleben der Republik Texas, die später von den USA annektiert wurde. Mit der Zeit gliederte man große, vormals zu Mexiko gehörende Gebiete ganz oder teilweise in zehn US-Bundesstaaten ein.

AM 22. APRIL 1836 STEHT SANTA ANNA *besiegt vor dem verletzten Sam Houston. Am Tag zuvor hatte eine kleine Gruppe Texaner die mexikanische Armee am San Jacinto besiegt.*

Während ihres heldenhaften Angriffs bei Balaklawa *hauen britische Reiter der Leichten Brigade mit Säbeln auf russische Husaren und Kanoniere ein.*

Balaklawa 1854

NACH AUSBRUCH DES KRIMKRIEGS BELAGERTEN DIE VEREINTEN STREITKRÄFTE GROSSBRITANNIENS, FRANKREICHS UND DES OSMANISCHEN REICHS DEN HAFEN SEWASTOPOL AN DER SPITZE DER HALBINSEL KRIM. DIE BELAGERUNG DAUERTE ZERMÜRBENDE ELF MONATE, IN DENEN DIE RUSSISCHE ARMEE ZWEI ERFOLGLOSE DURCHBRUCHVERSUCHE UNTERNAHM. DER ERSTE WAR DIE SCHLACHT VON BALAKLAWA AM 25. OKTOBER 1854.

Das Gelände bei Balaklawa sollte ein wesentlicher Faktor für den Ausgang der Schlacht sein. Britische Truppen unter Fitzroy Somerset, dem 1. Lord Raglan, lagen in zwei parallel verlaufenden, jeweils von Höhenzügen dominierten Tälern in Stellung. Zur Linken erhoben sich die Fediukin-Hügel, in der Mitte der Kamm der Kadikoi-Anhöhen und zur Rechten einzelne Erhebungen, Grate und Schluchten. Für die Kommandeure erwies sich die Führung als schwierig, da sie oft nur eingeschränkte Sicht aufs Schlachtfeld hatten.

DATEN UND FAKTEN

Wer: Eine vereinte englisch-französische Streitmacht mit 4500 Mann und 26 Kanonen unter Lord Raglan (1788–1855) und Marschall Canrobert (1809–1895) gegen eine russische Armee mit 25 000 Soldaten und 70 Kanonen unter General Pawel Liprandi (1796–1864).

Was: Beim Kampf um die strategischen Kadikoi-Anhöhen kam es zum verhängnisvollen Angriff der britischen Leichten Brigade.

Wo: Bei der Hafenstadt Balaklawa auf der Krim.

Wann: 25. Oktober 1854.

Warum: Die Russen wollten die englisch-französische Nachschubbasis bei Balaklawa erstürmen und so die Belagerung Sewastopols brechen.

Ergebnis: Die Leichte Brigade verlor 40 Prozent ihrer Soldaten.

Kampfbereit sitzt dieser britische Dragoner im Krimkrieg *auf seinem Schlachtross und nimmt sein Schwert von einem Burschen entgegen.*

Am Morgen des 25. Oktober 1854 griffen 25 000 Russen die osmanischen Stellungen im südlichen Tal und entlang der Kadikoi-Anhöhen an. Sie vertrieben über 30 000 Osmanen aus ihren Gräben und erbeuteten einige Geschütze. Kurz darauf rückte die russische Kavallerie vor, um den Durchbruch zu nutzen.

Die russischen Reiter teilten sich in zwei Kolonnen, von denen eine direkt Richtung Balaklawa zog, aber durch das 93. Highland Regiment gestoppt wurde. Innerhalb von Minuten attackierte die Schwere Brigade der britischen Kavallerie die zweite russische Reiterkolonne heftig. Die Russen mussten sich in den Schutz ihrer starken Artilleriestellungen entlang der nahen Kadikoi-Anhöhen zurückziehen.

VERWIRRUNG BEI DER KAVALLERIE

Von einem Hügel aus bemerkte Lord Raglan, dass die Russen einige der am Morgen erbeuteten türkischen Geschütze wegschaffen wollten, und gab deshalb einen umstrittenen Befehl. Der Kavalleriekommandant George Charles Bingham, 3. Earl of Lucan (1800–1888), erhielt folgende Order: „Lord Raglan wünscht ein schnelles Vorrücken der Kavallerie zur Front, um den Feind zu verfolgen und ihn am Abtransport der Kanonen zu hindern. Berittene Artillerie kann sie begleiten. Französische Kavallerie ist auf Eurer Linken. Unverzüglich." Hauptmann Lewis E. Nolan überbrachte den Befehl, und als Lucan eine Klarstellung forderte, welche Kanonen gemeint seien, kam es wohl zu einem hitzigen Disput. Man sah Nolan eine ausholende Armbewegung in Richtung der russischen Kanonen machen. Es handelte sich dabei um mehr als 50 Geschütze, an allen Seiten von russischer Infanterie umgeben, in Höhenstellungen am rund 1 km entfernten Ende des nördlichen Tals – und nicht um die türkischen Kanonen auf den Kadikoi-Anhöhen. Möglicherweise war sich Nolan selbst über die Richtung des Angriffs im Unklaren.

Befehl war Befehl. Die Leichte Brigade der Kavallerie rückte mit etwa 670 Mann in das Tal vor, angeführt von ihrem Kommandanten James Brudenell, dem 7. Earl of Cardigan (1797–1868). Hauptmann Nolan schloss sich dem Angriff an und begleitete die 17. Lancers. Nach wenigen Augenblicken ritt Nolan quer zur Front der Brigade, als wolle er auf eine falsche Richtung des Angriffs hinweisen. Das kam jedoch zu spät.

Zu allem Unglück traf Nolan ein Granatsplitter, und er fiel als einer der Ersten. Von den Höhen prasselte Artilleriefeuer herab. Reiterlose, verwundete Pferde wieherten, als sie im dichten Rauch strauchelten. Überall lagen Tote und Verwundete. Ungeachtet der schrecklichen Verluste setzte Cardigan mit seinen Männern den Spießrutenlauf fort und erreichte schließlich die Kanonen am Talende. Offensichtlich bemerkte er das Blutbad hinter sich nicht und kochte vor Wut auf Nolan, dem er unterstellte, selbst das Kommando beim Angriff übernehmen zu wollen.

Zwar wurden viele russische Kanoniere mit Säbeln niedergemacht, aber die Leichte Brigade war mit einer Übermacht konfrontiert und schließlich zum Rückzug gezwungen. Sie erlitt mit mindestens 118 Toten und 127 Verwundeten eine Verlustquote von fast 40 Prozent. Am Ende der Schlacht von Balaklawa hielten die gegnerischen Lager im Wesentlichen die gleichen Stellungen wie zuvor.

Ein Reiter der 17. Lancers *stürmt mit Lanze und flatterndem Wimpel nach vorn. Das Lanzenfähnchen, ursprünglich zum Erschrecken der gegnerischen Pferde gedacht, wurde später ein Paradeelement.*

IN DER SCHLACHT VON SHILOH *dirigiert General Ulysses S. Grant vom Waldrand aus das Feuer der Unionsartillerie auf anrückende konföderierte Einheiten.*

Shiloh 1862

IN DER SCHLACHT VON SHILOH SUCHTE EINE KONFÖDERIERTE ARMEE DEN SIEG ÜBER STREITKRÄFTE DER UNION, BEVOR DIESE UNTERSTÜTZUNG BEKAMEN. DIE NIEDERLAGE FÜHRTE ZUM VERLUST DER STADT CORINTH.

Die Eisenbahn zwischen Richmond und Memphis gehörte zu den wenigen Routen, die der Konföderation einen schnellen Transport von Truppen und Nachschub ermöglichten. Der Knotenpunkt in Corinth bot sich deshalb als Angriffsziel für die Union an. Seine Eroberung würde die Kriegsanstrengungen des Gegners im Westen schwer beeinträchtigen. Der Unionsgeneral Ulysses S. Grant erhielt Befehl zum Vorstoß nach Corinth, sobald seine Tennessee-Armee Verstärkung durch die Ohio-Armee unter Brigadegeneral Don Carlos Buell (1818–1898) bekommen hatte.

Der konföderierte General Albert Sidney Johnston, der für die Verteidigung Corinths verantwortlich war, wollte der Bedrohung durch Grants Armee entgegentreten, noch bevor sie Verstärkung erhielt. Obwohl in Unterzahl, rechnete er sich bessere Chancen für einen Angriff aus, als eine Konzentration der Unionseinheiten gegen ihn abzuwarten.

DATEN UND FAKTEN

Wer: Die konföderierte Mississippi-Armee mit 44 000 Soldaten unter General Albert Sidney Johnston (1803–1862) gegen die 62 000 Mann starke Tennessee- und Ohio-Armee der Union unter Generalmajor Ulysses S. Grant (1822–1885).

Was: Die Konföderierten griffen am 6. April an und erzielten bedeutende Erfolge.

Wo: Shiloh am Tennessee River, 40 km nördlich von Corinth, Mississippi.

Wann: 6. bis 7. April 1862.

Warum: Konföderierte Kommandeure wollten einen Vorstoß kombinierter Unionseinheiten auf Corinth verhindern.

Ergebnis: Niederlage der Konföderierten und Räumung der Stadt Corinth.

UNIONSINFANTERIST

Die Soldaten der Bundestruppen waren allgemein besser und einheitlicher ausgerüstet als ihre konföderierten Gegner. Wer eine Erlaubnis zum Aufstellen von Truppen hatte, konnte sie allerdings nach Belieben ausstatten. Uniformen und sogar Bewaffnung variierten daher stark, je nach Mode, Verfügbarkeit und Einsatzzweck. Viele Soldaten beschafften sich privat weitere Ausrüstungsgegenstände, wie Revolver, Blankwaffen oder besondere Kleidung. Meist wurden die eher nutzlosen Objekte beim ersten größeren Marsch abgelegt. Erfahrene Soldaten trugen nur das Nötigste bei sich: Gewehr, Munition und Bajonett, dazu einfaches Kochgeschirr, Decke und einige persönliche Dinge.

Johnston konnte sich den Truppen von General William T. Sherman (1820–1891), einem Untergebenen Grants, unbemerkt nähern und in der Nacht des 5. April sein Lager in Schussweite aufschlagen. Er zerstreute Bedenken seiner Untergebenen, die Unionsarmee könne gewarnt worden sein, und war fest zum Kampf entschlossen.

ANGRIFF DER KONFÖDERIERTEN

Tatsächlich war der Unionsarmee in keiner Weise bewusst, dass der Gegner schon näher stand als das rund 40 km entfernte Corinth. Diese Illusion platzte, als Feldposten der Union unter Feuer genommen und ihre vorderen Einheiten bald darauf von Brigaden der Konföderation überrollt wurden. Viele Soldaten waren völlig unvorbereitet und leisteten kaum Widerstand. Andere kämpften erbittert, waren aber schlecht organisiert und deshalb leicht zu überwältigen.

Die Überraschung war enorm. Die Unionsarmee hatte ihr Lager kaum befestigt, weil das nicht nötig schien. Eine koordinierte Führung gab es nicht. Selbst wenn Einheiten ihre Kampfformation einnehmen konnten, fehlten ihnen die Befehle. Die höheren Kommandeure hatten noch kein klares Bild der Situation.

Ohne Alternativen kämpften die Unionstruppen dort, wo sie standen, und schlossen sich mit allen befreundeten Einheiten zusammen, auf die sie beim Zurückweichen stießen. Der Vorstoß der Konföderierten verlangsamte sich, und in manchen Abschnitten bildete sich eine halbwegs organisierte Verteidigung. Besonders heftig gekämpft wurde im Bereich der Shiloh Church auf der Linken der Konföderierten, während auf der Rechten eine zusammengewürfelte Unionseinheit einen Hohlweg mit solcher Entschlossenheit verteidigte, dass dieser als „Hornissennest“ bekannt wurde.

FASTNIEDERLAGE DER UNION

Verzweifelt und desorganisiert kämpfte die Unionsarmee den ganzen Tag und konnte gerade noch eine völlige Niederlage abwenden. Mit dem Befehl, das Hornissennest um jeden Preis zu halten, hielt sie sechs blutige Stunden durch, bis Johnston schließlich ihre Linie durchbrechen konnte. Der konföderierte General zog eine Batterie mit 62 Geschützen zusammen und führte unter ihrem Feuerschutz den entscheidenden Angriff persönlich an. Obwohl er tödlich verwundet wurde, hatte die Offensive Erfolg.

Am Ende des Tages standen die Konföderierten kurz vor dem Sieg. Grants völlig chaotische Armee war in ein kleines Gebiet um Pittsburg Landing am Tennessee River zurückgedrängt worden. Ein letzter entschlossener Vorstoß hätte den Sieg bringen können, doch nach Johnstons Tod war dies seinen erschöpften und desorganisierten Truppen nicht mehr möglich. Unterstützt von Kanonenbooten auf dem Fluss, wehrte die Unionsarmee einen Angriff der Konföderierten ab und konnte sich in ihrer letzten Stellung festkrallen.

GEGENANGRIFF DER UNION

Am nächsten Morgen hatte Grant über den Fluss Verstärkung durch Buells Ohio-Armee erhalten, weitere Unionstruppen waren über Land angerückt. Grant entschied sich für die Attacke, und diesmal traf es die Konföderierten unvorbereitet, die in dem vom Gegner eroberten Lager ruhten. Anstatt nun den Todesstoß zu versetzen, sahen sich die Konföderierten selbst in die Defensive gedrängt. Die neu eingetroffenen Unionstruppen verhalfen Grant zu einem zahlenmäßigen Vorteil, außerdem waren sie ausgeruht. Nach hartem Gefecht wurden die Konföderierten zum Rückzug gezwungen.

Der verpasste Sieg bei Shiloh führte schließlich zum Verlust von Corinth. Konfrontiert mit einem weit überlegenen Gegner und ohne die Führungsqualitäten eines General Johnston, konnte die konföderierte Armee im Westen nur noch die Niederlage hinauszögern. Corinth musste geräumt werden, und der Verlust des Eisenbahnknotens trug wesentlich zur Niederlage in Vicksburg ein Jahr später bei.

TRUPPEN DER UNION UND DER KONFÖDERATION *treffen an den Ufern des Antietam im westlichen Maryland im Gefecht aufeinander. Im Hintergrund stürmen die Unionstruppen über die untere Brücke.*

Antietam 1862

IM WESTEN MARYLANDS ENDETE DER BLUTIGSTE KRIEGSTAG IN DER GESCHICHTE AMERIKAS MIT EINEM TAKTISCHEN PATT. FÜR DIE UNION BEDEUTETE DIES ABER EINEN STRATEGISCHEN SIEG, DENN DIE INVASION DER KONFÖDERIERTEN IM NORDEN WAR GESTOPPT. DIE DANACH VERÖFFENTLICHTE EMANZIPATIONSERKLÄRUNG MACHTE AUS DEM SEZESSIONSKRIEG EINEN KREUZZUG FÜR MENSCHENRECHTE.

Die Schlacht am Antietam bildete den Höhepunkt des Kampfs zwischen der konföderierten Nord-Virgina-Armee unter General Robert E. Lee und der Potomac-Armee der Union von General George B. McClellan. Lees Invasion im Norden führte Anfang September 1862 zu immer heftigeren Zusammenstößen zwischen beiden Armeen in Maryland und einer demütigenden Niederlage der Union bei Harpers Ferry am 14. und 15. September. In der Erwartung, die gesamte Stärke der Potomac-Armee auf sich zu ziehen, formierte Lee seine Truppen in Verteidigungsstellungen entlang

DATEN UND FAKTEN

Wer: Die 36 000 Mann starke Nord-Virginia-Armee der Konföderierten unter General Robert E. Lee (1807–1870) gegen 75 000 Unionssoldaten der Potomac-Armee von General George B. McClellan (1826–1885).

Was: Die drei Phasen der Schlacht endeten mit einem taktischen Patt.

Wo: Der Westen Marylands, nahe der Stadt Sharpsburg am Antietam Creek.

Wann: 17. September 1862.

Warum: Die Konföderierten marschierten in Maryland ein und verlagerten so den Krieg auf das Gebiet der Bundesstaaten.

Ergebnis: Lee wurde zur Aufgabe der Offensive gezwungen. Die Emanzipationserklärung von Präsident Abraham Lincoln veränderte den Charakter des Kriegs.

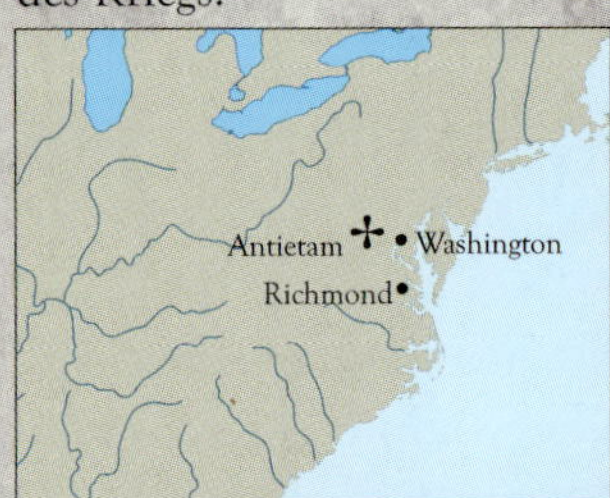

des Antietam Creek, mit dem Potomac als Abschirmung im Rücken. Am Abend des 16. September zählte seine Streitmacht 36 000 Soldaten. Am Mittag des 15. September hatte McClellan östlich des Antietam 75 000 Mann versammelt. Beide Seiten richteten in den umliegenden Hügeln Artilleriestellungen ein. Am 16. September kam es zu sporadischem Beschuss, während McClellan seinen Angriffsplan ausarbeitete. Zwei Armeekorps unter den Generälen Joseph Hooker und Joseph K. F. Mansfield wurden auf der rechten Flanke der Union postiert und erhielten Order zum ersten Angriff. Die Korps der Generäle William B. Franklin und Edwin V. Sumner standen bereit, um jede Chance sofort zu nutzen. General Fitz-John Porters Einheiten bezogen Stellungen im Zentrum der Union entlang der Boonsboro Pike, und die Verbände von General Ambrose Burnside brachten sich auf der Linken nahe der unteren Brücke in Position.

McClellans Plan war einfach. Sobald Hooker und Mansfield signifikante Vorteile errangen, würde Burnside die rechte Flanke der Konföderierten angreifen und nach Möglichkeit bis in die Stadt Sharpsburg vorstoßen. Dann sollten Porters Truppen zur Unterstützung der Flankenangriffe auch die Mitte der Konföderierten attackieren. Am 15. und 16. September hatte McClellan einige Gelegenheiten für Angriffe auf die deutlich kleinere Armee der Konföderierten verstreichen lassen. Bei Schlachtbeginn am 17. konnte Lee seine inneren Linien einsetzen. Durch die Verlegung von Verstärkungseinheiten in heftig umkämpfte Abschnitte verhinderte er mehrere Durchbruchversuche der Union. McClellan gelangen keine koordinierten Attacken, und er verschenkte seine zahlenmäßige Überlegenheit durch ungezielten Einsatz der Reserve.

DIE SCHLACHT

Der Angriff der Union begann bei Tagesanbruch mit aller Macht. Hooker und etwas später Mansfield führten ihre Einheiten in wiederholten Attacken gegen die wankende linke Flanke der Konföderierten. In manchen Abschnitten stapelten sich die Leichen der Gefallenen zwei oder drei Mann hoch. Am späten Vormittag schien die Unionsarmee unmittelbar vor einem entscheidenden Sieg zu stehen. Doch die vielen Widerstandsnester bremsten ihren Vorstoß aus. Ein weiterer Angriff mit frischen Einheiten aus seiner großen Reserve hätte McClellan den Sieg gebracht, doch wieder einmal zögerte er und befahl seinen Truppen, ihre Stellungen zu halten.

Vom Morgen bis in den Nachmittag hinein hatten sich Unionstruppen weiter südlich um eine Einnahme der unteren Brücke über den Antietam bemüht. Einige Einheiten hatten bereits Stellen entdeckt, wo man leicht durch den Fluss waten konnte, doch General Ambrose Burnside war fest zur Besetzung der Brücke entschlossen, die später seinen Namen tragen sollte. Sie wurde von nur 400 Scharfschützen der Konföderierten aus Georgia und Carolina verteidigt. Nach vier Stunden vergeblicher Bemühungen stürmten dann Bundestruppen aus New York und Pennsylvania über die Brücke und erreichten das Westufer.

Im Verlauf des Morgens hatte Lee Truppen von seiner Rechten zur Unterstützung der bedrängten Abschnitte auf der Linken und in der Mitte abgezogen. Trotz langsamen Vorankommens hatte Burnside nun Chancen, die geschwächten konföderierten Verteidiger zu überrennen, Sharpsburg einzunehmen und der gesamten Rebellenarmee den Rückzugsweg abzuschneiden. Trotzdem ließ er zwei wertvolle Stunden mit der Konsolidierung seiner Stellung am Westufer des Antietam verstreichen. Als er sich gegen 15 Uhr endlich in Bewegung setzte, kam er nur langsam voran. Der Angriff der gerade eingetroffenen Leichten Division der Konföderierten stoppte seinen Vormarsch, und er zog sich zum Fluss zurück.

Gegen 18 Uhr endete die Schlacht am Antietam, beide Seiten waren zu erschöpft für den weiteren Kampf. Die Opferzahlen von Amerikas blutigstem Tag waren erschreckend. Die Potomac-Armee beklagte 12 410 Tote, Verwundete oder Vermisste, die Nord-Virginia-Armee insgesamt 10 700 Opfer. Den gesamten 18. September behauptete Lee seine Stellung. McClellan verweigerte eine Wiederaufnahme des Kampfs und verfolgte auch nicht die Kolonnen der Konföderierten, als diese sich über den Potomac zurückzogen.

Nach der Schlacht am Antietam nahm Präsident Lincoln ihren Ausgang zum Anlass für eine Verkündung der Emanzipationserklärung, die Sklaven in den gegen die Union rebellierenden Gebieten befreite.

INFANTERIE DER UNIONSARMEE

Gut ausgerüstete Infanteristen der Union marschieren zum Donner der Kanonen voran. Obwohl zur Potomac-Armee auch Einheiten des stehenden Heers der Vereinigten Staaten gehörten, waren viele Soldaten Freiwillige oder Wehrpflichtige. Die meisten waren Farmer oder Holzfäller aus landwirtschaftlich geprägten Regionen im Norden und Mittleren Westen. Dazu kamen europäische Immigranten, vorwiegend Iren und Deutsche, aus den urbanen Ballungsgebieten der Städte im Norden.

ANTIETAM
1 Am frühen Morgen unternimmt Hookers Korps einen Angriff gegen Jackson auf der linken Flanke Lees. Nach Angriff und Gegenangriff ist das Maisfeld bei Dunker Church mit Toten und Verwundeten übersät.
OBERE BRÜCKE
2 Mansfield attackiert die konföderierte Linke, macht aber nur geringe Fortschritte, während die Division von Sedgwick, die zu Sumners Korps gehört, in Jacksons Falle tappt und dezimiert wird.
SUMNER
DUNKER CHURCH
3 D. H. Hill verteidigt den als Bloody Lane bekannt gewordenen Hohlweg gegen wiederholte Angriffe von Sumners Korps.
STUART
POTOMAC

5 Nach drei Stunden kann Burnside über die untere Brücke vorrücken. Der schleppende Vorstoß auf Sharpsburg droht, die Konföderierten von ihrem Rückzugsweg abzuschneiden.
PORTER
BURNSIDE
MITTLERE BRÜCKE
ANTIETAM CREEK
UNTERE BRÜCKE
LONGSTREET
SHARPSBURG
4 Ein missverstandener Befehl und Barlows Flankenmanöver zwingen die Konföderierten zum Rückzug von der Bloody Lane. Aber McClellan hält seine Reservetruppen davon ab, in die Bresche in Lees Mitte vorzudringen.
6 Um 16.30 Uhr trifft die Leichte Division von A. P. Hill nach einem Gewaltmarsch über 27 km aus Harpers Ferry ein. Sie kann Burnside gerade noch aufhalten und den Kampf beenden.
LEGENDE
KONFÖDERIERTE ARMEE
UNIONSARMEE

DIE UNIONSINFANTERIE HÄLT PICKETTS ANGRIFF STAND *und wirft den Gegner zurück. Der Vorstoß endete für die Konföderierten mit einem Blutbad, bei dem Picketts Divison 2655 Mann verlor.*

Gettysburg 1863

ETWA UM 15 UHR BEGANNEN AM 3. JULI 1863 RUND 13 000 SOLDATEN DER KONFÖDERIERTEN IHREN VORMARSCH ÜBER EIN 1,6 KM BREITES, OFFENES GELÄNDESTÜCK, DAS VON ARTILLERIE UND INFANTERIE DER UNION ERBITTERT VERTEIDIGT WURDE. IHR ZIEL WAR EIN WÄLDCHEN AUF DEM FLACHEN KAMM DER CEMETERY RIDGE. DIE DREI TAGE ANDAUERNDE SCHLACHT VON GETTYSBURG GILT ALS DIE BLUTIGSTE KAMPFHANDLUNG DER WESTLICHEN HEMISPHÄRE.

Im Sommer 1863 brachen General Robert E. Lee und die Nord-Virginia-Armee nach Norden auf zur zweiten Invasion der Konföderierten innerhalb eines knappen Jahres. Seine 75 000 Mann starken Truppen stießen nach Pennsylvania vor und trugen nun den Krieg vom belagerten Virginia in die Städte Baltimore, Philadelphia und sogar Washington. Wie zuvor teilte Lee dafür seine Armee. Starke Einheiten der Konföderierten griffen bereits weit vor der Haupttruppe an. Innerhalb von drei Wochen hatten die wagemutigen Rebellen

DATEN UND FAKTEN

Wer: Die Nord-Virginia-Armee der Konföderation mit 75 000 Mann unter General Robert E. Lee (1807–1870) gegen die Potomac-Armee der Union mit 97 000 Mann unter General George G. Meade (1815–1877).

Was: Die zweite Invasion des Nordens durch Konföderierte wurde abgewehrt, mit dem katastrophalen Angriff Picketts als entscheidender Aktion.

Wo: Die Gegend um Gettysburg im Süden von Pennsylvania.

Wann: 1. bis 3. Juli 1863.

Warum: Nach einem Sieg bei Chancellorsville hofften die Konföderierten auf einen großen Erfolg auf Unionsboden, um die Städte des Nordens bedrohen zu können.

Ergebnis: Auf dem Höhepunkt ihrer Stärke wurde die Konföderiertenarmee besiegt, ab da lag die strategische Initiative bei der Union.

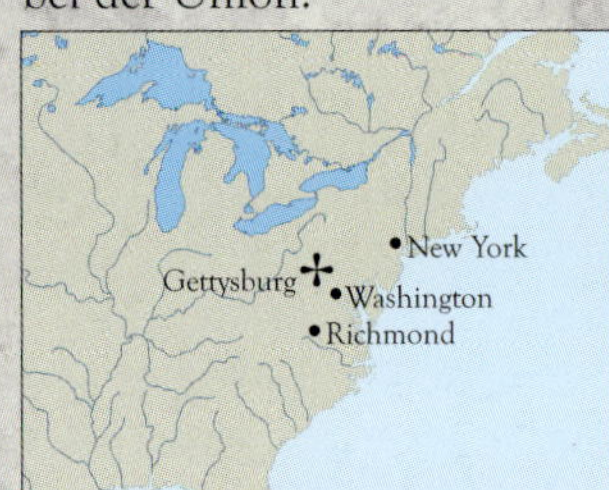

York und Carlisle eingenommen und waren in der Nähe von Pennsylvanias Hauptstadt Harrisburg angekommen. Die Nachbarstadt Gettysburg hatte keine strategische Bedeutung, allerdings sollten dort Stiefel lagern, die für die Konföderierten von großem Wert waren. Man schickte also eine Abteilung zur Aufspürung des Lagers nach Gettysburg. Doch die Konföderierten stießen auf Unionskavallerie, und das sich entwickelnde Geplänkel eskalierte schnell, als beide Seiten frische Truppen in den Kampf warfen. Weder Lee noch Generalmajor George G. Meade, der neue Kommandeur der Potomac-Armee, waren schon auf dem Schlachtfeld anwesend.

BLUTIG, ABER OHNE ERFOLG

Den ganzen 1. Juli tobten Kämpfe auf den Hügeln und Feldern im Norden und Osten von Gettysburg. Am Nachmittag waren die hart attackierten Unionstruppen durch die Straßen der Stadt zurückgedrängt worden und hatten im höheren Gelände am Culp's Hill und Cemetery Hill Verteidigungspositionen bezogen. Nach Eintreffen weiterer Unionseinheiten erweiterte man die Verteidigungslinie nach Süden über den Cemetery Ridge bis in die Nähe des Little Round Top.

Am nächsten Tag nahm die Schlacht von Gettysburg an Umfang und Heftigkeit zu. Die Kämpfe begannen an der linken Flanke der Union beim Peach Orchard, dem Wheatfield und einem zerklüfteten Geröllhügel namens Devil's Den. Die Potomac-Armee verhinderte ein Desaster, indem sie wenige Augenblicke vor dem Angriff der Konföderierten noch Verstärkungseinheiten auf den Little Round Top schickte. Meade hielt in der Nacht Kriegsrat, und man einigte sich, einen erneuten Angriff Lees abzuwarten.

Am 3. Juli blieb Lee entschlossen. Meade hatte die Höhen geschickt verteidigt und die Vorteile der inneren Linien genutzt, doch Lee schloss daraus auf eine geschwächte Mitte der Unionstruppen. Um die vermeintliche Chance zu nutzen, beschloss Lee den Angriff seiner einzigen Reserve – Picketts Division –, unterstützt von zwei weiteren dezimierten Divisionen, auf das Zentrum der Union am Cemetery Ridge. Die Attacke sollte zeitgleich mit einem Scheinangriff durch den Konföderiertengeneral Richard Ewell am Culp's Hill nach vorbereitendem Beschuss durch die fast 150 Geschütze der Rebellen erfolgen. Etwa um 13 Uhr erschütterte der Donner der konföderierten Geschütze das Schlachtfeld. Mit entrollten Fahnen marschierte die Infanterie der Konföderation aus dem Wald an der Seminary Ridge und rückte auf ein rund 1,6 km entferntes Wäldchen vor. Rasch gerieten sie unter das Feuer der Unionsbatterien auf Culp's Hill, Little Round Top und entlang dem Cemetery Ridge. Die Granaten rissen große Lücken in die Ränge. An der linken Flanke wurde eine vorrückende Brigade unter Feuer genommen und vernichtet. Die Kugeln der Musketen machte das Gemetzel noch schlimmer. Obwohl die Unionslinie an einer Stelle durchbrochen wurde, gab es keine konföderierten Verstärkungseinheiten, um diese Chance zu nutzen. Innerhalb von 20 Minuten gingen bei diesem verhängnisvollen Angriff fast 6500 Mann verloren, bis der Donner der konföderierten Geschütze allmählich verstummte. Die Union beklagte rund 1500 Tote und Verwundete. Angesichts des Blutbads empfing der verzweifelte Lee seine zurückkehrenden Soldaten mit den Worten: „Es ist allein mein Fehler." Pickett und seine tapferen Männer hatten den Kampf zwar verloren, sich aber ewigen Ruhm erworben.

Am nächsten Tag begann Lees Armee ihren Rückzug über den Potomac nach Virginia. Von Gettysburg bis zur Kapitulation bei Appomattox waren die Konföderierten nun zu einem Verteidigungskrieg gezwungen. Zusammen mit einer Niederlage im Westen bei Vicksburg besiegelte die Entscheidungsschlacht von Gettysburg das Schicksal der Konföderation.

DIESE ZUAVENEINHEIT DER UNION *präsentiert sich mit Musketen und aufgepflanzten Bajonetten. Ihre Uniform beruhte auf französischen Vorbildern und war wegen der lockeren, bequemen Hose beliebt.*

GETTYSBURG
6 Ohne Verstärkung können die geringen Erfolge nicht genutzt werden, die überlebenden Konföderierten sind zum Rückzug gezwungen. Der verzweifelte Lee reitet ihnen entgegen.
5 Ein Lattenzaun entlang der Emmitsburg Road bremst den Vormarsch der Konföderierten, die vernichtenden Artillerie- und Gewehrfeuer ausgeliefert sind. Nur wenige brechen durch die Linie der Union.
4 Um 13 Uhr beginnt der massive Beschuss der Unionsstellungen im Zentrum. Zwei Stunden später eröffnet Pickett seinen Angriff. Rund 13 000 Konföderierte marschieren etwa 1,6 km über freies Gelände auf ein Wäldchen zu.
Seminary Ridge
Cemetery Hill
Cemetery Ridge
Peach Orchard
Little Round Top
2 Am nächsten Tag toben Kämpfe am Wheatfield und Peach Orchard, während konföderierte Einheiten Devil's Den besetzen und Truppen der Union die Höhe Little Round Top halten.

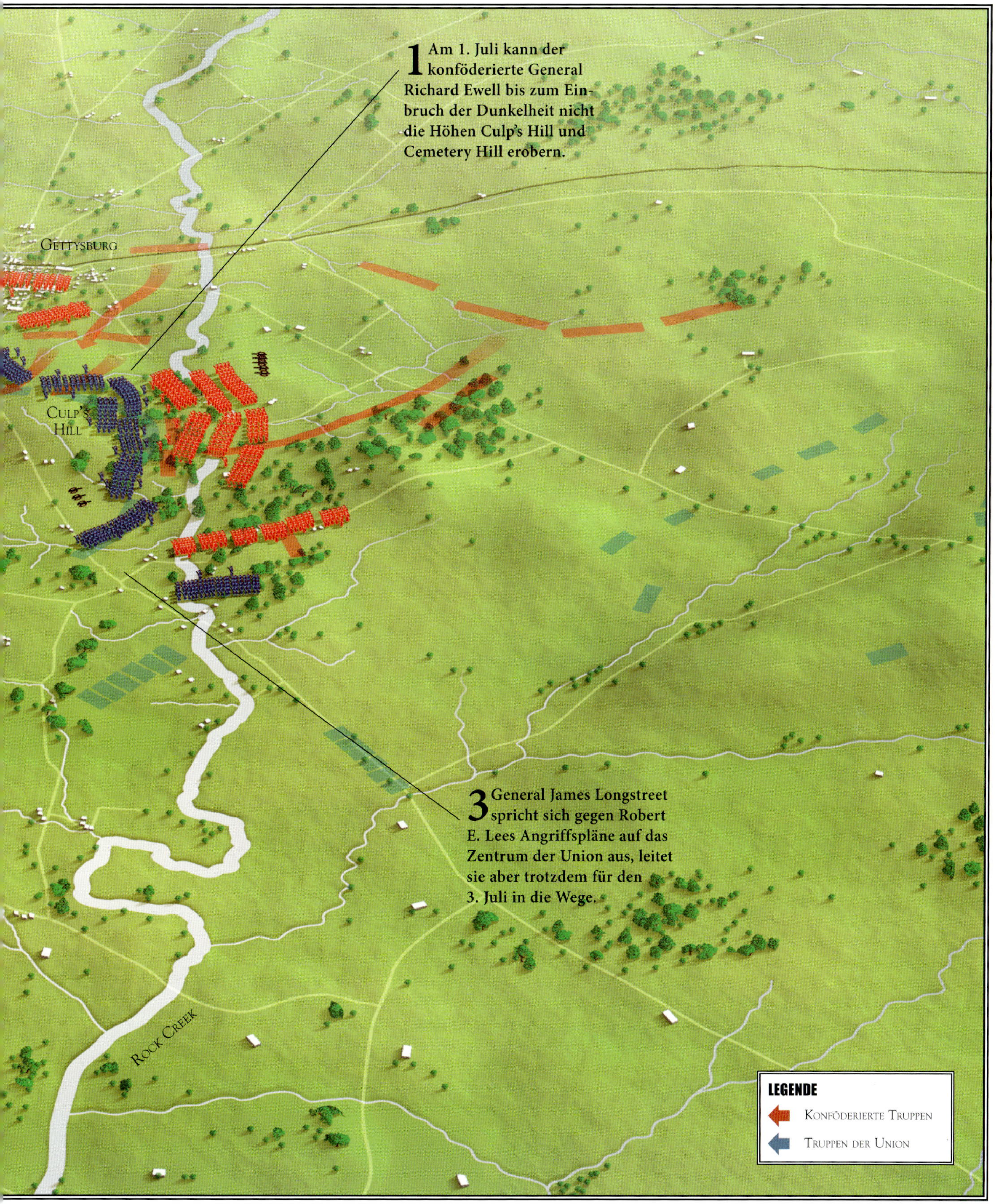
1 Am 1. Juli kann der konföderierte General Richard Ewell bis zum Einbruch der Dunkelheit nicht die Höhen Culp's Hill und Cemetery Hill erobern.
Gettysburg
Culp's Hill
3 General James Longstreet spricht sich gegen Robert E. Lees Angriffspläne auf das Zentrum der Union aus, leitet sie aber trotzdem für den 3. Juli in die Wege.
Rock Creek
LEGENDE
Konföderierte Truppen
Truppen der Union

Preussische Infanterie rückt *am 1. September 1870 bei Sedan gegen französische Zuaven aus Nordafrika vor. Die Schlacht endete in einer Katastrophe für Frankreich.*

Sedan 1870

WENIGE WOCHEN NACH DER KRIEGSERKLÄRUNG AN PREUSSEN UND DIE MIT IHM VERBÜNDETEN DEUTSCHEN STAATEN WAREN KAISER NAPOLEON III. UND FRANKREICH IN ERNSTEN SCHWIERIGKEITEN. EINE SERIE PREUSSISCHER SIEGE HATTE NAPOLEONS EINMARSCHPLÄNE IN DEUTSCHLAND VEREITELT, UM MIT GEWALT POLITISCHE UND TERRITORIALE ZUGESTÄNDNISSE ZU ERZWINGEN.

Die Schlacht von Sedan folgte auf mehrere Wochen mit Zusammenstößen. Seit dem 20. August 1870 wurden rund 170 000 französische Soldaten in der Festung Metz von den Preußen belagert. Im Gegenzug schickte Napoleon III. (1808–1873) die 120 000 Mann starke französische Châlons-Armee unter General Patrice de Mac-Mahon zu einer Entlastungsaktion los. Der preußische General Helmuth von Moltke wollte ihn mit seinen Truppen abfangen.

Die Châlons-Armee marschierte nach Nordosten auf die belgische Grenze zu, um dann nach Süden auf die Preußen bei Metz zu schwenken. Das umständliche Manöver erschöpfte Mac-Mahons Männer und ließ beide französischen Flanken

DATEN UND FAKTEN

Wer: Die französische Châlons-Armee mit 120 000 Mann unter General Patrice de Mac-Mahon (1808–1893) gegen 250 000 Soldaten Preußens und seiner verbündeten deutschen Staaten unter General Helmuth von Moltke (1800–1891).

Was: Die französische Armee, die zur Aufhebung der Belagerung von Metz losmarschiert war, wurde eingekesselt und vernichtet.

Wo: Die Festungsstadt Sedan im Tal der Maas.

Wann: 1. September 1870.

Warum: Nach der Niederlage bei Beaumont zogen sich die Franzosen zurück, Moltke konnte sie einkesseln.

Ergebnis: Der deutsche Sieg im Deutsch-Französischen Krieg war nun vorgezeichnet. Nach dem Sturz des Zweiten Kaiserreichs wurde die Dritte Republik errichtet.

offen für Dauerangriffe. Moltke sah die Gelegenheit für eine riesige Zangenbewegung gekommen. Während die Erste und Zweite Armee der Preußen die französischen Truppen bei Metz in Schach hielten, marschierten die Dritte und die Maas-Armee Mac-Mahon entgegen, um ihn abzuwehren.

Am 30. August überraschte das XII. Korps der Maas-Armee das französische V. Korps bei Beaumont, was den Franzosen eine weitere Niederlage einbrachte. Die Châlons-Armee verlor in der Schlacht von Beaumont über 7000 Mann durch Tod oder Verwundung, dazu 42 Geschütze. Geschlagen und erschöpft zogen sich die Franzosen in die Nähe der Festungsstadt Sedan im Maastal zurück. Mac-Mahon wollte bei einem kurzen Halt Munition auffüllen und seinen Leuten etwas Erholung ermöglichen. Aber Moltke gönnte ihm keine Ruhe und schloss seinen Ring um die französische Armee.

FRANZÖSISCHE NIEDERLAGE

Am 1. September 1870, kurz nach 4 Uhr, begann die Entscheidungsschlacht des Deutsch-Französischen Kriegs mit dem Angriff bayerischer Truppen auf Franzosen im Dorf Bazeilles. Als Mac-Mahon zur Erkundung der Lage nach vorn ritt, wurde er durch einen Granatsplitter verwundet. Das Kommando ging an General Auguste-Alexandre Ducrot über. Zwei Stunden später kam es zu Kämpfen bei La Moncelle an der rechten Flanke der Deutschen, wo 72 moderne Hinterladergeschütze den exponierten französischen Stellungen schwer zusetzten.

Ducrot erkannte den Ernst der Lage. Er befahl einen Ausbruch aus der deutschen Einkesselung und den Rückzug nach Norden. Da traf General Emanuel Félix de Wimpffen ein und beanspruchte den Oberbefehl über die französischen Truppen. Ducrots Rückzugsbefehl war völlig logisch, doch der unkluge Wimpffen hob ihn sofort auf und ordnete sinnlose Gegenangriffe auf Bazeilles und La Moncelle an. Mit mehr Mut als Verstand knurrte Wimpffen: „Wir brauchen einen Sieg, keinen Rückzug!“ Den Franzosen sollte beides verwehrt bleiben.

Nach 14 Uhr ergriff Ducrot die Initiative, ließ General Jean-Auguste Margueritte zu sich kommen und befahl dem Kavalleriekommandanten, mit seinen Chasseurs d'Afrique einen verzweifelten Angriff auf die Preußen bei Floing vorzubereiten. Eine erfolgreiche Attacke hätte eine Bresche für den Abzug der verbliebenen französischen Infanterie nach Westen schlagen können. Margueritte ritt zur Begutachtung des Geländes voran und wurde durch eine Kugel tödlich verwundet. Die tapfere Kavallerie preschte nach vorn, wurde aber vom massiven Gewehrfeuer der Preußen dezimiert. König Wilhelm I. (1797–1888) beobachtete das Geschehen aus der Ferne und bewunderte den Mut der Franzosen. „Ach, diese tapferen Kerle“, äußerte er wehmütig.

Napoleon III. ritt fast den ganzen Tag durch schweres Feuer und ignorierte die Gefahr. Da seine gesamte Armee kurz vor dem Zusammenbruch stand, gab der französische Kaiser der verzweifelten Bitte einiger seiner Generäle nach und erlaubte

General Helmuth von Moltke, *der Generalstabschef Wilhelms I., war der wichtigste Architekt des preußischen Siegs im Deutsch-Französischen Krieg.*

eine Anfrage nach Kapitulationsbedingungen. Die Preußen zogen ihre Umklammerung enger und griffen weiter von Osten und Nordwesten an, während die Bayern aus Südwesten vorstießen. Die Reste der Châlons-Armee wurden zum Wäldchen Garenne und nach Sedan getrieben. Der tollkühne, aber inkompetente Wimpffen wollte die Niederlage nicht akzeptieren und führte einen vergeblichen Gegenangriff auf die überraschten Bayern bei Balan. Die Franzosen konnten das Dorf vorübergehend besetzen, aber nicht halten, und so versandete die Attacke. Beim Rückzug von Wimpffen wehte die weiße Flagge als Zeichen der Kapitulation über der Festung Sedan.

Napoleon III. geriet in Kriegsgefangenschaft. Bei einem Treffen nach der Schlacht sprach ihm Bismarck dann Trost zu. Die deutschen Opfer waren in Sedan mit 2320 Gefallenen und 5980 Verwundeten relativ gering.

Auf französischer Seite wurden bei den Kämpfen 3000 Mann getötet und 14 000 verwundet; 21 000 Soldaten gingen in Gefangenschaft. Als die Nachricht von der katastrophalen Niederlage in Paris eintraf, war das Schicksal des Zweiten Kaiserreichs besiegelt. Beim Frieden von Frankfurt am 10. Mai 1871, mit dem der Deutsch-Französische Krieg endete, verzichtete Frankreich auf Elsass und Lothringen, musste Reparationen zahlen und eine dreijährige deutsche Besatzung akzeptieren.

Diese romantisierende Darstellung *von „Custer's Last Stand" zeigt den umstrittenen Kommandeur, der sich mit trotzig erhobenem Revolver inmitten seiner eingekesselten Einheit wehrt.*

Little Big Horn 1876

NUR WENIGE GESTALTEN DER AMERIKANISCHEN MILITÄRGESCHICHTE WURDEN SO ROMANTISIERT WIE OBERSTLEUTNANT GEORGE ARMSTRONG CUSTER. IM SEZESSIONSKRIEG ERWARB ER SICH EINEN RUF ALS KÜHNER, DRAUFGÄNGERISCHER KOMMANDEUR. ER GALT ALS IMPULSIV UND PRAHLERISCH, STAND OFFENSICHTLICH GERNE IM RAMPENLICHT UND LIESS SICH KEINE CHANCE ENTGEHEN, BLEIBENDEN RUHM ZU ERLANGEN.

Am Morgen des 25. Juni 1876 wurde Oberstleutnant George A. Custer, dem Kommandeur der 7. US-Kavallerie, die Sichtung eines großen Indianerlagers in rund 24 km Entfernung am Little Big Horn River, Montana, gemeldet. Seit Februar hatten US-Einheiten eine gemeinsame Armee aus Sioux, Cheyenne und Arapaho verfolgt, sich auch größere Gefechte mit ihr geliefert, aber keinen entscheidenden Sieg erringen können. Custer war nun zum Erzwingen einer Entscheidung entschlossen und wollte den mächtigen Lakota-Häuptling Crazy Horse in der Schlacht besiegen. Der

DATEN UND FAKTEN

Wer: Das 7. US-Kavallerieregiment unter Oberstleutnant George Armstrong Custer (1839–1876) gegen Cheyenne-, Sioux- und Arapaho-Krieger unter Sitting Bull (1834–1890) und Crazy Horse (1849–1877).

Was: Die Schlacht war die umfangreichste Aktion im Großen Sioux-Krieg 1876–1877 und ein wichtiger Sieg der Cheyenne-Stämme.

Wo: Das Flusstal des Little Big Horn im Montana-Territorium.

Wann: 25. bis 26. Juni 1876.

Warum: Die Schlacht ergab sich aus Bemühungen der US-Regierung und -Armee, rebellische Indianer in ein Reservat abzudrängen.

Ergebnis: Custer und Teile seines Kommandos wurden bei dem als „Custer's Last Stand" bekannten Gefecht getötet.

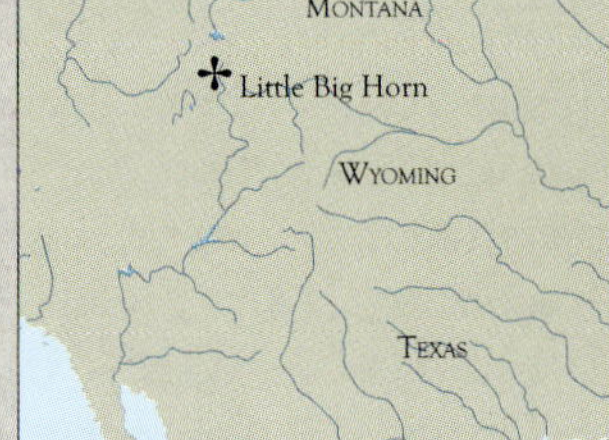

Angriff war zunächst für den 26. Juni geplant, doch eine weitere Entdeckung von rund 40 Indianern in der Nähe ließ befürchten, dass das Überraschungsmoment bald dahin sei. Custer beschloss, sofort zu handeln.

Kurz nach Mittag teilte er seine Truppen in vier Abteilungen auf. Die erste, von ihm selbst geführt, zählte über 200 Soldaten. Die zweite umfasste 115 Soldaten unter dem Kommando von Hauptmann Frederick Benteen, während die dritte mit 142 Soldaten und rund 35 Spähern von Major Marcus Reno geführt wurde. Die vierte Abteilung bestand aus dem von 135 Soldaten eskortierten Regimentstross.

Custer und Reno wollten über die Höhe zwischen den Flüssen Rosebud und Little Big Horn weiterreiten. Sobald das Indianerlager in Sicht kam, sollte Reno angreifen. Benteen würde auf der Linken gegen das obere Tal des Little Big Horn vorrücken, nach dem Indianerlager suchen und den wahrscheinlichen Fluchtweg abschneiden. Kurz nach 14 Uhr entdeckte ein Späher mehrere Indianer auf dem Weg zum Little Big Horn. Auf diese Nachricht hin ließ Custer durch einen Adjutanten seinen einzigen Tagesbefehl an Reno überbringen: „Custer will, dass Sie so schnell vorrücken, wie Sie es für vernünftig halten, und dann angreifen. Sie werden von der gesamten Einheit unterstützt."

VERHÄNGNISVOLLE FEHLER

Custer wurde nicht nur wegen seiner Risikofreude am Little Big Horn kritisiert, sondern auch wegen seiner impulsiven Führungsentscheidungen. Er lehnte zusätzliche Kavallerieunterstützung und den Einsatz von Gatling-Geschützen ab und splittete seine mehr als 600 Mann starke Kavallerieeinheit in schwächere Abteilungen auf, obwohl er die Stärke des Feindes nicht kannte. Tatsächlich stand er einer drei- bis viermal größeren Indianerstreitmacht gegenüber.

Gegen 15 Uhr überquerte Reno einen Bach, der heute seinen Namen trägt, und griff das Südende des Indianerlagers an. Schnell war klar, dass er es mit einer großen Gruppe indianischer Krieger zu tun hatte. Die abgesessenen Reiter verloren bald an Boden. Obwohl man ihm später Zögerlichkeit im Gefecht vorwarf, scheint Reno seine Reiter bestmöglich zusammengehalten zu haben. Nach Renos Zurückweichen ließ Custer seine beiden Abteilungen das andere Ende des Lagers angreifen. Während Cheyenne- und Sioux-Krieger diese zweite Bedrohung abwehrten, führte Crazy Horse eine große Gruppe flussabwärts und schwenkte in einer klassischen Umfassung auf Custer zurück. Die schwer unter Druck stehende Kavallerie wurde nach Norden zum Hang eines Höhenzugs zurückgedrängt.

Inzwischen war Benteen 16 km im Tal vorgestoßen, hatte aber nichts entdeckt. Nach einer hingekritzelten Botschaft Custers eilte er in Richtung des Gefechtslärms und konnte sich mit Reno zusammenschließen. Nach einem weiteren Kampftag gelang den Überlebenden dieser Einheiten ein sicherer Rückzug. Custer dagegen war gescheitert. Seine Truppe wurde rund 5 km von Renos Position in eine Falle gelockt und bis zum letzten Mann getötet. Neuere archäologische Forschungen zeigen, dass das als „Custer's Last Stand" bekannt gewordene Gemetzel wohl eher ein Kampf kleinerer Gruppen war. Die gängige Darstellung auf Bildern mit einem Custer, der inmitten seiner Männer in einem immer enger gezogenen Ring der Indianerkrieger stirbt, kann als idealisierend gelten. Der erbitterte Kampf auf Leben und Tod hat gewiss nicht länger als eine halbe Stunde gedauert. Mehr als 260 Soldaten und Zivilisten wurden getötet und 55 verwundet. Die Verluste aufseiten der Indianer werden auf 130 Gefallene und 160 Verwundete geschätzt. Custers impulsive Persönlichkeit hatte zu dieser Katastrophe geführt.

SIOUX-KRIEGER

Dieser Sioux-Krieger auf seinem robusten, mit einer Büffelfelldecke geschützten Pferd ist typisch für die Prärieindianer, die zum Schutz ihrer Stammesgebiete gegen die nach Westen drängenden weißen Siedler kämpften. Sioux- und Cheyenne-Krieger waren erfahrene Reiter und Bogenschützen und überwältigten die 7. US-Kavallerie am Little Big Horn. Dieser Krieger hat einen Bogen und einen kleinen Schild.

KAPITEL 3

Die moderne Ära

Im 19. und Anfang des 20. Jahrhunderts war die Kriegsführung noch stark von Traditionalismus geprägt. Im 20. Jahrhundert rückten bei den Schlachten zunehmend Feuerkraft und schnelle Manöver in den Vordergrund.

Die Kriegsführung erlebte von der napoleonischen Ära bis in unsere Tage einen tiefen Wandel. Am Anfang dieser Periode traten die Armeen mit Musketen und Glattrohrgeschützen gegeneinander an, kämpften in Formationen wie Linie und Kolonne. Mit dem Amerikanischen Bürgerkrieg erwiesen sich derartige Formationen durch die Verbesserung der Feuerkraft geradezu als selbstmörderisch. Gezogene Läufe und Hinterladerverschlüsse brachten wesentliche Fortschritte bei Schusswaffen und Geschützen. Im 20. Jahrhundert setzten sich deshalb die Grundsätze des Bewegungskriegs durch, verbunden mit Deckung und Tarnung. Durch neue Waffen, wie Kampfflugzeuge, gepanzerte Fahrzeuge, gelenkte Raketen und Maschinengewehre, sowie verbesserte Kommunikationsmöglichkeiten auf dem Schlachtfeld wurde der Einsatz von Technik immer entscheidender für Sieg oder Niederlage.

LINKS: US-SOLDATEN *bereiten sich 1967 in der Gegend von Hue auf den Angriff auf nordvietnamesische Einheiten vor. Sie sind mit M14-Gewehren und einem M60-Maschinengewehr bewaffnet.*

Adua 1898

DER BESITZ MODERNER SCHUSSWAFFEN ERMÖGLICHTE DEN EUROPÄISCHEN KOLONIALMÄCHTEN DIE EROBERUNG GROSSER, WENIGER ENTWICKELTER REGIONEN. DIESER VORTEIL KONNTE NICHT EWIG WÄHREN. DIE ITALIENER MUSSTEN IN ADUA ERKENNEN, DASS MOTIVIERTE LOKALE TRUPPEN EINE KOLONIALARMEE SCHLAGEN KONNTEN, WENN SIE GLEICHWERTIGE WAFFEN HATTEN.

In Italiens neuem Protektorat Äthiopien kam es 1895 zum Krieg, als der äthiopische Kaiser Menelik II. versuchte, die europäischen Herren loszuwerden. Die italienische Regierung startete eine zunächst erfolgreiche militärische Strafexpedition unter dem Kommando von General Oreste Baratieri. Ende Februar 1896 standen sich die beiden Armeen in Adua, rund 130 km südlich von Asmara in Eritrea gegenüber. Baratieri, dem 20000 Mann unterstanden, hatte Adua bereits einmal eingenommen, wollte aber abwarten, bis die 80000 Mann starke äthiopische Armee durch knappe Nahrungsmittel und Fahnenflucht an Stärke verlieren würde. Da intervenierte der italienische Premierminister Francesco

DATEN UND FAKTEN

Wer: Eine reguläre italienische Armee unter General Baratieri (1841–1901) mit 17700 Infanteristen und 56 Geschützen gegen rund 100000 abessinische, ihrem Kaiser Menelik (1844–1913) treu ergebene Freischärler, ausgerüstet mit modernen Gewehren und 28 Geschützen.

Was: Die aufgesplitterten italienischen Kräfte wurden von den entschlossenen Abessiniern besiegt.

Wo: Nahe der Grenze zwischen Abessinien (heute Äthiopien) und Eritrea.

Wann: 1. März 1896.

Warum: Italien wollte sein Kolonialreich durch Expansion in Ostafrika erweitern.

Ergebnis: Die vernichtende Niederlage zwang die italienische Regierung, Abessiniens Unabhängigkeit anzuerkennen.

IN DEN KOLONIALKRIEGEN DES 19. JAHRHUNDERTS *standen die europäischen Soldaten häufig lokalen Freischärlern gegenüber. In Adua jedoch waren diese genauso gut bewaffnet wie die Europäer.*

Crispi und befahl Baratieri, zu Ehren seines Landes den Kampf aufzunehmen. Baratieri hoffte, zunächst die Höhen rund um Adua besetzen und dann die Stadt ein zweites Mal erobern zu können. Zu diesem Zweck teilte er seine zahlenmäßig unterlegene Streitmacht in vier Brigaden ein, die jeweils auf getrennten Routen vorrückten. Doch unter den Italienern kam es zur Verwirrung, Brigaden fielen auseinander, vermischten oder verirrten sich.

KONFUSION

In diesem Stadium der totalen Konfusion fingen die Äthiopier die italienische Expedition am 1. März ab. In den meisten „kolonialen" Schlachten zuvor besaßen die Europäer immer eine deutlich überlegene Feuerkraft. In Adua standen jedem Italiener fünf abessinische Gewehrschützen gegenüber. Zudem hatte Menelik seine Artillerie auf den Höhen positioniert, von wo sie die Italiener bei deren Versuch, sich zu reorganisieren, unter Beschuss nahm. Die Abessinier besaßen zwar moderne Schusswaffen, waren aber keine ausgebildete europäische Armee, sondern eine von charismatischen Führern befehligte Schar bewaffneter Männer. Dies führte zu einer Serie unkoordinierter Angriffe auf die Italiener. Aber selbst dieser Umstand ließ den Italienern nie eine Chance, die Schlacht zu gewinnen, denn die Abessinier waren mutig, hartnäckig und zahlreich. Ihnen fehlten Erfahrung und Disziplin, dafür feuerten sie um so intensiver. Die Italiener fanden nicht zu einer koordinierten Aktion. Nachdem die Leitbrigade eingekesselt und vernichtet worden war, wurden die übrigen Truppenteile besiegt. Als sich die Italiener schließlich zurückziehen konnten, mussten sie 5000 Gefallene zurücklassen. Viele weitere Italiener wurden verwundet oder gefangen genommen. Was als italienischer Triumph gedacht war, endete in einer beschämenden Niederlage.

Spion Kop 1900

AUF DEM SPION KOP ERMÖGLICHTE DIE SCHLECHTE MILITÄRISCHE FÜHRUNG DER BRITEN DEN ZAHLENMÄSSIG DEUTLICH UNTERLEGENEN BUREN EINEN ABWEHRSIEG.

Drei Monate nach Ausbruch des Zweiten Burenkriegs sollte ein Entsatzheer unbedingt zu den 10 000 in Ladysmith belagerten britischen Soldaten und ihren in Mafeking und Kimberley eingeschlossenen Kameraden vorstoßen. Deren Kapitulation wäre ein entsetzlicher politischer Tiefschlag gewesen, sodass den Briten unter Sir Redvers Buller keine Wahl blieb. Sie waren gezwungen, gegen die Buren vorzurücken, die sich am Fluss Tugela verschanzt hatten.

Nachdem ein Vorstoß über die Eisenbahn nach Ladysmith am 15. Dezember 1899 bei Colenso vereitelt wurde, unternahm Buller am 19. Januar 1900 bei den Rangeworthy Hills einen neuen Versuch. Der Spion Kop galt als Schlüssel zu dieser Position, weshalb eine Kolonne ihn einnehmen sollte. Die kleine burische Einheit auf dem Berg wurde verjagt, und die Briten begannen, sich dort zu verschanzen. Doch es gab noch höher gelegene Stellungen am Spion Kop, von wo die Briten durch Artillerie und Scharfschützen attackiert wurden.

Die Männer eines Burenvorpostens *am Spion Kop. Die Scharfschützen, teilweise mit dem modernen Gewehr 98 von Mauser ausgestattet, waren im erhöhten Gelände eine tödliche Gefahr.*

DATEN UND FAKTEN

Wer: Britische Truppen unter General Sir Redvers Buller (1839–1908) mit 24 000 Infanteristen, 2600 Mann Kavallerie und Artillerie standen 6000–8000 Buren mit leichter Artillerie unter General Louis Botha (1862–1919) gegenüber.

Was: Beim Versuch, die Stellungen der Buren zu durchbrechen, wollten die Briten deren Flanke aufrollen, wurden aber in die Flucht geschlagen.

Wo: Eine Bergkuppe am Nordufer des Tugela in der Provinz Natal.

Wann: 19. bis 24. Januar 1900.

Warum: Britische Einheiten wollten die Belagerung von Ladysmith durch die Buren beenden.

Ergebnis: Die Niederlage der Briten verzögerte die Befreiung von Ladysmith, doch spätere Siege ermöglichten den weiteren Vorstoß.

Beide Seiten erlitten schwere Verluste, als die Buren die Rückeroberung der Bergkuppe versuchten und britische Verstärkungstruppen Entlastungsangriffe auf burische Stellungen in den umliegenden Hügeln unternahmen.

SCHLACHT UM DEN SPION KOP

Die schlechte Führung seitens der oberen Ränge und Verluste unter den Offizieren behinderten die Verteidigung des Hügels durch die Briten nachhaltig. Aufseiten der Buren sah es kaum besser aus, denn nur wenige Freiwillige griffen in das auf kurze Distanz geführte Feuergefecht auf dem Gipfel des Spion Kop ein. Schließlich – der Spion Kop war weder zu erobern oder zu halten – entschlossen sich die Buren zum Rückzug.

Etwa zur gleichen Zeit kamen auch die Briten zu dieser Erkenntnis. Anstatt den Sieg zu nutzen, den sie, ohne es zu wissen, errungen hatten, zogen sich die Briten vom Spion Kop zurück. Die Buren konnten ihn wieder besetzen und ihre Sperrposition nördlich des Tugela halten.

Der Spion Kop war für beide Seiten ein Desaster. In Großbritannien kam es fast zum Sturz der Regierung. Die Buren hielten den Krieg für mehr oder weniger gewonnen, weshalb viele Soldaten der Armee, die nur aus Freiwilligen bestand, beschlossen, nach Hause zu gehen. Dies ermöglichte den Briten dann die Befreiung von Ladysmith.

Die Vorhut der russisch-baltischen Flotte *wird in der Tsushimastraße von den Fontänen des japanischen Granathagels umrahmt. Zuvor hatten die Russen kurz die Oberhand gehabt.*

Tsushima 1905

GEGEN 2.45 UHR AM NEBELVERHANGENEN MORGEN DES 27. MAI 1905 BEFAND SICH DAS JAPANISCHE HANDELSSCHIFF SHINANO MARU RUND 240 KM SÜDLICH DES EINGANGS ZUR KOREASTRASSE. DIE BESATZUNG ERKANNTE EINIGE SCHEMENHAFTE SCHIFFE AM HORIZONT UND WUSSTE, DASS DIES UNHEIL BEDEUTETE. DER KAPITÄN SETZTE EINE FUNKBOTSCHAFT AB: „FEINDLICHE FLOTTE IM QUADRAT 203 GESICHTET. HÄLT OFFENSICHTLICH KURS AUF DEN ÖSTLICHEN KANAL."

Im Mai 1905 befand sich Japan schon über ein Jahr im Krieg mit dem Russischen Reich. Port Arthur, Russlands Bastion im Fernen Osten, hatte nach langer Belagerung kapituliert. Von den dortigen Anhöhen hatten die Japaner mit schweren Geschützen das Pazifikgeschwader des Zaren zusammengeschossen. Vor dem Fall von Port Arthur war die Baltische Flotte in Zweites Pazifisches Geschwader umbenannt und über 33 000 km dorthin geschickt worden, um

DATEN UND FAKTEN

Wer: Die japanische Flotte mit 31 Schiffen unter Admiral Togo Heihachiro (1848–1934) gegen die russisch-baltische Flotte unter Admiral Sinowi Roschestwenski (1848–1909).

Was: Die Baltische Flotte versuchte, in Wladiwostok einen sicheren Hafen zu erreichen.

Wo: Die Tsushimastraße zwischen der japanischen Hauptinsel Kyushu und der koreanischen Halbinsel.

Wann: 27. bis 28. Mai 1905.

Warum: Die Japaner wollten die Seeherrschaft im Pazifik erringen und Russlands Prestige einen Schlag versetzen.

Ergebnis: Togo setzte das klassische Seemanöver des gekreuzten T ein, um sein Feuer zu konzentrieren. Die russische Flotte wurde vernichtet.

sich mit den im Osten verbliebenen Flottenteilen zu vereinen und die Japaner in ihren Heimatgewässern zu bekämpfen.

Die Baltische Flotte – acht Schlachtschiffe, acht Kreuzer, neun Zerstörer und diverse andere Schiffe – stach am 15. Oktober 1904 unter Admiral Sinowi P. Roschestwenski in See, der keine große Kampferfahrung hatte. Während er in Madagaskar vor Anker lag, erhielt Roschestwenski die Nachricht von der Kapitulation in Port Arthur. Da sein Zielhafen nun in japanischer Hand war, blieb nur die Möglichkeit, Wladiwostok über die Tsushimastraße zwischen Korea und Japan anzulaufen. Hier sollten die Russen auf die hoch motivierte, gut ausgebildete Flotte von Admiral Togo Heihachiro treffen: vier Schlachtschiffe, acht Kreuzer, 21 Zerstörer und 60 Torpedoboote.

„CROSSING THE T"

Togo lichtete am 27. Mai kurz vor 6 Uhr in Masan, Korea, den Anker. Etwa um 13 Uhr tauchten Roschestwenskis Schiffe in zwei Linien in der Tsushimastraße auf. Togo entschied sich für einen gewagten Schachzug. Seine Schiffe sollten sich nacheinander Richtung Backbord drehen, jedes in die gleiche Position. Ein gefährliches Manöver, denn die Japaner würden dabei an einem bestimmten Punkt dem russischen Feuer ausgesetzt sein, ohne selbst schießen zu können. Danach würden sie vor der russischen Linie wie der Querstrich des Buchstabens T kreuzen und ihre schweren Breitseiten gegen die Russen abfeuern können, die jetzt nur noch aus den Bugkanonen schießen konnten. Die japanischen Seeleute führten die Wende präzise aus, doch in diesen wenigen Minuten beschädigte der russische Geschosshagel einige ihrer großen Schiffe schwer.

Als die Japaner die Wende vollzogen hatten, bildeten sie eine gut 4500 m lange Querlinie zur russischen Kolonne. Konzentriertes Feuer setzte das russische Flaggschiff Suworow in Brand. Eine Granate traf die Brücke des Schiffs und verwundete Roschestwenski, der bewusstlos auf einen Zerstörer evakuiert wurde. Das Ruder der Suworow klemmte, sodass das Schiff im Kreis fuhr. Gleichzeitig kenterte das in Front der zweiten russischen Linie fahrende Schlachtschiff Osljabja und sank. Das neue Schlachtschiff Alexander III. begann wie die Suworow im Kreis zu laufen. Das an dritter Position fahrende Schlachtschiff Borodino brannte lichterloh. In dem Gefecht, das die Suworow in ein rauchendes Wrack verwandelte, wurde die Alexander III. manövrierunfähig geschossen.

DER UNERBITTLICHE ADMIRAL TOGO

Knapp zwei Stunden später hatte Togo erneut Berührung mit dem, was von der russischen Hauptflotte übrig geblieben war. Die Alexander III. hatte die Führung der russischen Kolonne übernommen, wurde aber durch japanisches Feuer zum Kentern und Sinken gebracht. Als die Suworow in den Wellen verschwand, konzentrierten die Japaner ihr Feuer auf die Borodino und das daneben fahrende Schlachtschiff Orel, das in Brand geschossen wurde. Bei Einbruch der Nacht befahl Togo seinen Schiffen abzudrehen. Kurz vor Einstellung des Feuers schoss die Fuji die letzte Salve des Tages mit 30-cm-Granaten auf die angeschlagene Borodino ab. Mindestens eine Granate traf das Magazin des Kriegsschiffs, das von einer gewaltigen Explosion zerrissen wurde.

Mit dem Kommando über die mitgenommene russische Flotte war inzwischen Admiral Nikolai Nebogatow an Bord der Nikolai I. betraut worden. In einem vergeblichen Versuch, Kurs auf Wladiwostok zu nehmen, befahl er seiner Flotte, nach Norden zu fahren. In der Dunkelheit griffen japanische Torpedoboote und Zerstörer an. Das betagte Schlachtschiff Sissoi Weliki wurde achtern von einem Torpedo getroffen und sank bei Anbruch des Tages. Das Schlachtschiff Nawarin sank nach vier Torpedotreffern um 22 Uhr. Auch die russischen Kreuzer wurden zerstört. Am Morgen des 28. Mai sah sich Nebogatow auf drei Seiten von japanischen Kreuzern umstellt, während Togos Hauptflotte erneut das russische T kreuzte. Die Japaner hielten sich außerhalb der Reichweite der noch verbliebenen schweren Geschütze der Russen und eröffneten aus 11 km Entfernung das Feuer. Nebogatow befahl, seine Flagge auf Halbmast zu setzen, und war zur Kapitulation bereit. Nur der Kreuzer Isumrud und zwei Zerstörer erreichten Wladiwostok.

Tsushima war für die Russen ein Debakel. Sie hatten 34 Schiffe und 4830 Mann verloren, dazu kamen 5917 verwundete und in Gefangenschaft geratene Seeleute. Die Japaner verloren nur drei Torpedoboote.

GEFECHTE DER SCHLACHTSCHIFFE

Bei Tsushima setzte das ältere japanische Schlachtschiff Fuji (oben) seine 30-cm-Geschütze gegen die russisch-baltische Flotte ein. In der letzten Aktion des ersten Tags traf eine Salve der Fuji das Magazin des beschädigten russischen Schlachtschiffs Borodino, das explodierte und sank. Das russische Schlachtschiff Suworow (unten) mit 15 000 t Verdrängung wurde vom Bug bis zum Heck in Brand geschossen.

TSUSHIMA

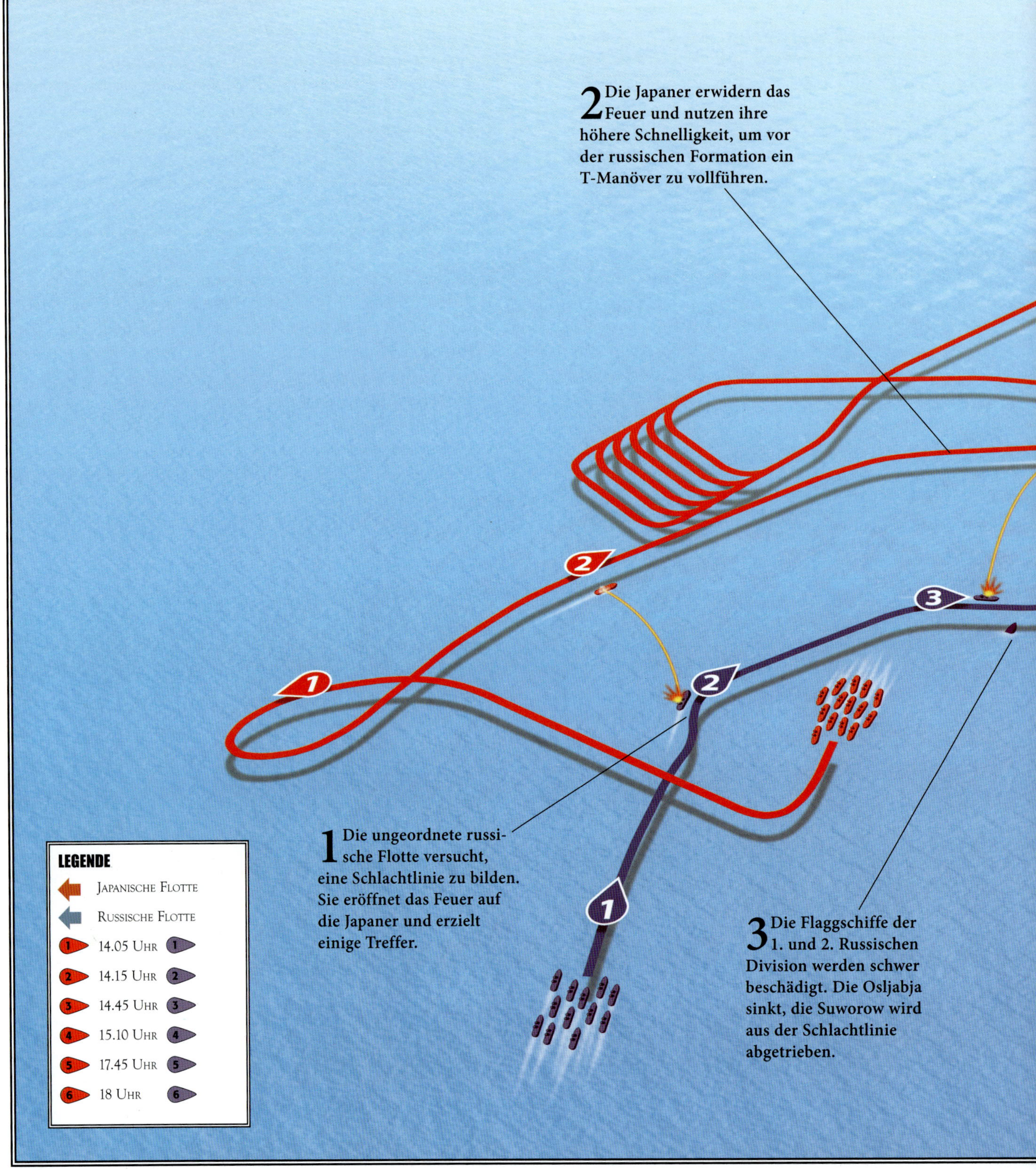
2 Die Japaner erwidern das Feuer und nutzen ihre höhere Schnelligkeit, um vor der russischen Formation ein T-Manöver zu vollführen.
1 Die ungeordnete russische Flotte versucht, eine Schlachtlinie zu bilden. Sie eröffnet das Feuer auf die Japaner und erzielt einige Treffer.
3 Die Flaggschiffe der 1. und 2. Russischen Division werden schwer beschädigt. Die Osljabja sinkt, die Suworow wird aus der Schlachtlinie abgetrieben.
LEGENDE
Japanische Flotte
Russische Flotte
1 14.05 Uhr 1
2 14.15 Uhr 2
3 14.45 Uhr 3
4 15.10 Uhr 4
5 17.45 Uhr 5
6 18 Uhr 6

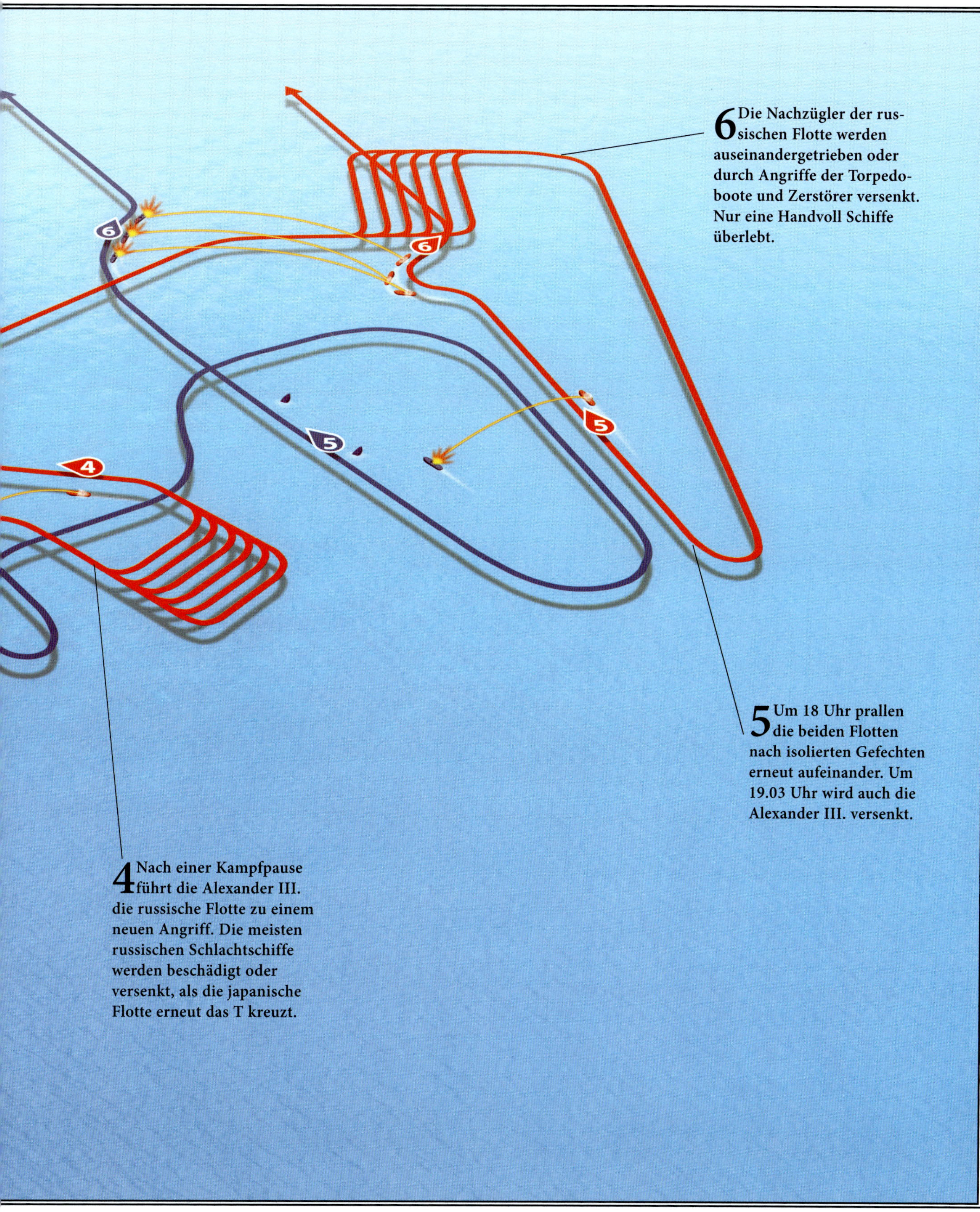
6 Die Nachzügler der russischen Flotte werden auseinandergetrieben oder durch Angriffe der Torpedoboote und Zerstörer versenkt. Nur eine Handvoll Schiffe überlebt.
5 Um 18 Uhr prallen die beiden Flotten nach isolierten Gefechten erneut aufeinander. Um 19.03 Uhr wird auch die Alexander III. versenkt.
4 Nach einer Kampfpause führt die Alexander III. die russische Flotte zu einem neuen Angriff. Die meisten russischen Schlachtschiffe werden beschädigt oder versenkt, als die japanische Flotte erneut das T kreuzt.
6
6
5
5
4

ANZAC-SOLDATEN WARTEN AM STRAND *von Gallipoli darauf, dass ihr Nachschub angelandet wird. Der alliierte Angriff auf das Osmanische Reich erwies sich als kolossaler Fehlschlag.*

Gallipoli 1915

„ER KAM, SAH UND KAPITULIERTE", SO KOMMENTIERTE DER KURZ ZUVOR ALS MARINEMINISTER ZURÜCKGETRETENE WINSTON CHURCHILL GRIMMIG DIE ENTSCHEIDUNG VON GENERAL SIR CHARLES MONROE, DIE AUF DER HALBINSEL GALLIPOLI DAHINVEGETIERENDEN SOLDATEN DES BRITISCHEN COMMONWEALTH UND FRANKREICHS SCHNELL ZU EVAKUIEREN.

Als sich Ende 1914 an der Westfront eine Pattsituation einstellte, suchten die Militärs beider Seiten nach einer Alternative, die den Sieg bringen könnte. Nach einem Hilfegesuch ihres russischen Verbündeten fassten Briten und Franzosen die Einnahme der Dardanellen ins Auge. Die Kontrolle über diese Passage würde einen Nachschubweg für Russland eröffnen, Druck von den zaristischen Armeen an der Ostfront nehmen und möglicherweise die Türkei zur Bitte um Frieden zwingen. Am 19. Februar 1915 nahm eine Flottille aus 42 alliierten Kriegsschiffen die türkischen Befestigungen an den Dardanellen unter Beschuss – mit begrenztem Erfolg.

DATEN UND FAKTEN

Wer: Mehr als 400 000 alliierte Soldaten unter dem Kommando von General Sir Ian Hamilton (1853–1947) und später General Sir Charles Monroe (1860–1929) gegen 500 000 türkische Soldaten unter General Otto Liman von Sanders (1855–1929).

Was: Die blutige Pattsituation veranlasste die Alliierten zur Evakuierung.

Wo: Die Halbinsel Gallipoli und die Dardanellen in der heutigen Türkei.

Wann: 25. April 1915 bis 9. Januar 1916.

Warum: Die Alliierten wollten eine Nachschubroute nach Russland einrichten und das Osmanische Reich zu Friedensverhandlungen zwingen.

Ergebnis: Der türkische Sieg forderte Hunderttausende Opfer und beschwor eine Vertrauenskrise unter den alliierten Führern herauf.

Einen Monat später versuchte eine Flotte aus 18 Schlachtschiffen, die türkischen Stellungen zu knacken, wurde aber von Küstengeschützen und Torpedos stark mitgenommen. Schnell wurde klar, dass die Dardanellen allein mit Seestreitkräften nicht zu sichern waren und die beherrschenden Höhenzüge beiderseits der Dardanellen von Bodentruppen gesichert werden mussten, um den Schiffsverkehr gefahrlos abzuwickeln. Man entwickelte einen Plan zur Landung von Commonwealth- und französischen Truppen auf der Halbinsel Gallipoli, die dann zügig über Land vorstoßen und die türkischen Stellungen einnehmen sollten. Die Alliierten stellten über 400 000 Soldaten für das Landmanöver ab. Ihnen standen rund eine halbe Million türkische Soldaten gegenüber.

KAP HELLES UND DIE ANZAC-BUCHT

Die alliierte Streitmacht unter Führung von General Sir Ian Hamilton bestand aus der britischen 29. Division, der Royal Naval Division, dem australischen und neuseeländischen Armeekorps (ANZAC) und dem französischen Orient-Expeditionskorps (CEO). Am 25. April landeten britische und französische Einheiten an der Südspitze der Halbinsel Gallipoli bei Kap Helles, während ANZAC-Truppen bei Gaba Tepe an der Ägäisküste an Land gingen. Das Unternehmen litt an schlechter Planung und mangelhafter taktischer Umsetzung. Ein amphibisches Landemanöver unter Beschuss durch gegnerische Truppen, die auf den umgebenden Höhen positioniert waren, hatte es bis dahin selten gegeben.

Bei Kap Helles setzte man, um die Soldaten anzulanden, den Kohlefrachter River Clyde, der zum Truppentransporter umgebaut worden war, auf Grund. Die Männer der Royal Hampshires und der Royal Munster Fusiliers stiegen auf schmalen Gangways in den Kugelhagel der MGs hinab. Nur 21 der insgesamt 200 Mann an Bord erreichten den Strand. Die Lancashire Fusiliers verloren in der ersten Stunde der Schlacht 600 ihrer 1000 Soldaten. Auch die ANZAC-Einheiten erlitten nördlich von Gaba Tepe in ihrer Landezone, die als ANZAC-Bucht bekannt werden sollte, schwere Verluste.

DER BRITISCHE KRIEGSMINISTER LORD HERBERT KITCHENER *besucht Frontstellungen in Gallipoli. Das verlustreiche Patt beschädigte Kitcheners Reputation.*

Im Frühjahr 1915 scheiterten Versuche, den türkischen Verteidigungsring zu durchbrechen und die Stadt Krithia zu erobern. Die türkischen Truppen, die von dem deutschen General Otto Liman von Sanders befehligt wurden, waren ihrerseits zu schwach, um die Invasoren ins Meer zurückzudrängen. Die lang gezogenen türkischen Linien machten nennenswerte alliierte Geländegewinne unmöglich, aber auch die Gegenangriffe blieben fruchtlos.

SCHWERE VERLUSTE

Beispielhaft für die hohen Verluste war der ANZAC-Angriff am 2. und 3. Mai gegen den kleineren von zwei Bergen oberhalb der ANZAC-Bucht mit der Bezeichnung Baby 700 sowie die türkische Offensive gegen die ANZAC-Stellung am 19. Mai. Innerhalb weniger Stunden wurden die ANZAC-Soldaten zum Rückzug gezwungen, nachdem Hunderte von ihnen bei der Überwindung von Schluchten und Hohlwegen durch feindliches Feuer gefallen waren. Als dann 40 000 türkische Soldaten die rund 20 000 Mann starke ANZAC-Einheit angriffen, verloren die Angreifer 10 000 Mann.

Am 6. August landeten alliierte Truppen in der Suvla-Bucht, um sich den Einheiten in der ANZAC-Bucht anzuschließen. Innerhalb einer Woche verlor die Attacke, vor allem wegen der Unfähigkeit der Feldkommandanten, an Schwung. Ein dritter Standort der Alliierten war damit eingeschlossen.

Nach monatelangen Kämpfen glichen die Linien in Gallipoli allmählich denen der Westfront. Scharfschützen nahmen Soldaten ins Visier, sobald diese ihren Kopf über den Rand ihrer Schützengräben reckten. Die nicht begrabenen Leichen blähten sich in der starken Sommerhitze auf, umschwärmt von unzähligen Fliegen. Herbst und Winter brachten Regen, Schnee und eisige Temperaturen. Die türkische Artillerie dominierte die alliierten Stellungen, und die Soldaten waren permanent dem Granatfeuer ausgesetzt. Als Hamilton Ende August rund 100 000 zusätzliche Soldaten für Gallipoli anforderte, bekam er nur ein Viertel davon zugeteilt.

Mit den schwindenden Aussichten auf einen entscheidenden Sieg an den Dardanellen wuchsen die Unstimmigkeiten zwischen den alliierten Befehlshabern. Im Oktober war das Vertrauen in Hamiltons Führungsqualitäten dahin. Schließlich wurden am 7. Dezember über 100 000 Mann aus der ANZAC-Bucht evakuiert. Erst am 9. Januar 1916 wurden weitere 35 000 Soldaten von Kap Helles abgezogen.

Im Rückblick erscheint es wie Ironie, dass der Abzug der alliierten Truppen von Gallipoli im Winter 1915/16 als der erfolgreichste Teil des verhängnisvollen Unternehmens gegen das Osmanische Reich gesehen werden kann. In den mehr als acht Monate dauernden, erbitterten Kämpfen verloren die Alliierten rund 220 000 Mann, die türkischen Verteidiger etwa 300 000.

DER BRITISCHE SCHLACHTKREUZER *HMS Lion (links) wird während der Skagerrakschlacht am 31. Mai 1916 von deutschen Kriegsschiffen beschossen, während die HMS Queen Mary (rechts) explodiert.*

Skagerrak 1916

IM SKAGERRAK FAND DIE EINZIGE WICHTIGE FLOTTENSCHLACHT DES ERSTEN WELTKRIEGS STATT. ES WAR EINER DER GRÖSSTEN FLOTTENAUFMÄRSCHE ALLER ZEITEN.

Die Stärke zur See spielte im Ersten Weltkrieg eine große Rolle. Mit ihrer Grand Fleet konnten die Briten die deutschen Häfen blockieren und so eine Kapitulation erzwingen. Die deutsche Hochseeflotte musste also ihren deutlich überlegenen Gegner bezwingen, während die Briten lediglich eine entscheidende Niederlage vermeiden mussten.

Die deutsche Strategie sah vor, einen Teil der Grand Fleet aufzuspüren und mit einer Überzahl in einen Hinterhalt zu locken. Gegen die nachhaltig geschwächten Briten wäre dann eine Entscheidungsschlacht möglich. Zu diesem Zweck führten Schlachtkreuzer eine Reihe von Angriffen gegen die englische Ostküste. Die Briten ihrerseits versuchten, ihre Hochseeflotte ins Spiel zu bringen und eine Begegnung herbeizuführen. Am 31. Mai 1916 waren beide Flotten auf See. Jede hoffte, einen Teilverband zu stellen und zu versenken, um den Gegner zu schwächen. Keine Seite war sich bewusst, dass sich jeweils die gesamte gegnerische Flotte auf See befand.

DATEN UND FAKTEN

Wer: Die britische Grand Fleet unter Admiral Sir John Jellicoe (1859–1935), bestehend aus 37 Schlachtschiffen, 34 Kreuzern und 78 Zerstörern, gegen die deutsche Hochseeflotte mit 27 Schlachtschiffen, 11 Kreuzern und 61 Zerstörern unter Admiral Reinhard Scheer (1863–1928).

Was: Ein Gefecht zwischen kleineren Verbänden entwickelte sich zur Konfrontation der beiden Hauptflotten, bis die Hochseeflotte abdrehte.

Wo: Die Nordsee am Eingang zum Skagerrak.

Wann: 31. Mai–1. Juni 1916.

Warum: Beide Flotten griffen den Gegner unter eigenen Bedingungen an, was zu einer großen Seeschlacht führte.

Ergebnis: Obwohl die Briten schwerere Verluste erlitten, blieb die strategische Lage für sie weiterhin günstig.

DIE SCHLACHT BEGINNT

Etwa zur selben Zeit entdeckten leichte Einheiten beider Seiten ein neutrales Handelsschiff. Als sie zur Überprüfung beidrehten, sichteten sie den Feind und eröffneten das Feuer. Weitere Schiffe, darunter mehrere leichte Kreuzer, beteiligten sich. Der deutsche Schlachtschiffverband erhielt den Auftrag, die sich zurückziehenden britischen Kreuzer zu jagen. Das brachte die deutschen Schlachtkreuzer in die Reichweite ihrer britischen Gegner. In Erfüllung ihrer Aufgabe versuchten die Deutschen, die britischen Schlachtkreuzer vor die Geschütze der Schlachtschiffe der Hochseeflotte zu treiben.

Die deutschen Schlachtkreuzer liefen nach Süden, und es kam zum Gefecht mit britischen Schlachtkreuzern und schnellen Schlachtschiffen, bei deutlicher Überlegenheit des deutschen Geschützfeuers. In Verbindung mit schweren Konstruktionsfehlern der britischen Schlachtkreuzer führte dies zur Explosion und dem Sinken zweier Schiffe, andere wurden beschädigt. Aber auch die Deutschen bekamen Treffer ab.

Fast im letzten Moment erkannte Vizeadmiral David Beatty (1871–1936), der Kommandeur der britischen Schlachtkreuzer, dass er direkt auf die versammelte deutsche Flotte zusteuerte. Seine Schiffe vollzogen eine scharfe Wende und flohen, von den Deutschen verfolgt, nach Norden in Richtung Grand Fleet.

Als Beattys Schiffe flohen, versuchten die Zerstörereinheiten beider Seiten, sich gegenseitig und die durch sie geschützten schweren Schiffe anzugreifen. Die deutsche Flotte nahm die Verfolgung nach Norden auf, und es kam zu einem heftigen, mit Geschützen und Torpedos ausgetragenen Schlagabtausch. Bis jetzt schien für die Deutschen alles nach Plan zu laufen. Ein Teil der Grand Fleet war aufgespürt und unter deutlich überlegenes Feuer genommen worden. Doch genau das sollte nun der Hochseeflotte selbst passieren.

DIE FLOTTEN TREFFEN AUFEINANDER

Als Admiral Jellicoe vom Anrücken der Hochseeflotte aus dem Süden erfuhr, befahl er der Grand Fleet, sich von Kolonnen in die Schlachtlinie umzuformieren. So konnte die gesamte Flotte aus der klassischen T-Formation heraus ihre Breitseiten auf den Gegner abfeuern, während die Deutschen nur die Buggeschütze nutzen konnten.

Gefechtsmäßig in ungünstiger Position näherte sich die Hochseeflotte und drehte erneut nach Süden ab. Beim anschließenden Geschützduell wurden mehrere Schiffe schwer getroffen. Aus Angst vor Torpedoangriffen drehte Jellicoe zeitweilig ab, bevor er die Verfolgung wieder aufnahm. Er wollte die Deutschen zum Kampf zwingen, indem er seine Streitmacht zwischen die Hochseeflotte und deren Heimathafen schob.

Admiral Scheer wollte sich mit seiner Flotte absetzen und entkommen. Der Versuch, die Briten im Rücken zu kreuzen, führte zu einem weiteren Schlagabtausch. Scheer gab den Versuch auf und befahl seinen schweren Schiffen den Abzug, der durch einen Angriff der Zerstörer und Schlachtkreuzer abgedeckt wurde.

Bei Einbruch der Dunkelheit verloren sich die Gegner aus den Augen, obwohl die Flotten dicht beieinander auf Parallelkurs fuhren. Scheer entschied, dies sei die beste Chance, um die Heimat anzusteuern, und hoffte, den Briten zu entkommen. Wenn nötig, war er zu einem Durchbruch durch die britische Flottenlinie bereit.

In der Folge kam es zu einer Reihe chaotischer Nahgefechte, bis die Hochseeflotte endlich entkommen und in den Hafen zurückkehren konnte. Sie hatte den Briten zwar schwere Verluste zugefügt, doch reichte es nicht, die strategische Lage zu verändern. Die Blockade ging weiter und trug wesentlich zum Sieg der Alliierten bei.

DEUTSCHER MARINEOFFIZIER

Der typische Dienstanzug eines Offiziers der Kaiserlichen Marine im Ersten Weltkrieg bestand aus einem blauen Uniformrock mit passender Hose, weißem Hemd mit Eckkragen und schwarzem Querbinder, schwarzen Schuhen und Schirmmütze. Die blaue Mütze mit einem schwarzen Moiréband zierte die kaiserliche Kokarde mit Eichenlaubkranz und Krone. Der Rang dieses Kapitänleutnants wird aus den beiden Ärmeltressen mit Kaiserkrone ersichtlich. Damals waren aber auch Schulterstücke als Rangabzeichen gebräuchlich.

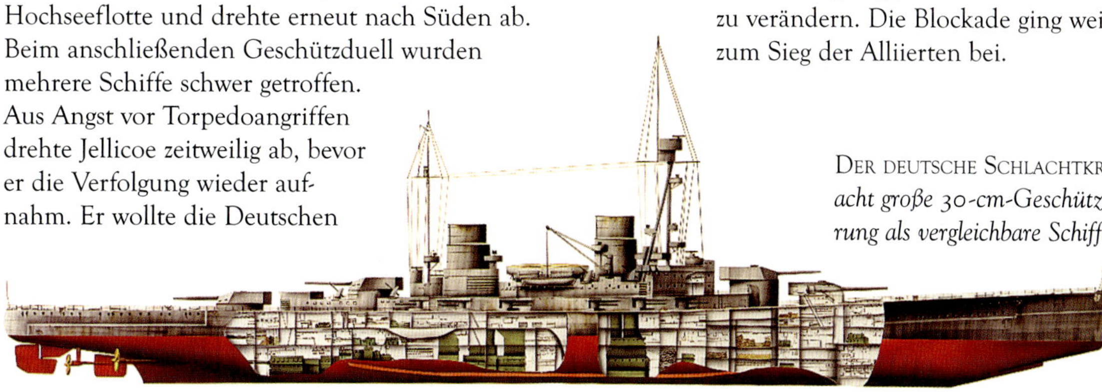

DER DEUTSCHE SCHLACHTKREUZER *Derfflinger besaß acht große 30-cm-Geschütze und eine bessere Panzerung als vergleichbare Schiffe der Royal Navy.*

Französische Soldaten laden im November 1916 *in der Nähe des Schlachtfelds von Verdun ihre persönliche Ausrüstung und Waffen von Lastwagen ab.*

Verdun 1916

VERDUN IST DER INBEGRIFF DES ZERMÜRBUNGSKRIEGS, DER DEN ERSTEN WELTKRIEG AN DER WESTFRONT PRÄGTE. IN DIESE SCHLACHT, DIE EIGENTLICH ZUR VERNICHTUNG DER FRANZÖSISCHEN RESERVEN GEDACHT WAR, WURDEN IMMER MEHR DEUTSCHE TRUPPEN HINEINGEZOGEN. AM ENDE GAB ES KEINEN EINDEUTIGEN SIEGER.

Aus strategischer Sicht hatte sich der Erste Weltkrieg bis 1916 zu einem Abnutzungskrieg entwickelt, bei dem die Kosten für eine Fortsetzung so in die Höhe getrieben werden sollten, dass der Feind zum Frieden bereit war. Solange der Gegner noch über genug Männer verfügte, die er in die Schlacht werfen konnte, ging der Krieg weiter. Das deutsche Oberkommando plante deshalb, die französischen Reserven in eine Schlacht zu ziehen und zu vernichten. Die Deutschen wollten dazu ein Ziel angreifen, das die Franzosen unbedingt verteidigen mussten, und dabei deren Armee durch Artillerie- und Infanterieattacken zerstören. Die Wahl fiel auf die Festungsstadt Verdun, ein in vieler Hinsicht ideales Ziel. Die Stadt, die in einer Flussschleife der Maas liegt,

DATEN UND FAKTEN

Wer: Die französische 2. Armee unter General Henri-Philippe Pétain (1856–1951) und seinem Nachfolger General Robert Nivelle (1856–1924) gegen die deutsche 5. Armee unter Kronprinz Wilhelm (1882–1951).

Was: Die Festungsstadt Verdun wurde belagert. Das Artilleriefeuer der Angreifer forderte viele Opfer. Eine Gegenoffensive eroberte das verlorene Terrain wieder zurück.

Wo: Die französische Stadt Verdun an der Maas.

Wann: 21. Feb.–18. Dez. 1916.

Warum: Die Deutschen wollten die französischen Reserveeinheiten vernichten und so Frankreich zum Frieden zwingen.

Ergebnis: Der schreckliche Abnutzungskrieg brachte keinerlei Vorteile, dafür massive Verluste auf beiden Seiten.

verfügte mit nur einer einzigen Zugangsstraße über eine schlechte Verkehrsanbindung. Logistisch war für den Angriff günstig, dass es nur rund 19 km von der Stadt entfernt einen wichtigen deutschen Eisenbahnknotenpunkt gab, über den Munition, Nachschub und Verstärkung herangeführt werden konnten. Verdun lag in einem bislang relativ ruhigen Frontabschnitt, weshalb die Franzosen viele der schweren Geschütze in andere Sektoren verlegt hatten, wo sie mehr gebraucht wurden. Vor Ort waren drei französische Divisionen stationiert, die nur geringen Widerstand erwarten ließen.

Die Pläne der Deutschen sahen für den Angriff die Bereitstellung von zehn Divisionen, unterstützt von zahlreichen schweren Geschützen, vor. Die Offensive trug den Codenamen „Gericht" und beabsichtigte, die Franzosen unter ungleichen Bedingungen in eine Abnutzungsschlacht zu zwingen. Sollten sie die Herausforderung nicht annehmen, würde Verdun fallen. Sollten sie sich dem Kampf stellen, würde ihre Armee ausbluten und um Frieden bitten müssen.

ERÖFFNUNG MIT SPERRFEUER

Am frühen Morgen des 21. Februar 1916 zerriss das Heulen von Artilleriefeuer die eisige Luft um Verdun. In den kommenden zwölf Stunden gingen mehr als zwei Millionen Granaten über die vorgezogenen Stellungen der Franzosen nieder, dann setzte die deutsche Infanterie zum Angriff an. In den ersten beiden Tagen erzielten die deutschen Truppen nur relativ geringe Geländegewinne. Am 24. Februar brachen sie durch die Hauptverteidigungslinie, machten 10000 Gefangene und erbeuteten 65 Geschütze. Die gesamte Verteidigung von Verdun brach zusammen. Die Franzosen mussten handeln, und zwar schnell. Verdun galt als uneinnehmbar, doch am 25. Februar fiel Fort Douaumont, eine Schlüsselposition zur Verteidigung der Stadt, an die Deutschen. Gerade als Douaumont eingenommen wurde, traf General Henri-Philippe Pétain ein, um die französischen Einheiten zu übernehmen. Er fand eine verzweifelte Situation vor: Der einzige Nachschubweg führte über eine Straße und die daneben verlaufende schmalspurige Eisenbahnlinie. Diese Straße, Voie Sacrée genannt, war Verduns unzureichende Lebensader, die Pétain als Erstes ausbauen musste. Tausende von Männern arbeiteten an der Verbreiterung der Straße, um mehr Nachschub in die Stadt transportieren zu können. Als sie fertig waren, konnten pro Tag rund 6000 Lastwagen die Straße nutzen. Ebenfalls ermutigend für die Franzosen war, dass die Deutschen zu diesem Zeitpunkt ebenfalls verheerende Verluste zu verzeichnen hatten und viele ihrer Geschütze durch Verschleiß oder gegnerisches Feuer ausfielen.

IN DER OFFENSIVE

Im Mai wurde Pétain durch den offensiver eingestellten General Robert Nivelle abgelöst. Die Franzosen gewannen nach und nach ihre Zuversicht zurück. Zunächst konnte Nivelle aber auch nicht mehr bewirken als Pétain. Die Deutschen erzielten weitere Gewinne und nahmen am 7. Juni das wichtige Fort Vaux ein. Doch das Blatt begann sich zu wenden. Unter Nivelle, einem Artillerieoffizier, wurde das französische Geschützfeuer effektiver. Er profitierte auch von der anglo-französischen Somme-Offensive weiter im Norden, die am 1. Juli gestartet wurde, um den Druck auf Verdun zu mindern. Nivelle konnte jetzt Gegenangriffe einleiten, um die Deutschen zurückzudrängen und die verlorenen Forts zurückzuerobern. Ende November waren Fort Douaumont und Fort Vaux wieder in französischer Hand. Mitte Dezember zogen dann die Deutschen von Verdun ab und überließen das, was von dem Frontabschnitt noch übrig war, den Franzosen.

Den Deutschen war es mit ihrer Verdun-Offensive gelungen, den Franzosen schwere Verluste beizubringen – insgesamt rund 550000 Mann. Der ursprüngliche Plan der Deutschen war vernünftig: Man wollte ein Ziel angreifen, das der Gegner verteidigen musste, dann seine Ressourcen durch Artilleriefeuer dezimieren und das zerstörte Territorium mit der Infanterie besetzen. Doch die deutsche Armee wurde Opfer einer schleichenden Ausweitung der Zielvorgaben. Irgendwann wurde die Einnahme von Verdun selbst zum Ziel des Unternehmens. Das war nicht im Sinn des ursprünglichen Plans, der die französische Armee vernichten und nicht eine Stadt einnehmen sollte.

FRANZÖSISCHER INFANTERIESERGEANT

Im Ersten Weltkrieg unterschied sich die Ausrüstung der Soldaten beider Seiten kaum. Die Ausrüstung dieses französischen Infanteriesergeanten gleicht der eines deutschen Feldwebels. Der Metallhelm bietet einen gewissen Schutz gegen Granatsplitter. Bewaffnet ist er mit Gewehr und Bajonett, vielleicht noch einigen Handgranaten. Obwohl die schwere Artillerie die Schützengräben mit Tonnen von Granaten belegte und mit Flugzeugen und gepanzerten Fahrzeugen neue Waffen aufkamen, wurden die großen Schlachten durch Infanteristen entschieden, die sich in ihren Stellungen festklammerten oder verzweifelt versuchten, die des Gegners zu erobern.

VERDUN
Hermeville
Etain
XV
14
Ornes
51
III
XVIII
5. Armee
XXX
XXX
3 Die ersten Attacken bringen gute Fortschritte gegen die überraschten Franzosen, doch allmählich versanden die Angriffe.
1 Durch den Angriff auf ein Ziel, das die Franzosen halten müssen, möchte das deutsche Oberkommando die französische Armee aufreiben.
LEGENDE
Französische Division
Französisches Korps
Deutsche Truppen
Deutsche Division
Deutsches Korps
21. Februar
24. Februar
9. April
6. August

VERDUN
4 Die Franzosen klammern sich in ihren Stellungen fest. Sie gewinnen an Stärke, als über die Voie Sacrée Truppen und Nachschub nach Verdun gelangen.
5 Schließlich können die Franzosen in die Offensive gehen und die Deutschen aus den eroberten Positionen vertreiben.
67
29
72
VI
VII
2 Die Schlacht beginnt mit einem massiven Artilleriebombardement und Infanterieattacken.
6 Am Ende der Schlacht haben sich die Linien gegenüber der Ausgangssituation kaum verschoben. Keine Seite erzielte Geländegewinne, jedoch bleiben eine Million Gefallene zurück.

STURMANGRIFF: *Ein Zug britischer Infanteristen macht sich in einem Schützengraben an der Somme-Front bereit, zum Angriff hinauszuspringen.*

Somme 1916

DIE SCHLACHT AN DER SOMME STEHT HEUTE FÜR MILITÄRISCHEN IRRSINN UND SINNLOSES BLUTVERGIESSEN, DOCH ES GAB GUTE GRÜNDE FÜR DIESEN MASSIVEN ANGRIFF. DIE MILITÄRISCHEN VORTEILE LAGEN DAMALS EHER BEIM VERTEIDIGER, ABER DIE PATTSITUATION KONNTE OFFENBAR NICHT ANDERS AUFGELÖST WERDEN.

Die Somme-Offensive wurde von General Sir Douglas Haig (1861–1928), dem Oberkommandierenden der British Expeditionary Force (BEF) und dem französischen Armeekommandeur General Joseph Joffre (1852–1931) als anglo-französischer Vorstoß durch die deutsche Linie an der Westfront geplant. Sie sollte darüber hinaus auch die in Verdun kämpfenden Franzosen entlasten. Während die 3. Armee unter General Sir Edmund Allenby (1861–1936) bei Gommecourt im Norden des Somme-Abschnitts einen Ablenkungsangriff unternahm, sollten die britische 4. und französische 6. Armee den Hauptangriff auf breiter Front beginnen und die deutschen Linien durchbrechen, die durch Artilleriebeschuss geschwächt waren.

DATEN UND FAKTEN

Wer: Die britische 4. Armee greift, unterstützt von der britischen 3. und der französischen 6. Armee, die deutsche 2. Armee an.

Was: Nach massivem Artilleriebeschuss attackieren Briten und Franzosen die gut verteidigten deutschen Stellungen und arbeiten sich langsam vor, was die Deutschen zu verlustreichen Gegenattacken zwingt.

Wo: Zwischen den Flüssen Somme und Ancre an der Westfront in Frankreich.

Wann: 1. Juli–18. Nov. 1916.

Warum: In der Pattsituation wollten die Alliierten die Initiative zurückgewinnen und den Druck auf Russland und das französische Verdun mindern.

Ergebnis: Trotz großer Verluste wurde kaum Boden gewonnen. Die Deutschen verloren aber viele ihrer besten Einheiten und mussten sich zur Siegfriedstellung zurückziehen.

Die Angriffsphase der Infanterie begann am 1. Juli um 7.30 Uhr. In der Woche davor hatte man die deutschen Linien mit rund 1,7 Millionen Artilleriegranaten belegt. Heute weiß man, dass dieses massive Bombardement weder die deutschen Stacheldrahtsperren zerstören noch die feindlichen Gewehr- und MG-Schützen völlig ausschalten konnte. Entlang der gesamten Linie stürmten die Angriffseinheiten aus der Deckung nach vorne, während die Verteidiger aus ihren Bunkern kamen und sie mit ihren MGs unter Feuer nahmen. In den nächsten Minuten wurden Tausende britischer Soldaten getötet, oft direkt vor ihren Schützengräben oder in den Lücken der Stacheldrahtsperren, wo sich bald die Leichen häuften. Allein am ersten Tag der Somme-Offensive beklagten die Briten 57 470 Opfer, darunter fast 20 000 Tote. Dieses grausame Gemetzel wurde durch die schwerfällige lineare Formation der angreifenden Einheiten noch verschlimmert, doch mit den unerfahrenen Soldaten gab es dafür wohl keine Alternative.

Die Briten hatten mit 200 Bataillonen in 17 Divisionen angegriffen, insgesamt rund 100 000 Mann. Von diesen schafften es lediglich fünf Divisionen, die feindlichen Stellungen zu erreichen. Der Rest wurde bereits im Niemandsland gestoppt.

ABNUTZUNGSKRIEG

Ungeachtet der Tatsache, dass 20 Prozent der Soldaten bereits beim ersten Angriff getötet wurden, verfolgten die Alliierten ihren Plan weiter. Zunächst war das Gemetzel sehr einseitig: Die Alliierten initiierten immer neue Angriffe, die von MGs und Artillerie niedergemacht wurden oder in den Stacheldrahtsperren hängen blieben. 14 Tage vergingen ohne großen Fortschritt. Am 14. Juli gelang es einer französisch-britischen Einheit, entlang der Somme einiges Gelände zu gewinnen. Weitere kleine Geländegewinne folgten, doch der Preis dafür war immens. Regelmäßig wurden neue Truppen in die Schlacht geworfen, um die zerschlagenen Einheiten zu ersetzen. Im Juli und August ging das Gemetzel weiter, allerdings war es jetzt weniger einseitig. In diesen beiden Monaten wurden 42 deutsche Divisionen an die Somme verlegt, und die Gegenangriffe nach alliierten Gewinnen forderten schwere Verluste. Ende Juli summierten sich die Opfer bei den Alliierten auf 200 000, bei den Deutschen auf 160 000 Mann. Die Alliierten waren knapp 5 km vorangekommen, und daran sollte sich bis Ende August wenig ändern.

Es war an der Zeit, etwas Neues auszuprobieren. Erstmals kamen bei einem alliierten Angriff am 15. September erste Formen von Panzer unter dem Decknamen „Tank" zum Einsatz, obwohl die Mannschaften dieser klobigen Metallmonster noch nicht richtig ausgebildet waren. Nur 18 traten in Aktion, der Rest war ausgefallen, doch ihr Auftauchen löste unter den Verteidigern panischen Schrecken aus. Die Alliierten machten bei relativ geringen Verlusten rund 3200 m gut – der größte Geländegewinn seit Beginn der Offensive. Es gelang allerdings nicht, den Durchbruch zu nutzen. Einige Tanks wurden durch Artilleriefeuer zerstört, die übrigen fielen aus oder blieben im Schlamm stecken. Im Oktober und November verschlechterte sich das Wetter, doch bis zum 18. November griffen die Alliierten die deutschen Stellungen immer wieder an. Dann brachten der Winter und Erschöpfung die Schlacht an der Somme zum Erliegen. Bis dahin waren die Alliierten auf einer 32 km breiten Front gerade einmal 11 km tief vorgedrungen. Mitte November erreichten die Verlustzahlen den Stand von 419 654 Mann bei den Briten und 194 541 Mann bei den Franzosen – und auch das Gemetzel in Verdun ging zusätzlich weiter. Diese immensen Verluste von fast 615 000 Mann kamen zustande, weil ein Durchbruch an der Somme nicht gelungen war. Auch die Deutschen verloren bei der Abwehr der Angriffe 650 000 Mann, was gravierende Folgen hatte.

Eine Batterie britischer *11,75-cm-Hinterladergeschütze feuert eine Salve ab. Nur 50 Jahre zuvor, im Amerikanischen Bürgerkrieg, hatte man vorrangig Glattrohrgeschütze mit kurzer Reichweite benutzt.*

Die deutsche Armee war 1914 eine beeindruckende Streitmacht, geprägt durch die preußische Militärtradition und Siege in Frankreich und Österreich. Anfang 1917 war davon nur noch eine erschöpfte Truppe übrig, deren beste Männer an der Somme gefallen waren. Die Schlacht gilt als das schlimmste Gemetzel der britischen Militärgeschichte, doch irgendwie erreichte sie ihre Ziele. Die deutsche Armee war schwer geschlagen und von der Hartnäckigkeit der Angreifer überrascht worden. Die Deutschen zogen sich jedenfalls im Februar 1917 auf die einfacher zu verteidigende Siegfriedstellung zurück.

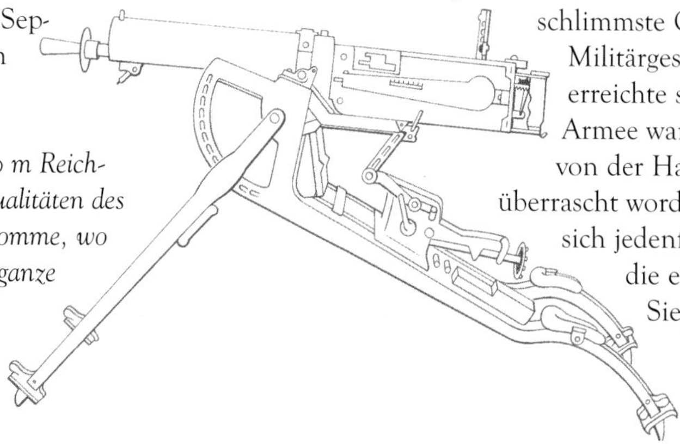

Das deutsche Maxim MG 08 *konnte bei 2000 m Reichweite pro Minute 450 Schuss abfeuern. Die Qualitäten des MG 08 als Defensivwaffe zeigten sich an der Somme, wo einige wenige MGs innerhalb von Minuten oft ganze britische Bataillone niedermachten.*

SOMME
2 Die Vorbereitungen werden entdeckt, und die Deutschen sind auf den Vorstoß vorbereitet. Trotz einer sechstägigen Vorbereitung durch Artilleriebeschuss wird der erste Angriff zurückgeschlagen.
3 Franzosen und Briten haben keine Alternative und unternehmen in den kommenden Wochen wiederholt Attacken, die aber blutig abgewehrt werden.
1 Um Verdun zu entlasten, bereiten die Alliierten einen Großangriff an der Somme vor.
XIV. (Res)
Bozertin-le-Petit
X.
III.
4. Armee
Rawlinson
38.
Albert
XV.
1. Kavallerie
2. Indische
Mirvous
3. Kavallerie
Bray
Gough
(Reserve)
Corbie
6. Armee
Fayolle
Provart
XXXX

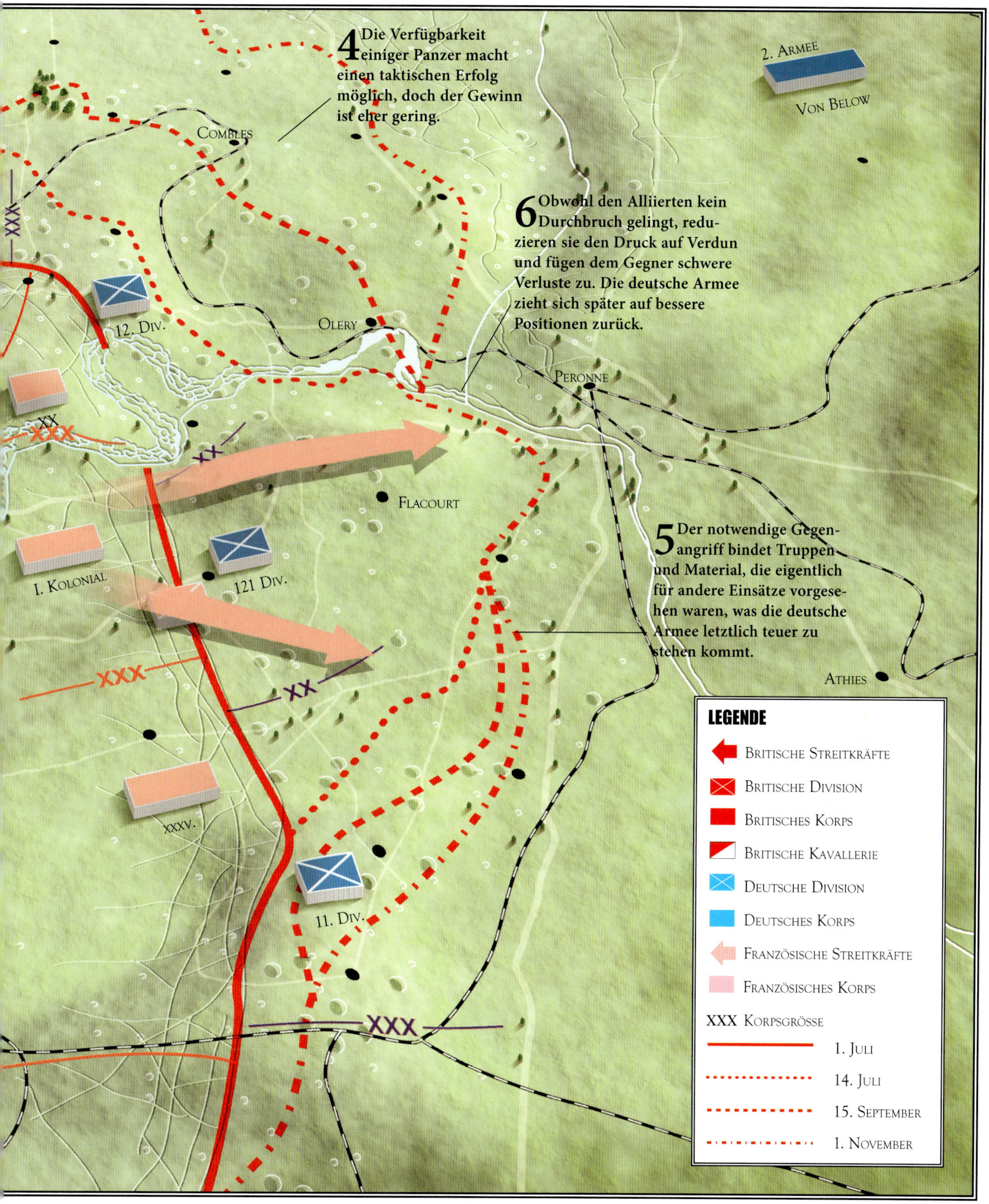
4 Die Verfügbarkeit einiger Panzer macht einen taktischen Erfolg möglich, doch der Gewinn ist eher gering.
6 Obwohl den Alliierten kein Durchbruch gelingt, reduzieren sie den Druck auf Verdun und fügen dem Gegner schwere Verluste zu. Die deutsche Armee zieht sich später auf bessere Positionen zurück.
5 Der notwendige Gegenangriff bindet Truppen und Material, die eigentlich für andere Einsätze vorgesehen waren, was die deutsche Armee letztlich teuer zu stehen kommt.
2. Armee
Von Below
Combles
Olery
Peronne
Flacourt
Athies
12. Div.
121 Div.
11. Div.
I. Kolonial
XXXV.
XXX
XX
LEGENDE
Britische Streitkräfte
Britische Division
Britisches Korps
Britische Kavallerie
Deutsche Division
Deutsches Korps
Französische Streitkräfte
Französisches Korps
XXX Korpsgrösse
1. Juli
14. Juli
15. September
1. November

In Wintermäntel gekleidete italienische Soldaten *ziehen sich im November 1917 nach der entscheidenden Niederlage bei Caporetto auf der Straße von Codroipe nach Udine ungeordnet zurück.*

Isonzoschlacht 1917

DEN HORROR DES STELLUNGSKRIEGS AN DER WESTFRONT IM ERSTEN WELTKRIEG HATTEN SICH WEDER DIE KOMMANDEURE DER ALLIIERTEN NOCH DIE DER MITTELMÄCHTE VORSTELLEN KÖNNEN. DIE ERSTARRTEN LINIEN DER KRIEGSGEGNER ERSTRECKTEN SICH VON DER NORDSEE BIS ZUR SCHWEIZER GRENZE UND VERSCHOBEN SICH BEI DEN WECHSELNDEN OFFENSIVEN KAUM.

Nicht nur im Westen kam es zu einer Pattsituation. Auch im Süden, wo die italienische Armee in einer 650 km langen Frontlinie der Streitmacht von Österreich-Ungarn gegenüberstand, gelang es keiner Seite, im Isonzotal, dem einzigen für Offensivaktionen geeigneten Frontabschnitt, die Oberhand zu gewinnen. Italien war am 23. Mai 1915 in den Krieg eingetreten, und seine Strategen hatten lange einen kühnen Vorstoß nach Österreich-Ungarn durch das Isonzotal geplant. Bei erfolgreicher Umsetzung konnte die italienische Armee nach Norden bis nach Wien vorrücken. Der Vorteil lag aber aufseiten der Verteidiger. Über 96 km floss der Isonzo parallel zur italienischen Grenze

DATEN UND FAKTEN

Wer: General Luigi Cadorna (1850–1928) und eine italienische Armee mit 41 Divisionen gegen eine deutsche und österreichisch-ungarische Armee mit 35 Divisionen unter General Otto von Below (1857–1944).

Was: Die deutschen und österreichisch-ungarischen Truppen führten einen geschickten Angriff gegen die schlecht vorbereiteten italienischen Verteidiger.

Wo: Nahe von Caporetto im heutigen Slowenien.

Wann: 24. Okt.–9. Nov. 1917.

Warum: Die Mittelmächte gingen in die Offensive, um Druck von den österreichisch-ungarischen Truppen zu nehmen.

Ergebnis: Die Italiener erlitten eine verheerende Niederlage und enorme Verluste: 11 000 wurden getötet, 20 000 verwundet und 265 000 gefangen genommen.

durch Österreich-Ungarn. An beiden Ufern wurde er, von den Alpenpässen bis zur Adria, von hohen Bergen eingerahmt, und bei schwerem Regen kam es zu Überschwemmungen. Der italienische General Luigi Cadorna stand vor einer großen Herausforderung. Um das Tal zu passieren, mussten die gegnerischen Einheiten vertrieben werden, die die Berge an beiden Talflanken verteidigten.

Zwei Jahre versuchten die Italiener, dem Feind die Kontrolle über das Isonzotal zu entreißen. Cadorna griff die Verteidigungsstellungen des Gegners insgesamt elfmal an. Beide Seiten kämpften erbittert, es gab kaum Geländegewinne, dafür Hunderttausende Opfer. Von Zeit zu Zeit kamen die Militärstrategen der Mittelmächte zu dem Schluss, dass oft der Angriff die beste Verteidigung ist – so auch 1917 in Caporetto.

Die Herbstoffensive war eine kühn geplante koordinierte Aktion. Zwei österreichische Armeen unter General Svetozar Borojevic (1856–1920) sollten italienische Stellungen an der Ostseite einer Frontausbuchtung angreifen, die sie auf dem hart erkämpften Bainsizza-Plateau besetzt hielten. Die neu gebildete 14. Armee, zu der sechs frische deutsche und neun österreichische Divisionen gehörten, wurde von dem deutschen General Otto von Below geführt. Sie sollte die nordöstliche Schulter der Frontausbuchtung von den nahen Alpen her angreifen. Im Zentrum dieses Angriffs von zwei Seiten lag das Dorf Caporetto.

AUS DEM NEBEL

Am 24. Oktober 1917 um 2 Uhr zerriss der Donner der deutschen und österreichisch-ungarischen Artillerie die frühmorgendliche Stille. Das Schlachtfeld war vom Morgennebel und dem Rauch des Geschützfeuers eingehüllt, als die Hauptangriffe der Deutschen und der Österreicher um 6.30 Uhr begannen. Die Italiener in den vorgeschobenen Stellungen sahen nur Silhouetten und konnten die auf sie zu stürmenden Soldaten nicht genau identifizieren. Viele italienische Frontstellungen wurden schnell überrannt. Die Deutschen setzten auch Stoßtrupps ein, deren Soldaten speziell für schnelle Angriffe trainiert waren.

Chaos brach aus, als die italienischen Soldaten in ihren Gräben niedergeschossen wurden, sich ergaben oder ihre Waffen einfach wegwarfen und flohen. Am ersten Tag drangen die Deutschen und Österreicher 22 km weit vor. Im Lauf einer Woche hatten sie Udine eingenommen, wo Cadorna noch kurz zuvor sein Hauptquartier hatte. Am Ende des Monats erreichten sie den Fluss Tagliamonte und stoppten erst, als sie erstaunliche 113 km zurückgelegt hatten, weil ihre Nachschublinien zu lang waren und schwerer Regen und fehlende Motorfahrzeuge ihre Mobilität einschränkte. Cadornas Zentrum brach zusammen, und er zog sich zurück. Anfang November konnte er sich am Ufer der Piave, nur rund 32 km von Venedig entfernt, gerade noch halten. Großbritannien und Frankreich zogen von anderen Frontabschnitten Truppen zur Unterstützung der Italiener ab.

Die Offensive hatte die kühnsten Erwartungen ihrer Kommandeure übertroffen. Die italienische Seite beklagte rund 11 000 Tote, 20 000 Verwundete und 275 000 Gefangene, manche Schätzungen gehen sogar von 500 000 Gefangenen aus. Auf deutscher Seite wurden etwa 20 000 Mann getötet oder verwundet. Cadorna wurde entlassen und durch General Armando Diaz (1861–1928) ersetzt, der die gebeutelte Armee neu aufbauen sollte. Nach dem Gefecht wurde der junge Oberleutnant Erwin Rommel (1891–1944), Kommandeur einer Gebirgsjägerkompanie, mit dem Pour le Mérite, einem der höchsten deutschen Orden ausgezeichnet. Er erhielt ihn für seinen Einsatz bei der Einnahme des Monte Matajur und die Gefangennahme von 3000 Italienern. 25 Jahre später wurde Rommel im Zweiten Weltkrieg als Kommandeur des Afrikakorps berühmt.

Der Sieg der Mittelmächte bei Caporetto war spektakulär. Doch auch für die Alliierten ergab sich daraus eine positive Entwicklung. Das Desaster führte zu einem Treffen in Rapallo mit der Gründung des Obersten Kriegsrats zur Koordination von Kommandos und Zusammenarbeit der alliierten Armeen.

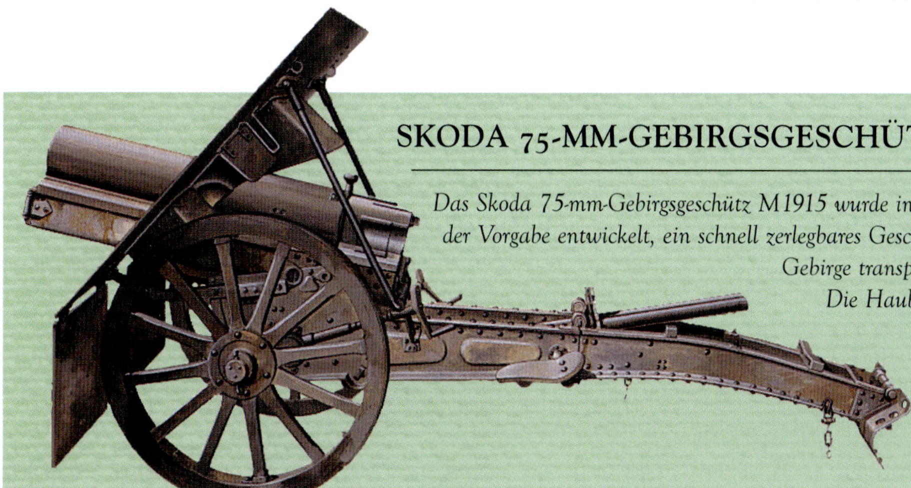

SKODA 75-MM-GEBIRGSGESCHÜTZ M1915

Das Skoda 75-mm-Gebirgsgeschütz M1915 wurde in dem tschechischen Waffenkonzern unter der Vorgabe entwickelt, ein schnell zerlegbares Geschütz zu konstruieren, das von Maultieren im Gebirge transportiert und dort eingesetzt werden konnte. Die Haubitze bewährte sich und wurde zur Hauptstütze der österreichisch-ungarischen Truppen im Ersten Weltkrieg. Auch bei der letzten Isonzoschlacht bei Caporetto kam sie zum Einsatz.

NACH EINEM LUFTANGRIFF *steigen Rauchsäulen aus dem polnischen Vorposten der Westerplatte auf. Im Vordergrund liegt das deutsche Schlachtschiff Schleswig-Holstein, das Unterstützungsfeuer liefert.*

Überfall Polens 1939

MIT DEM ÜBERFALL POLENS AUF DER HALBINSEL WESTERPLATTE BEI DANZIG BEGANN DER ZWEITE WELTKRIEG. DIE DURCH DEN HAFENKANAL VON DER STADT DANZIG (GDANSK) GETRENNTE BEWALDETE LANDZUNGE WURDE IN DEN ZWISCHENKRIEGSJAHREN ALS POLNISCHER VORPOSTEN AUSGEBAUT.

Die Polen waren mit einem 75-mm-Feldgeschütz, zwei 37-mm-Panzerabwehrkanonen, vier Mörsern und mehreren mittelschweren MGs ausgerüstet, verfügten aber nicht über starke Befestigungsanlagen. Im Herbst 1939 waren im polnischen Stützpunkt auf der Westerplatte 182 Soldaten stationiert, die einem Angriff zwölf Stunden lang standhalten sollten. Durch den Versailler Vertrag unterstand die Freie Stadt Danzig dem Schutz des Völkerbundes. Polen besaß dort ein eigenes Postamt und besondere Hafenrechte. Ab 1924 hatte Polen das Recht, auf der schmalen, flachen Landzunge Westerplatte ein Munitionsdepot mit Verteidigungsbunkern von rund einem viertel Quadratkilometer Fläche zu unterhalten.

DATEN UND FAKTEN

Wer: Major Henryk Sucharski (1898–1946) leitete den Widerstand des kleinen polnischen Stützpunktes gegen die überlegenen deutschen Marine- und Polizeitruppen. Bei den Deutschen führten Konteradmiral Gustav Kleikamp (1896–1952) und General Friedrich Eberhardt (1892–1964) das Kommando.

Was: Mit dem Angriff am Morgen des 1. September beginnt der Zweite Weltkrieg.

Wo: Mündung der Weichsel nördlich von Danzig (Gdansk).

Wann: 1.–7. September 1939.

Warum: Hitler war trotz des 1934 getroffenen Nichtangriffspakts entschlossen, Polen zu erobern.

Ergebnis: Der unerwartet hartnäckige Widerstand auf der Westerplatte verzögerte die Besetzung der benachbarten polnischen Küste durch die Deutschen.

DIE SCHLESWIG-HOLSTEIN

Das zwischen 1905 und 1908 gebaute Linienschiff blieb auch nach 1919 in Dienst, als die meisten Schiffe der Kaiserlichen Marine versenkt wurden. Nach verschiedenen Modernisierungen (1925/26, 1930/31 und 1936) diente die Schleswig-Holstein als Schulschiff. Das Schiff mit einer Verdrängung von 13 454 t, 126 m Länge und 22,2 m Breite hatte einen Tiefgang von 8,25 m. Die Bewaffnung bestand aus vier 280-mm-Geschützen, zehn 150-mm-Geschützen, vier 88-mm- und vier 20-mm-Flugabwehrkanonen. Die Besatzung war für den Einsatz gegen die Westerplatte um einen Marinestoßtrupp mit 225 Mann und eine Flugabwehreinheit mit 60 Mann aufgestockt worden. Insgesamt waren am 25. August 1939 1197 Mann an Bord der Schleswig-Holstein, davon 907 reguläre Besatzungsmitglieder.

Das Kommando führten Major Henryk Sucharski und sein Stellvertreter Kapitän Dabrowski. Auf deutscher Seite kämpfte die SS-Heimwehr „Danzig" mit 1500 Mann unter Führung von General Friedrich Eberhardt. Für den ersten Angriff auf das Depot standen 225 Soldaten eines Marinestoßtrupps unter Leutnant Henningsen bereit. Das Oberkommando lag bei Konteradmiral Gustav Kleikamp, der sich mit dem 1906 gebauten Schiff Schleswig-Holstein offiziell auf einem Freundschaftsbesuch in Danzig befand. Sein Schiff war am Morgen des 25. August im Neufahrwasser im südlichen Hafenbereich vor Anker gegangen – nur rund 150 m von der Westerplatte entfernt. Zur Verbesserung der Schussposition auf die Westerplatte verlegte Kleikamp sein Schiff am 26. August weiter flussaufwärts.

DER ANGRIFF BEGINNT

Am Freitag, dem 1. September, feuerte die Schleswig-Holstein um 4.48 Uhr aus ihren schweren Geschützen acht Granaten auf den südlichen Teil der Westerplatte ab. Der Zweite Weltkrieg hatte begonnen. Sucharski funkte an die Halbinsel Hela: „SOS – wir werden beschossen." Acht Minuten später griff Henningsen mit drei Zügen der Marinestoßtruppen an, während Pioniere das Eisenbahntor des Schutzzauns sprengten. Ab da liefen die Dinge schlecht für die Deutschen. Die Polen gingen zum Gegenangriff über, hielten in mehrstündigem Kampf die Stellung und fügten dem Feind schwere Verluste zu. Bis Mittag hatten die Deutschen hier 82 Mann verloren, aber die Westerplatte war immer noch nicht eingenommen. Im Zentrum von Danzig hatten sie allerdings in einer blutigen Aktion die Verteidiger der polnischen Post niedergekämpft. Der Schlag gegen die Westerplatte war dagegen ein Fiasko.

In den kommenden Tagen unternahmen die Deutschen angeblich keine ernsthaften Vorstöße auf das bewaffnete Depot, doch für die übermüdeten, hungrigen und strapazierten Verteidiger schienen die deutschen Angriffe nicht aufzuhören.

Eberhardt überzeugte den deutschen Befehlshaber General Fedor von Bock (1880–1945), dass ein Landangriff aussichtslos war. Von Bock, der das Fiasko miterlebt hatte, stimmte deshalb einem Angriff der Luftwaffe am nächsten Tag mit 60 Sturzkampfbombern auf die Garnison zu. Auf der Westerplatte gab es keine Flugabwehrgeschütze, und bei den Angriffen wurden lebenswichtige Vorratslager zerstört.

Am 5. September berief Sucharski eine Lagebesprechung ein und drängte, die Westerplatte aufzugeben. Sein Stellvertreter Dabrowski sprach sich entschieden dagegen aus. Sucharski befahl daraufhin seinen Männern, genauso verbissen wie bisher weiterzukämpfen. Die Schlacht ging weiter. Am 6. September um 3 Uhr versuchten die Deutschen, die Halbinsel mit einem mit Brandmitteln beladenen Eisenbahnwaggon anzugreifen. Doch der Lokführer koppelte ihn zu früh ab, und der Waggon kam nicht bis zum Öllager innerhalb der polnischen Linien. Hätte er es bis dorthin geschafft, wäre der als Sichtschutz so wichtige Wald in Flammen aufgegangen. Ein erneuter deutscher Versuch am Nachmittag schlug ebenfalls fehl.

Sucharski hielt am Abend des 6. September eine zweite Lagebesprechung ab. Er wollte den Kampf nicht weiterführen. Die deutsche Armee stand vor Warschau, und es gab erste Fälle von Wundbrand bei den Verwundeten. Um 4.30 Uhr eröffneten die Deutschen erneut das Feuer auf die Westerplatte, das bis 7 Uhr andauerte. Hinter der Feuerwalze rückten deutsche Sturmtruppen vor. Die Polen konnten den Angriff zurückschlagen, mussten aber nach der Zerstörung ihrer Verteidigungsanlagen um 9.45 Uhr die weiße Flagge hissen. Die erschöpfte Garnison verließ um 11.33 Uhr vorbei an den in einer Ehrenformation angetretenen Wehrmachtssoldaten die Westerplatte. Der Weiße Adler Polens hatte kapituliert.

EIN DORF AM UFER DES NARVIK-FJORDS *steht nach dem Beschuss durch die alliierten Seestreitkräfte im Mai 1940 in Flammen.*

Narvik 1940

ANFANG APRIL 1940 KAM ES ZU EINEM WETTLAUF DER KRIEGSGEGNER, WER ALS ERSTER DEN STRATEGISCH WICHTIGEN HAFEN NARVIK IN NORDNORWEGEN UNTER SEINE KONTROLLE BRINGEN KONNTE – DEUTSCHLAND ODER DIE ALLIIERTEN? AM 9. APRIL LANDETE GENERALMAJOR EDUARD DIETL ÜBERRASCHEND MIT 2000 GEBIRGSJÄGERN IN NARVIK.

Die Briten reagierten schnell und mit Nachdruck auf die Landung der Deutschen und die Besetzung Narviks. Die Royal Navy versenkte die meisten der deutschen Schiffe im Umkreis des Hafens (acht deutsche Zerstörer bei einem einzigen Angriff). Dietls Truppe war nun völlig abgeschnitten, und Hitler wollte sie zurückziehen. Dietl war jedoch nicht untätig gewesen, er formierte um Narvik sowie entlang der Ofot-Eisenbahnlinie nach Schweden eine Verteidigungslinie. Aus dem „neutralen" Schweden wurde er mit Nachschub und Informationen versorgt.

Am 16. April teilte der britische Kommandeur General Pierse Mackesy dem Kabinett in London mit, dass er nicht

DATEN UND FAKTEN

Wer: Deutsche und österreichische Gebirgsjäger unter Führung von Eduard Dietl (1890–1944) standen einer alliierten Streitmacht unter Führung von General Pierse Mackesy (1883–1956) und später General Claude Auchinleck (1884–1981) gegenüber.

Was: Die Alliierten eroberten Narvik am 28. Mai zurück.

Wo: Der eisfreie Ausfuhrhafen für Eisenerz Narvik in Nordnorwegen.

Wann: 9. April–7. Juni 1940.

Warum: Hitler wollte sich für den Krieg gegen Großbritannien die strategisch wichtige Küste Norwegens sichern.

Ergebnis: Die Rückeroberung von Narvik änderte nichts am Ausgang der Schlacht um Norwegen oder dem Schicksal der Alliierten auf dem Kontinent nach Hitlers Einmarsch in Frankreich.

nach Narvik vorrücken könne. Am nächsten Tag nahm Hitler den Befehl zur Evakuierung von Dietls Truppe zurück. Anstatt Dietls isolierte Kampftruppe aus Narvik zu vertreiben, konzentrierten sich die Alliierten zunächst darauf, den Süden Norwegens zu halten. Ende April zählte die Allied Expeditionary Force (AEF) unter Admiral Lord Cork (1873–1967) rund 30 000 Mann, darunter vier französische Gebirgsjägerbataillone der Chasseurs Alpins und der polnischen Gebirgstruppen sowie zwei Bataillone der Fremdenlegion. In einer Serie von lokalen Attacken erhöhten sie den Druck auf Dietls Männer.

Im Mai beschlossen der britische Kommandeur Field-Marshal Claude Auchinleck und Antoine Béthouart (1889–1982), der französische Kommandeur der 1. Division der Chasseurs, Narvik mit vier Sturmspitzen einzunehmen. Am 27. Mai um 23.45 Uhr begann die alliierte Flotte, die Landungsabschnitte zu beschießen. Auf Narvik, Ankenes, Fagernes und die übrige Küste ging ein Granathagel nieder, bis die Holzhäuser dort in Flammen standen und dichter Rauch die Küste einhüllte. Um 12.15 Uhr landeten die Legionäre direkt vor der mit 50 Mann besetzten Artilleriestellung der Kompanie Nöller, wo es zu einem heftigen Kampf Mann gegen Mann kam. Die zahlenmäßig stark unterlegenen Marinesoldaten zogen sich hangaufwärts zum Bahndamm zurück. Die Legionäre blieben ihnen dicht auf den Fersen und brachten trotz heftigen Widerstands das Eisenbahnareal unter ihre Kontrolle. Aus einem Tunnel in der Nähe feuerte ein deutsches Geschütz. Die Legionäre zogen ein französisches Geschütz den Hang hoch und feuerten damit so lange auf die Tunnelöffnung, bis das deutsche Geschütz ausgeschaltet war.

HEFTIGER WIDERSTAND

In Orneset landete inzwischen ein norwegisches Bataillon und stieß zu den Legionären, um gemeinsam die Höhe 457 anzugreifen, wo sich die deutschen Gebirgsjäger und Marinesoldaten verschanzt hatten. Diese leisteten erbitterten Widerstand, und die Alliierten erlitten hohe Verluste. Um 4 Uhr morgens gerieten die Polen bei Ankenes unter heftigen deutschen Beschuss, während das 2. Bataillon der Legion noch nicht jenseits des Rombaksfjords gelandet war.

Eine halbe Stunde später griffen deutsche Bomber die alliierte Flotte an. Sie musste sich zurückziehen und das Unterstützungsfeuer für die AEF einstellen. Sofort stürmten zwei deutsche Kompanien die Höhe 457 hinab – die Alliierten gerieten in Gefahr, ihren Brückenkopf zu verlieren. In Ankenes war die linke Flanke der Polen in Bedrängnis. Béthouarts Stabschef starb, als zwei Landungsboote von den Deutschen versenkt wurden. Die Sache sah nicht gut aus.

Um 6 Uhr vertrieben britische Hurricane-Jäger die Maschinen der Luftwaffe vom Schlachtfeld, und das 2. Bataillon ging endlich bei Taraldsvik an Land. Gemeinsam drängten Legionäre und Norweger den Feind zurück. Sie nahmen die Höhe 457 ein, die nun mit Kratern und Leichen bedeckt war. Das 2. Bataillon und die Norweger trieben die Deutschen entlang der Ofoten-Eisenbahnlinie zurück. Gleichzeitig drängten die Chasseurs Alpins im Verbund mit Norwegern die Deutschen am Nordufer des Rombaksfjords in Richtung Hundal. Das 2. Polnische Bataillon eroberte Nybord, von wo es Ankenes beschießen konnte. In Narvik geriet Major Häussel mit seiner 400 Mann starken Truppe aus Marineinfanteristen und Gebirgsjägern in Bedrängnis, denn die Munition wurde knapp und die Verbindung zu Dietls Hauptquartier war unterbrochen. Häussel entschloss sich zum Abzug aus Narvik entlang der noch offenen Straße am Beisfjord. Kleinere deutsche Gruppen kämpften noch am Hügel 457 und in Fagernes weiter. Am Nachmittag zogen die von Béthouart angeführten alliierten Truppen im gerade befreiten Narvik ein. Der Triumph währte nur kurz, denn am 7. Juni zogen sich die Alliierten aus Narvik zurück und nahmen den norwegischen König und die Regierung mit nach Großbritannien ins Exil. Bereits 1941 wurden von Narvik aus 612 000 t Eisenerz nach Deutschland geliefert. Alles war umsonst gewesen.

NORWEGISCHE STREITKRÄFTE (1940)

Auf dem Papier verfügte die norwegische Armee im Mobilisierungsfall über 100 000 Mann, die in sechs regionale Divisionen aufgeteilt waren. Eine davon stand unter dem Kommando von General Carl Fleischer (1883–1942) in Harstad. Die grüne Uniform stammte aus dem Jahr 1912, die Standardbewaffnung war das Gewehr Krag-Jørgensen 1894. Die Armee ohne professionelle Kerntruppe besaß keine Panzer, nur einige Panzerwagen. Die bereits am 9. April ausgeschaltete norwegische Luftwaffe bestand lediglich aus 940 Mann und 76 Flugzeugen (meist Gloster-Gladiator-Doppeldeckern). Die Marine verfügte über 113 Schiffe, darunter die Küstenpanzerschiffe Eidsvold und Norge.

NIEDERGESCHLAGEN *ergeben sich diese norwegischen Soldaten den Deutschen.*

Mai 1940: *Nach der Evakuierung der Stadt durch die französische Armee passiert eine Kolonne deutscher Panzer I und II die Panzerabwehrbarrikaden in Sedan.*

Frankreichfeldzug – Sedan 1940

DIE EROBERUNG FRANKREICHS UND DER NIEDERLANDE IM SOMMER 1940 WAR EIN TRIUMPH DER DEUTSCHEN LUFT- UND LANDSTREITKRÄFTE, DER MIT DER NIEDERLAGE DER FRANZÖSISCHEN, NIEDERLÄNDISCHEN UND BELGISCHEN STREITKRÄFTE ENDETE. NACH DEM ERFOLGREICHEN POLENFELDZUG IM SEPTEMBER 1939 SETZTE HITLER BEIM FALL GELB AUF MOBILITÄT UND SCHNELLIGKEIT.

Hitlers Westfeldzug begann am 10. Mai 1940 höchst spektakulär. Luftlandetruppen eroberten das belgische Fort Eben Emael, während sieben Panzerdivisionen mit 2270 Panzerfahrzeugen unbehelligt durch Luxemburg auf die nur schwach verteidigten Ardennen vorrückten, und so die Maginot-Linie an der deutsch-französischen Grenze umgingen, die als unüberwindbar galt.

DATEN UND FAKTEN

Wer: Die deutschen Generäle Gerd von Rundstedt (1875–1953), Erich von Manstein (1887–1973) und Heinz Guderian (1888–1954) gegen den Oberbefehlshaber der Franzosen General Maurice Gamelin (1872–1958), dann seinen Nachfolger Maxime Weygand (1867–1965).

Was: Die Blitzkrieg-Taktik, basierend auf der engen Zusammenarbeit von Panzern mit Artillerie und Stukas, war sehr erfolgreich.

Wo: Von der französischen Maginot-Linie im Osten zur Kanalküste.

Wann: 10. bis 28. Mai 1940.

Warum: Hitler wollte Frankreich und Großbritannien ausschalten, um sich auf den Angriff auf die Sowjetunion zu konzentrieren.

Ergebnis: Das Zentrum der französischen Streitkräfte wurde zerschlagen.

ERICH VON MANSTEIN

Erich von Manstein (1887–1973), der Architekt des Blitzkriegs, wurde nach dem Frankreichfeldzug am 19. Juli 1940 zum General der Infanterie befördert. 1941/42 befehligte er die 11. Armee bei der Eroberung der Krim. Ende 1942 versuchte er mit der Heeresgruppe Don, die bei Stalingrad eingekesselten Truppen zu befreien, musste sich aber zurückziehen. Die zunehmend prekäre militärische Lage an der Ostfront führte zu Auseinandersetzungen über strategische Fragen mit Hitler. 1944 entzog der Führer von Manstein das Kommando. Dem Widerstand innerhalb der Wehrmacht schloss dieser sich aber nicht an. 1948 wurde er vor einem Militärgericht als Kriegsverbrecher angeklagt und nach mehreren Jahren Haft 1953 entlassen. Später beriet er die deutsche Bundesregierung in militärischen Fragen. Er starb am 10. Juni 1973 in Irschenhausen bei München.

In den frühen Morgenstunden der Operation überquerten die Panzer von General Erwin Rommel (1891–1944), dem Kommandeur der 7. Panzerdivision, im Süden die belgische Grenze. Ziel war die 105 km entfernte Maas bei Dinant. Auch an anderen Stellen rollten deutsche Panzer über die luxemburgische Grenze. General Heinz Guderian (1888–1954), der Kommandeur des als Angriffskeil fungierenden XIX. Korps, hatte ein vorrangiges Ziel im Auge – die Kanalküste. Der Plan sah vor, die British Expeditionary Force (BEF) zusammen mit der 1. und 7. Französischen Armee von den alliierten Kräften abzuschneiden und an der Kanalküste einzukesseln.

PANZERVORSTOSS

Am 12. Mai hatte Guderians Korps Bouillon im Westen der belgischen Provinz Luxemburg erobert. Es überquerte die französische Grenze nördlich von Sedan. Guderian ließ seine drei Panzerdivisionen bei Sedan über die Maas übersetzen, ohne auf die nachrückende Infanterie als Flankensicherung zu warten. Die Luftwaffe hielt den Feind nieder, während Guderians Einheiten im Süden ihren Brückenkopf bis zum Abend des 14. Mai auf 48 km Breite erweiterten. Man trieb einen Keil zwischen die 2. und 9. Französische Armee, und Guderians Panzerkorps nutzte die Bresche, um sich zum Vormarsch auf die Kanalküste zu formieren.

Beim weiteren Vorstoß der Deutschen zeigte sich die schlechte Koordination zwischen den französischen Infanterie- und Panzereinheiten. Trotzdem hatten die 6. und 8. Panzerdivision mit MG-Überfällen zu kämpfen. Sie behinderten auch die Arbeit der Pioniere, die bei Monthermé in einem besonders zerklüfteten Abschnitt der Ardennen eine Pontonbrücke errichteten. Zusammengezogene deutsche Panzerverbände sicherten die Stellung nach heftigen Kämpfen.

Weiter nördlich erreichte Rommels 7. Panzerdivision die Maas unterhalb der Stadt Dinant, geriet aber unter heftigen Beschuss der französischen Artillerie. Rommels Sorge galt seinen motorisierten Infanterieeinheiten, die den Fluss mit Schlauchbooten überwinden sollten. Um das Manöver zu kaschieren, ließ er Häuser auf der deutschen Seite anzünden. Der Rauch zog über den Fluss, und Rommels Angriffstruppen konnten so geschützt einen Brückenkopf errichten. Die überraschten französischen Reservisten leisteten kaum Gegenwehr.

AUF DEM WEG NACH PARIS

Am 14. Mai kamen erstmals alliierte Truppen mit den durch Belgien eindringenden Deutschen in Kontakt. Guderians rascher Vorstoß löste in Berlin die Besorgnis aus, ohne Infanterieunterstützung könne er bei einem Gegenangriff abgeschnitten werden. Tatsächlich waren aber die Alliierten in Gefahr, umfasst zu werden. Am nächsten Tag erhielt der britische Premierminister Winston Churchill (1874–1965) einen verzweifelten Telefonanruf des französischen Ministerpräsidenten Paul Reynaud: „Wir sind geschlagen ... Der Weg nach Paris ist frei." Mit rasch bei der Stadt Montcornet nördlich von Paris zusammengezogenen Kräften unternahm Colonel Charles de Gaulle (1890–1970) drei Gegenangriffe, die fast Guderians vorgerücktes Hauptquartier erreichten, jedoch zurückgeschlagen wurden. Um Dünkirchen errichtete man eine provisorische Verteidigungslinie, hinter die sich Briten und Franzosen zurückziehen konnten.

Die Lage in Europa verschlechterte sich. Die große Sorge war, wie die alliierten Kräfte der Vernichtung bei Dünkirchen entgehen konnten. Am 21. Mai lieferten sich vier Bataillone bei Arras schwere Kämpfe mit der 7. Panzerdivision und der SS-Division „Totenkopf". Die Deutschen verloren 700 Mann und 20 Panzer. Doch zwei Tage später drangen die deutschen Panzerverbände bis zur Kanalküste vor. Die BEF war abgeschnitten und besaß nur noch wenig Munition. Noch ernster wurde die Lage durch die Kapitulation der belgischen Armee am 28. Mai. Vom 27. Mai bis zum 4. Juni evakuierten die Briten die Alliierten über den Kanal, die bei Dünkirchen eingeschlossen waren. Dabei half ihnen ein zeitweiliger Stopp der Panzeroffensive, der von Hitler und General Gerd von Rundstedt (Oberbefehlshaber des Westfeldzugs) angeordnet wurde. Man hat verschiedenste Begründungen für Hitlers Befehl angeführt. Möglicherweise waren es Hinweise auf das für Panzer gefährliche Sumpfgelände an der Küste oder der Rückschlag bei Arras oder von Rundstedts Wunsch, die Truppen vor dem Vormarsch auf Paris neu zu formieren.

FRANKREICHFELDZUG – SEDAN

1 Am 12. Mai rückt von Rundstedts Heeresgruppe A mit sieben Panzerdivisionen durch die nur schwach verteidigten Ardennen vor. Bei Sedan, 14 km südwestlich der belgischen Grenze, wird am rechten Ufer der Maas der entscheidende Brückenkopf errichtet.
4 Am Abend des 13. Mai sichern die deutschen Panzereinheiten von Dinant bis Sedan vier Brückenköpfe über die Maas. Die französischen Bunker auf dem Westufer der Maas sind nur mit Reservisten besetzt.
SEDAN
MAAS
5 Am 14. Mai überqueren zwei Panzerdivisionen des XIX. Panzerkorps von General Heinz Guderian die Maas über eine Pontonbrücke, die in der Nacht errichtet worden war. Am Abend befinden sich die Franzosen im ungeordneten Rückzug, während den Deutschen der Durchbruch bei Sedan gelingt.
LEGENDE
Deutsche Truppenbewegungen
Deutsche Einheiten
Französische Einheiten

MUTIGE MÄNNER DER LONDONER FEUERWEHR *versuchen ein Feuer zu löschen, das im September 1940 durch eine deutsche Brandbombe entfacht wurde.*

Luftschlacht um England 1940

DIE DEUTSCHEN HATTEN FRANKREICH UND DIE BENELUXSTAATEN IN KÜRZESTER ZEIT BESETZT. NICHT NUR IM OSTEN, AUCH IM WESTEN WAR DIE WEHRMACHT IN DIESER ANFANGSPHASE DES ZWEITEN WELTKRIEGS ÄUSSERST ERFOLGREICH. ALS DEUTSCHE TRUPPEN ÜBER DIE CHAMPS-ÉLYSÉES IN PARIS PARADIERTEN, PLANTEN HITLER UND SEINE GENERÄLE BEREITS DIE INVASION IN GROSSBRITANNIEN.

Das Oberkommando der Wehrmacht plante, kaum dass die Vorherrschaft über Westeuropa gesichert war, unter dem Codenamen „Seelöwe" die Invasion Großbritanniens. Voraussetzung für eine erfolgreiche Invasion war die Lufthoheit. Knapp drei Wochen nach der Kapitulation Frankreichs schickte Reichsmarschall Hermann Göring seine Luftwaffe los, um der RAF die Herrschaft über den

DATEN UND FAKTEN

Wer: Die deutsche Luftwaffe unter dem Kommando von Reichsmarschall Hermann Göring (1893–1946) gegen das Royal Air Force Fighter Command unter Air Chief Marshal Hugh Dowding (1882–1970).

Was: Die Luftwaffe versuchte, zunächst die Royal Air Force auszuschalten; später wurden britische Städte bombardiert.

Wo: Der Luftraum über Großbritannien und Ärmelkanal.

Wann: 10. Juli 1940 bis 10. Mai 1941.

Warum: Zunächst strebten die Deutschen die Lufthoheit an, um die Invasion Großbritanniens abzusichern. Später ging man zur Demoralisierung der Bevölkerung zur Bombardierung ziviler Ziele über.

Ergebnis: Der Luftwaffe gelang es nicht, die RAF in die Knie zu zwingen. Die Invasion wurde abgesagt.

SUPERMARINE SPITFIRE

Die in den 1930er-Jahren von dem britischen Flugzeugkonstrukteur Reginald Mitchell entworfene Supermarine Spitfire absolvierte am 5. März 1936 ihren Erstflug. Die Produktion begann zwei Jahre später. Die Maschine mit einem Merlin-Motor von Rolls-Royce war zunächst mit zwei 20-mm-Kanonen und vier MGs bewaffnet. Die Spitfire war das technologisch fortschrittlichste Jagdflugzeug der RAF während der Luftschlacht um England. Ihre Leistung machte die Spitfire zu einem angemessenen Gegner für die deutsche Messerschmitt Bf-109. Allerdings war sie nur in geringeren Stückzahlen als die ältere Hawker Hurricane verfügbar. Die Spitfire-Geschwader hatten die Aufgabe, die deutschen Jäger in Gefechte zu verwickeln, während die Hurricanes die langsameren Bomber angriffen. Das abgebildete Flugzeug ist eine Spitfire Mk. I der 66. Squadron.

britischen Luftraum abzuringen. Hitler hatte ursprünglich den 15. August als Termin für die Invasion festgesetzt, zuvor sollten die deutschen Flugzeuge beim Kanalkampf britische Schiffe und Häfen attackieren. Göring hatte für das Unternehmen über 750 Jagdflugzeuge, 1300 Bomber und 300 der gefürchteten Stuka Junkers Ju-87 zusammengezogen. Air Chief Marshal Hugh Dowding, Kommandeur des Royal Air Force Fighter Command, standen etwas mehr als 700 Abfangjäger vom Typ Supermarine Spitfire und Hawker Hurricane sowie einige veraltete Maschinen zur Verfügung. In den folgenden vier Wochen kam es täglich zu Luftkämpfen. Die Deutschen konnten einige Handelsschiffe versenken. Die Royal Navy verlegte die meisten ihrer Schiffe und Besatzungen von Dover nach Portsmouth. Der Luftwaffe gelang es aber nicht, die RAF entscheidend zu schwächen, die zudem über Radar verfügte und über vertrautem Gebiet operierte.

DER ADLERTAG UND „THE BLITZ“

In ungebrochener Siegeszuversicht setzte Göring den 13. August 1940 als Adlertag fest. Die zweite Phase der Luftschlacht um England sollte die RAF in die Knie zwingen. Geplant waren die systematische Bombardierung der Flugfelder, die Zerstörung der Radarstationen sowie die Ausschaltung der Flugzeuge. Am Adlertag verloren die Deutschen 46 Maschinen, die RAF 13. Die nächsten Tage waren geprägt von erbitterten Luftkämpfen. Vom Boden aus konnte man die Kondensstreifen der wild umherkurvenden Flugzeuge sehen oder beobachten, wie getroffene Maschinen, eine schwarze Rauchfahne hinter sich herziehend, zu Boden trudelten.

Parallel zu den Tagesangriffen ließ Göring seine Piloten nächtliche Bomberangriffe auf militärische Ziele in Großbritannien fliegen. Große Städte, vor allem London, blieben ausgespart, weil man Vergeltungsangriffe der RAF gegen deutsche Städte fürchtete. Doch in der Nacht des 24. August 1940 kamen einige Luftwaffen-Bomber vom Kurs ab und warfen ihre Bomben über London ab. Bereits in der folgenden Nacht bombardierte die RAF Berlin. Voller Zorn schwor Hitler, britische Städte zu verwüsten.

Am 7. September 1940 ordnete der Führer eine neue Strategie an: Die Luftwaffe sollte mit ihren Bomben London zum Aufgeben zwingen. Eine Woche später gab er das Unternehmen „Seelöwe“ endgültig auf. Der erste nächtliche Großangriff auf London („The Blitz“) forderte über 2000 Tote und Verwundete. Während die Zivilbevölkerung unter den Bombardierungen litt, fand das Fighter Command Zeit, sich zu regenerieren und neu zu formieren. Doch nicht nur London wurde in den kommenden Monaten das Ziel deutscher Bomben. In der Nacht des 14. November 1940 griffen über 400 deutsche Bomber Coventry an. 568 Zivilisten wurden getötet und über 1200 verwundet. Auch Birmingham, Liverpool und Manchester wurden attackiert. Der Strategiewechsel der Deutschen und der Durchhaltewille der britischen Bevölkerung brachten die Wende. Am 10. Mai 1941 flog die Luftwaffe ihren letzten Nachtangriff auf London.

Hitler war über Görings Unfähigkeit, die RAF zu zerstören, verärgert. Sein Hauptaugenmerk galt aber bereits den Vorbereitungen für das Unternehmen „Barbarossa“, dem für den 22. Juni 1941 geplanten Angriff auf die Sowjetunion.

Hitler hatte wohl spätestens im Herbst 1940 erkannt, dass die Luftschlacht um England nicht zu gewinnen war. Premierminister Winston Churchill pries den Durchhaltewillen des britischen Volkes und bezeichnete diese Zeit der Bedrohung und des Leidens als „dessen großartigste Stunde“. Am 20. August 1940 lobte Churchill die unerschrockenen Piloten der Royal Air Force in einer Rede vor dem Unterhaus: „Nie zuvor in der Geschichte des kriegerischen Konflikts verdanken so viele so wenigen so viel.“

DEUTSCHE FALLSCHIRMJÄGER KOMMEN BEIM VORMARSCH *nach der Landung auf Kreta an gefallenen alliierten Soldaten vorbei. Die Luftlandung war ein teuer erkaufter Erfolg der Deutschen.*

Kreta 1941

DER LUFTLANDEANGRIFF DER DEUTSCHEN AUF KRETA BRACHTE ZWAR DIE EROBERUNG DER INSEL, FORDERTE ABER HOHE VERLUSTE. DIE FALLSCHIRMJÄGER ALS ÜBERRASCHUNGSWAFFE VERLOREN DANACH AN BEDEUTUNG – DIE DEUTSCHEN STARTETEN SPÄTER NIE MEHR EINE LUFTLANDEOPERATION DIESES AUSMASSES.

Kreta, eine gebirgige Insel von rund 260 km Länge im Mittelmeer, war Ende April 1941 das letzte griechische Territorium, das in der Hand der Alliierten verblieben war. Die Insel war eine wichtige Marine- und Fliegerbasis der Alliierten, weshalb Hitler am 25. April 1941 mit dem Unternehmen „Merkur" die Invasion auf Kreta anordnete. Wegen logistischer Probleme verschob man den Angriff auf den 20. Mai. Anders als alle anderen Schlachten bisher wurde diese Invasion fast nur von Luftlandetruppen ausgeführt, die General Kurt Student befehligte. Die Commonwealth-Streitkräfte auf Kreta waren im Mai 1941 in fünf voneinander getrennten Verteidigungszonen entlang der Nordküste organisiert. Sie umfassten die drei Flugplätze in Iraklion, Rethymnon und

DATEN UND FAKTEN

Wer: Der Oberkommandierende der „Creforce", Major-General Bernard Freyberg VC (1889–1963), gegen General Kurt Student (1890–1978), den Kommandeur des XI. Fliegerkorps.

Was: Die Deutschen landeten auf Kreta und vertrieben in einem zehntägigen Kampf den Großteil der alliierten Truppen.

Wo: Die Insel Kreta.

Wann: 20. Mai–2. Juni 1941.

Warum: Die Deutschen wollten den freien Zugang zum östlichen Mittelmeer, und Kreta war eine Bedrohung für ihre Operationen in Nordafrika.

Ergebnis: Die Deutschen hielten Kreta bis Ende 1944 besetzt, als die Insel zusammen mit Griechenland und Albanien aufgegeben wurde und Hitler den Rückzug vom Balkan anordnete.

Maleme sowie die Suda-Bucht und den Hafen von Chania. Major-General Bernard Freyberg befehligte die über 40 000 Mann starke Verteidigungstruppe aus britischen und ANZAC-Soldaten sowie griechischen Partisanen. Freyberg stand vor großen Problemen: Seine Truppen waren demoralisiert und erschöpft, es gab kaum funktionstüchtige Panzer, keine Luftverteidigung und nur wenige Funkgeräte. Allerdings war Freyberg durch entschlüsselte deutsche Funksprüche über Students Absichten informiert. Zudem konnte er auf die Unterstützung der Bevölkerung zählen.

Der deutsche Angriff sollte in zwei Wellen erfolgen. Die erste richtete sich gegen Maleme und Chania im Westen, die zweite gegen Rethymnon sowie Iraklion weiter östlich. Insgesamt sollten Flugzeuge und Lastensegler 22 750 Mann für den Angriff absetzen.

AUFBAU EINES BRÜCKENKOPFS

Nach heftigen Stuka-Angriffen entfalteten sich am frühen Morgen des 20. Mai 1941 über Kreta riesige Wolken mit deutschen Fallschirmjägern. Viele von ihnen waren ein leichtes Ziel, als sie auf die alliierten Stellungen herabschwebten. Dutzende der langsamen Lastensegler wurden bereits beim Anflug abgeschossen. Doch die überlebenden Deutschen gruppierten sich schnell und kämpften erbittert. Ein schwerer Schlag für die Alliierten war der Verlust der Höhe 107, einem Hügel im Süden von Maleme mit gutem Ausblick auf den Flugplatz. Südöstlich des Flugfelds konnten sich einige Fallschirmjägerbataillone formieren und nach heftigen Gefechten und trotz eines alliierten Gegenangriffs den Flughafen erobern.

Student war entschlossen, den Brückenkopf in Maleme zu konsolidieren, und ließ in den folgenden zwei Tagen 3200 Gebirgs- und Fallschirmjäger einfliegen. Er stieß auf heftigen lokalen Widerstand, doch die Deutschen kämpften entschlossen und gut organisiert um die Vorherrschaft. Am 25. Mai führten die Neuseeländer unter Colonel Howard Kippenberger einen erfolgreichen Gegenangriff bei Galatas südwestlich von Chania durch. Doch letztlich verzögerte dies nur den Vormarsch der Deutschen, denn Kippenberger bekam nicht genug Nachschub.

Die in Maleme verbliebenen Einheiten mussten sich angesichts weiterer 2000 deutscher Fallschirmjäger ergeben. Die Verteidigung konzentrierte sich nun auf Chania, das aber am 27. Mai fiel.

Weiterer Widerstand gegen die übermächtigen deutschen Luft- und jetzt auch Landstreitkräfte war unmöglich, zumal den alliierten Divisionen inzwischen die Munition ausging. Man traf Vorbereitungen für eine große Evakuierungsaktion der Alliierten, die im Süden zusammengedrängt waren.

Der Rückzug über die Suda-Bucht wurde von eingeflogenen britischen Kommandos abgesichert. Zwischen dem 28. Mai und dem 1. Juni nahm die britische Mittelmeerflotte bei Sfakia an der Südküste der Insel rund 17 000 Mann an Bord. Die Evakuierung erfolgte meist am offenen Strand während der Nacht. Die deutsche Luftwaffe versenkte neun Schiffe.

Nach einem heldenhaften Kampf hatte die junge deutsche Luftlandetruppe Kreta erobert, doch die Bilanz war ernüchternd. Die Deutschen verloren bei den Kämpfen 7000 Mann, darunter mehr als 4000 Tote und Vermisste. Die Truppen der Briten und des Commonwealth beklagten einen Verlust von 23 000 Mann, die meisten davon Gefangene.

Für die Alliierten war Kreta ein einziges Debakel. Auch Hitler war von den deutschen Verlusten so schockiert, dass er die Fallschirmjäger nie mehr für große Luftlandeoperationen, sondern im weiteren Kriegsverlauf meist als Eliteeinheit der Infanterie einsetzte.

GENERAL KARL STUDENT

General Kurt Student (1890–1978, im Bild rechts), der im Ersten Weltkrieg Jagdpilot gewesen war, wurde im Jahr 1936 von Göring mit dem Aufbau der Fallschirmjägertruppe der Luftwaffe beauftragt, die später auf rund 4500 Mann aufgestockt wurde. Nach der Evakuierung aus Kreta kämpfte Students Truppe meist als Infanterie. Student selbst erhielt für den Einsatz keinerlei Auszeichnungen. 1946 kam Student vor ein alliiertes Kriegsgericht. Die acht Anklagepunkte betrafen verschiedene Kriegsverbrechen auf Kreta, unter anderem die Erschießung britischer Kriegsgefangener. Schließlich wurde er zu fünf Jahren Haft verurteilt. Griechenland verlangte später von Deutschland seine Auslieferung, doch die wurde verwehrt. Student wurde 88 Jahre alt.

ALLE ÜBERLEBENDEN AUS STUDENTS TRUPPE *erhielten das Eiserne Kreuz. Er selbst sagte: „Kreta war das Ende der deutschen Fallschirmjägertruppen."*

FAIREY-SWORDFISH-TORPEDOBOMBER *sind bei stürmischer See auf dem Flugdeck des Flugzeugträgers HMS Victorious vertäut. Diese altertümlichen Doppeldecker sollten die Bismarck stoppen.*

Jagd auf die Bismarck 1941

IM SOMMER 1941 ENTWICKELTE SICH DIE ATLANTIKSCHLACHT FÜR GROSSBRITANNIEN ZU EINEM ÜBERLEBENSKAMPF. NEBEN DEN DEUTSCHEN U-BOOTEN, DIE GELEITZÜGE ANGRIFFEN UND HANDELSSCHIFFE MIT WICHTIGER LADUNG VERSENKTEN, WAREN AUCH DIE ÜBERWASSERSCHIFFE DER KRIEGSMARINE EINE ERNSTE BEDROHUNG.

Von Januar bis April 1941 gingen alliierte Schiffe mit insgesamt 610 000 BRT verloren. Im Mai wurden dann die schlimmsten Befürchtungen der britischen Admiralität wahr. Das 42 800 t schwere Schlachtschiff Bismarck lichtete die Anker und fuhr in Richtung Atlantik. Zusammen mit dem schweren Kreuzer Prinz Eugen sollte das gewaltige Schlachtschiff mit seinen acht 380-mm-Geschützen gegen alliierte Handelsschiffe vorgehen. Admiral John Tovey, Kommandeur der britischen Home Fleet (Heimatflotte) in Scapa

DATEN UND FAKTEN

Wer: Einheiten der britischen Royal Navy unter Admiral John Tovey (1885–1971) gegen das deutsche Schlachtschiff Bismarck und den Kreuzer Prinz Eugen unter Admiral Günther Lütjens (1889–1941).

Was: Die Bismarck und die Prinz Eugen versuchten, alliierte Handelsschiffe anzugreifen, wurden aber von der Royal Navy gestellt.

Wo: Der Nordatlantik im Bereich der Routen der alliierten Konvois.

Wann: 18. bis 27. Mai 1941.

Warum: Die Deutschen hofften, durch die Versenkung alliierter Handelsschiffe den Nachschub für Großbritannien abzuschneiden.

Ergebnis: Die Royal Navy versenkte die Bismarck. Die Kriegsmarine war danach keine ernste Bedrohung mehr für alliierte Geleitzüge im Atlantik.

Flow erkannte die Gefahr und zog seine verstreuten Einheiten zusammen, um die Bismarck zu versenken. Admiral Günther Lütjens, Flottenchef an Bord der Bismarck, wusste, dass seine Manöver von dem schwedischen Kreuzer Gotland und schwedischen Flugzeugen beobachtet worden waren. Am 21. Mai fotografierte ein britisches Aufklärungsflugzeug das deutsche Schlachtschiff.

Lütjens, entschlossen, auf offene See zu entkommen, wählte die Dänemarkstraße als eine der drei möglichen Routen. Dicht gefolgt von den britischen Kreuzern Suffolk und Norfolk wurden die Bismarck und die Prinz Eugen im Morgengrauen des 24. Mai von dem nagelneuen Schlachtschiff HMS Prince of Wales und dem ehrwürdigen Schlachtkreuzer HMS Hood angegriffen. Die 1918 vom Stapel gelaufene Hood war der Bismarck von der Feuerkraft her ebenbürtig, allerdings wesentlich schwächer gepanzert, denn ihre Konstrukteure hatte mehr Wert auf deren Geschwindigkeit gelegt. Kurz nach Gefechtsbeginn durchschlug eine Granate der Bismarck die dünne Panzerung der Hood und traf ein Munitionsdepot. Eine gewaltige Explosion zerriss das Kriegsschiff, und der Stolz der Royal Navy sank innerhalb weniger Minuten.

VERGELTUNG

Die Briten, die durch den Verlust der HMS Hood schwer getroffen waren, gaben die Verfolgung der Bismarck aber nicht auf. Das Schlachtschiff, das durch Treffer der Prince of Wales angeschlagen und von der Prinz Eugen getrennt war, wollte das französische Brest als sicheren Hafen ansteuern.

Am Morgen des 26. Mai entdeckte ein Flugboot vom Typ Consolidated PBY Catalina die Bismarck knapp 1300 km von der französischen Küste entfernt. Einige der britischen Schiffe, die sie verfolgten, mussten wegen Treibstoffmangels umkehren. Das Schlachtschiff HMS King George V mit Tovey an Bord dampfte weiter. Das aus dem Verband entlassene Schlachtschiff HMS Rodney nahm ebenso die Verfolgung auf, wie der in Gibraltar stationierte Flottenverband Force H unter Admiral James Somerville (1882–1949). Die Briten hatten kostbare Zeit verloren – die Bismarck drohte zu entkommen.

Tovey besaß aber noch eine Trumpfkarte. Am Nachmittag des 26. Mai hoben 15 anachronistisch aussehende Doppeldecker vom Typ Fairey Swordfish, beladen mit Torpedos, vom Deck des Flugzeugträgers HMS Ark Royal ab. Trotz intensiven Abwehrfeuers und Sturm gelang es den Flugzeugen, die Bismarck zu treffen. Einer der Treffer verklemmte das Ruder, und das Schlachtschiff konnte nur noch im Kreis fahren.

Am 27. Mai um 8.47 Uhr begann die HMS Rodney, aus ihren 406-mm-Geschützen auf die 19 km entfernte Bismarck zu feuern. Dann feuerte auch die HMS King George V. Die Crew der Bismarck kämpfte tapfer, doch mehrere Treffer hatten den Gefechtsleitstand schwer beschädigt und die großen Geschütze ausgeschaltet. Die britischen Schlachtschiffe kamen bis auf 3 km an die Bismarck heran, deren Decks mit Toten und Verwundeten übersät waren. Um 11 Uhr schwamm die Bismarck noch, brannte aber und war kampfunfähig. Kurz danach kenterte das Schiff über Backbord und versank mit dem Heck voraus. Die drei Torpedotreffer des Kreuzers HMS Dorsetshire galten lange als der entscheidende Todesstoß für die Bismarck. Überlebende Crewmitglieder der Bismarck bestanden aber darauf, die Bodenventile des Schiffs geöffnet und es selbst versenkt zu haben. Untersuchungen des Wracks haben Anhaltspunkte für ihre Behauptung geliefert, aber keine eindeutige Klärung erbracht.

Nur 116 der weit über 2000 Besatzungsmitglieder der Bismarck konnten aus den eisigen Fluten des Atlantiks gerettet werden.

Nüchtern betrachtet beendete die Versenkung des Schlachtschiffs die Bedrohung der alliierten Handelsschiffe im Atlantik durch die Überwasserschiffe der Kriegsmarine. Hitler wollte kein weiteres Großschiff bei einem solchen Unternehmen riskieren.

DIE BISMARCK

Das Schlachtschiff, das nach dem Reichskanzler Otto von Bismarck benannt war, startete am 18. Mai 1941 das Unternehmen Rheinübung. Mit fast 43000 t war sie eine ernste Bedrohung für die alliierte Handelsschifffahrt im Atlantik. Bewaffnet war die Bismarck unter anderem mit acht 380-mm-Geschützen. Die bis zu 30 Knoten schnelle Bismarck wurde von Einheiten der Royal Navy verfolgt. Swordfish-Torpedobomber schossen sie manövrierunfähig, und am 27. Mai wurde sie versenkt. Zuvor war es der Bismarck im Verbund mit dem schweren Kreuzer Prinz Eugen allerdings gelungen, mit dem Schlachtkreuzer HMS Hood den Stolz der Royal Navy zu versenken.

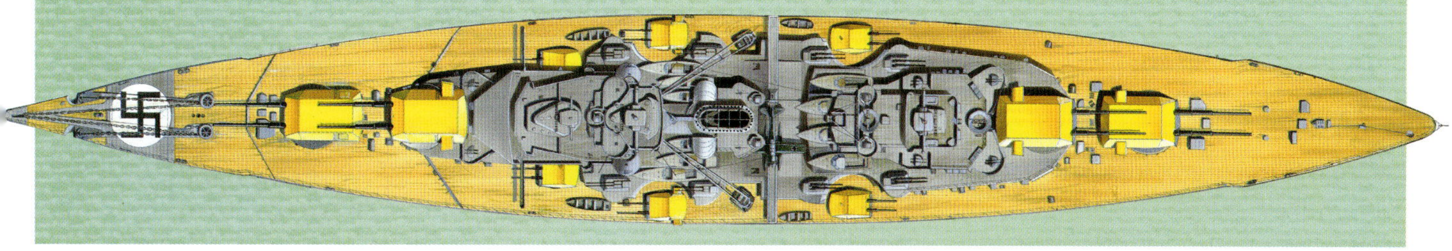

Ein Panzerkampfwagen 35 (t) *fährt Anfang Juni 1941 während des Angriffs auf die Sowjetunion an einem brennenden Bauernhaus in Weißrussland vorbei.*

Unternehmen „Barbarossa" 1941

EINE RIESIGE DEUTSCHE ARMEE MIT RUND 3,3 MILLIONEN SOLDATEN, 3000 PANZERN UND FAST EBENSO VIELEN FLUGZEUGEN GRIFF AM 22. JUNI 1941 DIE SOWJETUNION AN. DIE TRUPPEN SOLLTEN IN EINEM BLITZKRIEG MOSKAU, DIE UKRAINE UND LENINGRAD EINNEHMEN UND DABEI DIE ROTE ARMEE VERNICHTEN.

Das größte Militärunternehmen aller Zeiten mit dem Codenamen „Barbarossa" war angelaufen. Es setzte auf den Vorstoß der drei großen Heeresgruppen Nord, Mitte und Süd. Bei seinen Planungen hatte Hitler besonderen Nachdruck auf die Eroberung des Baltikums sowie Leningrads (Sankt Petersburg), der zweitgrößten Stadt der UdSSR und wichtigen Marinebasis gelegt. Trotzdem war die Heeresgruppe Nord unter Marschall von Leeb mit 26 Divisionen relativ schwach ausgestattet. Sie kam nur entsprechend langsam voran, und erst im September gelang es von Leeb mit

DATEN UND FAKTEN

Wer: Drei deutsche Heeresgruppen unter Marschall Ritter von Leeb (1876–1956), Fedor von Bock (1880–1945) und Gerd von Rundstedt (1875–1953) sollten die Rote Armee in zwei Monaten besiegen.

Was: Das Unternehmen „Barbarossa" war kriegsentscheidend: Würde die Sowjetunion den deutschen Angriff überstehen, musste Hitler einen Zweifrontenkrieg führen.

Wo: Die Ostfront erstreckte sich vom arktischen Finnland bis zum Schwarzen Meer.

Wann: 22. Juni–5. Dez. 1941.

Warum: Hitler spekulierte auf den Sieg der Wehrmacht über die Rote Armee, bevor die USA in den Krieg gegen Deutschland eintreten würden.

Ergebnis: Trotz wichtiger Erfolge gelang es den Deutschen nicht, Moskau einzunehmen oder die Rote Armee zu vernichten.

seinen erschöpften Truppen, Leningrad von der übrigen Sowjetunion abzuriegeln. Eine lange, verlustreiche Belagerung begann.

Marschall Gerd von Rundstedt hatte mit seiner 41 Divisionen umfassenden Heeresgruppe Süd die wichtige Aufgabe, die Ukraine zu erobern. Allerdings sah sich von Rundstedt mit der Südwestfront, der stärksten sowjetischen Armeegruppe, konfrontiert, die erbitterten Widerstand leistete. Auch die Heeresgruppe Süd kam nur langsam voran. Am 10. September stießen östlich von Kiew Panzereinheiten der Heeresgruppe Mitte zu den Panzerdivisionen von Rundstedts. Sie kesselten bei Kiew drei Sowjetarmeen ein, 665 000 Rotarmisten wurden gefangen genommen. Es sollte für die Sowjets noch schlimmer kommen. Am 6. Oktober hatte die Panzergruppe 1 große Teile der sowjetischen Südfront in einem Kessel im Südosten der Ukraine eingekreist. Zwei Armee wurden vernichtet und 100 000 Gefangene gemacht.

Die Deutschen rückten weiter nach Rostow am Don vor, das am 20. November eingenommen wurde. Das sowjetische Oberkommando (Stawka) startete mit drei Armeen eine Gegenoffensive gegen die überdehnten deutschen Frontlinien. Am 29. November wurde die strategisch wichtige Stadt von den Sowjets zurückerobert, und die Deutschen entkamen nur knapp einem frühen Stalingrad.

VORMARSCH DER HEERESGRUPPE MITTE

Hitlers Generäle – speziell Fedor von Bock, der Kommandeur der Heeresgruppe Mitte – waren überzeugt, mit der Einnahme Moskaus würde auch die Sowjetunion fallen. In der Mitte und im Süden erzielten die Deutschen einige wichtige Erfolge. Mehrere sowjetische Armeen wurden bei Bialystok und westlich von Minsk eingeschlossen, und 300 000 Mann mussten sich den Deutschen ergeben. Doch die Rote Armee erlitt weitere katastrophale Rückschläge. Smolensk, „das Tor nach Moskau“, fiel am 16. Juli. Eine Serie von Gegenangriffen der Westfront-Einheiten kostete Stalin weitere 300 000 Mann und 3000 Panzer.

Hitler verlegte einen Großteil der Panzerdivisionen der Heeresgruppe Mitte zur Unterstützung des Kampfs um Kiew. Über einen Monat blieb der 800 km lange Frontverlauf dieser Heeresgruppe unverändert, was der Roten Armee Zeit zur Organisation ihrer Verteidigungslinien gab. General Andrej K. Jeremenko (1892–1970) verfügte in Brjansk über drei Armeen (30 Divisionen) und General Semjon Timoschenko (1895–1972) in Wjasma über sechs Armeen mit 55 Divisionen. Ende Oktober waren alle diese Einheiten entweder ausgelöscht oder in Gefangenschaft geraten.

Der Angriff auf Moskau unter dem Decknamen Unternehmen „Taifun“ begann am Morgen des 2. Oktober bei bestem Wetter. Die Heeresgruppe Mitte verfügte über eine Million Mann in 77 Divisionen, dazu 1700 Panzer und fast 1000 Flugzeuge. Durch Einkesselung wurden, etwa bei Wjasma und

DIE ALS „BEFREIER“ GEKOMMENEN DEUTSCHEN *erwiesen sich bald als Unterdrücker. Dieser Landser geht vor einem brennenden Bauernhaus in Stellung.*

Brjansk, ganze Sowjetarmeen vernichtet. Trotz starker Regenfälle, die die Straßen in Schlammpisten verwandelten, schafften die Deutschen bis Mitte Oktober zwei Drittel der Wegstrecke nach Moskau. Anfang November wurde es kälter, und der festgefrorene Boden ermöglichte das weitere Vorrücken der Deutschen. Doch bald fielen die Temperaturen unter –20 °C. Auf sowjetischer Seite kam mit General Georgi Schukow (1896–1974) ein Kommandeur, der bereits Leningrad gerettet hatte, und nun einen Gegenangriff auf die erschöpften Deutschen plante. Am 18. November hatte Schukow 21 ausgeruhte, gut ausgestattete und kälteerprobte sibirische Divisionen zusammengezogen, die zum Schlag gegen von Bocks Armee bereit waren.

Am 27. November stand die 2. Panzerdivision nur noch 22 km vor Moskau und konnte bereits die Spitzen des Kreml im Dunst erkennen. Von Bocks Heeresgruppe hielt mit knapp 60 Divisionen eine fast 1000 km lange Frontlinie. Die Offensive kam am 5. Dezember zum Stillstand, als die Temperaturen unter –35 °C fielen. Am selben Tag gab Schukow General Iwan Konew (1897–1973) mit der Kalininer Front den Angriffsbefehl, am nächsten Tag schlug er selbst mit der Westfront los.

Der Angriff traf die Deutschen völlig überraschend und brachte das Unternehmen „Taifun“ zum Stillstand. Moskau und die Sowjetunion kämpften unbeirrt weiter. Zwei Tage nach dem Beginn von Schukows Offensive traten die USA in den Krieg ein. Hitlers Niederlage war nur noch eine Frage der Zeit.

UNTERNEHMEN „BARBAROSSA“
6 Im Dezember hält Leningrad weiterhin stand, Rostow wurde von der Roten Armee zurückerobert, und Moskau ist nicht gefallen.
4 Hitler erkennt, dass er Moskau vor Einbruch des Winters einnehmen muss und befiehlt Anfang Oktober den Angriff der verstärkten Heeresgruppe Mitte.
MOSKAU
LENINGRAD
5. Oktober 1941
MINSK
22. Juni 1941
Heeresgruppe Nord
2 Innerhalb einer Woche haben die Deutschen fast alle baltischen Staaten und Weißrussland erobert. Die Rote Armee steht vor dem Zusammenbruch.
Heeresgruppe Mitte
WARSCHAU
Ostsee
1 Am 22. Juni 1941 greifen rund drei Millionen deutsche Soldaten die Sowjetunion an, die von mehr als vier Millionen Rotarmisten verteidigt wird. Der Widerstand an den Grenzen wird schnell gebrochen.
Polen

SOWJETUNION
5 Trotz Verschlechterung der Witterungsverhältnisse können die Deutschen im Süden Rostow einnehmen und im Norden und der Mitte bis kurz vor Leningrad und Moskau vorrücken.
KIEW
Schwarzes Meer
HEERESGRUPPE SÜD
RUMÄNIEN
3 Zunächst ist der Widerstand im Süden am heftigsten, wo die Kommandeure vor Ort gut vorbereitet sind. Trotzdem erobern die Deutschen im September Kiew.
LEGENDE
Sowjetische Truppenbewegungen
Sowjetische Armeen
Eingekesselte sowjetische Armeen
Deutsche Truppenbewegungen
Deutsche Infanteriekorps
Deutsche Panzerkorps

Die „Strasse des Lebens“ – *ein Lkw-Konvoi fährt über den zugefrorenen Ladogasee. Bis zu 400 Lkws konnten im Winter täglich den See passieren.*

Leningrader Blockade 1941–1944

DIE FAST 900 TAGE DAUERNDE BLOCKADE LENINGRADS IST EIN BESONDERS SCHRECKLICHES KAPITEL DES ZWEITEN WELTKRIEGS. DURCH HUNGER UND KAMPFHANDLUNGEN STARBEN BIS ZU 1,5 MILLIONEN MENSCHEN.

Am 22. Juni 1941 überquerten deutsche Einheiten im Rahmen des Unternehmens „Barbarossa“ die Grenzen der UdSSR. Die Heeresgruppe Nord von Feldmarschall Wilhelm von Leeb (1876–1956) zielte auf Leningrad, eine Millionenstadt am Finnischen Meerbusen. Wie die anderen Einheiten kamen auch die Truppen von Leebs rasch voran. Nach einem Sturmmarsch durch das Baltikum setzten sie am 9. August über die Luga über, einen Fluss 120 km südlich von Leningrad.

Als am 15. September Schlüsselburg am Lagodasee fiel, war Leningrad von allen Versorgungstransporten auf dem Landweg abgeschnitten. Hitler hatte seine Prioritäten bereits am 6. September weiter nach Süden ausgerichtet und verlegte

DATEN UND FAKTEN

Wer: Die deutsche Heeresgruppe Nord unter verschiedenen Kommandeuren gegen die sowjetische Wolchow- und Leningrad-Front unter dem Kommando von General Kirill Meretskow (1897–1968) bzw. Marschall Leonid Goworow (1897–1955).

Was: Die weitgehende Blockade löste in Leningrad eine Hungerkatastrophe aus. Mehrere sowjetische Offensiven konnten den Belagerungsring sprengen.

Wo: Leningrad (heute wieder Sankt Petersburg) am Finnischen Meerbusen.

Wann: September 1941 bis Januar 1944.

Warum: Leningrad war eines der ersten Ziele von Hitlers Unternehmen „Barbarossa“.

Ergebnis: Eine Million Zivilisten starben an Hunger oder durch Bomben- und Granatangriffe.

Eine Einheit der Roten Armee *im Winter 1943 bei einem typischen Angriff in Leningrad – unterstützt von einem schweren MG greifen Infanteristen an.*

große Teile der Panzertruppen von Leebs dort hin. Leningrad sollte durch Belagerung und Bombardierung bezwungen werden.

HUNGER UND WIDERSTAND

Während die deutschen und sowjetischen Armeen außerhalb Leningrads um die Vorherrschaft rangen, spielte sich in der Stadt ein Drama ab. Der Winter war besonders streng, und die Bevölkerung litt Hunger – Abertausende starben. Der Zusammenbruch der Energieversorgung verschärfte die Situation. Ende November mussten die Bewohner mit einer täglichen Ration von weniger als 250 g Brot auskommen. In den Straßen und Hauseingängen türmten sich die Leichen. An einem einzigen Tag zählte man 13 500 Tote. Und dazu kam noch der permanente Beschuss durch die Luftwaffe und die deutsche Artillerie.

Der wichtigste, gerade eben ausreichende Versorgungsweg für die Stadt führte über den Ladogasee. Bei freiem Fahrwasser transportierten kleine Militär- und Zivilschiffe die Güter zu den Dockanlagen von Osinowets nordöstlich von Leningrad – häufig unter Angriffen der Luftwaffe. War der See zugefroren, konnten bis zu 400 Lastwagen pro Tag direkt über eine Eispiste den Nachschub liefern und Flüchtlinge auf der Rückfahrt mitnehmen. Die Bedingungen waren schwierig und gefährlich: Viele Lkw-Fahrer, Schiffsmannschaften und Flüchtlinge fanden ihre letzte Ruhestätte in den Tiefen des Ladogasees. Im Frühjahr 1942 gelang es, Strom- und Ölleitungen über den Fluss zu legen – die Situation besserte sich etwas. Doch die Blockade dauerte insgesamt fast 900 Tage, und rund eine Million Menschen starben.

DIE BELAGERUNG WIRD GESPRENGT

1942 bemühten sich die Sowjets um weitere Erfolge. Im Januar schlug eine groß angelegte Offensive der Wolchow-Front zwischen Nowgorod (nördlich des Ilmensees) und Spasskaja Polist eine 60 km breite Bresche in die deutsche Frontlinie. Doch im März kam der Vorstoß zum Erliegen, und die Deutschen konnten die 2. Stoßarmee der Sowjets vernichten. Durch die sowjetische Attacke alarmiert, ersetzte Hitler von Leeb durch Feldmarschall Georg von Küchler (1881–1968). Von Küchler musste im August 1942 gehen, und Feldmarschall Erich von Manstein (1887–1973) übernahm das schwierige Kommando.

Der Januar 1943 brachte eine entscheidende Wende. Die sowjetische Leningrad-Front unter Marschall Leonid Goworow (1897–1955) begann zusammen mit der Wolchow-Front eine Offensive gegen die deutschen Kräfte in dem Engpass bei Schlüsselburg. Die Deutschen hatten diesem massiven Aufgebot von Soldaten und Waffen nichts entgegenzusetzen, und Schlüsselburg fiel am 19. Januar an die Sowjets. Anfang Februar fuhren wieder direkte Versorgungszüge bis Leningrad. Dieser von der Roten Armee abgesicherte Korridor war allerdings nur 10 km breit und lag unter ständigem Beschuss durch die Deutschen.

Die schlimmste Zeit der Belagerung war vorbei, doch die Teilblockade blieb bis Januar 1944 bestehen. Am 14. Januar 1944 überrannte eine gewaltige Offensive der sowjetischen Armeen die deutschen Verteidigungslinien und zwang die Wehrmacht zum Rückzug. Nach der Einnahme der Eisenbahnlinie Leningrad–Moskau am 27. Januar 1944 erklärte Stalin die Belagerung der Stadt offiziell für beendet.

Ein gut ausgerüsteter Infanterist *der Roten Armee im Herbst 1941, bewaffnet mit einem halbautomatischen Gewehr Modell Tokarew SWT-40.*

Das von mehreren japanischen Torpedos getroffene Schlachtschiff *USS West Virginia steht in Flammen und sinkt im flachen Hafenbecken von Pearl Harbor.*

Pearl Harbor 1941

MIT DEM ANGRIFF JAPANISCHER FLUGZEUGE AUF DIE US-MARINEBASIS IN PEARL HARBOR UND ANDERE MILITÄREINRICHTUNGEN AUF DER HAWAII-INSEL OAHU AM 7. DEZEMBER 1941 ERREICHTEN DIE SPANNUNGEN ZWISCHEN DEN BEIDEN LÄNDERN IHREN HÖHEPUNKT. JAPAN WOLLTE DIE VORHERRSCHAFT IN OSTASIEN UND IM PAZIFIK, BRAUCHTE LAND UND ROHSTOFFE, UM SEINE WACHSENDE BEVÖLKERUNG ZU ERNÄHREN, UND ÖL FÜR SEINE ENORME MILITÄRMASCHINERIE.

Admiral Isoroku Yamamoto, der Oberbefehlshaber der Vereinigten Japanischen Flotte, zögerte, in den Krieg mit den USA einzutreten. Trotzdem wurde er zum Planer des lähmenden Schlags gegen die amerikanische Militärmacht im Pazifik – des Präventivschlags mit Trägerflugzeugen gegen die in Pearl Harbor ankernde US-Pazifikflotte. Die japanischen Piloten hatten dafür monatelang trainiert. Am 26. November 1941 stach die mächtige Armada von den Kurilen aus in See. Zwei Schlachtschiffe, drei Kreuzer, neun

DATEN UND FAKTEN

Wer: Die Vereinigte Japanische Flotte unter Admiral Isoroku Yamamoto (1884–1943) und Vizeadmiral Chuichi Nagumo (1887–1944) gegen die US-Pazifikflotte unter Admiral Husband Kimmel (1882–1968).

Was: Sechs japanische Flugzeugträger führten einen Luftangriff auf die Basis der US-Pazifikflotte im 5470 km entfernten Hawaii aus.

Wo: Pearl Harbor auf der Hawaii-Insel Oahu.

Wann: 7. Dezember 1941.

Warum: Japan musste die US-Marine im Pazifik neutralisieren, um an britische und niederländische Ressourcen in der Region heranzukommen, speziell an Ölvorkommen.

Ergebnis: Japan konnte bei geringen eigenen Verlusten dem Gegner beträchtlichen Schaden zufügen, doch es machte sich die USA zum Feind.

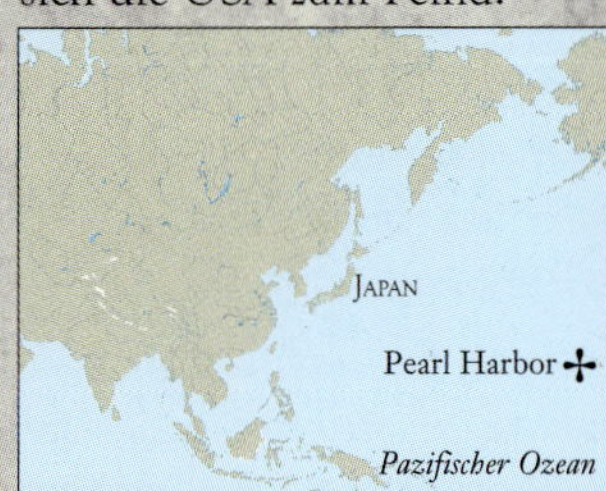

Zerstörer und drei U-Boote eskortierten die sechs Flugzeugträger Akagi, Kaga, Soryu, Hiryu, Shokaku und Zuikaku.

In den Morgenstunden des 7. Dezember hatten die japanischen Kräfte ihre vorgesehene Position 370 km nördlich der Insel Oahu erreicht. Um 3.30 Uhr konnten amerikanische Dechiffrierexperten den letzten Teil einer 14-teiligen Nachricht von Tokio an seine Botschaft in Washington entschlüsseln. Der Inhalt deutete auf die Eröffnung von Kampfhandlungen durch Japan innerhalb weniger Stunden hin.

Um 3.45 Uhr sichtete das Minenräumboot USS Condor bei einer Routinekontrolle im Sperrgebiet bei der Zufahrt nach Pearl Harbor etwas, was wie ein U-Boot-Periskop aussah. Vielleicht war dies eines der fünf japanischen Kleinst-U-Boote, die in den Hafen eindringen und Torpedos abfeuern sollten. Diese U-Boote konnten ihre Aufgabe zwar nicht erfüllen, ihre Besatzungen wurden in Japan aber als Helden verehrt. Bei Sonnenaufgang startete die erste Angriffswelle mit 183 Flugzeugen von den japanischen Trägern.

Um 6.40 Uhr griff der vor der Einfahrt nach Pearl Harbor patrouillierende Zerstörer USS Ward eines der Kleinst-U-Boote an. Die zweite 76-mm-Granate traf das U-Boot voll und versenkte es. Die Meldung der Ward über den Feindkontakt wurde als Phantombeobachtung abgetan. 20 Minuten später ortete die Radarstation auf dem Point Kahuku in Oahu eine unbekannte Flugzeugformation und meldete dies. Auch diese Warnung blieb unbeachtet. Um 7.30 Uhr starteten die 170 Flugzeuge der zweiten japanischen Angriffswelle.

TORA! TORA! TORA!

Unbehindert von US-Abfangjägern und Flakfeuer überflog Kommandeur Mitsuo Fuchida (1902–1976) das Gebirge westlich von Pearl Harbor. Als klar war, dass der Angriff völlig überraschend sein würde, übermittelte Fuchida die Botschaft „Tora! Tora! Tora!" („Tiger! Tiger! Tiger!", das Codewort für den Überraschungsangriff) an die japanische Flotte. Um 7.55 Uhr schlugen die ersten Bomben auf Ford Island ein. Auch die Kaneohe Naval Air Station, Wheeler Field, Bellows Field, Hickam Field sowie die Ewa Marine Corps Air Station wurden bombardiert und von Jagdmaschinen angegriffen, die die meisten amerikanischen Flugzeuge am Boden zerstörten.

In der Battleship Row südöstlich von Ford Island lagen viele Schiffe der US-Pazifikflotte vor Anker. Die sieben Schlachtschiffe Nevada, Arizona, West Virginia, Tennessee, Oklahoma, Maryland und California waren eine leichte Beute für die Sturzkampf- und Torpedobomber. Das Flaggschiff der Flotte, die USS Pennsylvania, lag nebenan in einem Trockendock.

Innerhalb weniger Minuten stand Pearl Harbor in Flammen. Vier Schlachtschiffe waren versenkt. Die West Virginia war von sieben Torpedos und zwei Bomben getroffen, die California von zwei Torpedos und einer Bombe. Nach mindestens fünf Torpedotreffern war die Oklahoma gekentert, und viele Seeleute waren unter Deck eingeschlossen. Eine zur Bombe umgebaute schwere Geschützgranate durchschlug das Deck der Arizona und verursachte eine gewaltige Explosion, die das Schiff zerriss und 1177 Mann tötete. Die Pennsylvania, Maryland, Nevada und die Tennessee wurden schwer beschädigt. Die Kreuzer Helena, Raleigh und Honolulu, die Zerstörer Cassin, Downes und Shaw, der Seeflugzeug-Tender Curtiss und das Werkstattschiff Vestal wurden beschädigt, das Hilfsschiff Utah und der Minenleger Oglala versenkt.

In etwas mehr als zwei Stunden hatte Japan das Kräfteverhältnis im Pazifik verschoben. Bei dem gewagten Angriff kamen 2403 Amerikaner ums Leben. 18 der 96 Schiffe in Pearl Harbor waren versenkt oder schwer getroffen. 165 amerikanische Flugzeuge wurden zerstört, 128 weitere beschädigt. Die Japaner auf der anderen Seite beklagten nur 185 Tote. Sie verloren 29 Flugzeuge, fünf Kleinst- und ein großes U-Boot.

Japan hatte einen großen Sieg errungen, doch zwei wichtige Ziele verfehlt. Die US-Flugzeugträger, eines ihrer vorrangigen Ziele, befanden sich auf hoher See und entkamen dadurch dem Angriff. Zudem hatten die japanischen Flugzeuge die Tanklager mit rund 23 Millionen Liter Treibstoff in der Umgebung Pearl Harbors nicht attackiert und die Trockendocks zur Schiffsreparatur kaum beschädigt. Am Tag nach dem Angriff bat Präsident Roosevelt den versammelten Kongress um dessen Zustimmung zur Kriegserklärung.

STURZKAMPFFLUGZEUG „VAL"

Die Aichi D3A1 wurde 1935 als Sturzkampfbomber Typ 99 entwickelt und war bis 1942 das wichtigste Flugzeug dieses Typs der Kaiserlich Japanischen Marine. Das von den Alliierten als „Val" bezeichnete Flugzeug kam in großen Stückzahlen beim Angriff auf Pearl Harbor am 7. Dezember 1941 zum Einsatz. Mit einem erfahrenen Piloten an Bord war die „Val" eine höchst präzise Angriffswaffe, die zeitweise Trefferquoten von über 80 Prozent verzeichnen konnte. Nachdem aber in den Kämpfen im Korallenmeer, bei Midway und den Salomonen viele erfahrene Piloten abgeschossen wurden, ließ die Effizienz der „Val" deutlich nach.

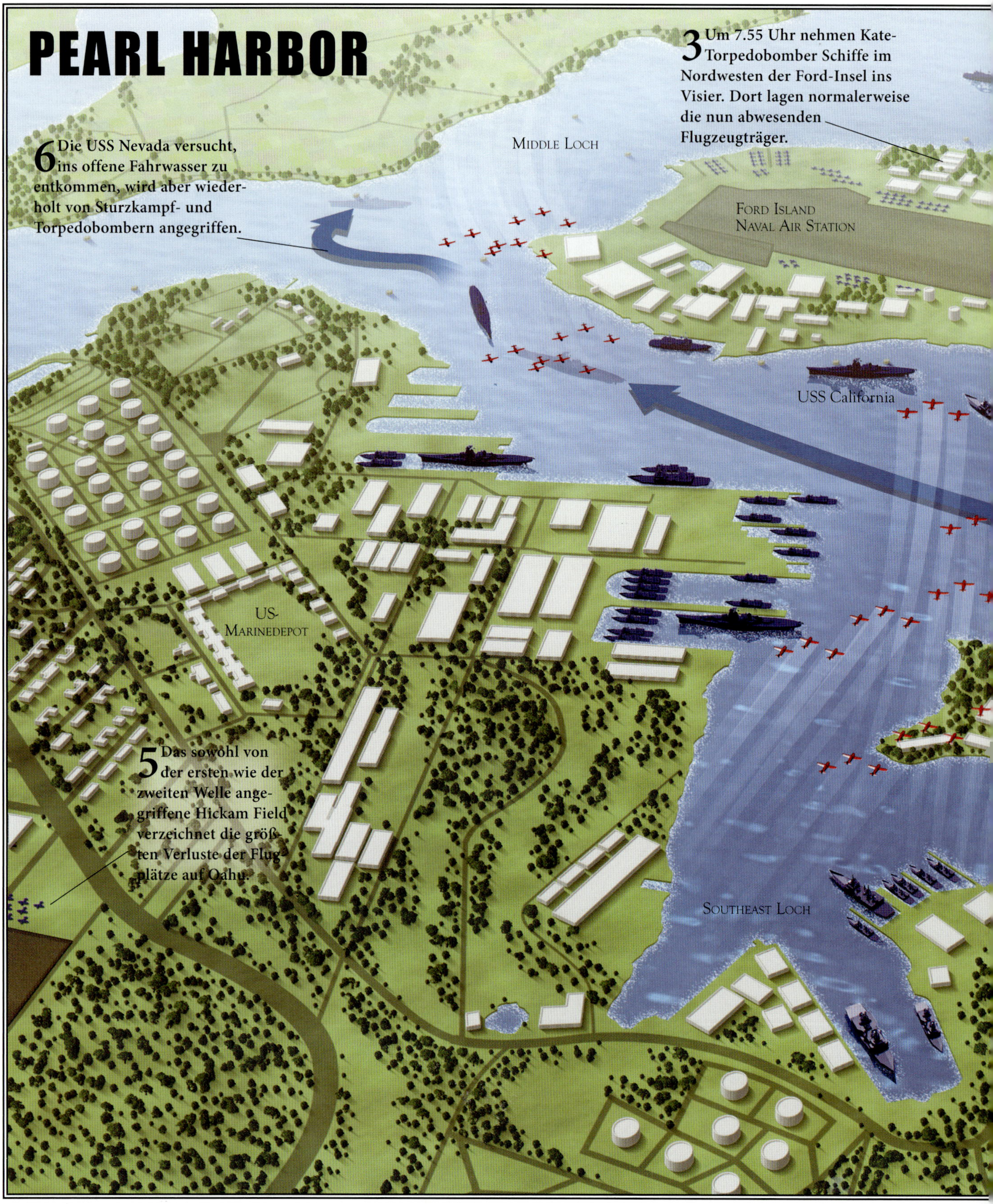
PEARL HARBOR
3 Um 7.55 Uhr nehmen Kate-Torpedobomber Schiffe im Nordwesten der Ford-Insel ins Visier. Dort lagen normalerweise die nun abwesenden Flugzeugträger.
6 Die USS Nevada versucht, ins offene Fahrwasser zu entkommen, wird aber wiederholt von Sturzkampf- und Torpedobombern angegriffen.
Middle Loch
Ford Island Naval Air Station
USS California
US-Marinedepot
5 Das sowohl von der ersten wie der zweiten Welle angegriffene Hickam Field verzeichnet die größten Verluste der Flugplätze auf Oahu.
Southeast Loch

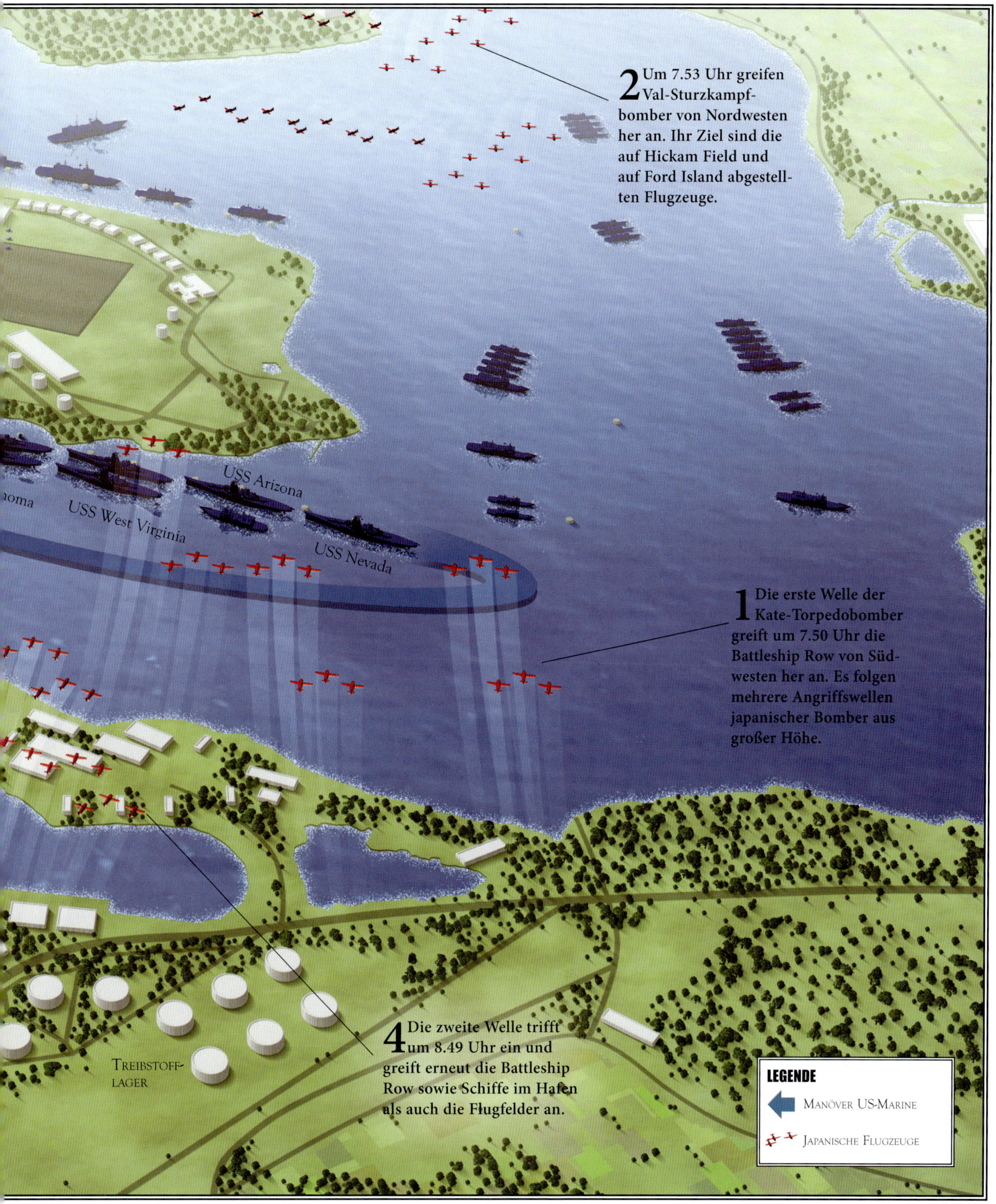

2 Um 7.53 Uhr greifen Val-Sturzkampfbomber von Nordwesten her an. Ihr Ziel sind die auf Hickam Field und auf Ford Island abgestellten Flugzeuge.
USS Arizona
oma
USS West Virginia
USS Nevada
1 Die erste Welle der Kate-Torpedobomber greift um 7.50 Uhr die Battleship Row von Südwesten her an. Es folgen mehrere Angriffswellen japanischer Bomber aus großer Höhe.
4 Die zweite Welle trifft um 8.49 Uhr ein und greift erneut die Battleship Row sowie Schiffe im Hafen als auch die Flugfelder an.
Treibstofflager
LEGENDE
Manöver US-Marine
Japanische Flugzeuge

Die Sturzkampfbomber Douglas SBD Dauntless *fügten der japanischen Flugzeugträgerflotte bei Midway schwerste Schäden zu.*

Midway 1942

ADMIRAL ISOROKU YAMAMOTO, OBERBEFEHLSHABER DER JAPANISCHEN FLOTTE, ZÖGERTE, GEGEN DIE USA IN DEN KRIEG ZU ZIEHEN, UND HATTE VOR DEM ANGRIFF AUF PEARL HARBOR GEWARNT: „SECHS MONATE KANN ICH DEN PAZIFIK IN ATEM HALTEN. DANACH KANN ICH FÜR NICHTS GARANTIEREN."

Der Angriff auf Pearl Harbor war zwar ein Erfolg, doch die Flugzeugträger hatten nicht zerstört werden können. Yamamoto intensivierte daher Anfang Juni 1942 die Vorbereitungen zur Besetzung von Midway, eines kleinen Atolls 1900 km westlich von Hawaii. Mit Midway in seinem Besitz könnte Japan seine Verteidigungszone erheblich erweitern. Eine Invasion auf Hawaii wäre möglich. Yamamoto wollte bei der Aktion auch die verbliebene US-Pazifikflotte ausschalten.

Yamamoto wusste nicht, dass es Dechiffrierspezialisten der US Navy gelungen war, den Funkcode JN 25 der japanischen Marine zu knacken, und dass Admiral Chester Nimitz, der Oberbefehlshaber der US-Pazifikflotte, das Unternehmen Midway verhindern wollte. Nimitz verlegte die Flugzeugträger

DATEN UND FAKTEN

Wer: Japanische Marineeinheiten unter Admiral Isoroku Yamamoto (1884–1943) und Admiral Chuichi Nagumo (1887–1944) gegen die US-Pazifikflotte unter den Admiralen C. Nimitz (1885–1966), F. J. Fletcher (1885–1973) und R. Spruance (1886–1969).

Was: Eine japanische Flotte aus vier Flugzeugträgern mit 256 Flugzeugen und elf Schlachtschiffen stand drei Flugzeugträgern und 234 träger- und landgestützten Flugzeugen der USA gegenüber.

Wo: Der Zentralpazifik westlich von Hawaii.

Wann: 4. bis 7. Juni 1942.

Warum: Die Japaner wollten die Midway-Inseln erobern.

Ergebnis: Die Schlacht war eine Niederlage für Japan und ein Wendepunkt des Krieges im Pazifik. Vier japanische Träger wurden versenkt, die Invasion auf Midway abgebrochen.

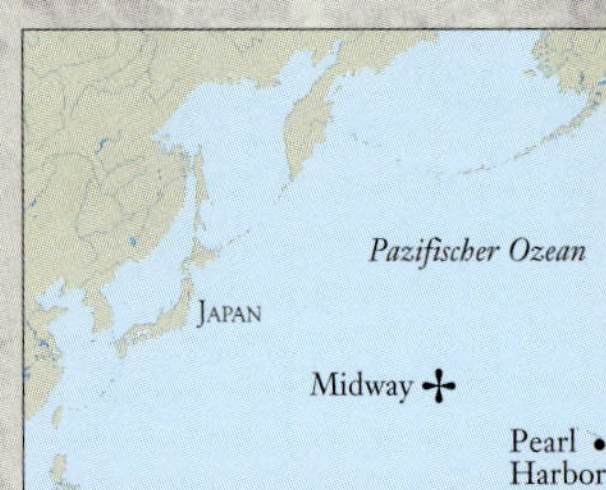

USS Enterprise und USS Hornet mit ihren Begleitschiffen in den Nordosten von Midway. Dort sollten sie sich dem Träger USS Yorktown anschließen, der nach schweren Treffern in einer 72-stündigen Gewaltaktion in Pearl Harbor repariert worden war, und auf die Japaner warten.

Yamamoto erarbeitete einen Plan, der zunächst einen Scheinangriff auf die Inseln Attu und Kiska im Bereich der Aleuten weiter nördlich vorsah. Er teilte seine Einheiten in eine kampfstarke Schlachtschiffflotte mit dem Superschiff Yamato, eine Invasionsgruppe mit 500 Soldaten zur Einnahme von Midway und eine Flugzeugträgergruppe mit den Trägern Akagi, Kaga, Soryu sowie Hiryu mit insgesamt 234 Flugzeugen ein. Yamamoto war an Bord der Yamato, während Admiral Chuichi Nagumo die Flugzeugträgerflotte kommandierte.

DIE SCHLACHT BEGINNT

Am 4. Juni 1942 schickte Nagumo über 100 Flugzeuge los, um das Flugfeld in Midway zu zerstören und die Verteidigung zu schwächen. Der Angriff war nur ein Teilerfolg, und Nagumo stand vor einem Dilemma. Er hatte einen Teil seiner Flugzeuge zurückgehalten und mit Torpedos bestücken lassen, um die eventuell auftauchenden US-Flugzeugträger zu bekämpfen. Für eine zweite Angriffswelle auf Midway musste man diese Flugzeuge mit Bomben ausrüsten, ein riskantes und zeitaufwendiges Unternehmen. Die Notwendigkeit eines zweiten Angriffs auf Midway wurde durch den Anflug dort stationierter US-Bomber auf die japanischen Schiffe bestätigt. Allerdings erzielten sie keine Treffer. Nagumo ließ die nicht an der ersten Angriffswelle beteiligten Maschinen mit Bomben beladen. Die Sichtung von US-Kriegsschiffen, darunter ein Flugzeugträger, machte die Entscheidung noch schwieriger. Nagumo erwog, die mit Bomben beladenen Maschinen nach Midway und die noch mit Torpedos bestückten zum Angriff auf die US-Schiffe zu schicken. Doch es gab noch ein weiteres Problem: Die Maschinen der ersten Angriffswelle und die Zero-Jäger, die zum Schutz über seinen Schiffen kreisten, besaßen kaum noch Treibstoff und mussten landen. Nagumo entschied, die in der Luft befindlichen Maschinen aufzunehmen und die zurückbehaltenen Bomber mit Torpedos zu bestücken. Flugzeuge landeten, gleichzeitig wurden andere neu aufgetankt und bewaffnet. Die Mannschaften der japanischen Träger zogen die Kerosinschläuche quer über das Deck und stapelten daneben die Bomben. Die japanischen Flugzeugträger befanden sich in einer höchst verwundbaren Situation. Fletcher und Spruance traten in Aktion, als ein Aufklärungsflugzeug am 4. Juni gegen 5.30 Uhr die feindliche Trägerflotte ausmachte. Von der Hornet, Enterprise und Yorktown starteten über 150 Sturzkampf- und Torpedobomber sowie Jäger.

Als Formationen der Angriffsstaffeln vom Kurs abkamen, war die Chance für einen koordinierten Angriff vertan. Trotzdem brachte dies den Amerikanern einen Vorteil. Die langsamen Torpedobomber fanden als Erste die Japaner, wurden aber durch Flugabwehrfeuer und Zero-Jäger dezimiert.

Kurz nach 10 Uhr starteten die Flugzeuge der japanischen Träger. Als das erste über das Flugdeck donnerte, kam eine Warnung der japanischen Beobachtungsposten. Während die japanischen Jäger die noch übrig gebliebenen Torpedobomber jagten, setzten 50 amerikanische Sturzkampfbomber unbehelligt zum Angriff auf die Träger an. Mit einem Schlag änderte sich der Verlauf des Krieges im Pazifik. Bomben explodierten zwischen startbereiten Flugzeugen auf Deck und der unter Deck gelagerten Munition. Die in Flammen stehenden Träger Akagi, Kaga und Soryu waren dem Untergang geweiht.

Der einzige verbliebene japanische Flugzeugträger, die Hiryu, lag in einiger Entfernung in einer Regenfront, konnte aber einen Angriff auf die Yorktown starten, die schwer beschädigt wurde. Die Besatzung rettete zunächst das Schiff, doch später wurde die Yorktown von einem japanischen U-Boot entdeckt und zusammen mit dem Zerstörer USS Hammann am 7. Juni versenkt. Die Hiryu überlebte ihre Schwesterschiffe nicht lange. Am 4. Juni brachten ihr Sturzkampfbomber vier Treffer bei, die den letzten japanischen Flugzeugträger in Flammen setzten.

Die Ereignisse am 4. Juni 1942 um Midway veränderten den Verlauf des Zweiten Weltkriegs im Pazifik. Die USA verloren einen Träger, einen Zerstörer, 137 Flugzeuge und 307 Mann. Für die Japaner war der Verlust von vier Flugzeugträgern, einem Kreuzer, 332 Flugzeugen und über 2000 Mann ein entscheidender Schlag, von dem sie sich nie mehr erholten.

FLUGZEUGTRÄGER

Die Soryu, die 1937 konstruiert und gebaut wurde, war das erste Schiff einer Serie von Flugzeugträgern, die in den ersten Kriegsjahren die Hauptstütze der japanischen Marine bildeten. Die leistungsstarke Soryu war wendig und schnell, durch die leichte Panzerung aber kaum gegen Luftangriffe geschützt. Der Träger konnte mehr als 60 Flugzeuge an Bord nehmen.

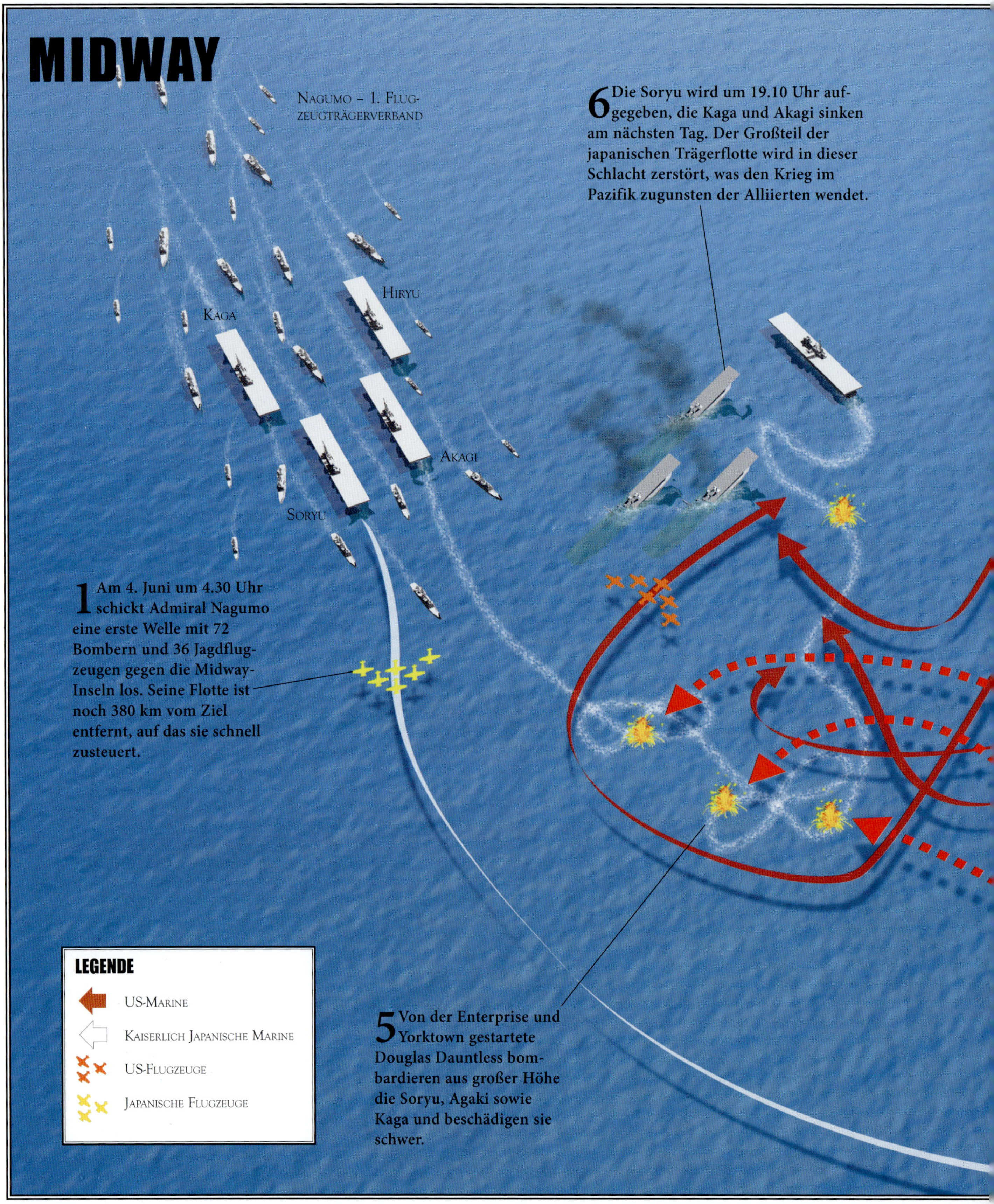
MIDWAY
NAGUMO – 1. FLUGZEUGTRÄGERVERBAND
HIRYU
KAGA
AKAGI
SORYU
6 Die Soryu wird um 19.10 Uhr aufgegeben, die Kaga und Akagi sinken am nächsten Tag. Der Großteil der japanischen Trägerflotte wird in dieser Schlacht zerstört, was den Krieg im Pazifik zugunsten der Alliierten wendet.
1 Am 4. Juni um 4.30 Uhr schickt Admiral Nagumo eine erste Welle mit 72 Bombern und 36 Jagdflugzeugen gegen die Midway-Inseln los. Seine Flotte ist noch 380 km vom Ziel entfernt, auf das sie schnell zusteuert.
5 Von der Enterprise und Yorktown gestartete Douglas Dauntless bombardieren aus großer Höhe die Soryu, Agaki sowie Kaga und beschädigen sie schwer.
LEGENDE
US-MARINE
KAISERLICH JAPANISCHE MARINE
US-FLUGZEUGE
JAPANISCHE FLUGZEUGE

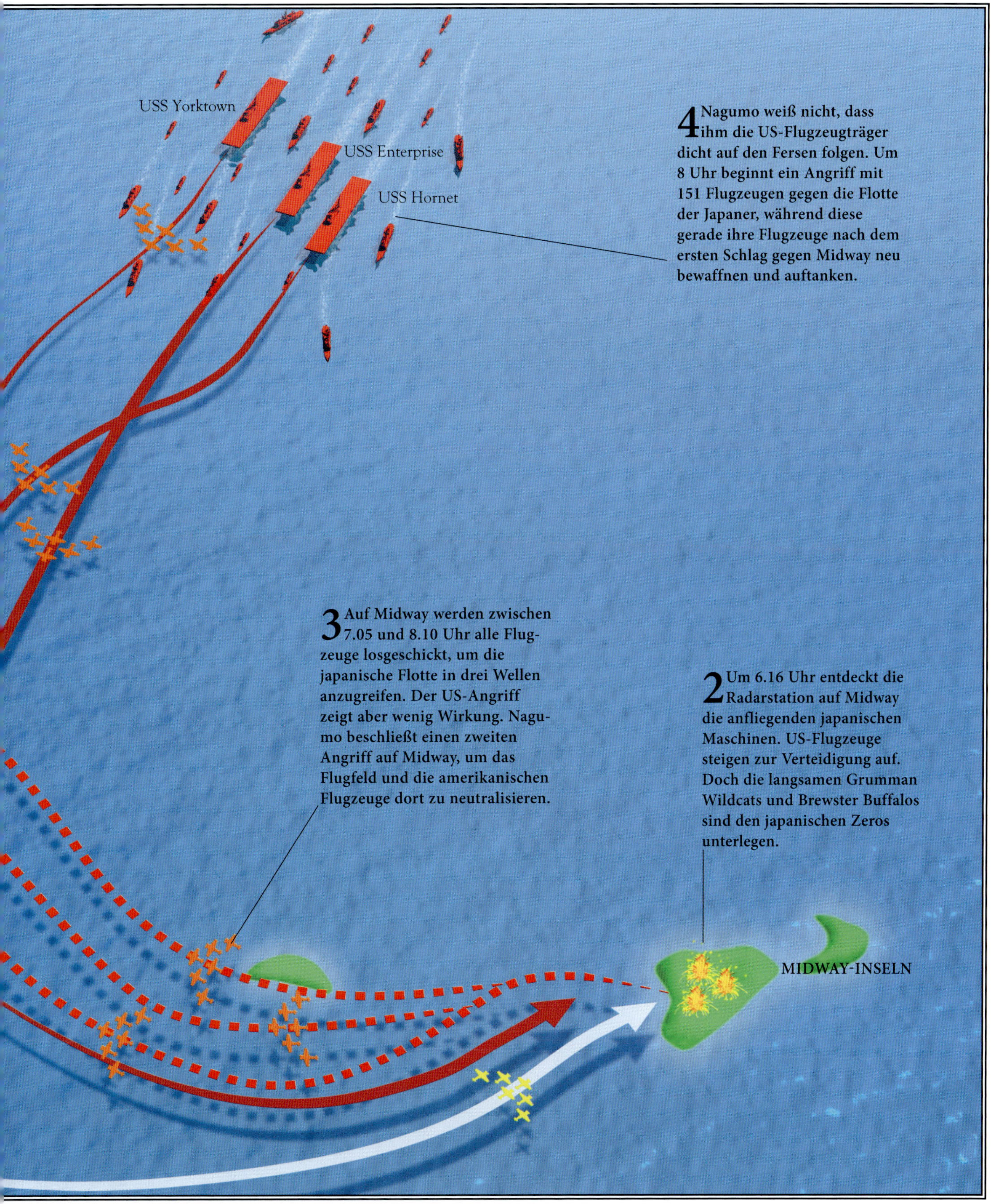

4 Nagumo weiß nicht, dass ihm die US-Flugzeugträger dicht auf den Fersen folgen. Um 8 Uhr beginnt ein Angriff mit 151 Flugzeugen gegen die Flotte der Japaner, während diese gerade ihre Flugzeuge nach dem ersten Schlag gegen Midway neu bewaffnen und auftanken.

3 Auf Midway werden zwischen 7.05 und 8.10 Uhr alle Flugzeuge losgeschickt, um die japanische Flotte in drei Wellen anzugreifen. Der US-Angriff zeigt aber wenig Wirkung. Nagumo beschließt einen zweiten Angriff auf Midway, um das Flugfeld und die amerikanischen Flugzeuge dort zu neutralisieren.

2 Um 6.16 Uhr entdeckt die Radarstation auf Midway die anfliegenden japanischen Maschinen. US-Flugzeuge steigen zur Verteidigung auf. Doch die langsamen Grumman Wildcats und Brewster Buffalos sind den japanischen Zeros unterlegen.

EINSATZ VON WASSERBOMBEN IM NORDATLANTIK. *Egal ob das U-Boot zerstört wurde oder nicht, ein massiver Angriff mit Wasserbomben konnte es an einer erfolgreichen Attacke hindern.*

Geleitzug PQ-17 1942

IN GEWISSER WEISE WAR DIE ZERSTÖRUNG DES GELEITZUGS PQ-17 EIN TRIUMPH DER GROSSEN DEUTSCHEN ÜBERWASSERSCHIFFE, OBWOHL SIE BEI DEN ANGRIFFEN KEINE UNMITTELBARE ROLLE SPIELTEN. ALLEIN DURCH IHR DROHENDES EINGREIFEN ERZWANGEN SIE DIE AUFLÖSUNG DES KONVOIS.

Der deutsche Überfall auf Russland brachte die UdSSR auf die Seite der alliierten Kriegsparteien und leitete die Niederlage der Achsenmächte ein. Doch es gab eine Zeit, in der sich die UdSSR in einer verzweifelten Lage befand und dringend die Unterstützung der Briten und Amerikaner brauchte. Die einzig praktikable Lösung war der Transport von Panzern, Fahrzeugen, Geschützen, Flugzeugen und anderem Kriegsmaterial im großen Stil per Schiff von Großbritannien zu den russischen Häfen. Die wichtigste und kürzeste Route führte durch das Nordmeer, immer bedroht durch Eis, miserables Wetter und deutsche Kriegsschiffe sowie U-Boote.

Die Geleitzüge bekamen einen Codenamen und eine Nummer, aus der Eingeweihte neben ihrer Route auch auf ihre

DATEN UND FAKTEN

Wer: Ein alliierter Geleitzug aus 33 Schiffen mit einer Eskorte aus vier Kreuzern, drei Zerstörern und zwei U-Booten der Royal Navy mit Ziel UdSSR wird konfrontiert mit zehn deutschen U-Booten, in Norwegen stationierten Flugzeugen und eventuell eingreifenden Schlachtschiffen.

Was: Die Handels- und Begleitschiffe werden nach und nach versenkt.

Wo: Das Nordmeer nördlich von Norwegen in der Nähe von Spitzbergen.

Wann: Juni bis Juli 1942.

Warum: Der Begleitzug löste sich auf, weil man einen Angriff von großen Überwasserschiffen befürchtete.

Ergebnis: Schwere Verluste unter den alliierten Handelsschiffen, von denen nur elf ihr Ziel erreichten. Wegen der hohen Verluste stoppten die Alliierten kurz danach ihre Konvois durch das Nordmeer.

Zusammensetzung und Geschwindigkeit schließen konnten. „Schnelle" Konvois hatten eine andere Bezeichnung als „langsame". Für jede Route gab es eine Buchstabenkombination. Konvois durch das Nordmeer nach Russland waren als PQ gekennzeichnet, auf dem Rückweg als QP.

Der erste PQ-Konvoi PQ-1 wurde in Island zusammengestellt und lief am 29. September 1941 aus. Bis zum Frühjahr 1942 ging nur einer von 103 Frachtern aus den Konvois verloren. Die Situation änderte sich, als im Januar 1942 ein Zerstörer von einem deutschen U-Boot versenkt wurde. Die Verluste wuchsen durch den steigenden Angriffsdruck der U-Boote und Luftwaffenverbände. PQ-16 verlor fünf seiner 30 Handelsschiffe, vier weitere kamen beschädigt ans Ziel.

PQ-17 wurde mit der Erwartung einer schwierigen Passage zusammengestellt. Er war mit 36 Handelsschiffen der bis dahin größte Geleitzug. Er wurde direkt von vier Zerstörern, zehn leichteren Schiffen (meist bewaffneten Trawlern) und zwei Schiffen zur Fliegerabwehr begleitet. In größerer Entfernung sorgten vier Kreuzer und vier Zerstörer für Schutz. Für den ersten Teil der Passage stand noch eine Flotte aus zwei Schlachtschiffen, zwei Kreuzern und einem Flugzeugträger bereit. Das Gebiet jenseits des Nordkaps war allerdings für diese schweren Schiffe zu riskant.

PQ-17 GEHT AUF FAHRT

Der Konvoi stach am 27. Juni 1942 in See. Er nahm eine weit nördlich verlaufende Route, um eine möglichst große Distanz zu den deutschen Stützpunkten zu halten. Bis Anfang Juli schien alles gut zu gehen, dann versenkten am 4. Juli Flugzeuge zwei Schiffe. Viel schwerwiegender war für die Alliierten aber die Nachricht, dass das Schlachtschiff Tirpitz ausgelaufen war.

Die technisch hochmoderne Tirpitz war das kampfstärkste Schlachtschiff der deutschen Marine. Sollte sie in Reichweite des Konvois kommen, gäbe es ein Massaker. Zudem wurde berichtet, dass sie im Verband mit zwei schweren Kreuzern und mehreren Zerstörern unterwegs war. Die einzige Chance, den Geleitzug zu retten, schien darin zu bestehen, ihn aufzulösen und zu hoffen, dass die Kriegsschiffe nur wenige Frachter aufspürten. Der britische Nachrichtendienst fand dann heraus, dass es sich nur um eine Flottenverlegung und keine Aktion gegen PQ-17 handelte. Doch der Schaden war bereits angerichtet: Der Befehl zur Auflösung war ergangen und die großen Begleitschiffe zurückbeordert worden. Die Handelsschiffe kämpften sich kaum geschützt unter heftigem Beschuss durch Flugzeuge und U-Boote voran.

Am 5. Juli griff die Luftwaffe den Konvoi an und versenkte sechs Schiffe, weitere sechs fielen U-Booten zum Opfer. Die verbliebenen kleineren Begleitschiffe taten ihr Bestes, doch ohne organisierte Konvoiformation waren die Handelsschiffe eine leichte Beute, gerade für die U-Boote. Ohne Zerstörer, die sie bedrängten, konnten die U-Boote ihre Angriffe in Ruhe und entsprechend effektiv ausführen. Auch die Luftwaffe konnte ihre Schläge gezielt ansetzen, denn es gab kaum Abwehrfeuer. Unter diesen Bedingungen wurden in den nächsten fünf Tagen weitere neun Schiffe versenkt.

Am 10. Juli trafen die ersten der verbliebenen Schiffe in Russland ein, insgesamt schafften es nur elf Schiffe. Über die Hälfte des Geleitzugs war versenkt worden. Auch mit Begleitschutz wären einige Schiffe verloren gegangen, doch bestimmt nicht derart viele. Die Umstände, die zur Zerstörung von PQ-17 führten, waren allein aus einem vermeintlich drohenden Angriff entstanden. Die schiere Existenz der deutschen Flotte war das Verhängnis des Konvois.

EIN OFFIZIER DER ROYAL NAVY *in der Ausstattung für den Konvoidienst im Nordmeer. Die Kälte war ein unerbittlicher Feind. Die Männer, die Ausguck hielten oder an Deck arbeiteten, riskierten eine schwere Unterkühlung.*

U-BOOT TYP VIIC

Der Typ VIIC wurde 1941 in Dienst gestellt, als die „glückliche Zeit" der U-Boote zu Ende ging. Dieser Typ war kleiner als die U-Boote vom Typ IX, er hatte eine geringere Reichweite und weniger Torpedos an Bord. Der Typ VIIC, von dem mehrere Hundert gebaut wurden, bildete bis zum Kriegsende das Rückgrat der deutschen U-Boot-Flotte. Obwohl die große Zeit der U-Boot-Waffe zu Ende ging, waren die U-Boote vom Typ VIIC höchst erfolgreich im Einsatz. Ab 1944 wurden viele mit Schnorcheln ausgerüstet, um länger unter Wasser bleiben zu können. Einige dienten in der Biskaya nahe der U-Bootbasen nach der Ausrüstung mit zusätzlicher Flak zur Abwehr von Luftangriffen.

Ein möglicherweise gestelltes Foto von Soldaten *der 51. Highland Division, die bei El Alamein an einem abgeschossenen deutschen Panzer III vorbeistürmen.*

El Alamein 1942

DIE SCHLACHT VON EL ALAMEIN FAND BEI DER GLEICHNAMIGEN BAHNSTATION WESTLICH VON ALEXANDRIA STATT. SIE MARKIERTE DEN WENDEPUNKT DES KRIEGES IN NORDAFRIKA. DER BRITISCHE PREMIERMINISTER WINSTON CHURCHILL (1874–1965) ERKLÄRTE: „VOR ALAMEIN HABEN WIR NIE EINEN SIEG ERRUNGEN. NACH ALAMEIN ERLITTEN WIR NIE MEHR EINE NIEDERLAGE."

Der Krieg in der Libyschen Wüste zog sich schon zwei Jahre hin. Zunächst hatte im Sommer General Erwin Rommel mit der Deutsch-Italienischen Panzerarmee die Briten bis hinter die ägyptische Grenze zurückgedrängt. Dann stoppte General Claude Auchinleck (1884–1981) mit der 8. Armee zwischen dem 1. und 4. Juli in der Ersten Schlacht von El Alamein den Vormarsch der Achsenmächte. Als Rommel für einen neuen Vorstoß bereit war, hatte man Auchinleck durch Lieutenant-General Bernard Law Montgomery als Kommandeur ersetzt. Montgomery, ein akribischer Planer, machte sich daran, die 8. Armee hinsichtlich Ausrüstung und Selbstvertrauen neu aufzubauen. Als Rommel im

DATEN UND FAKTEN

Wer: Die 8. Commonwealth-Armee unter Lieutenant-General Bernard Montgomery (1887–1976) stand der Deutsch-Italienischen Panzerarmee unter General Erwin Rommel (1891–1944) gegenüber.

Was: Die Operation Lightfoot war ein sorgfältig geplanter Angriff, den Montgomery auf die überdehnten Einheiten der Achsenmächte führte.

Wo: El Alamein, 95 km westlich von Alexandria.

Wann: 23. Oktober bis 4. November 1942.

Warum: Die zunehmend bessere Materialversorgung erlaubte es Montgomery, offensiv gegen Rommels überdehnte Linien vorzugehen.

Ergebnis: El Alamein war ein Wendepunkt im Wüstenkrieg, nach dem das Gesetz des Handelns dauerhaft an die Alliierten überging.

September bei Alam el Halfa angriff, waren die Briten gut vorbereitet und blieben siegreich.

Montgomery ließ sich von Churchill nicht zu einem voreiligen Angriff drängen. Er wollte erst dann losschlagen, wenn seine Männer perfekt ausgebildet waren. Anders als viele Wüstenschlachten zuvor war El Alamein ein akribisch geplantes Unternehmen. Die beiden Flanken bildeten das Mittelmeer im Norden und die unpassierbare Qattara-Senke im Süden. Montgomery konnte mit 195 000 Mann gegen Rommels 105 000 Mann (darunter 53 000 Deutsche) antreten. Ihm standen 1000 Panzer zur Verfügung, dem Gegner rund 500. Grob gesagt besaßen die Commonwealth-Kräfte bei den meisten Waffensystemen eine Überlegenheit von 2:1.

Nach Montgomerys Plan sollten vier Infanteriedivisionen des XXX. Korps eine Bresche in die deutschen Stellungen im Norden schlagen, damit zwei Panzerdivisionen des X. Korps dort durchbrechen und im Westen Verteidigungsstellungen einnehmen konnten. Danach sollte die Infanterie die deutsche Frontlinie im Norden und Süden aufbrechen. Im Süden würde dabei das XIII. Korps Unterstützung leisten.

AKRIBISCHE PLANUNG

Die Operation „Lightfoot“, der Name klingt makaber angesichts der 445 000 entlang der Front vergrabenen deutschen Minen, begann am Abend des 23. Oktober mit massivem Artilleriefeuer. Der Auftakt war erfolgreich, doch bald wuchs der Widerstand. Rommel konzentrierte seine Panzer, die nach den heftigen Kämpfen der vergangenen Tage verblieben waren, um einen Gegenangriff auf eine Frontausbuchtung der 1. Britischen Panzerdivision am Kidney-Rücken, rund 16 km von der Küste landeinwärts, zu führen. Doch seine 21. Panzer- und 90. Leichte Division wurden durch Panzerabwehrkanonen und Flugzeuge gestoppt. Montgomerys Einheiten eroberten allmählich die deutsch-italienischen Stellungen, kamen aber viel langsamer voran als erwartet.

In dieser Situation sah sich Montgomery gezwungen, einen neuen Plan zu entwerfen. Die Operation „Supercharge“ verlagerte in der Nacht des 1. November die Offensive vom Norden hin zur Gegend um den Kidney-Rücken. General Bernard Freyberg stieß mit seiner neuseeländischen Division, die von drei britischen Brigaden unterstützt wurde, tief in die Stellungen der Achsenmächte ein. Rommel wurde klar, dass die Schlacht verloren war. Er begann am 3. November, die gepanzerten Einheiten zurückzuziehen; den übrigen Truppen befahl er, sich abzusetzen.

Die Neuseeländer und die 1. Panzerdivision, später auch die 7. Panzerdivision drohten, den Rückzugsweg abzuschneiden, dazu kam ein Haltebefehl Hitlers an Rommel. Dieser konnte jedoch große Teile seiner Kräfte retten, aber rund 30 000 Mann – davon rund ein Drittel Deutsche – wurden gefangen genommen.

Die Schlacht von El Alamein war vorbei. Die Alliierten hatten 13 560 Opfer zu beklagen, die meisten aus der noch unerfahrenen 51. Highland Division von Major-General Douglas Wimberley; doch auch die anderen Infanteriedivisionen hatte es schwer getroffen.

Montgomery zögerte mit der Verfolgung des Gegners, und so konnte sich Rommel rund 1000 km weit nach Westen zurückziehen, bevor er im Januar 1943 wieder eine feste Stellung bezog. Am 8. November 1942 waren aber Amerikaner und Briten in Französisch-Nordafrika gelandet. Diese Front im Rücken verschlechterte Rommels strategische Situation. Der Zweifrontenkrieg beendete die Präsenz der Achsenmächte in Afrika. El Alamein war Höhe- und Wendepunkt im Krieg in Nordafrika. Montgomery war entschlossen und mit festem Siegeswillen in die Schlacht gezogen. Gleichzeitig erwies er sich – was er nie zugegeben hätte – flexibel genug, mitten in der Schlacht seine Pläne zu ändern. Wichtiger noch, er hatte sich als ein General bewährt, der die Deutschen besiegen konnte. Das war in jenen dunklen Tagen wichtig für die Moral der 8. Armee, wichtig für Churchill, der unter politischem Druck stand, und wichtig für das gesamte britische Empire.

GENERAL BERNARD MONTGOMERY

Bernard Montgomery vereinte in sich Charisma und ein Gespür für effektvolle Auftritte, verbunden mit einer aufrichtigen Begeisterung für den Beruf des Offiziers. Er erwies sich als hervorragender Ausbilder und akribischer Planer. Und er half, den Mythos von der Unbesiegbarkeit der Deutschen zu zerstören. Trotz einer schweren Verwundung im Ersten Weltkrieg übernahm er bei Ausbruch des Zweiten Weltkriegs das Kommando über die 3. Division, die er 1940 in Frankreich befehligte. Nach verschiedenen Kommandos in Großbritannien kam im August 1942 seine Chance. Lieutenant-General William Gott, Churchills erste Wahl für das Kommando über die 8. Armee, starb, und so erhielt es Montgomery.

IM AUGUST 1942 GEHEN US MARINES AN LAND. *Zunächst gab es kaum Widerstand gegen die Landungen auf Guadalcanal, später war die Insel aber hart umkämpft.*

Guadalcanal 1942–1943

NACH DEM SIEG ÜBER DIE KAISERLICH JAPANISCHE MARINE IN DER SCHLACHT UM MIDWAY IM JUNI 1942 MACHTEN SICH DIE ALLIIERTEN DARAN, DIE SALOMONEN VON JAPANISCHEN STÜTZPUNKTEN ZU SÄUBERN. DIES ERFORDERTE AMPHIBISCHE AKTIONEN GEGEN VERSCHIEDENE INSELN, DARUNTER TULAGI MIT EINEM HAFEN FÜR WASSERFLUGZEUGE UND GUADALCANAL MIT EINER WICHTIGEN LUFTWAFFENBASIS.

Die Alliierten formierten in Fidschi ihre Invasionskräfte unter US Vice-Admiral Frank Fletcher (1885–1973). Die Führung der Bodentruppen übernahm Major-General Alexander Vandegrift (1887–1973), Kommandeur der 1. US-Marineinfanteriedivision, die das größte Kontingent stellte. Am 7. August 1942 gingen die Invasionstruppen an Land. Auf Guadalcanal liefen die Dinge gut.

Die rund 11 000 gelandeten Marines konsolidierten ihre Positionen auf der Insel und nahmen das Flugfeld ein, das sie Henderson Field nannten. Weil die japanische Marine die

DATEN UND FAKTEN

Wer: Alliierte Einheiten der USA, Australiens und Neuseelands gegen japanische Land-, Luft- und Seestreitkräfte.

Was: An der Schlacht um Guadalcanal, die sich über mehrere Monate hinzog, beteiligten sich Land-, See- und Luftstreitkräfte. Die alliierten Kräfte eroberten die Insel und konnten sie trotz heftiger Gegenangriffe halten.

Wo: Guadalcanal, die größte der Salomonen im Südpazifik.

Wann: August 1942 bis Februar 1943.

Warum: Die Insel war für beide Seiten eine wichtige Basis für künftige Operationen.

Ergebnis: Die Alliierten errangen hier ihren ersten wichtigen Landsieg gegen die Japaner. Trotz schwerer Verluste auf beiden Seiten konnten die Alliierten die Insel halten und als Stützpunkt nutzen.

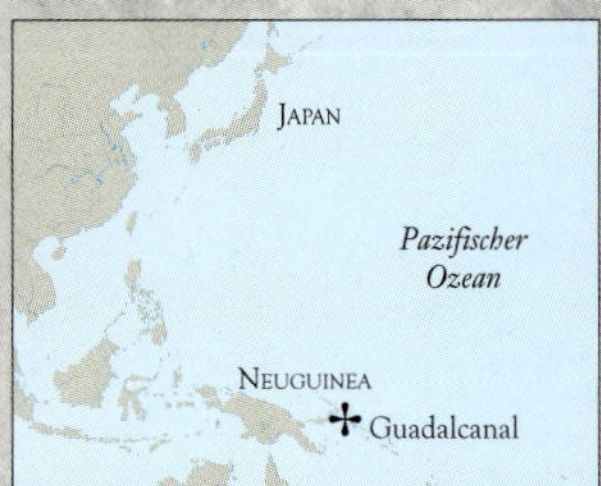

US-Versorgungsschiffe vertrieb, waren die Marines auf Guadalcanal ohne ausreichenden Nachschub mit einem zunehmend heftigeren Widerstand konfrontiert.

Die Insel wurde fast permanent aus der Luft attackiert, doch das reichte den japanischen Kommandeuren nicht. Sie wollten die Alliierten von Guadalcanal sowie den anderen Inseln der Salomonen vertreiben und planten eine amphibische Aktion. Diese Aufgabe übernahm die 17. Armee, die nur grüppchenweise eintraf, aber sofort entschiedene, häufig selbstmörderische Angriffe auf die US-Einheiten startete. Die Amerikaner kämpften zu diesem Zeitpunkt nicht nur mit dem Feind, sondern auch mit den Folgen einer schweren Ruhrepidemie.

Nachdem viele Nachschubtransporte durch Luftangriffe verloren gegangen waren, entschied die japanische Führung, dass eine traditionelle amphibische Aktion nicht durchführbar war. Man setzte stattdessen auf den sogenannten Tokyo Express, wobei Zerstörer und leichte Kreuzer im Schutz der Nacht kleinere Truppenkontingente anlandeten und mit Nachschub versorgten. Der Tokyo Express war eine geschickte Lösung für das Absetzen von Soldaten auf Guadalcanal, hatte aber seine Grenzen. Die kleinen Kriegsschiffe konnten kein schweres Gerät wie Geschütze transportieren, außerdem fielen sie für andere Einsätze aus. Immerhin brachte der Tokyo Express im Verlauf der nächsten Wochen mehrere Tausend Soldaten nach Guadalcanal, bis man genügend Truppen für einen Angriff zusammengezogen hatte.

NEUE PHASE

Am 31. August landete General Kawaguchi (1892–1961) auf Guadalcanal, um das Kommando über alle japanischen Einheiten auf der Insel zu übernehmen. Er erteilte den Befehl zum Angriff auf Henderson Field. Bei dem heftigen Angriff gelang es den Japanern fast die US-Stellungen zu überwältigen, doch nach zwei Tagen intensiver Gefechte mussten sie sich nach schweren Verlusten zurückziehen. Beide Seiten konsolidierten nun so gut wie möglich ihre Truppen und Verteidigungseinrichtungen. Die US-Truppen erhielten etwas Verstärkung.

Mitte Oktober hatten die Japaner mehrere Tausend Soldaten auf Guadalcanal abgesetzt und das Flugfeld wiederholt bombardiert. Die Bodentruppen formierten sich für einen Großangriff. Rund 20 000 japanische Soldaten standen für den Hauptangriff von Süden sowie für unterstützende Aktionen an den Flanken zur Verfügung. Verzögerungen bei den Vorbereitungen und Kommunikationsprobleme behinderten die Operation – einige Truppenteile griffen am 23. Oktober an, andere erst am nächsten Tag. Die Alliierten hielten stand, obwohl die Japaner an einigen Stellen unter hohen Verlusten die äußere Verteidigungslinie durchbrachen.

Die Verteidiger waren am Boden in Bedrängnis, hielten aber aus, während die Luftwaffe See- und Luftattacken abwehrte. Mehrere Frontalangriffe wurden mit direktem Feuer der Artillerie gestoppt. Am 26. Oktober wurde das Unternehmen abgeblasen, die Japaner zogen sich zurück.

Im Pazifik wurde die Kriegsführung an Land stets von der Situation auf See beeinflusst. Wer das Meer kontrollierte, konnte Nachschub und Truppen anlanden. Langsam und unter großen Anstrengungen gewann die US-Marine hier die Vorherrschaft. Weitere Versuche der Japaner, ihre Truppenpräsenz auf der Insel zu verstärken, blieben erfolglos. Die US-Truppen gingen in die Offensive und drängten den Gegner vom Flugfeld zurück. Die vom Nachschub abgeschnittenen, erschöpften japanischen Truppenreste wurden Anfang Februar 1943 evakuiert.

Guadalcanal war der erste eindeutige Sieg über die Japaner und verhalf den Alliierten zu neuem Selbstvertrauen. Japan verlor mit der Insel einen wichtigen Vorposten. Nach dem Fehlschlag des ersten Großangriffs erkannte die japanische Führung, dass der Kampf um Guadalcanal eine Schlacht von großer strategischer Bedeutung war und maßen ihr Vorrang zu. Als Konsequenz daraus zogen sie ihre auf Port Moreby auf Neuguinea vorrückenden Truppen ab und verweigerten weitere Verstärkung. So halfen die Kämpfe auf Guadalcanal den Alliierten an anderer Stelle.

JAPANISCHE PANZER

Japanische Panzer konnten mit den europäischen Standards nicht mithalten und wurden meist nur in kleinen Stückzahlen eingesetzt. Auf Guadalcanal war nur die 1. Unabhängige Panzerkompanie mit zehn leichten Panzern vom Typ 95 (unten abgebildet) und zwei mittelschweren Panzern vom Typ 97 stationiert. Zwei gingen bei Unfällen verloren, die übrigen wurden in der Schlacht am Fluss Matanikau zerstört. Den Amerikanern standen ebenfalls nur leichte Panzer zur Verfügung, die allerdings dem japanischen Typ 97 ebenbürtig waren. Sie waren bei der Offensive nützlich, doch das Dschungelgelände setzte ihrem Einsatz Grenzen.

ZWISCHEN DEN TRÜMMERN VON STALINGRAD *bereitet sich irgendwann Anfang Herbst 1942 ein deutscher Infanteriezug auf einen Angriff auf sowjetische Positionen vor.*

Stalingrad 1942–1943

STALINGRAD ÄNDERTE DEN VERLAUF DES ZWEITEN WELTKRIEGS. IN EINEM DRAMATISCHEN KAMPF MUSSTE DIE WEHRMACHT DEN ERSTEN VERLUST EINER GANZEN ARMEE ERLEBEN. AN DER OSTFRONT BEGANN SICH DAS BLATT ZUGUNSTEN DER ROTEN ARMEE ZU WENDEN.

Im Frühjahr 1942 ordnete Hitler den Fall „Blau" an: eine massive Offensive der Heeresgruppe Süd durch die Ukraine in Richtung Wolga und Kaukasus. Ziel waren die sowjetischen Ölfelder im Kaukasus, die Deutschland dringend für die Versorgung seiner Kriegsmaschinerie brauchte.

Fall „Blau" begann am 28. Juni mit 1,3 Millionen Mann (darunter 300 000 Verbündete der Deutschen, vor allem Rumänen und Italiener) und 1500 Flugzeugen. Die Heeresgruppe Süd wurde in die Heeresgruppen A und B aufgeteilt. Heeresgruppe A war für den Vorstoß in den Kaukasus bestimmt, während Heeresgruppe B im Norden nach Stalingrad vorrücken und am Don Flankenschutz geben sollte. Wie im Frühjahr/Sommer zuvor kam die Wehrmacht gut voran, und Mitte Juli rückte mit der 6. Armee unter dem Kommando

DATEN UND FAKTEN

Wer: Die deutsche 6. Armee unter General Friedrich Paulus (1890–1957) gegen die Stalingrad-Front der Roten Armee, vor allem die 62. Armee unter Generalmajor Wassili Tschuikow (1900–1982).

Was: Unter schweren Verlusten nehmen die Deutschen fast ganz Stalingrad ein. Eine sowjetische Gegenoffensive kesselte 250 000 Deutsche in der Stadt ein. Rund 100 000 wurden getötet, 110 000 gerieten in sowjetische Kriegsgefangenschaft.

Wo: Die Stadt Stalingrad (heute Wolgograd).

Wann: 14. September 1942 bis 2. Februar 1943.

Warum: Die Deutschen brauchten die Stadt, um ihren Angriff auf die sowjetischen Ölfelder im Kaukasus abzusichern.

Ergebnis: Stalingrad leitete die Niederlage der Deutschen an der Ostfront ein.

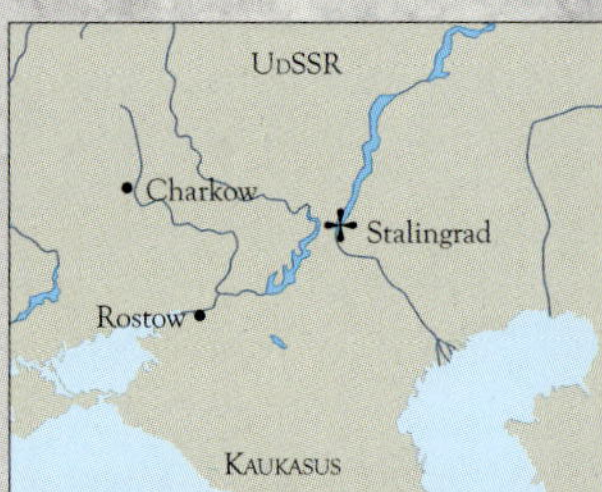

von General Friedrich Paulus die Kerntruppe der Heeresgruppe B auf Stalingrad vor.

Am 23. Juli gab Hitler den Befehl, die Stadt einzunehmen. Die 4. Panzerarmee unter General Hermann Hoth (1885–1971) wurde zur Unterstützung des Angriffs in den Süden Stalingrads verlegt. Am gleichen Tag ordnete Stalin an, die Stadt bis zum Letzten zu verteidigen. Die neu formierte Stalingrad-Front der Roten Armee bestand aus der 62., 63. und 64. Armee. Stalingrad war zwar ein wichtiges Industriezentrum, doch für Stalin stand der Aspekt im Vordergrund, dass die Stadt seinen Namen trug.

Zur Vorbereitung der Kämpfe am Boden belegte die Luftflotte 4 die Stadt mit einem schweren Bombardement, bei dem über 30000 Menschen getötet und weite Teile Stalingrads zerstört wurden. Am 12. September standen deutsche Truppen bereits in den Vororten, wo sie auf den äußerst erbitterten Widerstand der Einheiten der 62. Armee von Tschuikow stießen.

Die Schlacht um Stalingrad entwickelte sich zu einem reinen Straßenkampf, was den Deutschen die Mobilität raubte, die ihr bisheriges Erfolgsrezept im Kampf gewesen war. Trotzdem schienen die Deutschen zunächst zu gewinnen. Zwischen September und Mitte November drängten sie die Sowjets langsam zurück und kämpften sich unter großen Verlusten durch den Industriebezirk. Am 18. November hielten die Sowjets nur noch einen schmalen Landstreifen an der Wolga; es waren kaum mehr als 10 Prozent des Stadtgebiets. Die Deutschen waren durch die Kämpfe der letzten Wochen erschöpft, zusätzlich brach der Winter ein.

DIE SOWJETOFFENSIVE

Am 19. November gelang den Sowjets mit der von General Georgi Schukow (1896–1974) geplanten Gegenoffensive ein Glanzstück. Nördlich von Stalingrad vernichteten die sowjetische Südwest- und Don-Front mit sechs Armeen bei ihrem Vorstoß südwärts über den Don die dortigen schwachen rumänischen Einheiten. Am nächsten Tag rückte die Stalingrad-Front südlich der Stadt nach Norden vor und überrannte den schwachen Flankenschutz der Deutschen. Am 23. September trafen sich dann die beiden zangenartig vorgehenden Angriffsspitzen hinter Stalingrad und schlossen die 6. Armee und große Teile der 4. Armee – insgesamt über 250000 Mann – in und um Stalingrad ein.

Für die Deutschen zeichnete sich eine Katastrophe ab. Die Versorgung aus der Luft und der Entsatzversuch von Feldmarschall Erich von Manstein (1887–1973) schlugen fehl. Die Deutschen in Stalingrad waren ihrem Schicksal überlassen. Die heftigen Kämpfe in der Stadt gingen noch über einen Monat weiter. Mehr als 100000 Wehrmachtsangehörige fielen in dieser Zeit, nur 34000 Verwundete konnten bis zum 25. Januar ausgeflogen werden, als die letzte deutsche Flugpiste an die Sowjets fiel. Zwischen dem 31. Januar und 2. Februar kapitulierten Paulus und die verbliebenen rund 110000 deutschen Soldaten. Die Kriegsgefangenen kamen in sowjetische Arbeitslager, nur 5000 von ihnen sollten diese überleben.

Die deutsche Niederlage in Stalingrad leitete eine strategische und psychologische Wende ein. Strategisch endete damit die Operation Blau, der deutsche Rückzug begann, der 1945 mit der Kapitulation in Berlin enden sollte. Psychologisch gewannen die Sowjets dadurch enorm an Selbstvertrauen, denn nun war klar, dass sie die Deutschen taktisch wie strategisch schlagen konnten. Die Deutschen mussten erkennen, dass die Jahre der furiosen Siege – 1939 bis 1941 – vorbei waren.

GENERALFELDMARSCHALL FRIEDRICH PAULUS

Friedrich Paulus (1890–1957, links) begann seine militärische Laufbahn als Offizier im Ersten Weltkrieg. Durch seine Fähigkeiten und entsprechenden Ehrgeiz stieg er 1939 zum Generalmajor auf. Er war dann Stellvertreter von General Franz Halder als Generalstabschef, bevor ihm 1941 das Kommando über die 6. Armee übertragen wurde. Paulus, ein kultivierter Offizier „alter Schule“, hielt sich zunächst in militärischer Loyalität an den Durchhaltebefehl Hitlers in Stalingrad. Am 31. Januar 1942 ernannte Hitler Paulus zum Generalfeldmarschall, womit zugleich eine indirekte Aufforderung zum Selbstmord verbunden war, denn bis zu diesem Zeitpunkt hatte noch kein deutscher Feldmarschall je kapituliert. Doch Paulus entschied sich anders und ging in sowjetische Gefangenschaft. Dort engagierte er sich im nazikritischen Bund Deutscher Offiziere. Zuletzt lebte er in Dresden und war Mitte der 1950er-Jahre Berater der Nationalen Volksarmee der DDR.

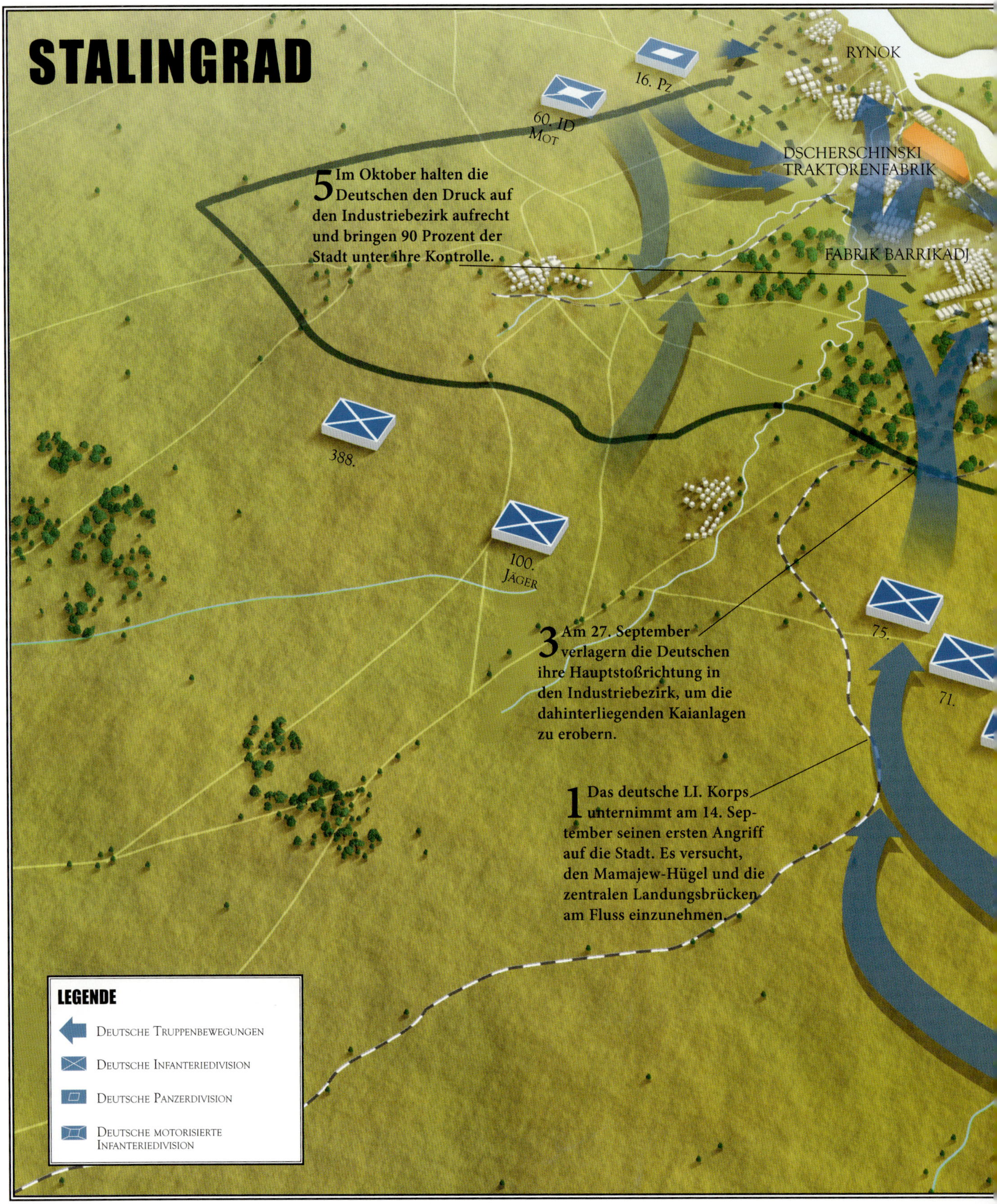
STALINGRAD
RYNOK
16. Pz
60. ID Mot
DSCHERSCHINSKI TRAKTORENFABRIK
FABRIK BARRIKADJ
5 Im Oktober halten die Deutschen den Druck auf den Industriebezirk aufrecht und bringen 90 Prozent der Stadt unter ihre Kontrolle.
388.
100. Jäger
75.
71.
3 Am 27. September verlagern die Deutschen ihre Hauptstoßrichtung in den Industriebezirk, um die dahinterliegenden Kaianlagen zu erobern.
1 Das deutsche LI. Korps unternimmt am 14. September seinen ersten Angriff auf die Stadt. Es versucht, den Mamajew-Hügel und die zentralen Landungsbrücken am Fluss einzunehmen.
LEGENDE
Deutsche Truppenbewegungen
Deutsche Infanteriedivision
Deutsche Panzerdivision
Deutsche motorisierte Infanteriedivision

6 Der letzte deutsche Großangriff beginnt am 11. November. Acht Tage später starten die Sowjets die Operation Uranus und isolieren die 6. Armee in der Stadt.
FABRIK ROTER OKTOBER
KRASNAYA SLOBODA
4 Die Sowjets können ihre Nachschublinien über die Wolga sichern, sodass die 62. Armee genügend Personal und Material bekommt, um ihre Stellung in der Stadt zu halten.
MAMAJEW-HÜGEL
GETREIDE-SILOS
WOLGA
94.
14. Pz
24. Pz
29. ID MOT
2 Die 4. Panzerarmee greift zur Unterstützung im Süden der Stadt an, wird aber durch den heftigen Widerstand am Getreidesilo gestoppt.

GRENADIERE DER SS-DIVISION „DAS REICH" *rücken auf einem Panzer III in Charkow ein. Die SS-Divisionen waren entscheidend an der Zurückschlagung des sowjetischen Zugriffs auf Charkow beteiligt.*

Dritte Schlacht um Charkow 1943

DIE DRITTE SCHLACHT UM CHARKOW GILT ALS DER LETZTE BEDEUTENDE DEUTSCHE SIEG AN DER OSTFRONT. SIE IST EIN BEISPIEL FÜR TAKTISCH GESCHICKT DURCHGEFÜHRTE PANZERMANÖVER GEGEN EINEN GUT VORBEREITETEN UND ZAHLENMÄSSIG ÜBERLEGENEN FEIND.

Der Fall von Stalingrad nach Monaten erbitterter Kämpfe war ein moralischer Tiefschlag für die Deutschen, deren Gegner nun Erfolg nach Erfolg erzielten.

Feldmarschall von Manstein, Oberbefehlshaber der kurzlebigen Heeresgruppe Don, leitete einen geordneten Rückzug ein. Die Sowjets dagegen stießen vor und nahmen Mitte Februar die strategisch wichtige Stadt Charkow ein. Hitler war außer sich und befahl von Manstein die Rückeroberung der Stadt. Von Manstein folgte dem Führerbefehl. Durch den Vorstoß der Sowjets hatte sich eine große Ausbuchtung der Frontlinie gebildet, wodurch sich die Möglichkeit einer doppelten Um-

DATEN UND FAKTEN

Wer: 160 000 deutsche Soldaten unter Feldmarschall Erich von Manstein (1887–1973) gegen rund 300 000 Sowjetsoldaten der Brjansker-, Woronesch- und Südwest-Front unter Führung der Generäle Golikow (1900–1980) und Watutin (1901–1944).

Was: Nach ihrem Erfolg in Stalingrad blieben die Sowjets in der Offensive, wurden aber durch eine gelungene deutsche Gegenoffensive mit den SS-Divisionen „Leibstandarte Adolf Hitler" und „Das Reich" als Speerspitze zurückgedrängt.

Wo: Die Stadt Charkow in der Ukraine.

Wann: Februar bis März 1943.

Warum: Die Stadt war politisch und als Verkehrsknotenpunkt wichtig.

Ergebnis: Charkow wurde von den Deutschen eingenommen, fiel aber im August nach einer Offensive wieder an die Sowjets.

fassung ergab. Die abgeschnittene sowjetische Vorhut könnte so vernichtet werden. Die Planung lief, während die SS-Einheiten von Mansteins sich neu formierten und die verbliebenen Panzer in neuen Bataillonen zusammengefasst wurden. Diese Methode, aus angeschlagenen und dezimierten Einheiten effektive neue Kampftruppen zusammenzustellen, war eine wichtige Fähigkeit der Wehrmacht im Zweiten Weltkrieg. So konnten geschrumpfte Verbände auch dann noch weiterkämpfen, wenn die einzelnen Einheiten, aus denen sie sich zusammensetzten, eigentlich nutzlos geworden waren.

VON MANSTEINS GEGENANGRIFF

Am 19. Februar 1943 startete von Manstein den Gegenangriff. Die SS-Einheiten bildeten die Speerspitze der nördlichen Zange, während Panzereinheiten der Wehrmacht im Süden vorrückten. Trotz Behinderung durch Minenfelder und schlechtes Wetter kamen die SS-Truppen rasch voran und attackierten den Feind in der Flanke. Es gelang, die Verbindungsstraße zum Dnjepr abzuschneiden und so die Beweglichkeit der Sowjets einzuschränken. Beim weiteren Vormarsch kam es zu lokalen Gefechten mit sowjetischen Einheiten. Am 24. Februar eroberten die SS-Einheiten Pawlograd.

Auch in anderen Abschnitten hatte die Zangenbewegung die Sowjets verwirrt, ihren Vorstoß zum Dnjepr zum Stillstand gebracht und sie dann zurückgedrängt. Der Weg nach Charkow war frei, und die SS-Division „Das Reich" rückte auf die Stadt vor. Das sowjetische Oberkommando gab den Befehl zum Durchhalten. Man schickte Verstärkung nach Charkow und versuchte mit Angriffen in anderen Abschnitten, die deutschen Kräfte zu binden. Diese Maßnahme schlug fehl, der bedeutende Eisenbahnknotenpunkt Lasowaja wurde von den Divisionen „Das Reich" und „Totenkopf" eingenommen.

Doch die sowjetische Seite bekam weitere Unterstützung. Die 3. Panzerarmee (vergleichbar einem deutschen Panzerkorps) schaffte es, sich zwischen die Divisionen „Das Reich" und „Leibstandarte" zu schieben. Für die Deutschen – je nach Gesichtspunkt – eine gefährliche Situation oder die Chance, die Panzerarmee von beiden Seiten in die Zange zu nehmen. Paul Hausser (1880–1972), der Kommandeur des SS-Panzerkorps, sah es als Chance und griff an; eine dreitägige Schlacht entbrannte. Trotz schlechter Wetterbedingungen und Nachschubschwierigkeiten gewannen die SS-Einheiten allmählich die Oberhand. Am Ende waren drei sowjetische Panzerbrigaden, drei Infanteriedivisionen und ein ganzes Kavalleriekorps aufgerieben oder gefangen genommen.

Angesichts dieser heftigen Attacke zogen sich die sowjetischen Kräfte in einigen Abschnitten zurück, und am 11. März errichtete die aus SS-Einheiten bestehende Kampfgruppe eine Stellung innerhalb der Stadtgrenze. Am 12. März begann der Kampf um die Stadt. Trotz erbitterten Widerstands, vor allem im Bereich des Bahnhofs und im Industrieviertel, wurden die Sowjets nach und nach aus der Stadt gedrängt.

Die Sowjets befanden sich in einem Zustand der Konfusion und Entmutigung. Die weiter nach Osten vordrängenden SS-Divisionen konnten, obwohl selbst stark dezimiert, zwei Panzerkorps und vier Infanteriedivisionen vernichten. Der letzte organisierte Widerstand konzentrierte sich um eine Traktorenfabrik außerhalb der Stadt. Als auch der gebrochen war, befand sich Charkow am 15. März fest in deutscher Hand. Es war ein beindruckender, aber nur vorübergehender Sieg.

T-34/76 – DER BESTE PANZER SEINER ZEIT?

Der T-34 zählte zu den wichtigsten Waffensystemen der Roten Armee im Zweiten Weltkrieg. Bei seiner Indienststellung 1940 war er der beste Panzer der Welt – eher eine solide gearbeitete denn hoch komplizierte Kampfmaschine. Der T-34 besaß eine gute Panzerung, war beweglich und hatte ein gutes Geschütz, das gegnerische Panzer auf einige Entfernung ausschalten konnte. Allerdings zeigte er eine gewisse Anfälligkeit bei der Mechanik, speziell dem Getriebe. Als Einzelwaffe betrachtet, waren die deutschen Panzer generell besser, doch unter Kriegsbedingungen sehen die Dinge etwas anders aus. Panzer kämpfen nicht einzeln, sondern als Teil einer militärisch-technisch-industriellen Partnerschaft, bei der die Kampfkraft nur ein Aspekt ist. Ebenso wichtig ist die Fähigkeit, beschädigte Panzer schnell zu reparieren oder zu ersetzen. Auch die Möglichkeit, sie in großen Stückzahlen zu produzieren, macht einen Unterschied. In dieser Hinsicht war der T-34 hervorragend.

EINE SELTENE AUFNAHME EINES CHURCHILL-PANZERS *der 5. Gardearmee, die im Zuge des Leih- und Pachtabkommens mit Fahrzeugen der westlichen Alliierten ausgestattet wurde.*

Kursk 1943

DIE SCHLACHT AM KURSKER FRONTBOGEN IM JULI 1943 WAR DIE GRÖSSTE PANZERSCHLACHT ALLER ZEITEN. DIE URSPRÜNGE DES DEUTSCHEN UNTERNEHMENS „ZITADELLE" REICHTEN ZUR JAHRESWENDE ZURÜCK, ALS SOWJETISCHE GEGENANGRIFFE NICHT NUR DIE 6. ARMEE IN STALINGRAD BESIEGTEN, SONDERN AUCH DIE HEERESGRUPPE DON VON FELDMARSCHALL ERICH VON MANSTEIN ZU VERNICHTEN DROHTEN.

Nach von Mansteins erfolgreicher Gegenoffensive im Februar und März 1943 wurde es ruhig an der Ostfront, als die erschöpften Gegner ihre mitgenommenen Truppen für die anstehenden Sommeroffensiven neu organisierten.

Um Kursk ragte seit den vorangegangenen Kämpfen eine große Frontausbuchtung in die deutschen Linien hinein, in der die Rote Armee große Truppenverbände massiert hatte. Hitler ordnete einen Zangenangriff gegen die Flanken an, um den Frontbogen abzuschneiden und den eingekesselten

DATEN UND FAKTEN

Wer: Teile der Heeresgruppe Mitte unter Feldmarschall Günther von Kluge (1882–1944) und der Heeresgruppe Süd unter Feldmarschall Erich von Manstein (1887–1973) gegen die Zentral-Front von Marschall Konstantin Rokossowski (1896–1968) und die Woronesch-Front unter Marschall Nikolai Watutin (1901–1944).

Was: Die Wehrmacht wollte den Frontbogen um Kursk vernichten.

Wo: Das Gebiet um Kursk, ein Eisenbahnknotenpunkt 800 km südlich von Moskau.

Wann: 4. bis 13. Juli 1943.

Warum: Die Deutschen mussten die Initiative an der Ostfront zurückgewinnen.

Ergebnis: Die deutsche Offensive schlug fehl, und der sowjetische Gegenangriff war der Auftakt zu weiteren Vorstößen 1943.

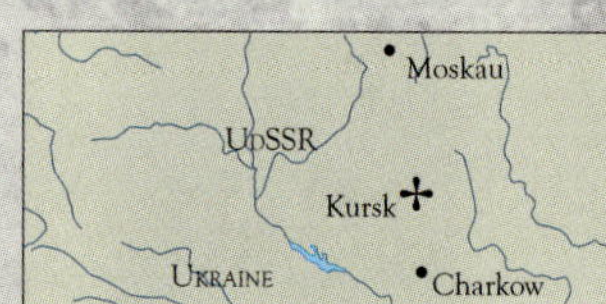

Gegner zu vernichten. Die Offensive würde sich über ein begrenztes Terrain erstrecken, was der nachlassenden Mobilität der Wehrmacht entgegenkam. Für das Unternehmen „Zitadelle" zogen die Deutschen 17 Panzer- und Panzergrenadierdivisionen auf einer Angriffsbreite von 164 km Länge zusammen.

Ursprünglich sollte das Unternehmen „Zitadelle" Anfang Mai beginnen, doch Hitler verschob die Offensive mehrmals, damit neueste Waffensysteme eingesetzt werden konnten. Hitler glaubte, mit diesen „kriegsentscheidenden" Panzern – 250 mittelschweren Panthern und 90 schweren Tigern – auch den hartnäckigsten Widerstand des Gegners brechen zu können. Als das Unternehmen „Zitadelle" am 4./5. Juli begann, waren die Deutschen durch eine massive Verstärkung der sowjetischen Truppen in der Ausbuchtung in der Unterzahl, obwohl sie Zeitpunkt und Ort der Offensive selbst bestimmen konnten.

ZANGENANGRIFF

Die Deutschen konzentrierten ihre Truppen an zwei Orten: im Norden Teile der Heeresgruppe Mitte von Feldmarschall Günther von Kluge und im Süden Einheiten der Heeresgruppe Süd von Feldmarschall von Manstein. Im Norden verfügte die 9. Armee unter General Walter Model (1891–1945) über sechs Panzer- und Panzergrenadier- sowie 14 Infanteriedivisionen. Im Süden brachten Generaloberst Hermann Hoth (1885–1971) mit der 4. Panzerarmee und General Werner Kempf (1886–1964) mit seiner Armeeabteilung insgesamt elf Panzer- und Panzergrenadier- sowie zehn Infanteriedivisionen in Stellung.

Die Offensive begann am 4. Juli mit massiven Angriffen der Panzer- und Infanterieeinheiten von beiden Seiten der Ausbuchtung. Die Sowjets wehrten sich erbittert mit Artillerie, Minenfeldern und großen Panzerverbänden gegen beide Vorstöße. Der deutsche Vorstoß im Norden war ein Misserfolg: Trotz schwerer, verlustreicher Angriffe war man in einer Woche nur 15 km vorangekommen. Im Süden stieß Hoths XXXXVIII. Panzerkorps am 6. Juli bei Obojan nordwärts zur zweiten Verteidigungslinie vor. Weiter östlich drängte das II. SS-Panzerkorps die Verteidiger bis zur Ortschaft Prochorowka zurück.

Am 12. Juli erreichte die Operation „Zitadelle" den Höhepunkt, als es bei Prochorowka zu einer riesigen Panzerschlacht mit der sowjetischen 5. Gardepanzerarmee kam. 800 sowjetische Panzer standen 600 Panzern der Wehrmacht gegenüber. Es war die größte Panzerschlacht des Zweiten Weltkriegs. Acht Stunden lang tobte der Kampf. Die Sowjets nutzten den dabei aufgewirbelten Staub und die schlechte Sicht, um den Abstand zum Gegner so zu verringern, dass die Deutschen den Vorteil ihrer weiter reichenden Geschütze nicht ausnutzen konnten. Taktisch verlief der Kampf unentschieden, doch strategisch war er für die Deutschen ein Desaster: Die Wehrmacht rieb ihre Panzerreserven auf, während der Roten Armee noch ausreichend Panzerkräfte erhalten blieben.

DIE BESATZUNG EINES SOWJETISCHEN T-34-PANZERS *ergibt sich einem SS-Soldaten; vermutlich während der Kämpfe am Südflügel des Kursker Bogens.*

Die Initiative ging an die sowjetische Seite verloren, die ihre Chance in Folge konsequent zum Angriff ausnutzte.

Prochorowka überzeugte Hitler davon, dass das Unternehmen „Zitadelle" nicht zum Erfolg zu führen war. Am 13. Juli stoppte er die Offensive. Zwischen dem 15. und 25. Juli zogen sich die Deutschen langsam vor den heftigen sowjetischen Attacken auf die Ausgangsstellungen zurück. Am 12. Juli hatten die Sowjets zudem einen Angriff gegen die Heeresgruppe Mitte gestartet, die die Nordflanke von Models Truppen schützten. Die Deutschen konnten von der Roten Armee allmählich 120 km zurückgedrängt werden.

Am 3. August griffen die Sowjets die deutschen Kräfte entlang der südlichen Flanke des einstigen Kursker Bogens massiv an. Diese neuerliche Sowjetoffensive beseitigte rasch die Ausbuchtung im Süden des ehemaligen Frontbogens, die von den Deutschen gehalten wurde. Nach dem schnellen Erfolg ihrer beiden Gegenattacken weiteten die Sowjets ihre Operationen zu einer strategischen Generaloffensive im mittleren und südlichen Abschnitt der Ostfront aus.

Alles in allem war das Unternehmen „Zitadelle" eine schwere strategische Niederlage für die Deutschen. Trotz des Einsatzes massiver Kräfte gelang es ihnen zu keinem Zeitpunkt, tiefer als 40 km in die feindlichen Linien vorzustoßen. Wehrmacht und Waffen-SS hatten etwa 80 000 Gefallene und Vermisste sowie etwa 850 zerstörte Panzer zu verzeichnen. Das Einzige, was durch „Zitadelle" erreicht wurde, war die Zerschlagung der deutschen Panzerreserven, was den Sowjets die Gegenangriffe erleichterte. Kursk war – vielleicht mehr noch als Stalingrad – der Wendepunkt des Krieges.

DEUTSCHE FALLSCHIRMJÄGER *beziehen mit einem MG in den Ruinen des Klosters am Monte Cassino Stellungen. Die alliierten Bombenangriffe nützten wenig, schufen nur ein besser zu verteidigendes Terrain.*

Monte Cassino 1944

DIE SCHLACHT UM MONTE CASSINO WAR UNGEWÖHNLICH FÜR DIE KRIEGSFÜHRUNG IN EUROPA. IN DIESER FAST STATISCHEN PHASE DES KRIEGSVERLAUFS BRAUCHTEN DIE ALLIIERTEN FÜNF MONATE UND VIER OFFENSIVEN, UM DIE DEUTSCHE GUSTAV-LINIE AM MONTE CASSINO ZU DURCHBRECHEN.

Die Gustav-Linie zog sich 160 km quer durch Italien von der Adria bis zum Tyrrhenischen Meer. Eine Schlüsselposition war der Zugang zum Liri-Tal, das den Alliierten einen direkten Weg nach Rom eröffnete. Vom Monte Cassino mit seinem berühmten Benediktinerkloster überschaut man die Flüsse am Ausgang des Tals. Die Deutschen errichteten Bunker und Unterstände entlang des Flusses Liri, bauten Stellungen in den umliegenden Bergen, befestigten die Stadt Cassino und stauten die Flüsse dort auf. Es war eine der besten Verteidigungspositionen in Europa.

Im Zuge der Operation „Shingle", der Landung bei Anzio hinter der Gustav-Linie, sollte zunächst ein Vorstoß der 5. Armee

DATEN UND FAKTEN

Wer: Das II. US-Korps und das II. Neuseeländische Korps der 5. US-Armee unter General Mark Clark (1896–1984) und später die 8. Britische Armee unter General Oliver Leese (1884–1978) standen dem XIV. Panzerkorps von General Fridolin von Senger und Etterlin (1891–1963) gegenüber.

Was: Eine Serie von Angriffen auf die Gustav-Linie, eine deutsche Verteidigungslinie im Bereich von Monte Cassino.

Wo: Das Gebiet um den Monte Cassino, rund 100 km südlich von Rom.

Wann: 24. Jan.–18. Mai 1944.

Warum: Cassino kontrollierte den Zugang zum Liri-Tal und damit den direkten Weg nach Rom.

Ergebnis: Nach einem langen Abnutzungskampf wurde die Gustav-Linie im Mai 1944 von der Front durchbrochen.

die deutschen Reserven aus dem Gebiet von Anzio weglocken. Die Überquerung der Flüsse vor der Gustav-Linie war eine schreckliche Erfahrung für die beteiligten Einheiten aus den USA, Großbritannien und dem Commonwealth, denen die Deutschen verheerende Verluste zufügten. Die 36. US-Division verlor zwischen dem 20. und 22. Januar zwei Regimenter bei dem Versuch, den Fluss Garigliano zu überqueren. Die Angriffe auf die Stadt Cassino waren ähnlich blutig. Von Januar bis März rannten die Alliierten viele Male gegen die Verteidigungsstellungen an, um meist unter erheblichen Verlusten zurückgeworfen zu werden. Bombardements zerstörten Stadt und Kloster, gleichzeitig ergaben sich so für die Deutschen, speziell die Eliteeinheit der Fallschirmjäger, günstigere Verteidigungspositionen.

Trotz der heftigen Kämpfe in Cassino starteten die Deutschen einen Gegenangriff auf den Brückenkopf bei Anzio. Bemüht, den Druck auf die Gustav-Linie aufrechtzuerhalten, befahl General Harold Alexander (1891–1969), der Oberkommandierende der Alliierten in Italien, General Alexander Freyberg (1889–1963), dem Kommandeur des II. Neuseeländischen Korps, erneut anzugreifen. Die 4. Indische Division sollte oberhalb der Stadt über den Burghügel auf das Kloster vorgehen und die Neuseeländer die Stadt von Norden her angreifen. Nach massiven Luftangriffen eröffneten die Divisionen am 15. März den Angriff. Sie konnten zwar die Bahnstation erobern, kamen dann aber nicht weiter. Wieder leisteten die deutschen Fallschirmjäger erbitterten Widerstand. Die Neuseeländer eroberten zwar große Teile der Stadt und die 4. Indische Division zwei Hügel, doch die Alliierten konnten weder die völlige Kontrolle über Cassino erringen noch das Kloster einnehmen. Angesichts des geringen Erfolgs blies Freyberg die Offensive ab.

DIE 8. ARMEE GREIFT EIN

Im Frühjahr gruppierten die Alliierten ihre Einheiten um. Die 8. Armee übernahm die Front bei

Deutsche 150-mm-Feldhaubitze *in Aktion. Die deutsche Artillerie bei Cassino war vorrangig im Liri-Tal stationiert. Weil die Deutschen die meisten Höhenlagen besetzt hielten, konnten sie das gesamte Schlachtfeld ins Visier nehmen.*

Cassino. Alexanders Stabschef, General John Harding, organisierte die Operation „Diadem“, die vierte Schlacht um Cassino. Im Westen sollte das II. US-Korps entlang der Küste auf Anzio vorstoßen, wo man das VI. US-Korps zum Ausbruch aus dem Brückenkopf verstärkt hatte. Das französische Expeditionskorps CEF sollte durch die Aurunci-Berge angreifen und in das Liri-Tal eindringen. Das britische XIII. Korps würde zusammen mit dem I. Kanadischen Korps den Zugang zum Liri-Tal attackieren. Das II. Polnische Korps hatte die Aufgabe, Cassino anzugreifen, während das britische X. Korps kleinere Operationen im Norden der Stadt ausführte.

„Diadem“ begann am 11. Mai um 23 Uhr. Der Vorstoß des XIII. Korps auf das Liri-Tal kam langsam voran, ebenso das II. US-Korps an der Küste. Das CEF erzielte große Erfolge und bedrohte die deutsche Flanke. Die Polen erlitten am Cassino-Massiv schwerste Verluste, konnten aber die Höhe 593 und die Hochebene hinter dem Kloster einnehmen. Am 17. Mai drangen sie zum Kloster vor, das sie leer vorfanden.

Bedroht durch den Vormarsch der Alliierten im Liri-Tal, zogen sich die Deutschen nach Norden zurück. Alexander befahl dem VI. Korps, aus Anzio auszubrechen und der deutschen 10. Armee den Rückzugsweg abzuschneiden. Doch Clark nahm Alexanders Befehl zurück und ließ das VI. US-Korps auf Rom marschieren, das am 4. Juni eingenommen wurde. Durch Clarks egomanische Entscheidung, lieber Rom einzunehmen, als den Feind zu schlagen, konnten die Deutschen ihre Einheiten rechtzeitig abziehen und nördlich von Rom eine neue Verteidigung formieren. Die Chance auf eine Vernichtung der deutschen Truppen in Italien war vertan.

INDISCHER SOLDAT

Soldaten aus dem britischen Commonwealth leisteten wertvolle Dienste bei den Kämpfen in Italien. Dieser Korporal der 6. Rajputana Rifles trägt die typische Ausgehuniform. Als Teil der 4. Indischen Infanteriedivision war diese Einheit direkt in die Schlacht um Monte Cassino verwickelt, wo sie schwere Verluste erlitt. Die 6. Rajputana Rifles hatten zuvor mit der 8. Armee in Syrien und während des ganzen Nordafrikafeldzugs gekämpft. Die vielfach ausgezeichnete Einheit besteht bis heute als Teil der indischen Armee fort.

Der breite Irrawaddy *war ein großes Hindernis bei der Nachschubversorgung der in Burma operierenden Truppen. Dieses behelfsmäßige Floß nutzt den Fluss als Transportweg für einen Lastwagen.*

Schlacht um Imphal und Kohima 1944

DIE SCHLACHTEN VON IMPHAL UND KOHIMA MARKIEREN DEN HÖHEPUNKT JAPANISCHER EXPANSIONSANSTRENGUNGEN IN BURMA UND INDIEN. NACH ANFÄNGLICHEN ERFOLGEN ERLITTEN DIE JAPANISCHEN TRUPPEN NIEDERLAGEN IN BURMA UND WURDEN ENTLANG IHRER INVASIONSROUTE ZURÜCKGEDRÄNGT.

In den ersten Monaten des Zweiten Weltkriegs schien der Vormarsch der Japaner unaufhaltsam. Die britischen Kräfte wurden über die Malaiische Halbinsel bis nach Singapur getrieben und zur Kapitulation gezwungen. Andere Einheiten wurden durch Burma nach Indien zurückgedrängt. Rückzugsgefechte verlangsamten den japanischen Vormarsch, den der Monsun dann zum Stillstand brachte.

Diese Atempause gab den Alliierten die Chance, sich neu zu formieren und die Verteidigung zu organisieren. Das gebirgige, von Dschungel bedeckte Gelände an der Grenze von

DATEN UND FAKTEN

Wer: Britische und indische gegen japanische Einheiten sowie Verbände der antibritischen Indian National Army.

Was: Japanische Truppen kesselten die Stadt Imphal ein, wurden aber durch einen Gegenangriff zurückgeschlagen.

Wo: Die Stadt Imphal, Hauptstadt des Bundesstaates Manipur im Nordosten Indiens.

Wann: 8. März bis 3. Juli 1944.

Warum: Die Japaner wollten Indien besetzen. Dies war ihre letzte Chance für eine große Landoffensive gegen Indien, denn die japanischen Ressourcen wurden im Krieg gegen die USA rasch aufgebraucht.

Ergebnis: Die Japaner wurden vernichtend geschlagen, die Gefährdung Indiens wurde beseitigt.

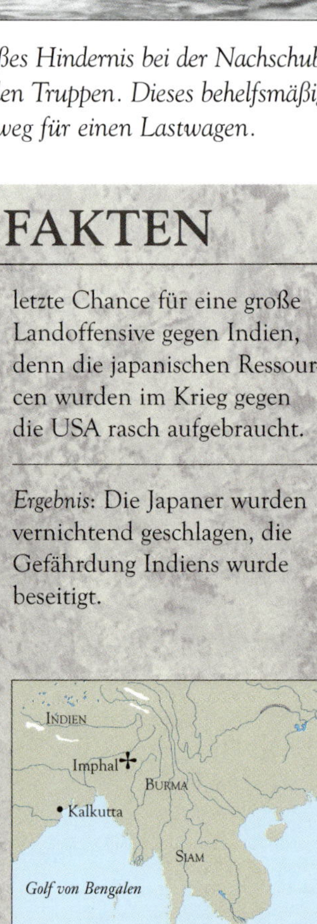

Burma und Indien war dabei von Vorteil, denn es gab nur wenige Straßen, die relativ gut zu verteidigen waren. Die Stadt Imphal diente den Alliierten als Basis und Logistikzentrum, während die Japaner sich über lange Nachschubwege durch schwieriges Terrain versorgen mussten.

Aber die japanischen Einheiten in der Region bekamen mit Generalleutnant Masakazu Kawabe (1886–1965) einen neuen, energischen Kommandeur, der einen Angriff auf Imphal für durchführbar hielt. Die japanische Offensive begann am 8. März 1944 mit drei Divisionen der 15. Armee, die auf breiter Front angriffen. Am 7. April wurde die Versorgungsstraße zwischen Imphal und Kohima im Norden abgeschnitten. Die beiden Vorposten waren eingekesselt. Die Soldaten des britischen IV. Korps sahen einer Belagerung entgegen.

VERTEIDIGUNG UND GEGENANGRIFF

Die Verteidiger in Kohima behaupteten sich zwar bei Artilleriebeschuss und permanenten Attacken der Infanterie in ihrer zusehends schrumpfenden Stellung, doch am 17. April schien die Lage hoffnungslos. In den nächsten Tagen bekamen sie aber Verstärkung durch das XXXIII. Korps aus Indien. Die Angriffe der Japaner gingen unvermindert weiter, doch ihre Chancen auf einen Erfolg schwanden. Bis Anfang Mai wurden weitere alliierte Truppen in den Kampf um Kohima geführt, und die inzwischen unter Nachschubmangel leidenden Japaner kamen unter Beschuss aus der Luft und durch Artillerie. Der Kohima-Bergrücken konnte teilweise von den sich erbittert wehrenden Japanern befreit werden, die aber noch bis Mitte Mai einige hoch gelegene Positionen zäh verteidigten. Nachdem die Alliierten die japanische Nachschublinie besetzt hatten, mussten sich die Japaner, die an Munitionsmangel und Hunger litten, zurückziehen und den Bergrücken den Briten überlassen. Die Dörfer und das Gelände waren völlig zerstört. Zu Recht wurde Kohima als Stalingrad des Fernen Osten bezeichnet. Viele japanische Einheiten lösten sich auf und schlugen sich auf der Suche nach Nahrung in Richtung Osten oder Süden durch. Für das weitere Geschehen spielten sie keine Rolle mehr. Die Briten begannen ihren Vorstoß auf Imphal.

JAPANISCHE NIEDERLAGE

Die Attacken der Japaner auf Imphal selbst kamen am 1. Mai zum Erliegen. Die Belagerung ging weiter, doch eine echte Chance für einen erfolgreichen Angriff bestand nicht mehr. Die Versorgungssituation der Japaner verschlechterte sich, während die Alliierten in Imphal und Kohima aus der Luft versorgt wurden.

Obwohl die japanischen Kommandeure vor Ort wussten, dass die Schlacht nicht zu gewinnen war, gaben sie den Befehl für eine letzte Offensive. Dank frisch eingetroffener Verstärkung hatte diese sogar einen begrenzten Erfolg. Doch am 22. Juni war die Straße von Imphal nach Kohima endgültig offen und der Belagerungsring gesprengt. Die japanischen Divisionen um Imphal waren am Ende ihrer Kräfte und ignorierten weitgehend die Befehle für einen neuerlichen Angriff. Angesichts dieser Situation erging der Befehl zum Rückzug, der am 3. Juli begann. Viele japanische Einheiten waren durch Hunger und Krankheiten stark geschwächt und schleppten sich mühsam nach Osten zurück, die schwere Ausrüstung und Artillerie hatten sie zurückgelassen.

Der unüberlegte Vorstoß auf Imphal war der Wendepunkt des Kriegs in Südostasien. Ab diesem Zeitpunkt befanden sich die Japaner in der Defensive und wurden stetig zurückgedrängt. Für die Alliierten waren die Tage des chaotischen Rückzugs vorbei. Sie kehrten nach Burma mit der Überzeugung zurück, die Kaiserlich Japanische Armee besiegen zu können.

MERILL'S MARAUDERS

Die für Spezialeinsätze tief in Feindesland ausgebildete 5307th Composite Unit (Provisional) unter ihrem Kommandeur Brigadier-General Frank Merrill (1903–1955) wurde nach ihren Leistungen in China und Burma schnell als Merrill's Marauders bekannt. Nach dem Training mit den erfolgreichen Chindits wurden die Marauders, alles Freiwillige, zu Kampfeinsätzen hinter den japanischen Linien eingesetzt. Trotz schwerer eigener Verluste und geplagt von Dschungelkrankheiten, gelang es ihnen, die japanischen Nachschublinien zu unterbrechen und dem Gegner in zahlreichen Aktionen schwere Verluste beizubringen. Nach Kriegsende wurde jedes Mitglied der Marauders mit dem Bronze Star dekoriert und die Einheit mit einer Distinguished Unit Citation für ihren Einsatz in Burma geehrt.

US-SOLDATEN WATEN AM 6. JUNI 1944 *von einem Landungsboot im Abschnitt Omaha Beach an Land. Bei der Sicherung des Abschnitts erlitten die Amerikaner schreckliche Verluste.*

Landung in der Normandie 1944

DER D-DAY, DIE LANDUNG DER ALLIIERTEN AM 6. JUNI 1944 AN DER KÜSTE DES VON DEUTSCHLAND BESETZTEN FRANKREICHS, WAR EINER DER ENTSCHEIDENDEN TAGE DES ZWEITEN WELTKRIEGS. SEIT 1943 HATTEN SICH DIE ALLIIERTEN AUF DIESE OPERATION MIT DEM CODENAMEN OVERLORD VORBEREITET. AM D-DAY LANDETEN 160 000 US-AMERIKANER, BRITEN, KANADIER UND EIN KLEINES FRANZÖSISCHES KONTINGENT IN DER NORMANDIE, UM DORT BRÜCKENKÖPFE ZU ERRICHTEN.

Am frühen Morgen des 5. Juni versammelten sich 6939 Schiffe vor der Südküste Englands und nahmen am Abend Kurs auf die Normandie. Ab 23.30 Uhr starteten 1100 alliierte Transportflugzeuge, die 17 000 Fallschirmjäger im Invasionsgebiet absetzten. In den ersten Stunden des 6. Juni landeten britische Luftlandeeinheiten nordöstlich von

DATEN UND FAKTEN

Wer: General Dwight Eisenhower (1890–1969) als Oberkommandeur der alliierten Einheiten (US-Amerikaner, Briten und Kanadier) gegen die Heeresgruppe B unter Feldmarschall Erwin Rommel (1891–1944).

Was: In der größten amphibischen Operation der Geschichte kehrten die westlichen Alliierten nach Westeuropa zurück.

Wo: Die Seine-Bucht in der Normandie in Frankreich.

Wann: 6. Juni 1944.

Warum: Die Alliierten wollten eine zweite Front gegen Deutschland eröffnen, und die Normandie bot geeignete Strände in Reichweite landgestützter Flugzeuge.

Ergebnis: Die Alliierten konnten sich am Ufer festsetzen und dem Krieg eine entscheidende Wendung geben.

Caen und besetzten Schlüsselpositionen zur Absicherung der Ostflanke der Invasion. Gleichzeitig gingen zwei US-Fallschirmjägerdivisionen im Marschland hinter dem Abschnitt Utah nieder, um die Westflanke vor deutschen Truppen zu schützen.

Die Armada zur See mit Zehntausenden von alliierten Soldaten sollte in fünf Strandabschnitten landen: Im Osten lagen die drei britisch-kanadischen Landungsabschnitte Sword, Juno und Gold, im Westen die beiden US-Abschnitte Omaha und Utah. Als die Luftlandeaktionen begannen, bezog die riesige Flotte vor der Normandieküste Stellung und nahm die Küstenverteidigung unter heftigen Beschuss. Zwischen 6.30 und 7.45 Uhr begann der alliierte Vorstoß auf die fünf Küstenabschnitte. Die „Zweite Front" war eröffnet.

An den britisch-kanadischen Abschnitten gelang es dem britischen XXX. und I. Korps trotz heftiger Gegenwehr einzelner deutscher Stützpunkte (etwa bei Le Hamel im Abschnitt Gold), ihre Strandabschnitte zu sichern. Der Vorstoß aus den Sektoren Gold und Juno brachte die wichtige Straße zwischen Creuilly und Bayeux unter Kontrolle der Alliierten. Bayeux blieb bis zum Abend außer Reichweite der alliierten Angriffsspitzen. Gegen stärker werdenden Widerstand kämpften sich die Truppen aus dem Abschnitt Sword an der Orne nach Caen vor. Am Nachmittag des 6. Juni startete die 21. Panzerdivision einen Gegenangriff in die Lücke zwischen Juno und Sword, der aber gestoppt und zurückgeworfen werden konnte.

BLUTBAD AM OMAHA BEACH

Die Landung der 1. und 29. US-Infanteriedivision am Abschnitt Omaha begann um 6.30 Uhr. Schon zuvor gab es Probleme mit dem Unterstützungsfeuer, das weniger effektiv als geplant ausfiel. Die schwer bepackten Infanteristen mussten durch brusthohes Wasser an Land waten, wo sie von mörderischem Abwehrfeuer empfangen wurden. Die Verluste waren enorm. Der alliierten Aufklärung war die Verstärkung der deutschen Verteidigung dort entgangen. Den ganzen Vormittag bemühten sich die US-Truppen, sich über den Strand bis zu den Klippen vorzukämpfen.

Noch um Mittag war die Situation der US-Truppen dort unsicher. Schließlich konnten sie sich einen 1,5 km tiefen Brückenkopf erkämpfen, allerdings zum Preis von über 2000 Toten und Verwundeten.

Die Landung im Abschnitt Utah im Südosten der Halbinsel Cotentin war weniger verlustreich als im Abschnitt Omaha. Hier ging die 4. US-Infanteriedivision um 6.30 Uhr an Land. Durch Beschuss von See war zuvor die relativ schwache deutsche Verteidigung ausgeschaltet worden. Wegen der Sümpfe in der Umgebung hatte man hier eine Landung der Alliierten für unwahrscheinlich gehalten. Die Amerikaner konnten rasch ins Hinterland vordringen und sich mit den Luftlandetruppen zusammenschließen.

Die Kämpfe dauerten den ganzen Tag an, doch um Mitternacht des 6. Juni 1944 hatten sich 159 000 alliierte Soldaten in vier großen Brückenköpfen festgesetzt. Die alliierte Front war zwar noch immer für deutsche Gegenangriffe anfällig, doch die Deutschen hätten nun die Landungstruppen nicht mehr in einem Zug ins Meer zurückwerfen können. Die Eröffnung der „Zweiten Front" am 6. Juni 1944 war ein großer Schritt hin zum Sieg der Alliierten über Nazideutschland.

SHERMAN-MINENRÄUMPANZER

Der Sherman Crab gehörte zu den vielen speziell ausgerüsteten Panzerfahrzeugen, die am D-Day zum Einsatz kamen. Der Crab-Vorbau bestand aus einem „Dreschflegel" – einer rotierenden Trommel mit daran befestigten Eisenketten – und diente dazu, eine Passage durch Minenfelder zu bahnen. Diese Vorrichtung hatte man in El Alamein an einem Matilda-Panzer erprobt. Jetzt wurde sie am M4 Sherman, dem Standardpanzer der Alliierten, angebracht. Mit einer Geschwindigkeit von 2 km/h konnte eine rund 3,3 m breite Schneise in einem Minenfeld geräumt werden. Nach einigen Explosionen mussten die Ketten ausgetauscht werden.

LANDUNG IN DER NORMANDIE

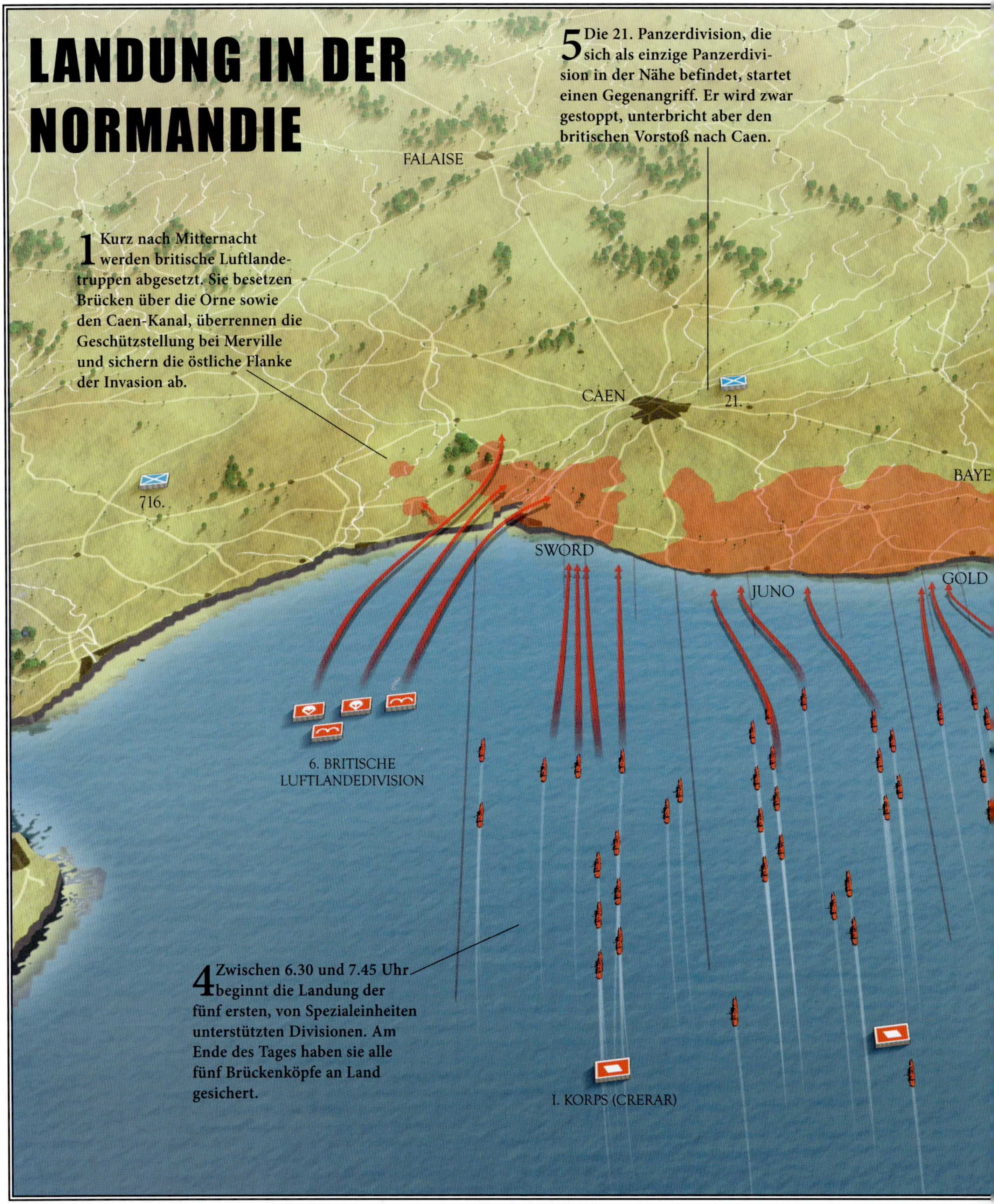

1 Kurz nach Mitternacht werden britische Luftlandetruppen abgesetzt. Sie besetzen Brücken über die Orne sowie den Caen-Kanal, überrennen die Geschützstellung bei Merville und sichern die östliche Flanke der Invasion ab.

5 Die 21. Panzerdivision, die sich als einzige Panzerdivision in der Nähe befindet, startet einen Gegenangriff. Er wird zwar gestoppt, unterbricht aber den britischen Vorstoß nach Caen.

4 Zwischen 6.30 und 7.45 Uhr beginnt die Landung der fünf ersten, von Spezialeinheiten unterstützten Divisionen. Am Ende des Tages haben sie alle fünf Brückenköpfe an Land gesichert.

3 Um 3 Uhr greifen 1900 alliierte Bomber die deutschen Stellungen im Bereich der Landungszone an. Anschließend eröffnen sieben Schlachtschiffe, 18 Kreuzer, 43 Zerstörer und ein Monitor das Feuer von See.
2 Um 1 Uhr werden US-Landetruppen westlich von Utah Beach abgesetzt, um die westliche Flanke der Invasionszone abzusichern.
91.
COUTANCE
ST.-LÔ
709.
CARENTAN
OMAHA
UTAH
243.
82. UND 101.
US-LUFTLANDEDIVISION
VII. KORPS
(COLLINS)
V. KORPS (GEROW)
XXX. KORPS
(BUCKNALL)
LEGENDE
Alliierte Truppenbewegungen
Alliierte Infanteriedivision
Alliierte Panzerdivision
Alliierte Luftlandedivision
Deutsche Infanteriedivision

Ein britischer Meldefahrer *passiert im Juli 1944 in der Normandie einen Sherman-Panzer, der liegen geblieben ist. Im Hintergrund sind ausgeschaltete deutsche Panzer zu sehen.*

Vorstoß aus der Normandie 1944

ENDE JULI UND IM AUGUST 1944 GELANG ES DEN WESTALLIIERTEN, DIE PATTSITUATION AUFZUBRECHEN, DIE SICH IM KAMPF UM DIE NORMANDIE ERGEBEN HATTE. DER ERFOLGREICHE DURCHBRUCH FÜHRTE ZUR BEFREIUNG VON PARIS UND DER VERTREIBUNG DER WEHRMACHT AUS FRANKREICH.

Mitte Juli begann sich die erbitterte Abnutzungsschlacht in der Normandie, für die zahlen- und materialmäßig überlegenen Alliierten auszuzahlen. General Bernard Montgomery startete die Operation „Goodwood", um mit einem Panzerangriff Caen von Osten her zu umfassen. Diese Aktion erreichte ihr Ziel zwar nicht, erleichterte aber den Erfolg von US-Einheiten, die am 25. Juli die Operation „Cobra" begannen. Zur Abwehr des britischen Angriffs hatten die Deutschen einen Großteil ihres Nachschubes auf den Ostsektor der Front konzentriert. Den deutschen

DATEN UND FAKTEN

Wer: Zwei alliierte Heeresgruppen unter Lieutenant-General Omar Bradley (1893–1981) und General Bernard Montgomery (1887–1976) gegen die Heeresgruppe B unter Feldmarschall Günther von Kluge (1882–1944).

Was: Eine Serie alliierter Offensiven sprengte die deutsche Verteidigungslinie in der Normandie und erlaubte den Alliierten den Ausbruch aus ihrem Brückenkopf.

Wo: Normandie, Frankreich.

Wann: 25. Juli bis 30. August 1944.

Warum: Nach dem D-Day befahl Hitler den Deutschen, die Stellung zu halten. Es kam zu einem sechswöchigen, zermürbenden Kampf.

Ergebnis: Die Deutschen wurden aus der Normandie vertrieben. Die Alliierten überschritten die Seine und befreiten am 25. August Paris.

Einheiten, die den westlichen Frontabschnitt bei Saint-Lô verteidigten, wo „Cobra" stattfinden sollte, fehlte es an Treibstoff und Munition, was den Amerikanern den Erfolg erleichterte.

Bis zum 29. Juli hatten die US-Einheiten die deutsche Front auseinandergerissen. Zwischen dem 29. und 31. Juli überquerten US-Truppen bei Pontaubault den Fluss Sélune. Die Basis der Halbinsel Contentin war damit gesichert und das Tor zum Vorrücken nach Westen geöffnet.

Am 2. August reagierte Hitler auf den US-Vorstoß. Er gab der Heeresgruppe B den Befehl, die schwächere amerikanische Westflanke mit einem Gegenangriff zu attackieren. Die Rückeroberung von Avranches würde die durchgebrochenen US-Einheiten von ihrer Nachschubversorgung abschneiden. In der Nacht zum 7. August stieß eine hastig zusammengestellte motorisierte Truppe der Deutschen in dem engen Korridor zwischen den Flüssen Sée und Sélune auf Mortain vor. Nach Anfangserfolgen wurde der Gegenstoß aber zum Stillstand gebracht. Den Alliierten bot sich nun die strategische Gelegenheit, die deutschen Einheiten der Normandie-Front im Bereich von Argentan-Falaise oder großräumiger entlang der Seine einzukesseln und zu vernichten.

VORMARSCH AUF FALAISE

Anfang August mussten die bei Caen festsitzenden Briten und Kanadier unbedingt weiter nach Süden vorstoßen. Deshalb leitete am 7. auf den 8. August das II. Kanadische Korps unter General Guy Simonds verschiedene Attacken auf Falaise ein. Mitte August hatten die Amerikaner ihren Vormarsch nördlich von Alençon gestoppt – teils wegen Nachschubproblemen, teils aus Angst, in das Feuer von Simonds' Einheiten zu geraten. Bradley teilte seine Truppen auf und schickte das V. US-Korps ostwärts zur Seine los. Schon am 19. August konnte das Korps einen sicheren Brückenkopf bei Mantes-Gassicourt errichten. Trotz des Verharrens der Amerikaner bei Alençon war der Kessel bei Falaise am 16. August fast geschlossen. Die Deutschen konnten nur noch einen unsicheren, 16 km breiten Korridor bei Trun offen halten.

Zwischen dem 16. und 19. August rückten Simonds' Panzereinheiten südostwärts auf Trun vor und schlossen sich mit den Amerikanern zusammen – die Einkesselung war gelungen. Doch die schwachen alliierten Kräfte konnten den Ausbruchsversuch der verbliebenen Truppen der deutschen 7. Armee nicht standhalten, die sich verzweifelt einen Weg durch die alliierte Blockade freikämpften und dabei von SS-Panzereinheiten von außerhalb des Kessels unterstützt wurden. Rund 40 000 deutsche Soldaten konnten entkommen, mussten aber ihre gesamte schwere Ausrüstung zurücklassen. Mit der in Auflösung befindlichen 7. Armee und den rasch ins Innere Frankreichs vorstoßenden Amerikanern blieb den Deutschen keine Wahl, als sich zur Seine zurückzuziehen.

Schon bevor der Kessel von Falaise abgeriegelt wurde, hatte Montgomery eine eigene Offensive auf die Seine begonnen, die einer von ihm bevorzugten großräumigeren Umfassung entsprach. Am 21. August hatten sich vier Korps aufwärts der Seine in den Norden von Paris aufgemacht, um zu den vorrückenden Amerikanern aufzuschließen. Zwischen dem 21. und 30. August setzten sich die Reste der Heeresgruppe B auf das Nordufer der Seine ab. Am 26. August wurde bei Vernon der erste britische Brückenkopf jenseits der Seine errichtet. Nur vier Tage später leisteten die Deutschen auch am Oberlauf der Seine keinen Widerstand mehr. Zu diesem Zeitpunkt war Paris bereits befreit, und die Amerikaner stürmten jenseits der Seine nach Norden und nach Osten ins Innere Frankreichs voran. Die Alliierten hatten die Schlacht um die Normandie gewonnen und planten nun, direkt auf deutsches Gebiet vorzustoßen.

TIGER IN DER NORMANDIE

Der schwere Panzerkampfwagen VI Tiger I wurde Ende 1942 in Dienst gestellt. Das Erscheinen des sowjetischen T-34 hatte die Entwicklung des Waffensystems mit extrem starker Panzerung und einem wirkungsvollen 88-mm-Geschütz beschleunigt. Die Motorisierung war weniger beeindruckend. Der Tiger, der in schweren Panzerabteilungen auf Korps- oder Armeeebene eingesetzt wurde, machte den alliierten Panzerverbänden in der Normandie schwer zu schaffen. Er konnte es mit allen dort eingesetzten britischen und US-Panzern aufnehmen. Seine Frontpanzerung hielt sogar Treffern des 75-mm-Geschützes des Sherman stand. Er errang einige taktische Erfolge, war aber nie in ausreichender Zahl verfügbar, um eine entscheidende Wende herbeizuführen.

Auf dem Flugdeck eines US-Trägers *inspizieren Offiziere und Wartungsmannschaften einen beschädigten Sturzkampfbomber Curtiss SB2C Helldiver der US-Marine.*

Philippinensee 1944

WIE DER MYTHISCHE VOGEL PHÖNIX HATTE SICH DIE US NAVY AUS DER ASCHE PEARL HARBORS ERHOBEN UND WAR IM FRÜHJAHR 1944 ZU EINER GEWALTIGEN STREITMACHT HERANGEWACHSEN. NACH UNTERSTÜTZUNG AMPHIBISCHER AKTIONEN ZUR EROBERUNG JAPANISCHER BASEN UND VORPOSTEN AUF DEN GILBERT- UND MARSHALLINSELN WAR DIE US-PAZIFIKFLOTTE BEREIT FÜR EINE GRÖSSERE MISSION: DIE ZERSCHLAGUNG DER JAPANISCHEN FLOTTE.

Mit der Strategie des „Inselspringens" hatten die US-Streitkräfte in 30 Monaten weite Teile des Pazifiks unter ihre Kontrolle gebracht. Am 15. Juni 1944 erfolgte eine Landeoperation auf der zu den Marianen gehörenden Insel Saipan. Sie lag genau auf der Route der Amerikaner, die zu den Philippinen vorstoßen wollten. Die Eroberung von Saipan, zusammen mit Guam sowie Tinian, würde die japanischen Nachschublinien in die fernen Teile seines Imperiums kappen und gleichzeitig Basen schaffen, von denen

DATEN UND FAKTEN

Wer: Admiral Toyoda Soemu (1885–1957), Kommandeur der Vereinigten Japanischen Flotte, und Admiral Jisaburo Ozawa (1886–1966), Kommandeur der 1. Flotte, gegen Admiral Raymond Spruance (1886–1969), Kommandeur der 5. US-Flotte, und Admiral Marc Mitscher (1887–1947), Kommandeur der Task Force 58.

Was: Die Japaner griffen mit dem Großteil ihrer Luftwaffe die US-Flotte an.

Wo: Die Philippinensee, ein Teil des Pazifischen Ozeans.

Wann: 19. bis 20. Juni 1944.

Warum: Die Japaner hofften, das Vordringen der Amerikaner über den Pazifik aufhalten zu können.

Ergebnis: Der klare Sieg der US Navy endete praktisch mit der Vernichtung der gesamten japanischen Flugzeugträgerflotte.

US-Langstreckenbomber die japanischen Heimatinseln angreifen konnten.

Admiral Toyoda Soemu, Oberbefehlshaber der Vereinigten Japanischen Flotte, sah die schwerwiegenden Konsequenzen eines möglichen amerikanischen Erfolgs vorher und setzte die riskante Operation „A-Go“ in Gang. Toyoda beorderte Admiral Jisaburo Ozawa und die 1. Mobile Flotte in die Philippinensee, um die US-Armada anzugreifen, die dort die Invasion auf Saipan schützte und eine derartige Reaktion der Japaner erwartete. Er befehligte eine noch immer schlagkräftige Armada aus fünf großen und vier leichten Flugzeugträgern, fünf Schlachtschiffen, elf schweren und zwei leichten Kreuzern, 28 Zerstörern und über 500 Flugzeugen. Mit dabei waren auch die beiden Superschlachtschiffe Yamato und Musashi, die größten jemals gebauten Schiffe ihrer Klasse.

Auf der anderen Seite befehligte Admiral Raymond Spruance, Kommandeur der 5. US-Flotte, eine Streitmacht, deren Kern die Task Force 58 unter Admiral Marc Mitscher bildete. Zu der in vier Gruppen organisierten Task Force 58 gehörten sieben große und acht leichte Flugzeugträger, sieben Schlachtschiffe, 21 Kreuzer, 69 Zerstörer und fast 1000 Flugzeuge.

TURKEY SHOOT

Am Morgen des 19. Juni 1944 schickte Ozawa 69 Flugzeuge gegen die Amerikaner los, doch 45 Maschinen wurden abgeschossen. Die nächste Welle mit 127 Flugzeugen erlitt ein ähnliches Schicksal, denn die US-Jäger vom Typ Grumman F6F Hellcat holten 98 Gegner vom Himmel. Bei insgesamt vier Angriffen gegen die Task Force 58 konnten die Japaner nur einen US-Träger und zwei Schlachtschiffe leicht beschädigen. Der Kampf verlief so einseitig, dass man ihn als „Great Marianas Turkey Shoot“ bezeichnete und mit dem Abschießen wehrloser Truthähne verglich. Die verbliebene Luftflotte der japanischen Flugzeugträger wurde im massiven Flakfeuer der amerikanischen Schiffe noch weiter dezimiert.

Am 19. Juni traf ein Torpedo des U-Boots USS Albacore die Taiho, den neuesten japanischen Flugzeugträger und das Flaggschiff von Admiral Ozawa. Der Schaden war gering, doch aus geborstenen Treibstoffleitungen traten Benzindämpfe aus. Als man am Nachmittag zum Absaugen von Rauch das Entlüftungssystem eingeschaltete, verwandelte sich das Schiff in eine schwimmende Bombe. Ein Funke löste eine verheerende Explosion aus, und das Schiff versank nach einer Stunde. Kurz nach Mittag feuerte das U-Boot USS Cavalla drei Torpedos auf den Flugzeugträger Shokaku, der Stunden später nach einer heftigen Explosion im Rumpf ebenfalls sank.

Am nächsten Tag machten sich US-Aufklärungsflugzeuge auf die Suche nach den japanischen Kriegsschiffen, die sie erst am Nachmittag entdeckten. Mitscher war sich bewusst, dass sich Ozawas Flotte nur knapp innerhalb der Reichweite seiner Flugzeuge befand und die Piloten bei der Rückkehr im Dunkeln würden landen müssen. Er drehte seine Träger

ADMIRAL CHESTER W. NIMITZ *war der Oberbefehlshaber der Pazifikflotte. Er erhielt das Kommando nach dem Überfall auf Pearl Harbor und führte die aufgerüstete US-Flotte zum Sieg.*

trotzdem in den Wind und schickte 240 Maschinen los. Die Sonne stand bereits tief im Westen, als die US-Flugzeuge ihr Ziel erreichten. Bei ihrem Angriff beschädigten sie die Träger Zuikaku, Ryuho und Junyo schwer, der leichte Träger Hiyo wurde versenkt. Gegen Ende des Tages erwies sich die Dunkelheit als größter Widersacher der Amerikaner. Beim Landeanflug der US-Flugzeuge mit fast leeren Tanks kam es zu zahlreichen Unfällen. Manche Piloten mussten notwassern und warteten auf Rettung. Trotz möglicher Angriffe feindlicher U-Boote ließ Mitscher die Bordbeleuchtung anschalten und Leuchtraketen abschießen, um den einfliegenden Piloten die Orientierung zu erleichtern. 82 Maschinen gingen verloren, doch die meisten Piloten konnten geborgen werden.

Die Schlacht in der Philippinensee endete mit der Zerstörung der japanischen Trägerluftflotte. Soemu hatte in zwei Tagen drei Flugzeugträger und über 400 Flugzeuge verloren. Weitere 200 an Land stationierte Maschinen waren abgeschossen oder am Boden zerstört worden. Die Amerikaner kostete ihr Sieg 130 Flugzeuge, aber relativ wenige Opfer. Nach der Schlacht in der Philippinensee zeichnete sich die Niederlage Japans bereits klar ab.

Im August 1944 *konnten polnische Freiwillige, ausgerüstet mit allen irgendwie verfügbaren Waffen, große Teile Warschaus in ihre Hand bringen. Ein langer, erbitterter Kampf um die Stadt begann.*

Warschau 1944

ALS SICH DER KRIEG SEINEM ENDE ZUNEIGTE, KAMEN DIE ALLIIERTEN ÜBEREIN, EUROPA IN VERSCHIEDENE EINFLUSSSPHÄREN AUFZUTEILEN. FÜR DIE POLEN WAR DIES INAKZEPTABEL, DENN SIE WOLLTEN WIEDER EINE FREIE, SOUVERÄNE NATION SEIN. ZUR SICHERUNG IHRER UNABHÄNGIGKEIT PLANTEN DIE POLEN EINEN AUFSTAND ZUR BEFREIUNG IHRER HAUPTSTADT, BEVOR DIE ROTE ARMEE DORT EINRÜCKTE.

Mit der Wende im Kriegsverlauf 1944 wurde absehbar, dass es zur „Befreiung" Polens durch die Rote Armee kommen und Polen in den Einflussbereich Moskaus fallen würde. Die Polen aber wollten einen freien, unabhängigen Staat und keinesfalls die Ablösung einer Besatzungsarmee durch eine andere. Die Operation „Burza" (dt. Gewitter) war als zeitgleiche Aufstandsbewegung in mehreren Städten und verschiedenen Landesteilen geplant. Man wollte so die deutschen Besatzer vertreiben, bevor die Rote Armee eintraf. Sobald die Hauptstadt befreit war, sollten die Mitglie-

DATEN UND FAKTEN

Wer: Über 40 000 polnische Widerstandskämpfer gegen die etwa 25 000 Mann starke deutsche Besatzungstruppe.

Was: Der Aufstand begann am 1. August 1944 als Teil einer landesweiten Rebellion. Er sollte nur wenige Tage dauern, bis die Sowjetarmee die Stadt erreicht haben würde, entwickelte sich aber zu einem langen Stadtguerillakampf gegen die Besatzer.

Wo: Warschau, Polen.

Wann: August bis Oktober 1944.

Warum: Die Polen wollten ihre staatliche Souveränität nach vier Jahren deutscher Besatzung wiederherstellen.

Ergebnis: Der Aufstand wurde mit großen Verlusten auf beiden Seiten niedergeschlagen. Vermutlich starben mehr als 200 000 Zivilisten, weitere 700 000 wurden aus der Stadt vertrieben.

der der polnischen Exilregierung zurückkehren und die Staatsgeschäfte übernehmen.

Die größte Widerstandsorganisation war mit mehr als 400 000 Mitgliedern die Armia Krajowa (Heimatarmee). Sie war mit Waffen ausgerüstet, die die Alliierten abgeworfen hatten oder die man von den Deutschen beschafft hatte. An motivierten und erfahrenen Kämpfern für die Aktion fehlte es nicht. Bereits seit Jahren betrieben die Widerstandskräfte einen Guerillakrieg, allerdings in weitaus kleinerem Maßstab. Nun sahen sie ihre Chance für einen entscheidenden Sieg.

DER AUFSTAND

Der Aufstand begann am 1. August 1944 in Warschau, wo sich rund 11 000 deutsche Soldaten unter dem Oberkommando von Generalleutnant Reiner Stahel (1892–1955) befanden. Die Heimatarmee verfügte zu diesem Zeitpunkt über rund 45 000 Mitglieder in Warschau, befehligt von General Antoni Chrusciel (1895–1960). Am 4. August kontrollierten die Polen den Großteil von Warschau. Nun galt es auszuhalten, bis die Rote Armee eintraf. Als der Aufstand seinen Höhepunkt erreichte, setzten die organisierten Gegenmaßnahmen ein. Die Deutschen erhielten Unterstützung, und alle Kräfte wurden dem Kommando von SS-General Erich von dem Bach (1899–1972) unterstellt, der dem Widerstand mit brutalen Maßnahmen begegnete. Der Aufstand war als eine kurze Aktion geplant, die mit der Ankunft der Roten Armee enden sollte. Aber die Rote Armee blieb unverständlicherweise untätig, nicht mehr fähig oder nicht gewillt, weiter vorzurücken. So sahen sich die Polen gezwungen weiterzukämpfen.

Am 2. September hatte sich das Blatt gewendet. Dem Bombardement von Luftwaffe und schwerer Artillerie hatte der polnische Widerstand nichts entgegenzusetzen. Die Aufständischen mussten sich durch die Kanalisation aus der Altstadt absetzen. Doch die Kämpfe gingen in anderen Stadtteilen weiter, und die deutschen Truppen kämpften sich wie in der Hölle von Stalingrad voran.

Mitte September trieben die Einheiten der Roten Armee die Deutschen weiter zurück und erreichten die Weichsel. Doch die Sowjetarmee machte kurz vor Warschau Halt und verweigerte den in ihren Reihen kämpfenden polnischen Einheiten die Unterstützung bei deren Versuch, der belagerten Heimatarmee zu helfen. Die Sowjets hatten zwar seit Monaten nach einem polnischen Aufstand verlangt, doch Stalin hatte kein Interesse an dessen Erfolg. Er wollte kein unabhängiges Polen, sondern ein Polen unter der Kontrolle Moskaus, und die Aufständischen waren im Namen der westlich orientierten Exilregierung in London aktiv geworden. Indem er die Niederschlagung des Aufstands abwartete und dann erst in Warschau einmarschierte, sicherte er sich die Vorherrschaft über das Land.

Am 2. Oktober 1944 musste die Heimatarmee mit den in Warschau verbliebenen Truppen kapitulieren. Einige der Aufständischen stellten sich nicht, sondern mischten sich unter die Bevölkerung, um zu entkommen. Von denen, die sich ergaben, wurden einige wie reguläre Kriegsgefangene behandelt und in Lager nach Deutschland gebracht. Einige kamen in Konzentrationslager, die übrigen wurden übers Land verteilt freigelassen. Keiner durfte in der Stadt bleiben. Danach wurde Warschau systematisch durch Feuer und Sprengstoff zerstört. Alle öffentlichen und historischen Gebäude standen auf der Vernichtungsliste. Als die Rote Armee dann Mitte Januar in Warschau einzog, war von der Stadt nur noch wenig übrig.

HITLER WAR DER KAMPF UM WARSCHAU EIN PERSÖNLICHES ANLIEGEN. *Er gewährte großzügig Mittel und koordinierte die brutalen Maßnahmen zur Unterdrückung des Aufstands.*

FALLSCHIRMJÄGER DER 82. US-LUFTLANDEDIVISION *erwarten an Bord einer C-47 Transportmaschine den Befehl zum Absprung. Die Division konnte die Brücke im Nimwegen erobern.*

Luftlandung bei Arnheim 1944

MIT DEN LUFTLANDUNGEN BEI NIMWEGEN UND ARNHEIM WOLLTEN DIE ALLIIERTEN STRATEGISCH WICHTIGE BRÜCKEN EROBERN UND SIE DANN DURCH BODENTRUPPEN SICHERN. BEI EINER ERFOLGREICHEN UMSETZUNG HÄTTE DIE OPERATION „MARKET GARDEN" DEN KRIEG UM ETLICHE MONATE VERKÜRZEN KÖNNEN.

Mit dem Unternehmen „Market Garden" wollte Field Marshal Bernard Montgomery (1887–1976) das Ende des Kriegs beschleunigen. Der Plan sah vor, dass britische, amerikanische und polnische Luftlandeeinheiten sieben wichtige Brücken zwischen der belgischen Grenze und Arnheim im Norden erobern und halten sollten. Das über die Verbindungsstraße vorrückende britische XXX. Korps würde sie dann am Boden unterstützen. Montgomery hoffte, unter Umgehung des gut verteidigten Westwalls, einen Brückenkopf jenseits des Rheins errichten zu können.

DATEN UND FAKTEN

Wer: Alliierte Luftlande- und Bodentruppen, einschließlich der britischen 1. Luftlandedivision und der polnischen Brigade gegen deutsche Panzer- und Infanterieeinheiten.

Was: Obwohl der Vorstoß zunächst erfolgreich war, erwies sich der deutsche Widerstand stärker als erwartet.

Wo: Die Umgebung der niederländischen Stadt Arnheim am Rhein.

Wann: 17. bis 25. September 1944.

Warum: Die Alliierten wollten rasch den Rhein überqueren, den Westwall umgehen und so die deutschen Truppen in den Niederlanden einschließen.

Ergebnis: Die Operation war ein Fehlschlag, der den Krieg in Westeuropa um mehrere Monate verlängerte.

DIESE LUFTAUFNAHME *zeigt die Brücke von Arnheim, die die britische 1. Luftlandedivision verzweifelt zu halten suchte, bis sie sich nach heftigen Kämpfen im September 1944 zurückziehen musste.*

Das Unternehmen mit dem Codenamen „Market Garden" (Market für die Luftlandeaktion, Garden für die Bodenoffensive) war höchst riskant. Weil die RAF Bedenken wegen der Flugabwehr im Raum Arnheim hatte, sprangen die Truppen in einiger Entfernung von ihren Zielen ab, die sie dann in einem Gewaltmarsch erreichen mussten. Die Deutschen bekamen so Zeit, um auf den Angriff zu reagieren. Das XXX. Korps musste sich über eine umkämpfte Straße vorarbeiten, damit die Luftlandeeinheiten nicht abgeschnitten und vernichtet wurden. Zudem lag hier das erfahrene II. SS-Panzerkorps, um nach den Kämpfen in der Normandie aufgefrischt zu werden. Und es befand sich Feldmarschall Walter Model (1891–1945) vor Ort, der sich an der Ostfront einen Ruf als exzellenter Kommandeur erworben hatte. Mehrfach konnte er dort Niederlagen abwenden, indem er aus versprengten Truppenteilen rasch eine neue Kampfgruppe formierte und einen improvisierten Schlachtplan konzipierte.

Die britische Aufklärung beachtete viele dieser Aspekte nicht, doch einige alliierte Offiziere hatten auch so das Gefühl, dass Arnheim „eine Brücke zu weit" sein könnte.

VERLUSTREICHER FEHLSCHLAG

Das Unternehmen begann am 17. September 1944. Die ersten drei Tage verliefen recht gut für die Alliierten. Am ersten Tag konnte die 101. US-Luftlandedivision die ihr zugewiesenen Brücken nördlich von Eindhoven besetzen, während die 82. US-Luftlandedivision ihre Brücken über die Maas bei Grave einnahm. Am 19. September war das XXX. Korps weit genug nach Norden vorgestoßen, um sich mit den US-Fallschirmjägern zu vereinigen. Ein gemeinsamer Angriff am nächsten Tag sicherte die Brücke in Nimwegen, die rund 16 km von Arnheim entfernt lag.

Die Erfahrungen der 1. Britischen Luftlandedivision in Arnheim stimmten weniger zuversichtlich. Die Briten mussten sich ihren Weg nach Arnheim hinein gegen heftigen Widerstand unter anderem durch Panzer erkämpfen. Durch Models schnelle Reaktion gelangten nur wenige der vorgesehenen Fallschirmjäger überhaupt bis nach Arnheim.

Teile des 2. Bataillons unter Lieutenant-Colonel John Frost (1912–1993) konnten mit unterwegs dazugestoßenen, weiteren Soldaten das Nordende der Brücke erreichen und sich dort festsetzen. Weiter kamen die Fallschirmjäger nicht. Model stellte einen Teil seiner Truppen ab, um die Fallschirmjäger zu binden. Dann zog er alle Kräfte zusammen, die er fand, um den anrollenden Panzerstoßtrupp zu stoppen.

Das XXX. Korps konnte schließlich die Waal überqueren und bis auf 18 km an Frost und seine Fallschirmjäger heranrücken. Eigentlich wäre nun ein rascher Vorstoß erforderlich gewesen, doch die alliierten Truppen waren erschöpft und desorganisiert. Sie waren nicht in der Lage, eine Einheit zusammenstellen, die den Durchbruch hätte schaffen und etwas in Arnheim bewirken können. Models Einheiten in Arnheim gewannen an Stärke und überrannten schließlich Frost und seine Leute.

DIE FOLGEN

Die Unternehmen waren ganz offensichtlich gescheitert, und man musste retten, was noch zu retten war. In der Nacht zum 26. September holte man möglichst viele Fallschirmjäger aus Arnheim mit Sturmbooten über den Fluss zurück. 7000 Soldaten blieben tot, verwundet oder als Gefangene zurück. Das Ziel, ohne langwierigen Kampf gegen schwer gesicherte Verteidigungslinien schnell über den Rhein zu kommen, hatte man verfehlt. Eine Kombination aus Pech und schlechter Planung, dazu die Entschlossenheit des Gegners hatten die Operation jeglicher Erfolgschancen beraubt. Nun mussten die Alliierten durch den „Vordereingang" nach Deutschland vordringen und dabei schwere Opfer in Kauf nehmen.

EIN PANZER AUS DER ANGRIFFSSPITZE *macht während der Ardennenoffensive kurz Rast auf einer verschneiten Straße in Belgien. Der Panzer V „Panther“ war damals einer der besten.*

Ardennenoffensive 1944–1945

AM 16. DEZEMBER 1944 ZERRISS UM 5.30 UHR PLÖTZLICH DER DONNER HUNDERTER DEUTSCHER GESCHÜTZE DIE STILLE ÜBER DEN ARDENNEN, EINEM BIS DAHIN EHER RUHIGEN FRONTABSCHNITT DER ALLIIERTEN AN DER DEUTSCHEN GRENZE. DAS UNTERNEHMEN „WACHT AM RHEIN“ BEGANN, DIE LETZTE GROSSE DEUTSCHE OFFENSIVE AN DER WESTFRONT.

Hitler wollte mit einem schnell vorgetragenen Angriff motorisierter Verbände über die Maas in Richtung auf die belgische Hafenstadt Antwerpen einen Keil zwischen die 12. und 25. Heeresgruppe der Alliierten treiben. Hitler hoffte, anschließend seine Einheiten nach Osten verlegen zu können, wo sich die Rote Armee für die Überquerung der Weichsel und den Vorstoß auf Berlin bereit machte. Hitler erteilte der 6. Panzerarmee von SS-General Josef „Sepp“

DATEN UND FAKTEN

Wer: Von Adolf Hitler (1889–1945) und seinen Generälen geführte deutsche Truppen gegen die Alliierten unter General Dwight Eisenhower (1890–1969).

Was: Hitler hoffte, die alliierten Heeresgruppen im Westen zu spalten und dann zur Hafenstadt Antwerpen vorstoßen zu können, um so den Kriegsverlauf noch umzukehren.

Wo: Die Frontlinien in Belgien, Frankreich und Luxemburg.

Wann: 16. Dezember 1944 bis 15. Januar 1945.

Warum: Hitler wollte die Kräfte der Alliierten im Westen aufspalten und so Zeit gewinnen für die Abwehr der Roten Armee an der Weichsel.

Ergebnis: Die Schlacht endete mit einer verheerenden Niederlage für die deutschen Truppen.

Dietrich (1892–1966) im Norden, der 5. Panzerarmee unter General Hasso von Manteuffel (1897–1978) in der Mitte und der 7. Panzerarmee von General Erich Brandenberger (1892–1955) im Süden den Befehl, auf einer 100 km breiten Frontlinie mit 275 000 Mann, mehreren Hundert Panzern und fast 2000 Geschützen anzugreifen.

Die am 16. Dezember gestartete Ardennenoffensive kam völlig überraschend. Viele unerfahrene US-Einheiten wurden überwältigt, und die Deutschen kamen in der verschneiten Landschaft zunächst gut voran. Die von SS-Standartenführer Joachim Peiper (1915–1976) befehligte Angriffsspitze von Dietrichs Panzertruppe versuchte, wichtige Brücken über die Maas und andere Gewässer für den weiteren Vorstoß zu sichern. Sie wurde aber eingekesselt und vernichtet. Im Norden der Offensive hielten US-Truppen den Elsenborner Rücken, wodurch sich an der Nordflanke eine Frontausbuchtung bildete.

Brandenbergers Vorstoß traf auf die erfahrene 9. Panzer- und die 4. Infanteriedivision der US Army und erzielte im Südabschnitt der Offensive kaum Fortschritte. Im Mittelabschnitt konnten von Manteuffels Panzer fast 80 km vordringen und die Maas bei Dinant erreichen. Der Widerstand von Teilen der 7. US-Panzerdivision bei St. Vith hielt die Deutschen sechs Tage lang auf. Erst am 23. Dezember fiel die Stadt. Der den Nordabschnitt kommandierende britische Field-Marshal Bernard Montgomery (1887–1976) nutzte die Zeit, um seine Verteidigung zu verstärken.

„NUTS!“

Die belgische Stadt Bastogne, südwestlich von St. Vith, war als wichtiger Verkehrsknotenpunkt entscheidend für den Ausgang der Ardennenoffensive. Ihre Verteidigung durch die Amerikaner konnte den deutschen Vormarsch entscheidend verlangsamen. Am 17. Dezember erreichte die Vorhut der Truppen von Manteuffels den Stadtrand. Weil Bastogne nicht durch einen direkten Angriff einzunehmen war, umgingen die Deutschen die Stadt, die hauptsächlich von der leicht bewaffneten 101. Luftlandedivision verteidigt wurde.

Unbeirrt hielten die umzingelten Fallschirmjäger die Stellung. Als am 22. Dezember weitere deutsche Truppen den Kreis enger zogen, erging ein Aufruf zur Kapitulation an die Verteidiger. Der ranghöchste US-Offizier in Bastogne, Generalmajor Anthony McAuliffe (1897–1983), beantwortete das deutsche Ultimatum mit dem berühmt gewordenen Ausspruch „Nuts!“ („Blödsinn!“). Die Lage war zwar ernst, doch McAuliffe hatte Grund zur Hoffnung. Das schlechte Wetter, das die Deutschen begünstigt hatte, besserte sich und ermöglichte den Abwurf von Nachschub aus der Luft. Außerdem war mit der 3. Armee unter General George Patton (1885–1945) bereits Entsatz für die in Bastogne belagerten Verteidiger unterwegs. Die Einheiten der 3. Armee eilten dorthin und drangen in den deutschen Belagerungsgürtel ein. Bereits am 26. Dezember konnte die 4. Panzerdivision, Pattons Speerspitze, den Kontakt zur 101. Luftlandedivision herstellen.

Der Entsatz von Bastogne besiegelte das Schicksal der deutschen Offensive, die durch die zähe Verteidigung auf dem Elsenborner Rücken, in St. Vith und anderenorts schon früh gebremst worden war. Die Alliierten gingen in einer Zangenbewegung gegen die deutsche Angriffsfront vor. Zum Jahresende 1944 waren Hitlers letzte Hoffnungen auf einen entscheidenden Sieg im Westen verflogen. Die Bilanz der Offensive war schrecklich. Über 120 000 Deutsche waren während einmonatiger erbitterter Kämpfe getötet, verwundet oder gefangen genommen worden. Unmengen Panzer und Panzerfahrzeuge wurden zerstört oder mussten zurückgelassen werden. Die amerikanischen Verluste beliefen sich auf 80 000 Mann, darunter 8500 Tote, 41 000 Verwundete und über 20 000 in Gefangenschaft geratene GIs. Beide Seiten hatten furchtbar gelitten, doch die Alliierten konnten ihre Verluste wieder ausgleichen, was den Deutschen hingegen nicht mehr möglich war.

NACHDEM DIE STRASSENSPERREN BEISEITE GERÄUMT SIND, *rücken diese US-Truppen Ende Dezember 1944 durch ein belgisches Dorf vor.*

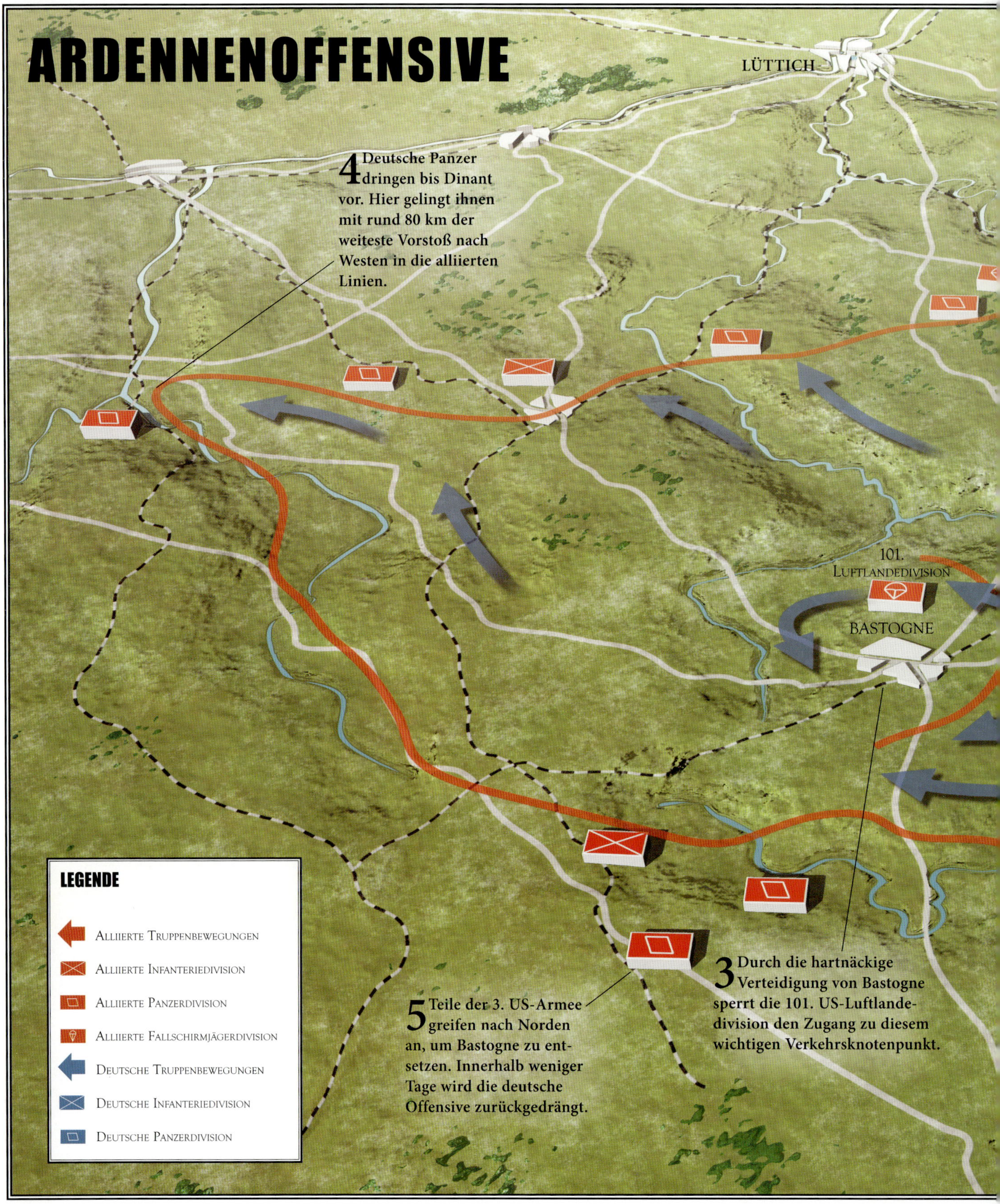
ARDENNENOFFENSIVE
LÜTTICH
4 Deutsche Panzer dringen bis Dinant vor. Hier gelingt ihnen mit rund 80 km der weiteste Vorstoß nach Westen in die alliierten Linien.
101. Luftlandedivision
BASTOGNE
3 Durch die hartnäckige Verteidigung von Bastogne sperrt die 101. US-Luftlande-division den Zugang zu diesem wichtigen Verkehrsknotenpunkt.
5 Teile der 3. US-Armee greifen nach Norden an, um Bastogne zu ent-setzen. Innerhalb weniger Tage wird die deutsche Offensive zurückgedrängt.
LEGENDE
Alliierte Truppenbewegungen
Alliierte Infanteriedivision
Alliierte Panzerdivision
Alliierte Fallschirmjägerdivision
Deutsche Truppenbewegungen
Deutsche Infanteriedivision
Deutsche Panzerdivision

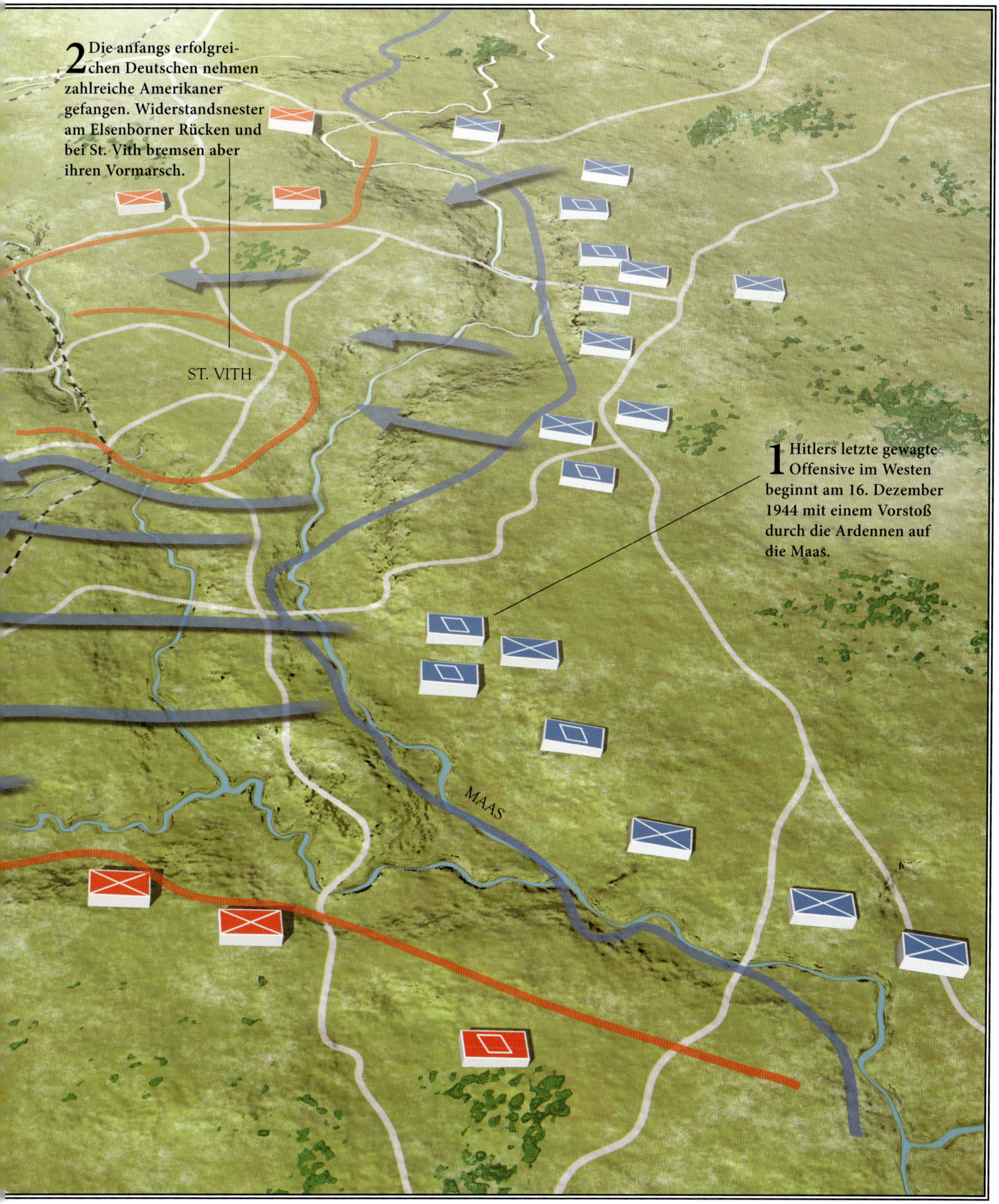
2 Die anfangs erfolgreichen Deutschen nehmen zahlreiche Amerikaner gefangen. Widerstandsnester am Elsenborner Rücken und bei St. Vith bremsen aber ihren Vormarsch.
ST. VITH
1 Hitlers letzte gewagte Offensive im Westen beginnt am 16. Dezember 1944 mit einem Vorstoß durch die Ardennen auf die Maas.
MAAS

US-Landungsboote *nähern sich dem Lavasandstränden von Iwo Jima. Die Japaner eröffneten das Feuer erst, als sich Soldaten und Fahrzeuge im Landungsabschnitt am Strand drängten.*

Iwo Jima 1945

DER WEG VON INSEL ZU INSEL NACH JAPAN WAR WEIT UND BLUTIG. OBWOHL DIE USA NUN IM PAZIFIK DIE INITIATIVE ÜBERNOMMEN HATTEN, WAR IM KRIEGSVERLAUF KLAR GEWORDEN, DASS DIE JAPANER EINFALLSREICHE UND UNERBITTLICHE GEGNER WAREN. IM NUN VIERTEN KRIEGSJAHR HATTE SICH DIE AMERIKANISCHE FÜHRUNG DAMIT ABGEFUNDEN, DASS FÜR EINEN ENDGÜLTIGEN SIEG EINE INVASION DER JAPANISCHEN HAUPTINSELN EINSCHLIESSLICH IWO JIMA NÖTIG WAR.

Iwo Jima ist knapp 8 km lang und maximal 7 km breit. An der Südspitze erhebt sich der 170 m hohe Suribachi, der die Insel dominiert. Trotz ihrer geringen Größe hatten die Japaner Iwo Jima in eine Festung verwandelt. Die 25 000 Soldaten und ein großes Kontingent koreanischer Arbeiter unterstanden dem Kommando von Generalleutnant Tadamichi Kuribayashi. Auf der Insel hatte man ein Labyrinth aus Unterständen, Bunkern, MG-Nestern, Artillerie-

DATEN UND FAKTEN

Wer: Japanische Einheiten unter Generalleutnant Tadamichi Kuribayashi (1891–1945) gegen US Marines unter Lieutenant-General Holland M. Smith (1882–1967).

Was: Die US Marines versuchten, das zur Vulkaninselgruppe gehörende, von 20 000 Japanern verteidigte Iwo Jima zu erobern.

Wo: Die Insel Iwo Jima im Pazifik, rund 1100 km von den japanischen Hauptinseln entfernt.

Wann: 19. Februar bis 26. März 1945.

Warum: Iwo Jima konnte als Stützpunkt für künftige Operationen und Notlandeplatz für Bomber dienen, die bei Angriffen auf Japan beschädigt wurden.

Ergebnis: Die US Marines eroberten Iwo Jima nach über einem Monat erbitterten Kampfes, der 7000 Tode und 19 000 Verwundete forderte.

stellungen und Schützenlöchern angelegt. Viele der japanischen Geschütze ließen ein Kreuzfeuer zu. Die Stellungen waren mit Stahl, Beton, Holzbalken und Sandhaufen zum Schutz vor Druckwellen der Bomben armiert. In den Berg Suribachi hatten die Japaner Tunnel getrieben, deren Eingänge mit Geschützen und Maschinengewehren bestückt waren.

METER FÜR METER

Der Plan der Amerikaner (Operation „Detachment") war einfach: Die 4. und 5. Marineinfanteriedivision mit der 3. Division als Reserve, insgesamt über 40 000 Mann, sollten Strände am Südende von Iwo Jima angreifen. Von dort sollten sie den Suribachi abschneiden und einnehmen, sich danach über die Insel vorkämpfen, die Flugfelder erobern und verbliebene japanische Widerstandsnester ausschalten.

Am Morgen des 19. Februar 1945 landeten die US Marines am Strand von Iwo Jima. Rund 20 Minuten gab es keinerlei Reaktion der Japaner. Kuribayashi hatte seinen Soldaten befohlen, solange mit dem Feuer zu warten, bis der Strand dicht mit amerikanischen Soldaten und Landungsfahrzeugen gefüllt war. Ein Donnerschlag zerriss die trügerische Stille, als der japanische Beschuss einsetzte, der schwere Opfer unter den Amerikanern forderte. Zu allem Übel erschwerte der feine schwarze Lavasand das Vorankommen für Menschen und Fahrzeuge. Doch die Marines trotzten dem vernichtenden feindlichen Feuer und konnten bereits am ersten Tag den Suribachi isolieren. Dann kämpften sie sich bis zum Fuß des erloschenen Vulkans vor, um den riskanten Aufstieg zu beginnen. Obwohl das Gelände noch heftig umkämpft war, schaffte es eine Patrouille am 23. Februar bis zum Gipfel des Suribachi, wo sie unter Beschuss eine kleine US-Flagge hisste.

Ungeachtet dieses frühen Erfolgs lag noch ein mehr als einmonatiger, schwieriger Kampf vor den Amerikanern, die weitere Verstärkung erhielten. Geländegewinne wurden in Metern gemessen, und ansonsten belanglose Orte bekamen bleibende Spitznamen wie „Bloody Gorge", „Amphitheater", „Turkey Knob" oder „Meat Grinder". Die Marineinfanteristen robbten nach vorne, um Handgranaten und Sprengladungen in die Schießscharten der Bunker oder die Höhleneingänge zu werfen. Flammenwerfer verbrannten die Verteidiger bei lebendigem Leib oder trieben sie aus ihren Verteidigungsstellungen. Einige Höhlen wurden durch Sprengungen oder mit Planierraupen zugeschüttet und die darin verborgenen Gegner lebendig begraben. Verschiedentlich stürmten die Japaner in selbstmörderischen Angriffen gegen die gut verschanzten Marines an und kamen dabei alle um.

Am 27. Februar hatten die US-Einheiten die beiden fertigen und das in Bau befindliche Flugfeld in ihre Hand gebracht. Am 4. März, die Schlacht um die Insel war noch voll im Gang, setzte die erste viermotorige Boeing B-29 Superfortress zur Notlandung auf Iwo Jima an. In den verbleibenden Kriegsmonaten gab es über 2200 solche Landungen, die rund 24 000 Fliegern das Leben retteten. Bald starteten von dort auch Jäger als Begleitschutz der Langstreckenbomber.

Erst am 26. März, nach 36 Tagen Kampf, wurde Iwo Jima schließlich für sicher erklärt. Die japanische Garnison auf der Insel war dabei dem Erdboden gleichgemacht worden. Die Marines machten nur 216 Gefangene, und noch in den kommenden Monaten wurden etwa 3000 Widerstandsnester ausgehoben. Kuribayashis Leichnam wurde nie gefunden. Er soll aber nach Berichten Selbstmord begangen haben oder bei einem letzten Selbstmord-Angriff gefallen sein. Die Amerikaner beklagten über 6800 Tote und 17 000 Verwundete, doch die Ziele der Operation „Detachment" hatten sie erreicht.

GRUMMAN-F4F-WILDCAT-*Jagdflugzeuge stehen an Bord des Begleitträgers USS Makin zum Start bereit. Die Amerikaner hatten in dieser Kriegsphase die Lufthoheit.*

SCHWERE ARTILLERIE, *wie dieses 152-mm-Geschütz auf einer Selbstfahrlafette, waren wichtige Waffen der Roten Armee bei der Einnahme Berlins durch Infanterie- und andere Einheiten.*

Schlacht um Berlin 1945

ANFANG APRIL 1945 WAR BERLIN EINE FESTUNGSSTADT: DIE EINE MILLION VERTEIDIGER WAREN BEWAFFNET MIT 10 400 GESCHÜTZEN UND MÖRSERN, 3300 FLUGZEUGEN SOWIE 1500 PANZERN UND STURMGESCHÜTZEN. DIE BERLINER, DENEN MAN VERSICHERT HATTE, DIE ROTE ARMEE WÜRDE NIE DEUTSCHLAND ERREICHEN, SAHEN NUN, WIE DER FEIND KURZ VOR DER STADT STAND.

Die Sowjets, die ihren Angriff auf Berlin vorbereiteten, waren deutlich überlegen: über 2,5 Millionen Soldaten, mehr als 42 000 Geschütze, über 6200 Panzer sowie Selbstfahrlafetten und rund 8300 Flugzeuge. Die deutschen Kämpfer dagegen rekrutierten sich aus 15-jährigen Hitlerjungen und bis zu 70-jährigen Greisen des Volkssturms.

Um 3 Uhr am 16. April 1945 eröffnete die sowjetische Artillerie das Feuer. Mit einem unvorstellbaren Bombardement begann die Schlacht um Berlin. Die sowjetische Infanterie,

DATEN UND FAKTEN

Wer: Einheiten der Roten Armee unter Führung der Marschälle Iwan Konew (1897–1973) und Georgi Schukow (1896–1974) gegen General Helmuth Weidling (1891–1955), der von Hitler zum Kampfkommandanten von Berlin ernannt worden war.

Was: Der Sieg war unabwendbar, als acht sowjetische Armeen Berlin stürmten.

Wo: Von der Oder bis in die Reichshauptstadt Berlin.

Wann: 16. April bis 2. Mai 1945

Warum: Die Alliierten glaubten, nur mit der Eroberung Berlins und der totalen Niederlage der Deutschen den Krieg zu einem eindeutigen Abschluss bringen zu können.

Ergebnis: Die Nazis waren endgültig besiegt, die Berliner mit den unmittelbaren Kriegsfolgen konfrontiert.

die im Norden und Süden des Brückenkopfs bei Küstrin wartete, stürmte los und transportierte auf provisorischen Holzflößen Geschütze und Material über die Oder. Die Truppen von Schukows 1. Weißrussischer Front hatten von Stalin den Befehl, Berlin vom Brückenkopf aus anzugreifen.

Rund 90 km östlich von Berlin an den Seelower Höhen, dem erhöhten Westufer der Oder, stießen die Sowjets auf heftigen Widerstand und wurden bis zum 17. April aufgehalten. Ganz anders Marschall Konew, dessen 1. Ukrainische Front die Neiße in offenem Gelände nach Süden überschritten hatte und in dem flachen Terrain gut vorankam. Stalin befahl Konew, zwei seiner Panzerarmeen nordwärts zur Unterstützung Schukows umzudirigieren. Am 19. April gelang der Durchbruch in die Vororte von Berlin.

Der 20. April, der Geburtstag des Führers, war geprägt von den Explosionen unzähliger Granaten und dem ohrenbetäubenden Heulen der Katjuscha-Raketenwerfer („Stalinorgeln"). Noch immer gab es deutsche Einheiten, die verzweifelt versuchten, ihre Stellungen vor der Stadt zu halten. Die 9. Armee unter General Theodor Busse (1897–1986) hatte ursprünglich den Auftrag, den direkten Zugang nach Berlin zu blockieren, während General Hasso von Manteuffel (1897–1978) mit seiner 3. Panzerarmee weiter nördlich positioniert war. Von Manteuffel hatte zwar einige Erfolge, doch am 21. April standen Busses Einheiten kurz vor dem Zusammenbruch. Generalleutnant Hans Krebs (1898–1945), der Generalstabschef des Heeres, lehnte die Bitte Busses um Erlaubnis zum Rückzug kategorisch ab und befahl der 9. Armee, bis zum letzten Mann ihre Stellung zu halten.

HOFFEN AUF ENTSATZ

Hitler verlor zunehmend jeglichen Bezug zur Realität, als die Sowjets immer tiefer in die Straßen Berlins vordrangen und sich, Haus um Haus, gegen einen erbitterten, aber letztlich vergeblichen Widerstand vorankämpften.

Am 23. April erfuhr Hitler aus einem schonungslosen Bericht von Helmuth Weidling, dem Kampfkommandanten von Berlin, dass nur noch Munition für zwei Tage vorhanden sei. Trotzdem leistete Weidling mit seinen Leuten weiter Widerstand, doch die Sowjets zogen den Ring um Berlin immer enger und standen nur noch wenige Häuserblocks vom Führerbunker entfernt. Zu diesem Zeitpunkt strömten die Reste der 12. und 9. Armee und unzählige Zivilisten westwärts, um – weg von den rachedurstigen Sowjets – über die Elbe in amerikanisch besetztes Gebiet zu gelangen. Am 25. April schlossen sich die beiden sowjetischen „Zangen" um Berlin.

Am 30. April erschoss sich Hitler in seinem Führerbunker. Berlin war ein einziges Inferno. Eines der wichtigsten Ziele war für die Sowjets die Einnahme des symbolträchtigen Reichstags, der immer noch heftig verteidigt wurde. Am Nachmittag wehte schließlich die Rote Fahne auf der Spitze des Gebäudes. Es oblag nun dem Berliner Kampfkommandanten Weidling, die Stadt den Sowjets am 2. Mai um 13 Uhr offiziell zu übergeben. Um 4 Uhr am nächsten Morgen war der Kampf vorbei. Genaue Zahlen über die Verluste bei der Schlacht um Berlin gibt es nicht. Schätzungen gehen von bis zu 100 000 getöteten deutschen Soldaten und ähnlich vielen Zivilisten aus. Die Rote Armee verlor fast genauso viele Soldaten in Berlin. Berlin musste danach wieder neu aufgebaut werden.

MARSCHALL GEORGI SCHUKOW

Der aus bäuerlichen Verhältnissen stammende Georgi Schukow (1896–1974) entwickelte sich zum herausragenden Kommandeur der Roten Armee im Zweiten Weltkrieg. Im August 1942 wurde er zum Stellvertreter des Oberkommandierenden der sowjetischen Streitkräfte ernannt, was er bis Kriegsende blieb. Er war verantwortlich für den Angriff zur Befreiung Stalingrads und koordinierte die 1. und 2. Weißrussische Front bei der Sommeroffensive 1944. Beim Angriff auf Berlin befehligte er die 1. Weißrussische Front und wurde nach der Kapitulation Oberbefehlshaber der sowjetischen Besatzungstruppen in Deutschland. Als er bei Stalin wegen seiner Popularität in Ungnade fiel, schob man ihn auf einen unbedeutenden Posten ab. Von 1955 bis 1957 war er Verteidigungsminister, bevor ihn Chruschtschow aus dem Ministerium und der Parteispitze entfernte. Schukow starb im Juni 1974, seine Urne wurde mit allen militärischen Ehren an der Kreml-Mauer beigesetzt.

US-LANDUNGSBOOTE *bringen während der Schlacht um Okinawa am 13. April 1945 Nachschub an Land. Das Foto vermittelt einen Eindruck von der Größe der beteiligten Armada.*

Okinawa 1945

DIE INVASION DER ALLIIERTEN AUF OKINAWA STIESS AUF ERBITTERTEN WIDERSTAND DER JAPANER. DIE JAPANER AUF DER INSEL WUSSTEN UM DIE ÜBERMACHT DES GEGNERS, ABER SIE WOLLTEN ES DEN INVASOREN SO SCHWER WIE MÖGLICH MACHEN.

Die Invasion auf Okinawa, der südlichsten der Ryukyuinseln, sollte sich stark von den anderen Operationen der Alliierten im Pazifik unterscheiden.

Einige der Inseln, welche die Alliierten unter schweren Verlusten angegriffen hatten, besaßen lediglich kleine Garnisonen mit oft nur wenig Artillerie und Flugabwehr. Okinawa aber wurde von mehreren Divisionen verteidigt, die gut versorgt wurden und über eine starke Artillerie verfügten. Sie gehörten zur 32. Armee unter Generalleutnant Mitsuru Ushijima (1887–1945). Auf der Insel lebten auch eine halbe Million Zivilisten, was tragische Konsequenzen haben sollte.

Bei den Alliierten befehligte Lieutenant-General Simon Buckner Jr. (1886–1945), Kommandeur der 10. US-Armee, die Bodentruppen. Ihm unterstanden ein Marineinfanterie- und

DATEN UND FAKTEN

Wer: 548 000 alliierte Soldaten (überwiegend US-Einheiten) und 1300 Schiffe gegen 100 000 Mann der japanischen Land-, Luft- und Seestreitkräfte.

Was: Die Alliierten starteten die größte amphibische Operation des Pazifikkriegs.

Wo: Okinawa, im Pazifischen Ozean.

Wann: 1. April bis 21. Juni 1945.

Warum: Die Insel sollte als Stützpunkt für die Invasion auf das japanische Mutterland dienen.

Ergebnis: Die Alliierten nahmen Okinawa ein, allerdings waren 90 Prozent der Gebäude dort völlig zerstört. Okinawa bot neben Häfen für die Flotte Sammelplätze für Truppen und Flugplätze in unmittelbarer Nähe zu Japan, die zur Vorbereitung der Invasion auf die Hauptinseln dienen konnten.

ein Infanteriekorps mit jeweils zwei Divisionen. Eine Marineinfanterie- und zwei Armeedivisionen lagen als Reserve bereit.

Zwei Wochen lang flogen die US-Flugzeuge Angriffe zur Vorbereitung, die Japaner reagierten mit Attacken, auch von Kamikazefliegern auf die US-Schiffe. Am 31. März 1945 ging eine Vorhut der US Marines in Okinawa an Land.

Die Anlandung der ersten Welle gelang relativ problemlos, denn die Japaner, die erkannt hatten, dass sie nicht überall präsent sein konnten, konzentrierten ihre Kräfte dort, wo sie am effektivsten waren.

Im weniger stark verteidigten Norden kamen die Alliierten zügig voran und erreichten am 13. April das Nordende der Insel. Die Halbinsel Motobu und die Insel Iejima im Westen wurden aber heftig verteidigt und konnten erst am 21. April eingenommen werden. Der Vorstoß nach Süden bereitete größere Probleme, denn die Japaner hatten sich gut eingegraben. Ebenen, Höhlen und künstliche Befestigungen mussten bei Angriffen oft im Nahkampf eingenommen werden.

Die zweite Aprilhälfte bestimmten massive Angriffe und Gegenangriffe, die beiden Seiten aber keine größeren Landgewinne brachten. Dieses Patt dauerte bis Ende April, obwohl frische US-Truppen eintrafen.

Am 11. Mai ging Buckner wieder in die Offensive. Bis zum Ende des Monats durchbrachen die US-Einheiten schließlich die Shuri-Verteidigungslinie und drängten die Japaner zu einer letzten Position an der Südspitze der Insel zurück.

„TAIFUN AUS STAHL“

Der verlustreiche Vormarsch ging weiter, bei dem die Marines die tapfer kämpfenden Verteidiger aus ihren Verstecken holen mussten. Viele kämpften bis zum Schluss oder töteten sich selbst, um der Gefangennahme zu entgehen; so auch Ushijima und sein Stabschef Generalleutnant Isamu Cho. Die letzte Linie konnte bis zum 17. Juni gehalten werden, dann brach die Verteidigung zusammen. Es war eine der seltenen Situationen, in der sich eine größere Anzahl japanischer Soldaten ergab.

Die US Marines entwickelten spezielle Vorgehensweisen, um die Verluste zu begrenzen. Um ein Widerstandsnest in einer Höhle auszuschalten, nahm man deren Eingang zunächst unter schweren Beschuss, dann rückte ein Flammenwerferpanzer vor und spritzte brennendes Benzin in das Innere, das die verbliebenen Verteidiger tötete. Trotzdem waren die amerikanischen Verluste sehr hoch.

In den letzten Tagen der Operation wurde General Buckner durch eine Granate getötet. Schweres Granatfeuer beider Seiten war ein Charakteristikum der Schlacht um Okinawa, sodass man von einem „Taifun aus Stahl“ sprach.

Den letzten organisierten Widerstand auf Okinawa leistete die 24. Infanteriedivision, die bis zum 21. Juni weiterkämpfte. Danach hielten sich noch rund zehn Tage lang vereinzelte japanische Widerstandsnester, die nach und nach ausgeschaltet wurden. Viele japanische Überlebende versuchten, sich unter die lokale Bevölkerung Okinawas zu mischen, die aber sehr unter den Japanern gelitten hatte und diese nun bereitwillig preisgaben. Die Japaner hatten die Zivilisten als menschliche Schutzschilde missbraucht oder sie gezwungen, unter feindlichem Beschuss Wasser zu holen. In der Endphase der Schlacht forderten die Japaner die Zivilbevölkerung auf, sich eher zu töten, als sich den Alliierten zu ergeben.

Ende Juni war Okinawa fest in alliierter Hand, doch das Unternehmen hatte die US-Truppen 50 000 Mann gekostet, darunter 7631 Gefallene. Auf der japanischen Seite bezahlten rund 110 000 Soldaten die letztlich vergebliche Verteidigung mit dem Tod.

DIE JAPANISCHE VERTEIDIGUNG OKINAWAS *brach zwar am 17. Juni zusammen, doch erst Ende des Monats waren alle Widerstandsnester ausgeräumt.*

OKINAWA

2 Am 1. April beginnt die Landung an der Südwestseite der Insel. Die US-Truppen sichern schnell einen Brückenkopf, dann rücken sie vor, um die Verbindung zwischen den japanischen Truppen im Süden und Norden zu unterbrechen.
10. ARMEE (BUCKNER)
BERG SHURI
4 Im Süden werden die Japaner nach Wochen erbitterten Nahkampfs von ihrer vorderen Verteidigungslinie zurückgedrängt. In weiteren vorbereiteten Stellungen leisten sie aber umso heftiger Widerstand.
5 Nach der Zurückschlagung japanischer Gegenangriffe gelingt es den Alliierten schließlich, die Hauptverteidigungslinie um den Berg Shuri zu durchbrechen. Die Japaner formieren sich zum letzten Widerstand.

1 Durch Ausschaltung japanischer Truppen und Flugplätze auf umliegenden Inseln errichten die alliierten Einheiten eine Verteidigungszone um Okinawa. Die Einnahme dieser Inseln verläuft problemlos.
11. April
8. April
4. April
3 Alliierte Einheiten rücken stetig nach Nordosten vor, denn der japanische Widerstand ist relativ schwach. Die Motobu-Halbinsel wird heftiger verteidigt, kann aber auch nicht lange gehalten werden.
LEGENDE
US-Truppenbewegung
US-Marineinfanterie
Japanische Einheiten

US MARINES ÜBERWINDEN MIT LEITERN DIE SEEMAUER *und greifen nordkoreanische Truppen an, nachdem sie sich im September 1950 bei Incheon vom Strand landeinwärts vorgekämpft haben.*

Incheon 1950

DIE LANDUNG DER UN-TRUPPEN BEI INCHEON WAR EINE STRATEGISCHE MEISTERLEISTUNG, BEI DER DIE STELLUNGEN DES GEGNERS UMGANGEN WURDEN.

Die am 25. Juni 1950 von Nordkorea gestartete Invasion Südkoreas verlief zunächst sehr erfolgreich. Die Hauptstadt Seoul konnte schnell eingenommen und die Reste der südkoreanischen Armee nach Süden abgedrängt werden. Die Intervention einer UN-Streitmacht unter Führung der USA konnte den totalen Sieg gerade noch verhindern. Nordkorea hielt fast das gesamte Land besetzt, während die UN-Truppen nur ein kleines Gebiet um den Hafen von Pusan im Südosten verteidigen konnten.

Das Halten dieser Randstellung bei Pusan war schwierig genug, doch die UN-Kommandeure durften nicht in der Defensive verharren. Ein Sieg der Kommunisten in Korea war nicht hinnehmbar und könnte weitreichende politische Konsequenzen haben. Eine konventionelle Antwort, so überhaupt durchführbar, wäre langwierig und würde den Aufbau einer großen Streitmacht erfordern, die sich dann verlustreich durch das Land kämpft. Ausgehend von den noch frischen Erfah-

DATEN UND FAKTEN

Wer: Ein US-Korps aus einer Marine- und einer Armeedivision unter Major-General Edward M. Almond (1892–1979) gegen rund 7000 nordkoreanische Soldaten unter dem Oberkommando von Marschall Choe Yong Gun (1900–1976).

Was: Die überraschende Landung von US-Truppen in Incheon ermöglichte die schnelle Rückeroberung von Seoul.

Wo: Incheon bei Seoul an der Küste Südkoreas.

Wann: 15 bis 25. September 1950.

Ergebnis: Das Landeunternehmen war ein voller Erfolg, und führte zur Rückeroberung von Seoul.

LANDUNGSBOOTE DER US-MARINE *nähern sich am 15. September 1950 als Teil der ersten Angriffswelle dem Strand bei Incheon.*

rungen des Zweiten Weltkriegs, wo US-Einheiten von Insel zu Insel „hüpfend" gegen Japan vorgingen, entwickelten die UN-Planer eine gewagte Alternative. Durch eine Landung bei Incheon könnten die UN-Truppen die Hauptstellungen des Gegners umgehen und Seoul zurückerobern. Das war nicht nur ein politisch wichtiges Ziel, sondern würde gleichzeitig die wichtigste Nachschublinie des Gegners unterbrechen und den nordkoreanischen Aktionen um Pusan schaden.

HASTIGE VORBEREITUNGEN

Incheon war ein äußerst schwieriger Landungsort. Weite Wattflächen machten den Landungsabschnitt 18 Stunden am Tag von See unzugänglich. Es würde nicht nur schwierig sein, die Angriffstruppen mit Nachschub und Verstärkung zu versorgen, auch ein schneller Rückzug wäre unmöglich. Incheon hatte das Potenzial für ein völliges Desaster, sollten bei Planung und Ausführung Fehler passieren. Normalerweise wäre eine umfangreiche und sorgfältige Planung nötig gewesen, doch man musste rasch handeln. In nur einem Monat wurde ein Plan entwickelt und Schiffe für den Angriff und dessen Unterstützung zusammengezogen. Eine US-Marine- und eine Armeedivision wurden für den Angriff abgestellt.

DER ANGRIFF BEGINNT

Die ungewöhnlich hohe Flut am 15. September 1950 ermöglichte einen relativ einfachen Zugang zur Landezone. Die Nordkoreaner waren zwar durch Minenräumaktionen und Beschuss seitens der UN-Schiffe vorgewarnt, doch ihre Kommandeure rechneten nicht mit einer Landung bei Seoul. Dort waren einige Tausend Nordkoreaner stationiert, befanden sich aber nicht in höchster Bereitschaft. Nach der Alarmierung taten sie ihr Möglichstes, um Widerstand zu leisten.

Die ersten Ziele waren die Inseln Wolmi-do und Sowolmi-do. Der nordkoreanische Befehlshaber auf Wolmi-do versicherte seinen Vorgesetzten, er könne seine Stellung halten, doch um 7 Uhr waren beide Inseln überrannt. Der Weg für den Hauptangriff war damit frei, der wegen der Flut aber erst um 17.30 Uhr beginnen konnte.

Bei der Anlandung auf dem Festland mussten die US-Einheiten eine hohe Seemauer mit feindlichen Stellungen dahinter überwinden. Unterstützt von Flugzeugen und Schiffartillerie konnten die UN-Truppen den Gegner bei relativ leichten Verlusten aus seinen Gräben und Bunkern vertreiben.

DER VORSTOSS AUF SEOUL

Nach weniger als 24 Stunden hatten sich die US-Einheiten an Land festgesetzt und die Straße von Incheon nach Seoul erreicht. Dann begann der Vorstoß auf Seoul. Dank der Unterstützung aus der Luft konnten die UN-Truppen nach Seoul vordringen, die Stadt einkreisen und von der nordkoreanischen Herrschaft befreien.

Jetzt, wo ihre Hauptnachschublinie unterbrochen war und sie ihre Gegner im Rücken bedrohte, konnten die Nordkoreaner einen Ausbruch der UN-Einheiten bei Pusan nicht mehr verhindern. Der Widerstand brach weitgehend zusammen, und 125 000 Nordkoreaner wurden gefangen genommen. Dies führte zur Intervention der Chinesen, die die UN-Truppen wieder zurückdrängten. Damit begann die nächste Phase des Kriegs: ein Waffenstillstand mit dem 38. Breitengrad als Grenzlinie.

US-MARINES IN KOREA

Dieser Gefreite der US-Marine trägt in seinem Patronengürtel und dem Brustgurt rund 200 Schuss Munition für sein Gewehr M1 Kaliber .30. Sein Kampfanzug ist aus robustem oliv-graubraunem Drillichstoff gefertigt.

NACH IHRER KAPITULATION BEI DIEN BIEN PHU *marschieren französische Soldaten von aufmerksamen Vietminh-Kämpfern gut bewacht in die Gefangenschaft.*

Dien Bien Phu 1953

DIEN BIEN PHU WAR DER KATASTROPHALE HÖHEPUNKT DER BEMÜHUNGEN DER FRANZOSEN, IHR KOLONIALREICH IN INDOCHINA ZU ERHALTEN. IM VERLAUF VON NEUN JAHREN ZERMÜRBTEN DIE REBELLEN DER VIETMINH UNTER DER BEHARRLICHEN FÜHRUNG VON GENERAL VO NGUYEN GIAP IN HUNDERTEN KLEINERER SCHLACHTEN UND ÜBERFÄLLE DIE FRANZÖSISCHEN TRUPPEN.

Ende 1953 beschloss General Henri Navarre (1898–1983), der Oberbefehlshaber der französischen Truppen, die Vietminh in eine Entscheidungsschlacht zu ziehen. Er ließ hierzu eine befestigte Basis in dem abgelegenen Vorposten Dien Bien Phu im Norden als Sperre der Nachschublinie der Vietminh anlegen. Man wählte das verlassene, von den Japanern im Zweiten Weltkrieg angelegte Flugfeld bei Dien Bien Phu als Landezone für das Unternehmen „Castor“ aus. Das erste Kontingent mit 9000 Mann der französischen Luftlandetruppe wurde am 20. November 1953 in Dien Bien Phu abgesetzt. Entscheidend war, dass diese Einheiten nicht ver-

DATEN UND FAKTEN

Wer: Colonel Christian de Castries (1902–1991) und 16 000 französische und vietnamesische Soldaten gegen General Vo Nguyen Giap (*1911) und 50 000 Vietminh-Soldaten.

Was: Diese Schlacht sollte entscheiden, ob Frankreich seine Kolonie Indochina weiter behalten konnte.

Wo: Das Tal und die umliegenden Berge bei Dien Bien Phu im Nordwesten Vietnams.

Wann: 13. März bis 8. Mai 1954.

Warum: Die Franzosen wollten die Vietminh in einer offenen Schlacht vernichten.

Ergebnis: Dien Bien Phu war ein entscheidender Sieg der Vietminh, die ihre überlegene Artillerie und Truppenstärke bei der erfolgreichen Belagerung nutzten.

Vo Nguyen Giap, *der Befehlshaber der Vietminh, bespricht mit seinen Kommandeuren die strategische Planung für die Aktionen in Dien Bien Phu.*

suchten, die dschungelbewachsenen Höhenzüge rund um die Basis einzunehmen. Die französische Stellung sollte stattdessen durch neun Stützpunkte im Tal und auf den flacheren Hügeln verteidigt werden. Die im Norden nannte man „Gabrielle“, „Beatrice“ und „Anne-Marie“, die im Westen „Huguette“, „Françoise“ und „Claudine“, die im Osten „Dominique“ und „Eliane“ und den im Süden „Isabelle“. Manche behaupteten, es handele sich um die Namen der Mätressen des französischen Kommandanten Colonel Christian de Castries, doch seriöse Quellen verweisen auf die ersten neun Buchstaben des Alphabets.

Der vermutlich gröbste Fehler des französischen Plans war es, die Entschlossenheit der Vietminh zu unterschätzen. Giap befahl den kommunistischen Einheiten in der Gegend, so gut wie möglich Widerstand zu leisten, während er stärkere Truppen organisierte. Als im Frühjahr 1954 die Truppenstärke der Franzosen in Dien Bien Phu 16 000 Mann erreichte, zogen die Vietminh fünf Divisionen in den zerklüfteten Bergen zusammen. Der Spitzenwert lag bei 50 000 Vietminh. Giap wusste, dass Zeit und Gelände ihm in die Hände spielten.

In einer bemerkenswerten logistischen Aktion schafften Guerillas und zivile Arbeiter 200 Geschütze über steile Bergwege nach oben. Ein Vietminh-Veteran der Schlacht bei Dien Bien Phu erinnerte sich, dass sich ein Kamerad vor die Räder eines losgerissenen Geschützes warf, um zu verhindern, dass es in eine Schlucht stürzt. Die Vietminh gruben getarnte Stellungen, die vom Talboden nicht auszumachen waren. Darüber hinaus wurde eine große Zahl von Flugabwehrkanonen installiert, um der französischen Luftwaffe zu begegnen und das Einfliegen von Verstärkung und Nachschub zu verhindern. Als im Januar 1954 die ersten Granaten der Vietminh auf Dien Bien Phu prasselten, hatten die Kommunisten den Standort eingekesselt und besaßen die vierfache Feuerkraft.

DIE SCHLACHT BEGINNT

Nach mehr als drei Monaten der Vorbereitung befahl Giap am 13. März die Einnahme von „Beatrice“. Der Angriff begann mit direktem Artilleriefeuer. Eine Granate traf den Befehlsstand und tötete den Kommandeur und den gesamten Stab der dort kämpfenden 13. Halbbrigade der Fremdenlegion. Nach nur sieben Stunden fiel „Beatrice“ an die Vietminh, die 600 Tote und 1200 Verwundete beklagten. Aus Verzweiflung, den schweren Geschützen der Vietminh nichts entgegensetzen zu können, brachte sich der französische Artilleriekommandeur Colonel Charles Piroth mit einer Handgranate um. Als der Angriff auf die französischen Stellungen richtig begann, hatten die Guerillas rund um die nördlichen Redouten Schützengräben in einer Länge von über 100 km ausgehoben. Nach der Einnahme von „Beatrice“ zogen sie die Schlinge enger zu und eroberten innerhalb von zwei Tagen „Gabrielle“. Das Rollfeld wurde durch intensiven Beschuss zerstört. Der Nachschub, der nur sporadisch per Fallschirm eintraf, landete oft ungenau, denn er musste aus großer Höhe abgeworfen werden. Am 17. März musste man „Anne-Marie“ den Kommunisten überlassen.

Zwei weitere Wochen setzten die Vietminh ihre Angriffe auf die Franzosen fort, die unter schwierigsten Bedingungen unter ständigem Artilleriebeschuss Hunderte von Verwundeten mit medizinischen Mitteln zu versorgen hatten, die immer knapper wurden. Am 30. März wurden die 1000 Verteidiger von „Isabelle“ abgeschnitten, Ende April hielten die Franzosen nur noch Teile von „Huguette“, „Dominique“ und „Eliane“. Als am 7. Mai heftige Attacken der Vietminh die verbliebenen französischen Stellungen immer stärker unter Druck setzten, erkannte de Castries, dass weiterer Widerstand zwecklos war.

Der endgültige Fall von Dien Bien Phu am 8. Mai 1954 war eine Demütigung für Frankreich und beendete das französische Engagement in Vietnam. Die Kommunisten nahmen fast 12 000 Franzosen gefangen, darunter 5000 Verwundete. Etwa 1150 Franzosen waren gefallen. Die Vietminh beklagten 8000 Gefallene und über 15 000 Verwundete. Giap hatte einen hohen Preis bezahlt, aber auch einen großen Sieg errungen.

Mitte des Jahres 1954 legte ein Abkommen in Genf die Teilung Vietnams entlang des 17. Breitengrades fest. Der kommunistische Norden wurde von der Sowjetunion und der Volksrepublik China unterstützt, der Süden, der das Abkommen nicht ratifizierte, von den USA. Künftige Konflikte waren somit vorgezeichnet. 1956 verließen die letzten französischen Soldaten Vietnam, während das Kolonialreich weiter zerfiel.

FRANZÖSISCHER FALLSCHIRMJÄGER

Die Luftlandetruppen waren eine Eliteeinheit der französischen Armee, die bei Dien Bien Phu besiegt wurde. Dieser Fallschirmjäger trägt seine Ausrüstung und die Munition für seine über der Schulter hängende, automatische Waffe bei sich. Die Franzosen kämpften tapfer in Dien Bien Phu, unterschätzten aber die Fähigkeiten ihrer Gegner, der Vietminh.

US-Jagdbomber vom Typ Skyraider *bombardieren Stellungen der Nordvietnamesischen Volksarmee (NVA) in der Nähe der US-Basis bei Khe Sanh.*

Khe Sanh 1968

KHE SANH WURDE 1968 VON NORDVIETNAMESISCHEN TRUPPEN IM RAHMEN DER TET-OFFENSIVE ANGEGRIFFEN. DIE BASIS KONNTE GEHALTEN WERDEN, BIS ENTSATZ KAM.

Im Indochinakrieg gegen die Franzosen führte General Vo Nguyen Giap (*1911) 1954 eine erfolgreiche Operation gegen die französische Basis Dien Bien Phu. Der isolierte und eingekesselte Stützpunkt wurde damals durch Artilleriebeschuss und Bodenangriffe immer stärker reduziert. Die Versorgung aus der Luft scheiterte an der vietnamesischen Flugabwehr und dem stetig schrumpfenden verteidigten Terrain.

Die US-Basis in Khe Sanh erschien (beiden Seiten) durch eine ähnliche Strategie verwundbar. Bei der Vorbereitung der Tet-Offensive 1968 umzingelten nordvietnamesische Truppen den Stützpunkt und testeten bei Angriffen die Verteidigungsanlagen. Größere Einheiten der Nordvietnamesischen Volksarmee (NVA) waren daran beteiligt oder lagen in der Nähe bereit. Vielleicht sollte die Belagerung von Khe Sanh von der eigentlichen Tet-Offensive ablenken. Oder die Nordvietnamesen wollten die Basis einnehmen, um ihre anderen Erfolge zu

DATEN UND FAKTEN

Wer: 6000 Soldaten der US-Armee und der Armee der Republik Südvietnam unter dem Kommando von Colonel David Lownds (1920–2011) wurden von 20 000 nordvietnamesischen Soldaten belagert.

Was: Die belagert Basis musste aus der Luft versorgt werden. Sie lag unter Artilleriebeschuss, und konnte mehrere Bodenangriffe abwehren.

Wo: Die Provinz Quang Tri in Zentralvietnam.

Wann: 21. Januar bis 14. April 1968.

Warum: Die US-Basis bedrohte die nordvietnamesischen Nachschublinien. Ihre Einnahme würde den Nordvietnamesen politische und propagandistische Vorteile bringen.

Ergebnis: Khe Sanh wurde am 6. April durch Bodentruppen befreit.

unterstreichen. Die Kämpfe dauerten bereits zehn Tage, als die Tet-Offensive in vollem Umfang begann.

Zunächst verlief die Offensive gegen die überraschten Amerikaner und Südvietnamesen erfolgreich, doch die beträchtlichen Geländegewinne wurden bald wieder rückgängig gemacht. Ende März war die Offensive gescheitert, doch Khe Sanh war immer noch belagert.

HU-1-„Huey" Hubschrauber der US Army *landen auf der Basis Khe Sanh. Dank ihrer Helikopter konnten die US-Truppen rasch Mannschaften und Material zur Abwehr kommunistischer Überfälle transportieren.*

DIE BELAGERUNG

Trotz ihrer großen verfügbaren Truppenkontingente und der großen Anstrengungen andernorts versuchten die Nordvietnamesen nicht, Khe Sanh sofort zu erstürmen. Sie begannen eine Belagerung und schnitten den Zugang über Land ab. Die Versorgung aus der Luft konnten sie aber nicht verhindern, und so behielt Khe Sanh seine volle Kampfkraft.

Die Angriffe mit Raketen und Granaten auf die Basis richteten großen Schaden an und forderten zahlreiche Opfer. Wiederholt wurden auch die äußeren Verteidigungsstellungen attackiert, doch diese Angriffe besaßen nicht die nötige Durchschlagskraft, um die Basis zu überwältigen. Die US-Truppen reagierten mit Artilleriefeuer, dabei wurden aus der Basis und den benachbarten Geschützstellungen fast 160 000 Granaten auf den Feind rund um den Stützpunkt abgefeuert.

Khe Sanh erhielt aus der Luft nicht nur Nachschub, sondern auch Kampfunterstützung. Jagdbomber und Maschinen bis zur Größe der B-52 warfen 96 000 t Bomben auf feindliche Stellungen im Umkreis ab. Die Opferbilanz fiel für die Verteidiger deutlich günstiger aus, doch der Druck blieb trotzdem erhalten.

BODENKRIEG

Der einzige bedeutende Erfolg der Belagerung gelang den Nordvietnamesen mit der Einnahme des Lagers der Special Forces bei Lang Vei. Bei einem Überraschungsangriff unter Beteiligung leichter Panzer wurden die Vorposten von Lang Vei schnell überrannt, doch die dortigen Truppen verteidigten sich in ihren Stellungen erbittert. Einer Rettungsaktion der Hauptbasis in Khe Sanh gelang es am nächsten Tag, die Überlebenden des Angriffs herauszuholen.

Danach versuchten sich die Nordvietnamesen immer wieder an den Befestigungen der Basis, konnten sie aber trotz einiger lokaler Erfolge nicht durchbrechen. Zu diesem Zeitpunkt hatten die Amerikaner allen Grund, sich vor einer ähnlichen Demütigung zu fürchten, wie sie die Franzosen bei Dien Bien Phu erfahren hatten. Durch das Scheitern der Tet-Offensive verlor die Belagerung von Kha Sanh an Bedeutung, die NVA-Truppen wurden an andere Orte verlegt.

Dieser Offizier der Armee der Republik Vietnam *(ARVN) trägt eine Tarnuniform mit Tigerstreifen. Er ist mit einem M16-Sturmgewehr bewaffnet. In den Taschen seiner Weste befindet sich weitere Munition, und an seinem Gürtel hängen zwei Handgranaten.*

OPERATION „PEGASUS"

Anfang April lief eine Entsatzoperation unter dem Codenamen „Pegasus" an. US-Bodentruppen rückten auf Khe Sanh vor, während Luftlandeeinheiten die Höhenzüge entlang der Route einnahmen und gegen feindliche Überfälle sicherten. Gleichzeitig verstärkte die Basis ihre Verteidigungsanstrengungen. Die Entsatztruppe konnte gegen meist nur geringen Widerstand vorstoßen, nur zweimal musste sie gegen intensivere Sperren der Nordvietnamesen angehen. Am 8. April erreichten die ersten Einheiten Khe Sanh, kurz danach wurde die Belagerung offiziell aufgehoben. Einen eindeutigen Sieger gab es nicht. Die Nordvietnamesen waren nicht wirklich besiegt, als sie die Belagerung, die für ihre Pläne kaum noch Bedeutung hatte, aufgaben.

GEPANZERTE US-TRUPPENTRANSPORTER *rücken in Saigon vor. Der Einsatz schwerer Waffen, speziell von Granaten und Bomben, im urbanen Umfeld löste eine heftige Kontroverse in den Medien aus.*

Die Tet-Offensive 1968

GEGEN ENDE DES JAHRES 1967 SCHIENEN DIE USA NOCH DIE OBERHAND IM VIETNAMKRIEG ZU GEWINNEN. DOCH MIT DER TET-OFFENSIVE ANFANG 1968 BEGANN SICH IHRE LAGE STETIG ZU VERSCHLECHTERN, TROTZ EINES EINDEUTIGEN MILITÄRISCHEN ERFOLGS.

Ende 1967 beschlossen Ho Chi Minh (1890–1969) und sein Oberbefehlshaber General Vo Nguyen Giap (*1911) einen radikalen Strategiewechsel in ihrem Krieg gegen Südvietnam und die USA. Statt weiter den langsamen, mühsamen revolutionären Kampf zu verfolgen, setzten sie auf eine große Offensive in der Hoffnung, so im Süden einen Volksaufstand auszulösen.

Die Offensive begann am 30. Januar 1968 unmittelbar vor dem Tet-Fest, dem traditionellen vietnamesischen Neujahrsfest. Viele Soldaten der Armee der Republik Vietnam (ARVN) hatten Urlaub und feierten mit ihren Familien. Der Angriff

DATEN UND FAKTEN

Wer: Die Nordvietnamesische Armee (NVA) und Vietcong-Kämpfer (VC) gegen die US-Truppen in Vietnam und die Armee der Republik Vietnam (ARVN).

Was: Die Kommunisten starteten eine Großoffensive in ganz Südvietnam.

Wo: Die Tet-Offensive fand in vielen, über ganz Südvietnam verteilten Aktionen statt.

Wann: 30. Januar bis 8. April 1968.

Warum: Die Kommunisten hofften, die urbanen Zentren Südvietnams zu besetzen und einen Aufstand gegen die dortige Regierung auszulösen.

Ergebnis: Vollkommene militärische Niederlage von NVA und VC, wobei sich die westlichen Medien mehr auf eine Eskalation des Konflikts als den US-Erfolg konzentrierten.

CHINESISCHER TYP 56 (AK-47)

Das chinesische Sturmgewehr Typ 56, eine Kopie des sowjetischen AK-47 (Kalaschnikow), war aufseiten der Kommunisten im Vietnamkrieg weit verbreitet. Es hatte eine kürzere Reichweite und geringere Mündungsgeschwindigkeit als das US-Sturmgewehr M16, war aber einfacher zu bedienen und verschoss ein größeres Kaliber (7,62 mm). Die extrem robuste Waffe eignete sich bestens für den schwierigen Kampf unter Dschungelbedingungen.

bestand aus Dutzenden simultaner Aktionen, bei denen 36 der 44 Provinzhauptstädte, fünf autonome Städte, 72 Distrikthauptstädte und 23 Militärbasen mit Raketen, Mörsern und Geschützen beschossen wurden. Dann folgten Angriffe der regulären Nordvietnamesischen Armee (NVA) in Bataillons- oder Divisionsstärke und von Gruppen des Vietcong (VC). Höchst beunruhigend für die US-Regierung waren die Angriffe in Saigon auf symbolträchtige Ziele, wie die US-Botschaft, wichtige Militärzentralen und den Präsidentenpalast. Die US- und ARVN-Truppen um Saigon stellten daraufhin bis zum 4. Februar zehn Divisionen mit Kampfeinheiten zusammen und starteten mit der Operation „Tran Hung Do" eine Gegenoffensive zur Rückeroberung der Stadt. Am 10. Februar war jeder Widerstand in der Hauptstadt gebrochen, und man überließ es der südvietnamesischen Polizei, eine brutale Jagd auf VC-Sympathisanten zu führen. Der von NVA und VC erhoffte Volksaufstand blieb aus.

DIE SCHLACHT UM HUE

Während die Flammen der Tet-Offensive in vielen Teilen Südvietnams erstickt wurden, sollten die Kämpfe in der Küstenstadt Hue, nördlich von Da Nang, noch bis zum 25. Februar andauern. Ende Januar wurde Hue komplett von kommunistischen Verbänden eingenommen, und es dauerte etwas, bis US/ARNV-Truppen eine Gegenoffensive starten konnten. Als sich die Gefechte immer tiefer in die Stadt hineinverlagerten, bekamen die Soldaten der Alliierten eine schreckliche Einführung in den Häuserkampf. In Neustadt von Hue kamen das 1. und 2. Bataillon, das 2. und 5. Marineregiment in sechs Tagen und intensivem Kampf nur vier Häuserblocks voran. Zunächst hielten sich die Amerikaner aus Rücksicht auf den kunsthistorischen Status der Stadt beim Bombardement zurück. Nach den schweren Verlusten beim Häuserkampf gab man diese Zurückhaltung dann auf, und die Zerstörung Hues begann. Die US-Artillerie feuerte 52 000 Granaten auf die Stadt, hinzu kamen 7670 Projektile aus großen Schiffskanonen und 600 t Bomben, die aus der Luft abgeworfen wurden. Die Folgen für die Zivilbevölkerung waren schrecklich, doch am 6. Februar hatten die Alliierten die meisten Schlüsselpositionen in der Neustadt zurückerobert, am 10. Februar wurde die gesamte Neustadt eingenommen.

Die Marines stießen nun über den Parfümfluss in die historische Zitadelle vor, wo ARVN-Einheiten bereits die Kommunisten zurückgedrängt hatten. Die ARVN-Truppen vertrieben die NVA/VC aus den nördlichen Teilen der Zitadelle. Schließlich konnten sie den Flugplatz und am 24. Februar den Kaiserpalast am Nordufer des Parfümflusses zurückerobern. Am 2. März war die gesamte Stadt wieder in alliierter Hand. An Opfern waren 119 US-Soldaten, 363 ARVN-Soldaten, rund 8000 Soldaten und Rebellen von NVA/CV sowie etwa 6000 Zivilisten zu beklagen.

DAS ENDE DER OFFENSIVE

In Hue fand die Tet-Offensive ihr Ende. Für den Norden war sie ein katastrophaler Fehlschlag. Die Nordvietnamesen verloren nicht nur fast 54 000 Mann (die Südvietnamesen 11 000 und die Amerikaner 2000 Soldaten), sondern der Vietcong wurde als politische und militärische Größe dabei fast völlig ausgelöscht. Das Ausbleiben eines Volksaufstands erschütterte zudem die Überzeugung des Nordens, der Süden warte nur auf eine Gelegenheit, um den Kommunismus begeistert aufzugreifen. Ironischerweise sahen die westlichen Medien in der Offensive einen Hinweis, dass Nordvietnam, entgegen den Beteuerungen der Regierung, noch längst nicht geschlagen war, und forderten verstärkt den Abzug der US-Truppen.

DIESE SELTENE AUFNAHME *zeigt eine Vietcong-Rekrutin mit einer Panzerbüchse RPG-7 aus Sowjetproduktion. Die RPG erwies sich als höchst wirkungsvoll gegen Fahrzeuge und Geschützstellungen.*

TET-OFFENSIVE – SCHLACHT UM HUE

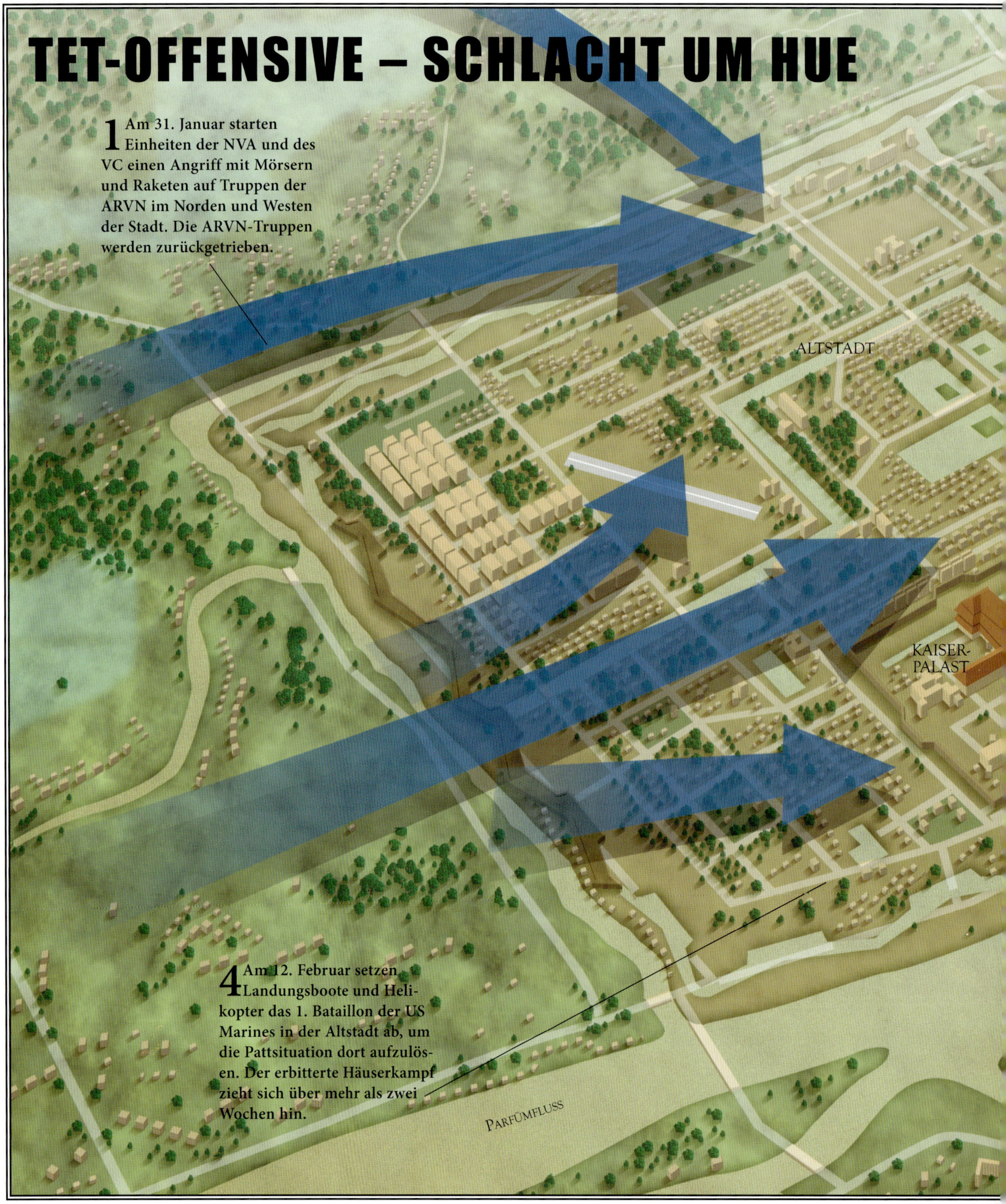

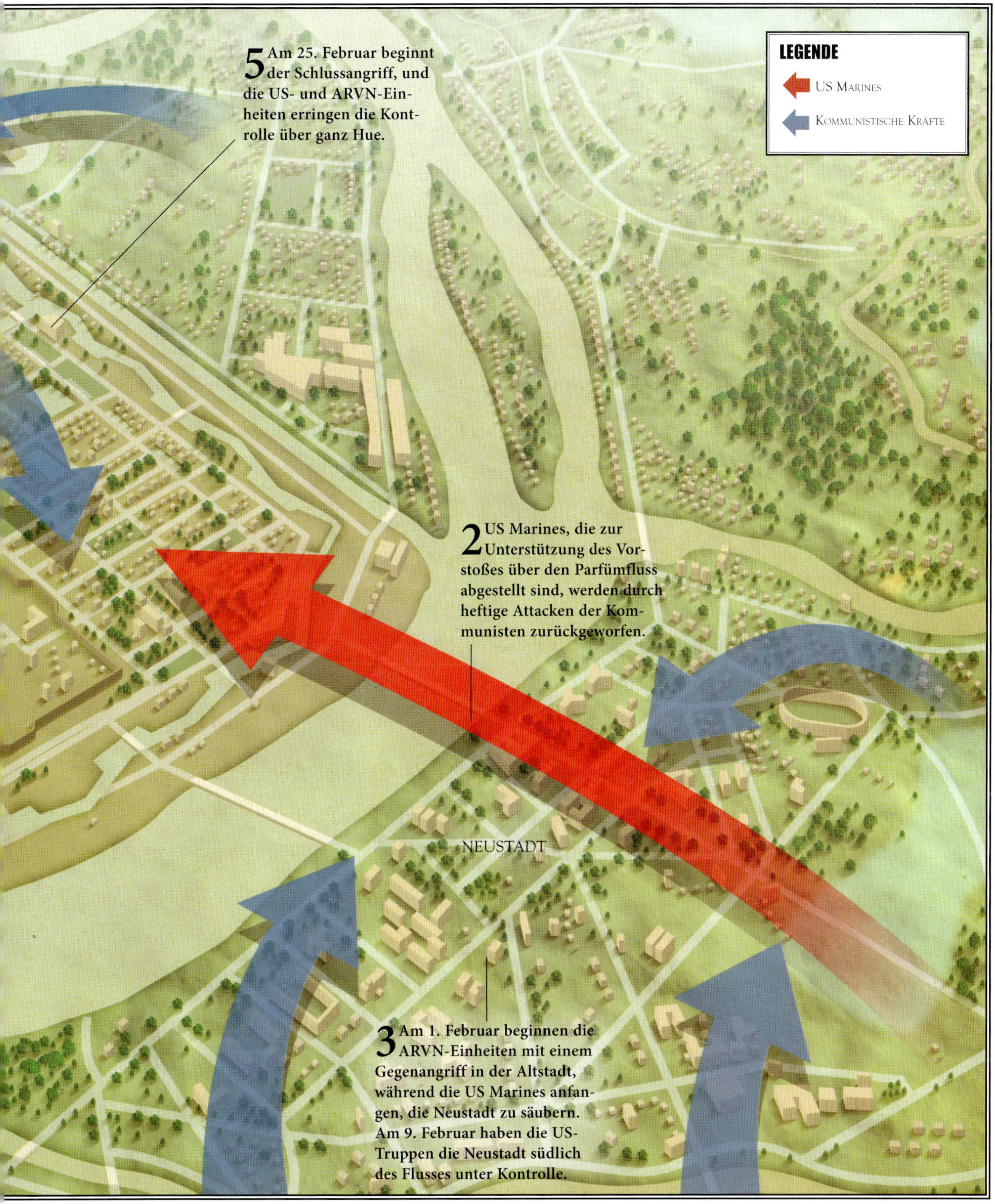
LEGENDE
US Marines
Kommunistische Kräfte
5 Am 25. Februar beginnt der Schlussangriff, und die US- und ARVN-Einheiten erringen die Kontrolle über ganz Hue.
2 US Marines, die zur Unterstützung des Vorstoßes über den Parfümfluss abgestellt sind, werden durch heftige Attacken der Kommunisten zurückgeworfen.
NEUSTADT
3 Am 1. Februar beginnen die ARVN-Einheiten mit einem Gegenangriff in der Altstadt, während die US Marines anfangen, die Neustadt zu säubern. Am 9. Februar haben die US-Truppen die Neustadt südlich des Flusses unter Kontrolle.

DIESER PAKISTANISCHE PANZER IST ZU EINER KRIEGSTROPHÄE *der indischen Soldaten geworden. Die pakistanischen Panzereinheiten standen kurz davor, den Vorposten Longewala zu überrennen.*

Longewala 1971

VORGESCHOBENE GRENZTRUPPEN DIENEN DER ABSICHERUNG UND SOLLEN ANRÜCKENDE FEINDE AUFHALTEN, BIS DIE HAUPTSTREITMACHT GEWARNT UND BEREIT IST. MAN ERWARTET, DASS DIESE KLEINEN EINHEITEN IHRE STELLUNG SO LANGE WIE MÖGLICH HALTEN. DER WIDERSTAND, DEN DIE A-KOMPANIE DES 23. BATAILLONS DES PUNJABREGIMENTS LEISTETE, ERWIES SICH SOGAR ALS ENTSCHEIDENDE AKTION DES INDISCH-PAKISTANISCHEN KRIEGS 1971.

Nach dem Abzug der Briten aus Südasien in den 1940er-Jahren entstanden am Indischen Ozean zwei neue Staaten. Indien besetzte den Subkontinent, während Pakistan durch indisches Territorium in zwei Landesteile geteilt wurde. Die politische Situation in Pakistan war aufgeheizt und schwierig. Bei den Wahlen 1970 errang Scheich Rahman aus Ostpakistan eine Mehrheit. Das führte zur Krise, denn Westpakistan sah seine Interessen gefährdet. General Yahya Khan beschloss, mithilfe der Armee die poli-

DATEN UND FAKTEN

Wer: Eine kleine indische Einheit unter Major Kuldip Singh Chandpuri gegen eine viel größere pakistanische Formation unter Brigadegeneral Tariq Mir.

Was: Die Inder kämpften hart, um den Feind aufzuhalten, bis Unterstützung aus der Luft und am Boden die Schlacht wendete.

Wo: Grenzposten bei Longewala an der indisch-pakistanischen Grenze.

Wann: 5. Dezember 1971.

Warum: Die pakistanischen Truppen mussten Longewala überwinden, um die strategisch wichtige indische Stadt Jaisalmer einnehmen zu können.

Ergebnis: Ein entscheidender indischer Sieg, für den Major Kuldip Singh Chandpuri mit dem zweithöchsten indischen Tapferkeitsorden Maha Vir Chakra ausgezeichnet wurde.

tische Landschaft zu verändern. Der Scheich wurde verhaftet und über Ostpakistan das Kriegsrecht verhängt. Weil die pakistanische Armee regelmäßig Aufständische bis ins benachbarte Indien verfolgte, kam es zu einer Serie von Konfrontationen mit indischen Einheiten. Die Beziehungen zwischen Indien und Pakistan waren sowieso angespannt. Nach einem Hilfegesuch an die Vereinten Nationen beschloss Indien, gegen Pakistan in den Krieg zu ziehen.

Pakistan bemerkte die Kriegsvorbereitungen Indiens und entschied, den ersten Schritt zu tun. Am 3. September 1971 führte man einen wenig erfolgreichen vorbereitenden Luftschlag, der die indische Luftwaffe am Boden zerstören sollte. Im Grenzposten bei Longewala waren damals 120 Mann der A-Kompanie des 23. Bataillons des Punjabregiments stationiert. Als Bewaffnung besaßen sie einige Mörser und zwei rückstoßfreie, auf Jeeps montierte Geschütze. Gegen diese kleine Truppe schickte Pakistan eine ganze Infanteriebrigade ins Feld, die von über 60 Panzern und Artillerie unterstützt wurde.

Generalleutnant Niazi *ergibt sich am 16. Dezember 1971 mit pakistanischen Truppen in Ostpakistan Generalleutnant Aurora.*

Der indische Kommandeur Major Chandpuri forderte sofort Hilfe vom rund 16 km entfernten Hauptquartier des Bataillons an. Die indische Stellung lag bereits unter Artilleriebeschuss, doch außer fünf toten Kamelen gab es keine größeren Schäden. Am 5. Dezember gegen 4 Uhr kamen die pakistanischen Truppen in Sicht. Sein Hauptquartier ließ Major Chandpuri die Wahl, sich zurückzuziehen oder auf eigene Verantwortung Widerstand zu leisten. Er erklärte, die Stellung bis zum Tod halten zu wollen.

DER ERSTE ANGRIFF

Zur Panzerabwehr gab es nur die beiden rückstoßfreien Geschütze. Diese eröffneten das Feuer und legten fast sofort einen gegnerischen Panzer, einen in China gebauten T-59, lahm. Auch ein Jeep mit einem hohen pakistanischen Offizier wurde getroffen. Das stoppte die Attacke und führte zu einiger Konfusion. Weitere Panzer wurden ausgeschaltet. Drei verloren ihre Ketten durch Minen. Inzwischen brachten die Inder mit ihren MGs und Mörsern der Infanterie erhebliche Verluste bei. Doch einige Panzer suchten in den Sanddünen nach Möglichkeiten, von der Flanke oder von hinten anzugreifen. Die Lage wurde zunehmend aussichtslos.

Am Morgen konnten von der nächsten indischen Luftwaffenbasis Jagdflugzeuge vom Typ Hawker Hunter aufsteigen. Sie fanden jede Menge Ziele vor. Mehrere Panzer wurden durch Raketen und Kanonenbeschuss zerstört. Der Luftangriff löste bei den pakistanischen Panzerbesatzungen Panik aus, viele fuhren mit ihren Panzern im Kreis, um nicht ins Visier der Piloten zu geraten. Während dieser Konfusion trafen zwei indische Infanteriekompanien mit leichten Panzern und Artilleriegeschützen zur Unterstützung von Longewala ein. Zwischen 11 und 12 Uhr unternahmen die Pakistani zwei weitere Durchbruchversuche. Der erste, eher unorganisierte Versuch forderte viele Opfer, bevor er abgewehrt wurde. Der zweite war eine besser geplante Attacke eines Infanteriebataillons mit Panzer- und Artillerieunterstützung.

Die nachhaltig verstärkte Verteidigung konnte mit Unterstützung aus der Luft diesen letzten Angriff parieren. Nach einer Weile zogen die pakistanischen Einheiten plötzlich ab. Sie ließen neben 37 zerstörten Panzer auch viele Versorgungsfahrzeuge zurück, die von der Luftwaffe entdeckt und mit Raketen angegriffen wurden. Major Chandpuri hatte geschworen, seinen Posten bis zum Letzten zu verteidigen. Insgesamt beklagten die Inder drei Gefallene und drei Verwundete.

Die pakistanischen Verluste waren erheblich. Außer den komplett zerstörten Panzern gab es viele, die defekt liegen geblieben oder im Sand festgefahren waren. Fast 100 weitere Fahrzeuge wurden zerstört oder zurückgelassen. Insgesamt fielen 200 pakistanische Soldaten. Noch wichtiger waren die taktischen und psychologischen Folgen. Ein Durchbruch bei Longewala hätte den pakistanischen Truppen einen Vorstoß weit nach Indien hinein mit Geländegewinnen ermöglicht, die am Verhandlungstisch nützlich gewesen wären. Das gesamte Vorhaben scheiterte durch die Niederlage bei Longewala, die auch die Moral beider Seiten nachhaltig beeinflusste.

Der Indisch-Pakistanische Krieg endete am 16. Dezember 1971 mit dem Sieg der Inder. Ostpakistan ging verloren. Der einzige Weg, es zu behalten, wäre die Eroberung indischer Gebiete gewesen, die bei der Friedenskonferenz hätten eingetauscht werden können. Pakistan stand am Ende mit fast leeren Händen da. Ostpakistan wurde als Bangladesch unabhängig.

EIN MULTIPLE LAUNCH ROCKET SYSTEM *(MLRS) der US Army schießt im Februar 1991 von Saudi-Arabien aus Raketen auf irakische Stellungen in Kuwait ab.*

Golfkrieg 1991

BEIM GOLFKRIEG 1991 ZEIGTE SICH DIE ÜBERLEGENHEIT DER WESTLICHEN MILITÄRTECHNIK ÜBER DIE GEWALTIGE, ABER SCHLECHT AUSGERÜSTETE IRAKISCHE ARMEE.

Im Zuge des Iran-Irak-Kriegs (1980–1988) hatte sich der Irak unter Saddam Hussein bei Kuwait und anderen Staaten stark verschuldet. Durch den Einmarsch in Kuwait am 2. August 1990 wollte Saddam dieses Problem lösen: Eine Rückzahlung würde hinfällig, und der Irak bekäme Zugang zu Kuwaits Ölquellen. Die Invasion war nach einem Tag abgeschlossen, denn Kuwait konnte kaum Widerstand bieten.

Dies führte zu einer massiven internationalen Reaktion, denn neben der Notwendigkeit, dass Saddam Husseins Truppen wieder aus Kuwait vertrieben werden mussten, gab es Befürchtungen, er könnte nach Saudi-Arabien vorstoßen. Zunächst zog man Truppen in der Region zusammen, um sich vor weiteren Angriffen zu schützen und um eine Offensive vorzubereiten. Diese Operation, „Desert Shield" genannt, wurde von diplomatischem Druck auf den Irak begleitet.

Saddam Hussein war zum Kampf entschlossen. Er besaß die Ressourcen, um einen großen Krieg zu führen, denn die

DATEN UND FAKTEN

Wer: Eine US-geführte Koalition unter General Norman H. Schwarzkopf (*1934) gegen die irakischen Streitkräfte unter dem Oberkommando von Saddam Hussein (1937–2006).

Was: Nach der langwierigen Bereitstellung der Koalitionstruppen folgten Luftschläge zur Schwächung des Widerstands der Iraker, danach erfolgte ein rascher Vorstoß am Boden durch Kuwait.

Wo: Kuwait und Süden des Irak.

Wann: 7. August 1990 bis 17. Januar 1991 („Desert Shield"); 17. Januar bis 27. Februar 1991 („Desert Storm").

Warum: Irakische Truppen waren im Nachbarstaat Kuwait einmarschiert.

Ergebnis: Die irakischen Truppen wurden bei minimalen Verlusten aufseiten der Koalition aus Kuwait vertrieben.

EIN US-SOLDAT DER KOALITIONSTRUPPEN *bewacht im Februar 1991 nach der Invasion in Kuwait gefangen genommene irakische Soldaten.*

irakische Armee war damals eine der größten weltweit. Allerdings war sie mit veralteter Technik aus der Sowjetära ausgestattet und bestand aus schlecht ausgebildeten und kaum motivierten Wehrpflichtigen. Die Republikanische Garde war besser ausgerüstet und motiviert, doch ihre Waffen waren mindestens eine Generation älter als die ihrer Gegner.

DER LUFTKRIEG

Nach Abschluss der Operation „Desert Shield" und der Bereitstellung der Truppen vor Ort begann die Operation „Desert Storm". Den Auftakt bildete am 17. Januar ein Luftkrieg zur Ausschaltung der irakischen Flugabwehr und der Bodenstreitkräfte. Nach der weitestmöglichen Unterdrückung der Luftverteidigung nahmen sich die Flugzeuge der Koalition wichtige Ziele, wie Kommandozentralen, Kommunikationseinrichtungen und Munitionsdepots, vor. Ein vorrangiges Ziel waren die Kampfverbände der Republikanischen Garde.

Der Irak hatte dem wenig entgegenzusetzen. Viele Piloten flüchteten in den Iran, anstatt gegen die Flugzeuge der Koalition zu kämpfen, der Rest war dem Gegner nicht gewachsen. Die Flugabwehr, die bereits in den ersten Tagen des Feldzugs dezimiert worden war, bot kaum noch Widerstand. Obwohl alliierte Flugzeuge verloren gingen, wurde doch die Kampffähigkeit des Iraks nachhaltig geschwächt. Selbst nicht zerschlagene und gut versorgte Einheiten wurden dabei von Kommunikations- und Kommandostrukturen abgeschnitten und so in ihrer Effizienz stark eingeschränkt. Nachdem die irakische Luftwaffe aus dem Spiel war, konnten Kampfhubschrauber der Koalition unbehelligt operieren und feindliche Panzer und Artillerie ins Visier nehmen.

DER BODENKRIEG

Am 24. Februar begann der Bodenkrieg. An verschiedenen Stellen startete man Entlastungsangriffe, während die Hauptfront in Form eines Linkshakens die irakische Linie durchbrach und aufrollte. Die Aktion lief besser als erwartet. Man hatte mit heftigem Widerstand gerechnet, doch die schnellen Panzerverbände der Koalition nahmen bei Verlust lediglich einer Handvoll Männer ihre Ziele ein.

Weil durch den Luftkrieg die Kommunikations- und Kommandosysteme zerstört waren, wurden viele irakische Einheiten relativ unvorbereitet überrascht. Einige flüchteten aus ihren Stellungen, andere leisteten kaum organisiert Widerstand. Die irakische Panzerabwehr verzeichnete nur eine niedrige Trefferquote. Die Waffen der Koalition erwiesen sich als wesentlich präziser und effizienter.

Am zweiten Tag der Bodenoffensive verlangsamten Sandstürme den Vormarsch. Vielleicht verschafften sie der Koalition auch einen Vorteil, denn diese konnte dank GPS-Ortung weiter vorrücken und viele irakische Einheiten überraschen. Nach 100 Stunden wurde die Bodenoffensive gestoppt, während die Reste der irakischen Armee in den Irak flohen.

Die Waffenruhe erlaubte es Tausenden von Soldaten der Republikanischen Garde, mit ihren Panzern und Geschützen zu entkommen. Viele dachten, man solle den Vormarsch fortsetzen, bis Saddams Regime gestürzt werde, doch die UN-Resolution sah nur die Vertreibung der Iraker aus Kuwait vor. Die irakische Armee hatte aber wesentlich an Stärke verloren.

Sarajevo 1992

ZUR BELAGERUNG VON SARAJEVO GEHÖRTEN ANGRIFFE AUF ZIVILISTEN. DIE BEWOHNER WURDEN SO ZU EINEM VERZWEIFELTEN KAMPF UM IHRE EXISTENZ GEZWUNGEN.

Der Zerfall Jugoslawiens führte zum Konflikt verschiedener politischer und ethnischer Gruppierungen, die alle auf demselben Territorium eigene Staaten gründen wollten. Die Durchmischung der Bevölkerungsgruppen machte die territoriale Situation höchst komplex. Gewalt war ein probates Mittel, um sich die gewünschten Gebiete anzueignen. In vielen Fällen betrachtete man die anderen ethnischen Gruppen dabei als Freiwild.

Dies war insbesondere in Bosnien-Herzegowina der Fall, nachdem es sich von Jugoslawien unabhängig erklärt hatte. Bosnische Truppen gerieten Anfang 1992 mit serbischen Milizen aneinander, als der neue Staat die internationale Anerkennung suchte. Als Bosnien-Herzegowina am 6. April diese Anerkennung fand, kam es zum Krieg.

Serbische Einheiten eroberten Teile Sarajevos und kesselten die Stadt durch Besetzung der umliegenden Berge ein. Das ermöglichte ihnen Artillerieattacken, denen die schlecht ausgerüsteten bosnischen Truppen nichts entgegensetzen konnten. Anfang Mai lag die Stadt unter einer Blockade, die Versorgung mit Lebensmitteln und Treibstoff war abgeschnitten.

BOSNISCHE SICHERHEITSKRÄFTE ERWIDERN DAS FEUER, *während Zivilisten irgendwo in der Innenstadt von Sarajevo 1994 panisch Schutz vor den Kugeln der Scharfschützen suchen.*

DIE LÄNGSTE BELAGERUNG

Die Verteidiger Sarajevos waren zwar an Feuerkraft unterlegen, verfügten aber über genug Truppen, um die Stadt trotz der Angriffe zu halten. Die Belagerer andererseits wollten den Durchhaltewillen der Verteidiger durch die Angriffe mit Granaten und Scharfschützen brechen.

Die Bevölkerung wurde zu einem Leben unter unmenschlichen Bedingungen gezwungen. Die Scharfschützen schossen gezielt auf die Zivilisten; manche Straßen waren als „Scharfschützenallee" berüchtigt. Die Serben kontrollierten viele Stadtviertel und schossen von Hochhäusern auf jedes Ziel.

Ab Juni 1992 konnte die Bevölkerung Sarajevos nur noch über eine internationale Luftbrücke und den Flughafen mit Nahrung und Treibstoff versorgt werden. Die gezielten Artillerieangriffe auf Krankenhäuser und Menschenansammlungen forderten immer mehr Opfer.

INTERVENTION DER NATO

Nach Jahren vergeblicher Friedensbemühungen entschied sich die NATO zum aktiven Vorgehen gegen die serbischen Kräfte. Die bosnischen Truppen konnten so in die Offensive gehen und die Serben an den Verhandlungstisch zwingen. Ende 1995 kam es zur Waffenruhe, der Abzug der serbischen Einheiten im Februar 1996 hob dann die Belagerung Sarajevos endgültig auf.

DATEN UND FAKTEN

Wer: Rund 30 000 serbische Soldaten unter verschiedenen Befehlshabern gegen etwa 40 000 bosnische Kombattanten von Präsident Alija Izetbegoviç (1925–2003). Gezielt wurden auch viele Zivilisten beschossen.

Was: Die Stadt wurde während der längsten Belagerung einer Hauptstadt in der Neuzeit von Artillerie und Scharfschützen attackiert.

Wo: Sarajevo, Hauptstadt von Bosnien-Herzegowina.

Wann: 5. April 1992 bis 29. Februar 1996.

Warum: Der Zerfall Jugoslawiens führte zur Einkesselung Sarajevos durch serbische Truppen, die einen serbischen Staat errichten wollten.

Ergebnis: Nach der Intervention der NATO konnte die Belagerung aufgehoben werden.

Mogadischu 1993

IM UNÜBERSICHTLICHEN GEWIRR EINER STADT KÖNNEN SELBST REBELLEN, DIE SCHLECHT BEWAFFNET UND KAUM AUSGEBILDET SIND, REGULÄREN TRUPPEN SCHWERE SCHÄDEN ZUFÜGEN. DIE SCHLACHT VON MOGADISCHU WAR IN GEWISSER WEISE EIN ERFOLG FÜR DIE US-EINHEITEN, DOCH DIE VERLUSTE WAREN INAKZEPTABEL HOCH.

Die Skyline von Mogadischu *wird beim Luftangriff der US-Truppen vom Waffenfeuer beleuchtet. Bei den Attacken kamen Helikopter und Schlachtflugzeuge (Gunships) vom Typ C-130 zum Einsatz.*

Im Oktober 1993 entschieden die US-Truppen, die als Unterstützung einer UNO-Hilfsmission in Somalia tätig waren, mit Gewalt gegen den Warlord General Mohamed Farrah Aidid (1934–1996) vorzugehen, welcher der ehemalige Vorsitzende der somalischen Nationalallianz war. Man beschloss, Aidids Führungsstab bei einer kombinierten Aktion unter Einsatz von Hubschraubern und Bodentruppen gefangen zu nehmen, die schnell in den Straßen vorrücken sollten. Der Plan mit dem Codenamen Operation „Gothic Serpent" sah vor, dass sich Spezialeinheiten zur Sicherung der Ziele von Helikoptern abseilten, während Bodentruppen mit Fahrzeugen anrückten, um die Verhafteten wegzubringen.

DATEN UND FAKTEN

Wer: Weniger als 200 Soldaten der US Army und der Spezialkräfte, unterstützt von Helikoptern und Bodentruppen aus Malaysia sowie Pakistan, gegen insgesamt 2000–3000 somalische Milizionäre.

Was: US Rangers wurden bei einem abgestürzten Hubschrauber im Zentrum von Mogadischu festgenagelt.

Wo: Mogadischu, die Hauptstadt von Somalia.

Wann: 3. bis 4. Oktober 1993.

Warum: US-Einheiten dringen in die Stadt ein, um die führenden Gefolgsmänner von Mohamed Farrah Aidid, einem terroristischen Warlord, zu verhaften.

Ergebnis: Die eingeschlossene Einheit wurde befreit, erlitt aber mit 18 Toten und 79 Verwundeten inakzeptable Verluste bei der Operation. Die Somalis beklagten bis zu 1000 Tote und Verwundete.

Die Mission startete am 3. Oktober mit einer Task Force aus 19 Flugzeugen, 12 Fahrzeugen und 160 Mann. Schon bald entwickelte sich das Unternehmen zu einem Desaster. Die US-Einheiten wurden durch Gefechte mit den Rebellen aufgehalten und zwei ihrer Blackhawk-Hubschrauber abgeschossen. Die 90 US Rangers einer Rettungseinheit wurden in der Stadt eingeschlossen und mussten um ihr Leben kämpfen.

RETTUNGSAKTION

In der Nacht wurde eilig ein Plan geschmiedet, um in die Stadt einzudringen und die Rangers mit Bodentruppen aus den USA, Pakistan und Malaysia herauszuholen. Das pakistanische Kontingent benutzte Panzer vom Typ M48, die in den USA entwickelt und gebaut worden waren. Die Malaysier setzten gepanzerte Truppentransporter ein. Der Rettungskonvoi mit seinen rund 100 kampfstarken Fahrzeugen bahnte sich seinen Weg durch die Stadt und konnte die eingeschlossenen Rangers evakuieren. Bei den Gefechten wurden 18 Rangers getötet und 79 verwundet.

Wie viele somalische Rebellen bei den Angriffen auf die Rangers und bei der Rettungsaktion getötet oder verwundet wurden, ist nicht bekannt. Schätzungen von 800 Opfern erscheinen realistisch, doch es wurden Zahlen von bis zu 1000 Toten und 4000 Verwundeten genannt. Die somalischen Behörden sprachen von viel niedrigeren Opferzahlen. Neben den Opfern unter den US-Soldaten wurden auch drei Männer der malaysischen und pakistanischen Einheiten getötet und sieben verwundet. Obwohl das Unternehmen in gewisser Weise ein Erfolg war, konfrontierte die Schlacht von Mogadischu die US-Einheiten doch mit einer neuen und ernüchternden Erfahrung der urbanen Kriegsführung und führte zu einer gesteigerten Vorsicht bei künftigen Einsätzen.

US-Raketen treffen am 21. März 2003 wichtige Ziele in Bagdad. *Die Luftschläge dienten der Vorbereitung der Bodenoffensive, die unmittelbar danach begann.*

Operation „Iraqi Freedom“ 2003

DIE OPERATION „IRAQUI FREEDOM“ WAR EIN KÜHNES UND ENERGISCH UMGESETZTES UNTERNEHMEN. VON DEN USA ANGEFÜHRTE KOALITIONSTRUPPEN ZERSCHLUGEN IN WENIGER ALS 40 TAGEN DEN MILITÄRISCHEN WIDERSTAND IM IRAK.

Am 17. März 2003, nach Monaten wachsender politischer Spannungen zwischen den USA und dem Irak, setzte Präsident George W. Bush der irakischen Führung ein eindeutiges Ultimatum: „Saddam Hussein und seine Söhne müssen den Irak innerhalb von 48 Stunden verlassen. Ihre Weigerung führt zu einem militärischen Konflikt, der zu einem von uns gewählten Zeitpunkt beginnen wird.“ Weil aus dem Irak keine Antwort kam, begann am 19. März die Operation „Iraqui Freedom“.

US-Kampfflugzeuge und Tomahawk-Marschflugkörper führten präzise Schläge gegen wichtige Ziele in ganz Bagdad.

DATEN UND FAKTEN

Wer: Eine Koalitionsarmee unter US-Führung gegen die nationalen Verteidigungsverbände des Irak.

Was: Invasion der Koalition in den Irak mit dem Ziel, die irakischen Streitkräfte zu vernichten und das Regime Saddam Husseins zu stürzen.

Wo: Zwischen der irakisch-kuwaitischen Grenze und Bagdad; im Nordirak, der weitgehend von kurdischen Separatisten kontrolliert wurde.

Wann: 20. März bis 1. Mai 2003

Warum: Die Invasion war eine Reaktion auf die Anschläge vom 11. September 2001 und fußte auf der Unterstellung, der Irak habe UN-Sanktionen unterlaufen, Terrorgruppen unterstützt und verfüge über Massenvernichtungswaffen.

Ergebnis: Saddam Husseins Regime wurde gestürzt.

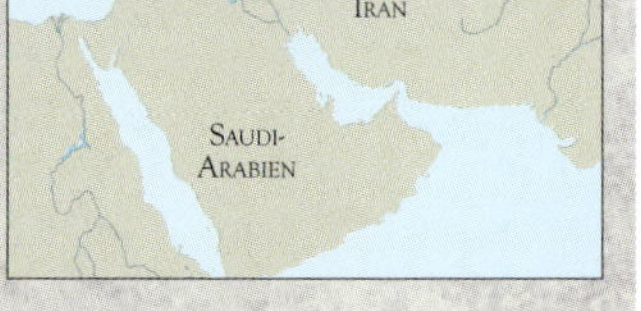

Kurz darauf, in der Nacht zum 21. März, überschritten Koalitionstruppen die Grenze von Kuwait zum Irak. Der Angriffsplan für den Süden sah drei Stoßrichtungen vor. Das V. Korps der US Army sollte unter Führung der 3. Infanteriedivision am Westufer des Euphrat nach Bagdad vorstoßen. Die 1. Marine Expeditionary Force (MEF) würde nach An Nasiriyah vorrücken, dort den Fluss überqueren und östlich von ihm nach Bagdad marschieren, um die Stadt mit den Army-Truppen in die Zange zu nehmen. Ganz im Süden des Landes sollten britische Truppen, unterstützt von US Marines, die Halbinsel Al Faw und Iraks zweitgrößte Stadt Basra einnehmen.

Die Landoffensive begann mit einem rasanten Start. Am 20. März eroberten Briten und US Marines den Hafen von Umm Qasr, dann schwenkten die US-Einheiten nach Norden. Die Halbinsel Al Faw wurde in einer amphibischen Operation gemischter Verbände eingenommen. Am 21. März erreichte die britische 7. Panzerbrigade Basra, das erst am 6. April komplett eingenommen werden konnte. Die 1. Marine Division sicherte die Ölfelder von Rumaila im Südirak, bevor sie nach Westen auf An Nasiriyah schwenkte. Die Task Force Tarawa, sonst als 2. Marine Expeditionary Brigade (MEB) bekannt, hatte die Aufgabe, An Nasiriyah mit seinen wichtigen Brücken über den Euphrat abzusichern.

AN NASIRIYAH UND WEITER

Am 23. März geriet die 507. Instandhaltungskompanie der US Army bei An Nasiriyah in einen Hinterhalt der Fedajin-Kämpfer. Elf Soldaten wurden getötet und sieben gefangen genommen (darunter die inzwischen berühmte Soldatin Jessica Lynch). Marines der Task Force Tarawa eilten zur Hilfe, doch der Tag endete in einer blutigen Schlacht an der sogenannten Ambush Alley. 18 Marines starben, einige durch Eigenbeschuss amerikanischer A-10-Kampfflugzeuge. Erst Ende des Monats hatte man An Nasiriyah unter Kontrolle, wobei die Marines schon früher nach Norden vorgerückt waren.

Der US-Vormarsch gestaltete sich nun schwieriger. Im Westen stieß die US Army auf wachsenden Widerstand der Republikanischen Garde. Am 25. März wurde die 3. Infanteriedivision bei Nadschaf in Kämpfe verwickelt. Zudem kam der Vorstoß der Koalition durch einen gewaltigen Sandsturm fast zum Erliegen. Nach und nach brachten die US-Einheiten Nadschaf unter ihre Kontrolle. Am 26. März wurde die Stadt umzingelt und mit Artillerie und aus der Luft bombardiert, bis sie Anfang April von der 101. Luftlandedivision erstürmt und eingenommen wurde. Zu diesem Zeitpunkt standen die Koalitionstruppen bereits kurz vor der Hauptstadt.

SCHLACHT UM BAGDAD

Die US-Befehlshaber wählten zur Einnahme Bagdads eine kühne Strategie. Am 5. April unternahm die schwer bewaffnete 2. Brigade der 3. Infanteriedivision einen Blitzvorstoß über die Route 8 direkt in die Hauptstadt hinein. Unter schwerem Dauerbeschuss liegend, drehte die Einheit dann zum Saddam International Airport, der bereits in US-Hand war.

Am 7. April erfolgte ein zweiter Blitzvorstoß in das Verwaltungszentrum der Hauptstadt. Gegen Abend hatten die Amerikaner Saddams Paläste erobert, mussten aber hart um die Sicherung der Nachschubroute kämpfen. Einheiten der US Marines drangen in die östlichen Stadtteile vor, nachdem sie sich über die Diyala-Brücke vorgekämpft hatten, und brachten diese unter ihre Kontrolle. Mit dem Vorstoß der Marines zum Tigris am 8. April war die Besetzung Bagdads abgeschlossen. Am 9. April riss am Firdos-Platz ein US-Panzer in einer höchst symbolträchtigen Aktion die hoch aufragende Statue Saddam Husseins vom Sockel.

Die Bodenoperationen zur Eroberung des Irak waren damit formell abgeschlossen. Mit der Einnahme von Tikrit, dem Geburtsort Saddam Husseins, durch eine Task Force der US Marines am 15. April war das letzte bedeutende Widerstandsnest im Zentralirak beseitigt. Schon am 10. April konnte Kirkuk im Norden erobert werden. Am 1. Mai 2003 landete Präsident Bush auf dem Flugzeugträger USS Abraham Lincoln und erklärte die Kampfhandlungen im Irak offiziell für beendet. Eine unbedachte und voreilige Behauptung, wie der Aufstand in den folgenden Jahren zeigen sollte.

EIN BRITISCHER SCHARFSCHÜTZE *des 1. Bataillons der Irish Guards bezieht im April 2003 nahe Basra Position. Die Scharfschützen sollten die britischen Pioniere beim Löschen der Ölquellen sichern, welche die abziehenden Irakern in Brand gesetzt hatten.*

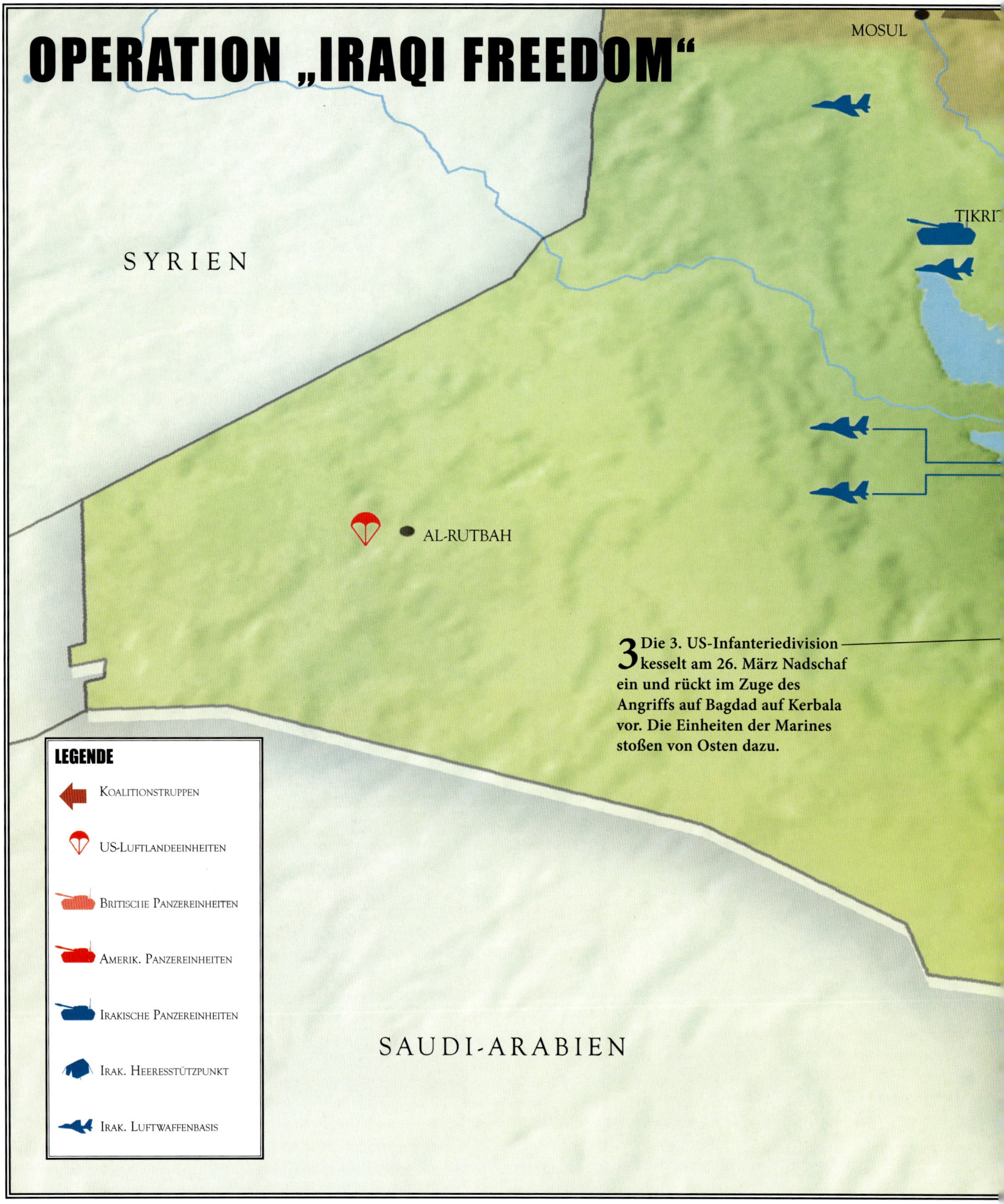
OPERATION „IRAQI FREEDOM“
MOSUL
TIKRIT
SYRIEN
AL-RUTBAH
3 Die 3. US-Infanteriedivision kesselt am 26. März Nadschaf ein und rückt im Zuge des Angriffs auf Bagdad auf Kerbala vor. Die Einheiten der Marines stoßen von Osten dazu.
LEGENDE
Koalitionstruppen
US-Luftlandeeinheiten
Britische Panzereinheiten
Amerik. Panzereinheiten
Irakische Panzereinheiten
Irak. Heeresstützpunkt
Irak. Luftwaffenbasis
SAUDI-ARABIEN

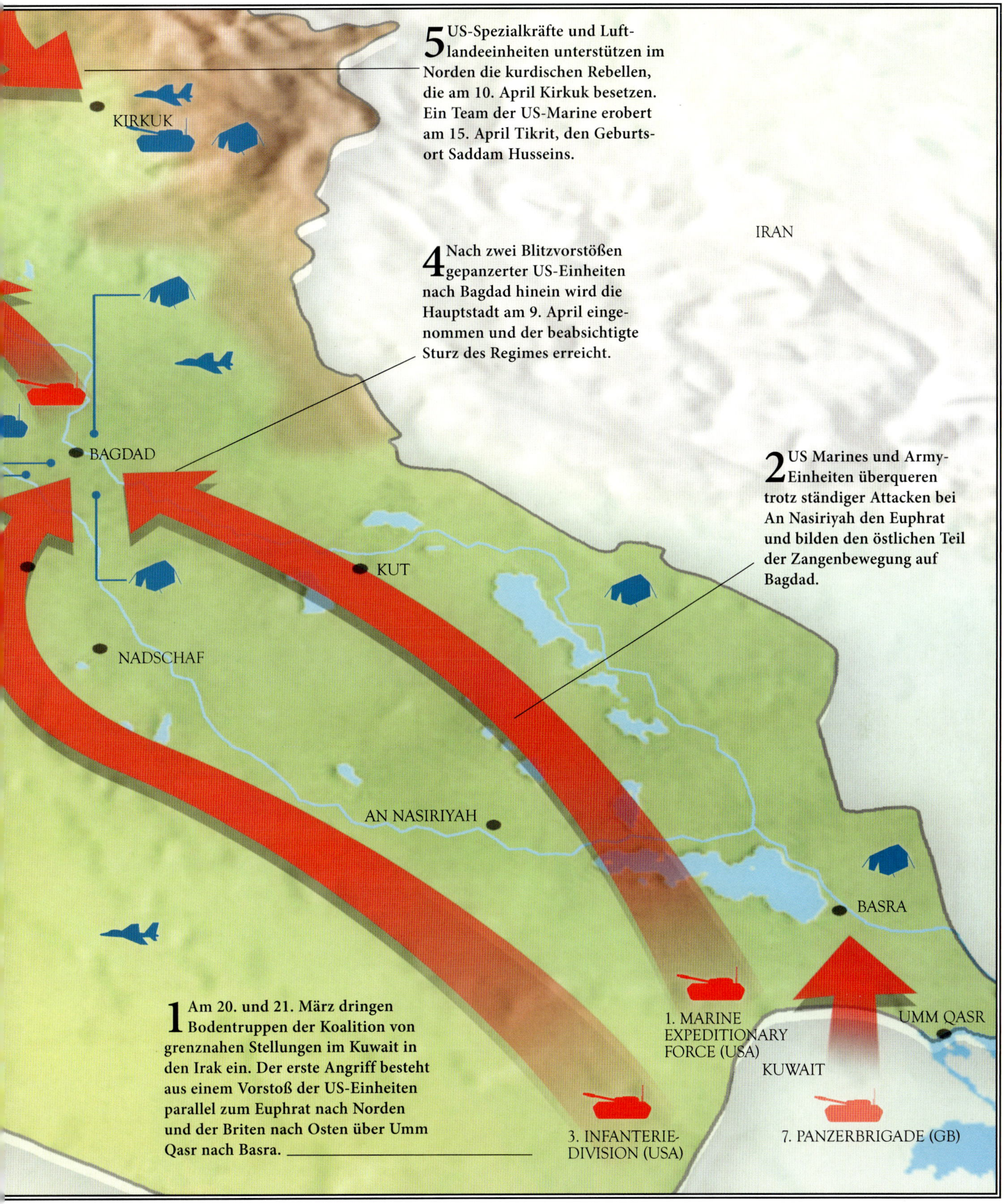
5 US-Spezialkräfte und Luftlandeeinheiten unterstützen im Norden die kurdischen Rebellen, die am 10. April Kirkuk besetzen. Ein Team der US-Marine erobert am 15. April Tikrit, den Geburtsort Saddam Husseins.
KIRKUK
IRAN
4 Nach zwei Blitzvorstößen gepanzerter US-Einheiten nach Bagdad hinein wird die Hauptstadt am 9. April eingenommen und der beabsichtigte Sturz des Regimes erreicht.
BAGDAD
2 US Marines und Army-Einheiten überqueren trotz ständiger Attacken bei An Nasiriyah den Euphrat und bilden den östlichen Teil der Zangenbewegung auf Bagdad.
KUT
NADSCHAF
AN NASIRIYAH
BASRA
UMM QASR
1. MARINE EXPEDITIONARY FORCE (USA)
KUWAIT
1 Am 20. und 21. März dringen Bodentruppen der Koalition von grenznahen Stellungen im Kuwait in den Irak ein. Der erste Angriff besteht aus einem Vorstoß der US-Einheiten parallel zum Euphrat nach Norden und der Briten nach Osten über Umm Qasr nach Basra.
3. INFANTERIE-DIVISION (USA)
7. PANZERBRIGADE (GB)

Falludscha 2004

DIE VERSUCHE, FALLUDSCHA ZU KONTROLLIEREN UND ZU BEFRIEDEN, FANDEN IN EINER SEHR KOMPLEXEN POLITISCHEN SITUATION STATT.

Obwohl Falludscha anfangs kein Zentrum des Widerstands im Irak war, führte die zunehmende Rebellenaktivität zum Abzug der Soldaten aus der Stadt. Man setzte auf eine langfristige Strategie, um die Beziehungen mittels humanitärer Hilfe und der Kooperation mit lokalen Führern zu verbessern. Diese Politik wurde nach Angriffen auf Helfer und ihr Sicherheitspersonal revidiert.

ERSTE SCHLACHT VON FALLUDSCHA

US-Einheiten sollten gewaltsam in Falludscha eindringen und die Stadt befrieden. Zunächst legte man ab dem 4. April einen Kordon um die Stadt. Dann stießen US-Einheiten in die Stadt vor und griffen mehrere Gruppen schwer bewaffneter Rebellengruppen an, die verschiedene Gebiete kontrollierten.

Am 9. April war etwa ein Viertel der Stadt in amerikanischer Hand. Eine Feuerpause wurde erklärt, um humanitären Hilfskonvois den Zugang nach Falludscha zu ermöglichen. Beide Seiten nutzten die Zeit zur Befestigung ihrer Stellungen. Den Rest des Monats kam es zu sporadischen Kämpfen, unterbrochen von Verhandlungen. Am 1. Mai fiel die Entscheidung, die Operationen vor Ort an eine lokale Einheit zu übergeben.

Die irakische Falludscha-Brigade sollte die Ordnung wiederherstellen und die Rechtsprechung übernehmen. Innerhalb weniger Monate löste sich diese Einheit auf und überließ ihre Waffen sowie die Stadt den Rebellen.

EIN TRUPP US MARINES *rückt während der Kämpfe 2004 bei Falludscha in eine neue Stellung vor. Die Soldaten im Hintergrund sichern ihre Kameraden, die über einen offenen Platz stürmen.*

DATEN UND FAKTEN

Wer: In der ersten Schlacht rund 2200 Soldaten der Koalition unter dem Kommando von US-General James T. Conway (*1947) gegen eine sehr große Gruppe von Aufständischen. In der zweiten Schlacht treten etwa 15 000 Soldaten der Koalition gegen rund 3000 irakische Rebellen von Abdullah al-Jananbi (*1951) an.

Was: Zwei Versuche der Koalitionstruppen, den Rebellen die Kontrolle über die Stadt zu entreißen.

Wo: Falludscha am Euphrat westlich von Bagdad.

Wann: 4. April bis 1. Mai 2004; 7. bis 16. November 2004.

Warum: Falludscha war eine Hochburg irakischer Rebellen.

Ergebnis: Der teilweise Erfolg der ersten Schlacht wird durch Rebellenaktivitäten schnell hinfällig. Erst die zweite Schlacht bringt einen entscheidenden Sieg.

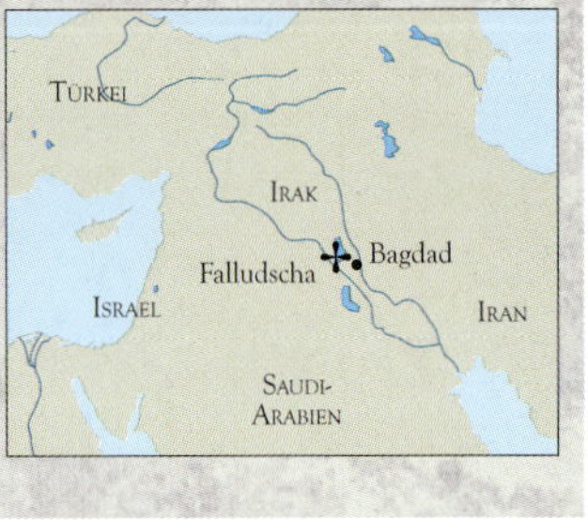

ZWEITE SCHLACHT VON FALLUDSCHA

Anfang Oktober 2004 kesselten amerikanische, britische und irakische Truppen Falludscha ein. Am 7. Oktober wurden die ersten Zielobjekte am Westufer des Euphrat genommen, und die Koalitionstruppen drangen in die Stadt vor. Innerhalb von zwei Tagen konnte die Straße nach Bagdad erreicht und gesichert werden. Am 10. November erklärte die Koalition, sie hätte 70 Prozent der Stadt unter ihrer Kontrolle.

Der Kampf in der Stadt wurde durch den intensiven Einsatz von Sprengfallen seitens der Rebellen zusätzlich erschwert. Häufig rissen die Koalitionstruppen mit ihren Panzern Löcher in Hauswände, um die mit Sprengfallen versehenen Türen und Fenster zu umgehen. Bis zum 16. November waren die Aufständischen dann aus Falludscha vertrieben, und die geflohenen Bewohner kehrten in den nächsten Monaten zurück. 2007 wurde die Region wieder irakischer Kontrolle überstellt.

Georgien 2008

AUCH JAHRZEHNTE NACH DEM ZERFALL DER SOWJETUNION WIRD NOCH ÜBER DIE TERRITORIALEN GRENZEN DER NACHFOLGESTAATEN GESTRITTEN.

Der Konflikt in Südossetien 1991/92 führte zu einer komplexen und spannungsreichen Situation. Rund die Hälfte der Region stand unter Kontrolle einer prorussischen Regierung, andere Gebiete hielten zu Georgien. Eine Friedenstruppe konnte nicht verhindern, dass die bewaffneten Zusammenstöße Mitte 2008 zunahmen. Am 7. August begannen georgische Truppen eine Offensive gegen Südossetien.

DIE INVASION

Die russischen Einheiten in Südossetien waren zwar vorgewarnt, doch waren sie nicht darauf eingestellt, einem Angriff zu trotzen, da sie eher als Friedenstruppen gedacht waren. Die ossetische Miliz war erst recht kein Gegner für die gut trainierten georgischen Einheiten, die von Panzerverbänden angeführt wurden.

Am Abend des 8. August kontrollierten die georgischen Truppen große Teile der ossetischen Hauptstadt Zchinwali.

DATEN UND FAKTEN

Wer: Zu Beginn des Konflikts stehen rund 7500 georgische Soldaten etwa 2500 ossetischen Milizionären und einigen Hundert russischen Soldaten unter Generalmajor Marat Kulachmetow (*1959) gegenüber. Später greifen weitere russische Einheiten ein.

Was: Der Einmarsch georgischer Truppen in Südossetien führt zum Eingreifen Russlands.

Wo: Südossetien im Kaukasus.

Wann: 7. bis 16. August 2008.

Warum: Anhaltende Grenzstreitigkeiten und Geplänkel zwischen Ossetien und Georgien führten zur Entscheidung, dort einzumarschieren.

Ergebnis: Nach anfänglichen Erfolgen wurde die Invasion durch die Intervention Russlands zurückgeschlagen.

EIN GEPANZERTER RUSSISCHER TRUPPENTRANSPORTER *fährt im August 2008 an einem brennenden Haus im georgischen Dorf Kvemo-Achebeti vorbei, das die südossetische Miliz in Brand gesteckt hat.*

Doch von Norden rückten bereits russische Truppen in Ossetien ein.

DIE RUSSISCHE ANTWORT

Die russische Intervention begann mit intensiven und wirkungsvollen Luftangriffen auf Bodeneinheiten, Basen und Logistikeinrichtungen der Georgier. Als sie die Lufthoheit errangen, griffen die Russen auch georgische Städte an. In der Nacht zum 9. August trafen die russischen Truppen auf georgische Einheiten, die sie zurückwerfen konnten.

Der Konflikt weitete sich aus, als am 10. August die russische Schwarzmeerflotte eine Seeblockade gegen Georgien errichtete und Abchasien als Verbündeter Russlands Georgien angriff. Nach Vertreibung der georgischen Kräfte aus Südossetien rückten die russischen Truppen nach Georgien vor und erreichten am 11. August Senaki. Das legte nahe, dass Russland sich nicht mit dem Schutz Südossetiens begnügen, sondern einen größeren Krieg gegen Georgien führen wollte. Es gab Vermutungen, Russland, dessen Truppen an der Nordgrenze Südossetiens bereit lagen, habe den Konflikt geschürt.

FEUEREINSTELLUNG

Die international veröffentlichte Meinung richtete sich überwiegend gegen Russland. US-Flugzeuge brachten georgische Einheiten aus dem Irak nach Hause. Außer der Aufforderung zu Verhandlungen gab es aber keine wirkliche internationale Reaktion. Am 12. August wurde eine Waffenruhe verkündet, doch die Kämpfe gingen noch weiter. Die Situation blieb auch nach dem offiziellen Ende der Feindseligkeiten labil.

Register

Kursive Seitenzahlen verweisen auf Abbildungen.